饶胖说

资本市场系列

法商图书

饶胖说IPO

规范运作和公司治理

饶　钢　著

法律出版社 LAW PRESS·CHINA

自序

缘起

2017年3月，一个培训机构的朋友给我打电话，让我给一个拟上市公司董秘培训班讲课，课程的内容是公司治理。记得我当时的反应就是脱口而出，公司治理？这个应该找教授来讲吧，尽管我也是“教授”，不过是开玩笑罢了，学术课程不是我们这些企业一线人员讲得了的。那位朋友听了以后反问我：饶总，你从事董秘这个职业，对吧，公司治理活动在你们公司是由你负责吧？这倒是没错，策划组织公司治理活动是董秘分内工作。那你就讲讲公司治理活动的实务操作，不就行了。放下电话，想想这位朋友说的也对，做董秘，公司治理活动天天搞，为何自己的第一反应是这个应该是由教授来讲的学术课题呢？

公司治理的“演”和“用”

想想大概是这么回事，我自己做董秘这行十余年，服务的都是准备走上资本市场或者准备IPO的中小民营企业。中小民营企业如果不去资本市场，自然效率成本优先，公司治理就是个摆设，大多数时候谁也不在意；如果要去资本市场，那就必须符合资本市场和IPO的要求，公司治理规范有效是必要条件，自然就是照着规范做就是了，目标就是通过监管审核，说到底就是个“演”。既然是“演”，自然觉着这事没啥好说的，标准都在那里放着，照着做就是了，至于为什么要搞公司治理，自然是教授们的领域。

不过再想一下，虽然是“演”，但是要演得观众满意还是有蛮多学问的，毕竟法规标准都是死的，谁都看得懂，但是掌握你是否“演”得好，还是在于最终有权判断的人来行判断之权，歌德说：理论是灰色的，生命之树常青。在灰色死板的法规条文与千差万别鲜活的企业情况之间，判断是不是“演”得合格，还是人。这些东西我倒是有些体会可以讲一讲。

再往前想一下，还有一个“用”，中小民营企业公司面向资本市场的公司治理活动，目标就是合规，但是合规道路条条不同，如果能够更好地理解规则，就能用好规则，目标虽然是合规，是通过审核，但达到目标的方式、方法、道路各有不同，治理方案不是越完美越好，而是在于成本效率与审核风险的平衡，这就是“用”。

IPO 的两只手

有一回，和一位老板聊天，他问我怎样才能IPO，我说：“一颗红心，两只手。”国内 IPO 都是马拉松，短则两三年长则六七年，没有决心恐难坚持到底。两只手，一只手抓好业绩，另一只手抓好规范，两只手都要硬，缺一不可。业绩没啥好说的，这是基础，没业绩也不会想 IPO 的事情，搞好企业本是办企业的题中之意，估摸着自己有个行业中等水平收入规模，有个几千万净利润了，同时未来持续看好，就可以开始琢磨 IPO 了，业绩是基础，也是企业的里子。有了业绩是不是就必然IPO成功呢？这可不一定，业绩是基础没业绩也别谈 IPO 了，但业绩也仅仅是基础，就是拿到了准考证，考试能否通过还得看另外一只手——规范。国内 IPO 是个行政审核制，业绩仅仅是基础条件，不是比业绩谁大谁上，有了基础业绩条件，大家比什么？就是比规范，看谁没毛病谁能自证清白，让审核者放心符合规范条件。规范几个大方向，第一是主体资格和历史沿革，第二是公司治理和内部控制，第三是财务会计。一句话，业绩是基础，规范是条件，加上坚忍不拔的决心，IPO 成功就不远了。

精彩故事和枯燥条文

基于我对中小民营企业面向资本市场的公司治理活动的理解，两个字：“演”和“用”，不可避免的我们要聊很多规则、条文，这些东西我写着都觉着没劲，何况你要读，难为你了。不过，既然规范工作就是怎样符合规则的问题，如果你不了解规则，没有这个知识，实务中恐怕很难做。我个人的体会，不熟悉规则，能把规范工作做好几无可能，甚至会走弯路吃大亏，最起码，碰到事情，你脑子里有个印象，这个事情可能是有规定的，等一下，我先去查一下法规再说。另外，我尽量多讲故事、多讲段子（希望编辑手下留情）、多讲案例，尽量使阅读体验好一点，不过水平有限，还是有很多大段条文，见谅了。

以终为始，把事情办成才是王道

知识和决定是两回事，我们学习很多资本市场规则、知识和经验，这很重要，但有一点我们要留意，如果这个事项最终由一个人或者机构的行为决定，这个实操的关键由这个人或者机构的认识所决定。例如，我们经常谈一个股权激励中的股份支付问题，要不要认定为股份支付，这是个资本市场中会计师的问题，最终由你的审计会计师认定，此时你怎样讨论这个问题的知识其实都不重要，而是你的会计师，这是个具体的人和他背后的会计师事务所对这个问题的认识所决定的，你自己的知识虽然很重要，但是如果不能说服具体做决定的人，也是白搭。这个人或者机构是一个具体的而非抽象的概念，举一个例子，我经常讲的另一个原则，你的税务问题最终以你的税务当局的意见为准，我的税务当局的意见不能代替你的税务当局的意见。所以实操就是要以终为始，把事情办成才是王道。当然，你还是需要有知识，要不你连走到决定跟前的机会或者与决定者对话的基础都没有。

指月之指不是月亮

实操问题的讨论一般是以一个实际问题作为起点，分析相关法规和惯例再看看案例，这是个套路，是解决问题的路径而非答案本身，这个你要留意。之前写过一篇关于扣非后净利润的文章，一个朋友来问我，软件企业，增值税超过 3% 的部分即征即退，稳定执行了好几年，你说这个是经常损益还是非经常损益？一个寻求实务操作答案的问题对吧？他其实希望我给个“yes”或者“no”，但是我说“yes”或者“no”对他有帮助吗？上面我们讲了一个事项如果有人最终决定，先考虑他的意见，非经常性损益是会计师复核，实际是审计会计师决定，知道了这个，你是不是应该先和你的会计师讨论一下，当然讨论之前你先要学习下法规，再找找案例，上市公司软件企业增值税即征即退的很多，他们怎样处理的？是不是就有方向了？

你问饶胖月亮是什么，饶胖伸出一根手指，食指actually，指下月亮，在那里，关键不是饶胖的指头，对吧。

金刚经云：知我说法如筏喻者，法尚应舍何况非法。

饶 钢

2017 年 9 月 6 日于上海

序

大约两个月前，刚刚收到饶总惠赠的新作《饶胖说新三板：董秘·资本实务二十讲》，洋洋洒洒，43 万余字，是关于新三板规则和实务全面系统的研究解读；昨天忽又收到他准备付梓的新作《饶胖说 IPO：规范运作和公司治理》书稿（仍拟由法律出版社出版）。我不禁惊叹他著书的神速！可是回首跟饶总十多年的交往，我也深知这是他多年在资本市场，特别是在证券发行和上市公司治理领域勤奋努力，流血流汗，春耕夏种，自然而然地到了金秋收获季节。

读过书稿，我有两个比较深刻的印象。

一个印象是这本书信息的及时性、针对性和实用性。其介绍的内容，都是关于 IPO, 关于规范运作和公司治理方面最新的政策法律规定以及上市公司，拟上市公司董秘、高管，各类中介机构从业人员和其他市场参与者普遍重点关注的实操问题，辅之以大量的典型案例，对系统地、正确地理解把握现阶段资本市场这个领域的规则，有很大的帮助，对得起读者购书的那几两银子。

另一个印象是本书难得的趣味性。本人混迹证券市场二十余年，特别是在监管部门从事法规、稽查工作前后十年，习惯了工作内容的严肃性，甚至是刻板性，觉得资本市场大量规则和对这些规则的学习研究，天生一副阶级斗争般的铁青面孔，至少枯燥乏味。有时心想，如果不是各种财富神话的巨大诱惑，不是资本市场对人类智力和执行力的巨大挑战，仅仅因为资本市场规则的烦琐枯燥和监管的严密严格，参与市场的十几万中介精英、几十万优秀企业家以及几千万心怀憧憬的股民们也许早就散伙了，该喝茶的喝茶，该听曲儿的听曲儿，该搓麻的搓麻，没人会硬着头皮学习这些见鬼的市场规则。

但如今饶总的书居然能把同样枯燥内容的研究、探讨、介绍，变成“饶有兴趣”

的事情，能让市场参与者们苦中作乐，这不能不说是本事，也不能不说是功德。要知道，这可是对市场规则的研究介绍，而不是二级市场那些大神级炒家对自己武侠小说般各类“战法”的神聊海侃！

琢磨饶总达到此种境界的原因，我想：一是饶总和善、乐观、开朗、幽默的天性；二是他董秘、高管、投资人、财务顾问、培训专家等多种身份经历和主板、中小板、创业板，乃至新三板多年的丰富实务经验，对各类规则的系统把握、透彻理解终至于融会贯通和深入浅出地表达；三是他复旦哲学人的深厚专业素养，香港中文大学会计研究生的专业功底和对境内外资本市场，对中国社会人情世故以及对人生深刻的哲学观察与思考。

至于饶总那条名叫“饶胖”的柴犬狗，除了忠心陪伴，在市场规则的研究方面，没听说有深度一点儿的思想贡献，它在饶总征询对市场看法时，一向乐观看多地说“旺，旺，旺！”从来就没变过。让多少股民听了泪流满面！

王 超

2017 年 10 月 26 日

（曾任证监会法律部主任、太平洋证券总裁）

Contents | 目录

第一章
规则和“套路”

003 第一节 什么是公司治理?
013 第二节 我们在这里谈论公司治理的时候谈的是什么?
024 第三节 资本路上公司治理的“演”和“用”

第二章
股东和股权

050 第一节 谁是股东?
059 第二节 自然人、机构、穿透和200人问题
066 第三节 直接股东和间接股东
072 第四节 股东的权利和权力
094 第五节 几个重要的股权比例
103 第六节 股东、股权和IPO

第三章 合并报表、控制、一致行动和实际控制人

152 第一节 为何要合并报表?
156 第二节 合并范围的确定、控制
164 第三节 资本故事：一个合并报表引发的IPO血案
183 第四节 一致行动人
193 第五节 给控制权加一个杠杆
208 第六节 同一控制下合并的小陷阱
218 第七节 谁是实际控制人?
225 第八节 非同一控制下合并的业务和IPO问题
232 第九节 有限合伙的合并问题
240 第十节 上市公司并购基金实战案例学习：金城药业收购朗依制药
267 第十一节 跟高手学资本运作：先减资再增资省税重组大法

第四章 公司治理机构、人员和有效运作

280 第一节 公司章程
291 第二节 股东大会
322 第三节 董事会和董事
342 第四节 监事会和监事
346 第五节 高级管理人员
351 第六节 董监高任职资格和行为规范
364 第七节 公司治理有效运作
384 第八节 新三板公司治理的新要求

后 记

389

第一章

规则和“套路”

CHAPTER 1

第一节

什么是公司治理?

"什么是公司治理?"和"公司治理是什么?"这两句话不是一回事。"什么是××?"这个表述通常指现实生活的事物和现象;"××是什么?"这通常是一个概念范畴的抽象表述。复旦大学王德峰教授在讲艺术哲学的时候,开篇就要划分"什么是美的"以及"美是什么",如我们看到一幅画,我们可以说这幅画是美的。例如,前一阵托上海电影节的福,居然看了场名为《佛罗伦萨和乌菲兹美术馆》的3D纪录片,排期很差,周日晚上9点多,到了现场却发现座无虚席,在周日晚上跑到一家偏远的电影院看一场记录片,美轮美奂的雕塑、绘画和建筑,放映结束居然全场鼓掌,看了几十年电影没有遇到过看电影鼓掌,那是美的震撼,你可以没有任何艺术史的准备,当伟大的作品呈现在你的眼前,你会感觉到美,不需要解释,这是一个感性问题,也是关乎你心灵的问题。但是,反过来,"美是什么"就是个抽象的概念定义,是一个理论问题或者理性问题,甚至是一个哲学问题。

饶胖不是真教授,理论这事需要交给真教授去做,我们还是在生活的泥坑里挣扎就是了,你看看在泥坑里打滚的猪,是不是也很开心?

先讲个小故事,体会下公司治理是什么。

一、驴肉汤馆的"公司治理"

"走,喝驴肉汤去。"小饶一大早刚刚在办公室坐定,隔壁办公室的老毕就站在门口喊他。说是老毕，也就比小饶大个几岁，只不过老毕不是科班出身，据说当过兵还参加过对越自卫反击战，后来读了个电大作为单位子弟分配到了研究所，不过比起小饶这种出了校门就进单位的新大学生来说，社会阅历那是丰富得多了。

北方深秋的天气已经凉了，可是还没到通暖气的时候，办公室还是有点冷。小饶这阵子养成了睡懒觉的习惯，基本都是连滚带爬才能在上班铃响之前冲进单位，早饭自然没时间解决，好在20世纪90年代初，内地的国企考勤没那么严格，办公室坐一会再溜出去吃早饭也不迟。昨天就和老毕去喝了本地特产驴肉汤，觉着味道不错，这不，一早老毕就来叫了，同去同去。

出了单位大门，过两个路口就到了。一边走，老毕一边和小饶讲："今天，你就买5毛钱汤和5毛钱饼。"小饶觉着奇怪，昨天小饶还买了一块钱驴肉，味道真不错。老毕说："你别管，跟着我做就好。"转眼就到了，店面倒是不小，装修简陋，也不甚清洁，食客倒是满满，进门的地方摆了张桌子权作收银台，看上去长得像孙二娘的女人坐在那里收钱、发牌子。那个时候物价低，工资也不高，5毛钱一碗汤，5毛钱一碗切好的烙饼丝，饭量大的可以要两份饼，喜欢吃肉还可以另外买个一二块钱的驴肉，拿了牌子进到最里面厨房窗口，排队取汤，一口热气腾腾的大汤锅，浓汤翻滚，香气扑鼻，旁边站个胖大魁梧的师傅，交了牌子看是什么内容，基础的就是一碗汤，里面几片肉，葱姜调料加点辣椒，一勺浓汤浇上去，汤就好了。排到老毕，"一碗汤，加一块钱肉"。老毕熟练地递出牌子和一块钱，小饶有点不明白："这不和昨天一样吗？"不过老毕嘱咐了，也就有样学样。两人端着热气腾腾的汤在店里转了半天才找到位置坐下来，小饶迫不及待地问："为啥要分两次付钱，买牌子的时候买一块钱肉不就得了。"老毕笑着说："你看看今天肉是不是多了？"小饶筷子一撩："是的哦，肉明显比昨天多不少。"老毕说："我当过兵，这行式我懂，钱给盛汤师傅肉肯定多，有可能这钱就落他自己兜里了，他自然高兴。像这个店，门口的不是老板娘就是家里人，盛汤的师傅估计就是请的帮工，就挣个工资，有外快自然开心，像我们这些老食客，心里门清。""那不是有漏洞，老板就少挣钱了？"小饶问道："这也没办法，除非盛汤的是老板自己，大家想法不一样，这个空子总是可以钻，”老毕头也没太抬，“不过，小饶你是学过管理的，有啥办法?”小饶说他好像学过一门公司治理课，就是讲公司股东和管理层之间关系安排的理论，核心是委托代理关系，就是股东和股东财产分离以后，产生的委托代理关系，这个驴肉汤馆老板和师傅也是一种委托代理关系，不过说来惭愧，除了教这门课的教授是个口若悬河的东北老太太以外，别的也没记住什么。

二、公司治理的概念

二十多年以后，小饶变成了老饶，成了资本市场的大师，经常讲个课吹个牛啥的，吹着吹着天就黑了，为啥? 因为牛已经吹到天上去了。有一回，吹到“驴肉汤”的公司治理问题，前排美女同学忽闪着长睫毛说:“说了半天肚子都饿了，那到底什么是公司治理? 说完我们喝汤去。”老饶挠挠日渐稀少的中央区域，“这个只能念念概念定义了，不过似乎并没有一个统一的公司治理的定义，我们来看看大师们是怎么说的。”

吴敬琏认为，公司治理结构是指由所有者、董事会和高级执行人员即高级经理人员三者组成的一种组织结构。在这种结构中，上述三者之间形成的制衡关系。通过这一结构，所有者将自己的资产交由公司董事会托管；公司董事会是公司决策机构，拥有对高级经理人员的聘用、奖惩和解雇权；高级经理人受雇于董事会，组成在董事会领导下的执行机构，在董事会的授权范围内经营企业。[1]

钱颖一认为，公司治理结构是一套制度安排，用以支配若干在企业中有重大利益关系的团体，包括投资者、经理人员、职工之间的关系，并从这种联盟中实现各自的经济利益。公司治理结构应包括：（1）如何配置和行使控制权；（2）如何监督和评价董事会、经理和职工；（3）如何设计和实施激励机制。[2]

1 吴敬琏：《现代公司与企业改革》，天津人民出版社 1994 年版，第 191~200 页。

2 钱颖一：《中国的公司治理结构改革和融资改革》，载［日］青木昌彦、钱颖一主编：《转轨经济中的公司治理：内部人控制和银行的作用》，中国经济出版社 1995 年版，第 133 页。

张维迎认为，公司治理结构，狭隘地讲，是指有关公司董事会的功能与结构、股东的权利等方面的制度安排；广义地讲，是指有关公司控制权和剩余索取权分配的一整套法律、文化和制度性安排，这些安排决定公司的目标，谁在什么状态下实施控制，如何控制，风险和收益如何在不同企业成员之间分配这样一些问题，并且广义的公司治理结构是企业所有权安排的具体化。

闫长乐认为，公司治理是指针对公司制企业的一种制度安排，它是在监督与制衡思想指导下，处理因所有权与经营权分离而产生的委托代理关系的一整套制度安排，是围绕公司所形成的各利益方通过一系列的内部和外部机制实施的共同治理。[1]

老饶念完大师们关于公司治理的定义后，教室里很安静，同学们不是在看手机，就是看着老饶发呆，这也难怪，老饶上课的时候，也经常处于这种状态，每个字都认识，都是汉语，意思也都明白，就是没……感觉。

老饶想起最近看的一本书，是吴国盛教授的《什么是科学？》，吴教授在书里说，要回答什么是科学这个问题，一般有两种思路：第一种是定义或者划界的方法，如波普尔的证伪理论，即科学之为科学不在于可以证实，而在于可以证伪。第二种是采用科学史的方式，用溯源的方式回答。这有点像回答什么是哲学，一种方式就是看哲学史。

想到这里，老饶问："同学们想不想听个故事？"听说讲故事，看手机的同学抬起了头，发呆的同学收回了元神，齐声说道："讲讲。"

三、公司治理的源流、理论和模式

（一）源流

哥伦布，大家都知道吧，15 世纪地理大发现时期，发现新大陆的航海家、探险家，你们知道哥伦布当年航海探险的钱是谁出的吗？记得听曹锦清老师讲大航海时代，说地理大发现，都是肇始于君士坦丁堡，就是现在的伊斯坦布尔。中世纪的欧洲，主要的蛋白质来源是屠宰的牛羊，

---

1 闫长乐主编：《公司治理》，人民邮电出版社 2016 年版，第 45~50 页。

但是牛羊肉容易变质，怎样储存和烹饪？需要来自东方的香料，香料产地主要在以印度为代表的神秘东方，通过古老的丝绸之路从神秘的东方源源不断来到欧洲。君士坦丁堡位于欧亚大陆交界之处，罗马帝国分裂后，东罗马帝国建都于此，自此，东方的香料源源不断地通过君士坦丁堡运往欧洲贵族的餐桌。14 世纪前后，奥斯曼土耳其崛起，觊觎君士坦丁堡的地位和富庶，经过多年包围和进攻，1453 年，君士坦丁堡终于陷落，东罗马帝国灭亡。君士坦丁堡陷落后，东西陆上交通中断，香料之路也就断了，没有了来自神秘东方的香料，欧洲贵族的肉难以存储，香料价格高涨。投资家们看到了机会，于是跨过未知的海洋，从西面去印度、去神秘的东方找香料。哥伦布就是这样一位一心想着向西去寻找印度新航线的冒险家。

哥伦布是意大利人，从小就喜欢航海，受《马可·波罗游记》的影响，特别向往东方的财富。他相信地圆说，认为沿着大西洋一直西行，就能在东方的“黄金国”登陆。想要策划并实施他的雄伟计划，他需要什么？钱！有钱才能买物资、雇水手，哥伦布拿着他的商业计划书游说过意大利王室、葡萄牙皇室皆无疾而终，后来终于找到西班牙的伊莎贝拉女王，那时女王和她的丈夫正在与摩尔人（当时统治西班牙南部的阿拉伯人）战争。考察了哥伦布 6 年（拿个风险投资容易吗？），终于在 1492 年，在围攻阿拉伯人在欧洲的最后堡垒格拉纳达郊外的营地时，哥伦布和女王开了个会，女王最终同意了投资哥伦布的冒险，买 3 条船，雇 90 个水手。女王表现了她的精明，她同意赞助哥伦布远航的船只，规定如果哥伦布发现了新大陆，许诺他将是发现地的总督，还可以获得那里财富和商品的 10%，对以后驶往该地的船只，哥伦布可以收取其利润的 1/8，除此之外，发现的土地和其他的一切都归女王。据说，为了筹措哥伦布远航的资金，伊莎贝拉女王甚至典当了自己的首饰，在马德里的大皇宫，伊莎贝拉女王的雕像就是捧着自己的首饰盒（帝王家也不容易）。后来的结果我们都知道，哥伦布带着 90 个水手和 3 艘船出发了，回来后带来了新大陆，船只满载而归。当然，为了保证哥伦布能够履约，女王在船上派了自己的审计员监督收支账目。

哥伦布的冒险，有出钱的老板伊莎贝拉女王，运作由管理层哥伦布负责，有员工水手直接生产经营，生意成功，大家坐地分钱，老板不放心还派个会计监督，委托代理关系，有点意思了吧。

后来，英国取代西班牙、葡萄牙成为新的霸主，开疆拓土自是帝国应有之义，依然是有人出钱、有人出力的委托代理模式，不过英国人这回不是国王出钱，而是社会集资，为啥？地主家也没有余粮啊！大家如果了解欧洲金融史的起源就知道，犹太银行家如罗斯柴尔德家族的崛起就是国王要打仗，没钱，咋办？问银行家借。1600 年，英国东印度公司创立，由一群商人投资组成，开始的时候，公司共有 125 个持股人，资金为 7.2 万英镑。这或许是现代公司最早的起源。作为帝国时代的殖民工具，英国东印度公司拥有国家特别授权，除了一般的生产和贸易，还可以对外征服、统治、宣战、媾和，包括组建军队和发行货币。从某种程度上来说，其虽然名为公司，但是实则与国家无异。

就商业结构而言，东印度公司作为股份制法人公司，已经与传统的合伙企业大相径庭：它们都实行无记名制，也就是说，合伙人大多以陌生人为主；所有权与管理权分离，决策权交给董事会，若投资人不同意，可以转让或出卖自己持有的股份；与传统经营者不同，股份公司经营者即使失败，也不需承担债务，更不会倾家荡产，经营者唯一的“资本”就是创造力和才干。股份公司的资本具有永久性，就是不能退股了，只能在市场中转卖自己的股票。股份的永久化使公司成为永久存在的实体，具有独立于股东之外的法律地位。

从东印度公司开始，利润和资本区分开了，利润作为回报分给股东，而资本则沉淀在公司里。1711 年著名的南海公司成立，就是让牛顿发出名言的那家南海公司，牛顿说：“我可以计算出天体的轨道，却无法计算人性的疯狂。”你要是没听说过南海公司，那么一定需要去找一本金融史来读一下了。

故事说完了，又得回到枯燥的理论，坚持一下。

从上面的历史故事里，我们要留意两点，一个是有限责任，另一个是权利分离造成的委托代理关系。

无限责任是指业主不但以其投入企业的财产对企业债务承担清偿责任，而且在企业资不抵债的情况下，还要用其拥有的其他私人财产继续偿还债务。

有限责任是指业主仅以自己投入企业的财产为限对企业债务承担有限清偿责任，对有限责任的完整理解：（1）股东以出资额为限对公司承担责任；（2）公司以其全部财产为限对债权人承担责任。企业制度是一个多层次的制度体系，包括产权制度、分配制度和管理制度。产权制度是企业制度的核心和基础，即企业财产的来源、归属和组织形式。企业制度的发展历史表明，至今出现过三种典型的企业制度：业主制、合伙制和公司制。业主制、合伙制称为古典企业制度，公司制称为现代企业制度。

有限责任也就是公司制，是现代企业制度的基础，有了有限责任，企业就独立于股东存在，没有人身依附才能大发展。尽管业主制、合伙制都在一定程度上促进了社会的发展，但随着经济的进一步发展和社会化协作分工的要求，这两种责任并非完全独立的主体在经营风险、管理体制、资本规模等方面固有的缺陷日益暴露出来。

英国于1855年颁布了《有限责任法》，该法明确规定具备法定条件的公司一经注册完毕，股东即只负有限责任，责任的限度为股东所持股份的名义价值，并要求“有限”字样须在公司名称中反映出来。公司作为独立的法人，能够独立地承担责任，股东除缴纳出资或股款之外无须负担任何责任，从而意味着完整意义上的股东有限责任制度的最终确立。

有限公司制企业的特点：投资主体多元性，债权有限性，法人人格的独立性，企业不再受自然人承担无限责任问题的困扰，理论上公司可以永续存在。

有限公司制企业的优点：融资方便，有限责任方便解决融资问题。投资人权益可以转让，形成资本市场的基础。所有权与经营权分离，使专业化经营者加入公司运营成为可能，而专业人才是适应企业变大和应对复杂市场环境的必然要求。

同时，有限责任也会带来问题。亚当·斯密指出，对经营者，作为其他人资产的而不是自己资产的管理者，他们就不可能像经营自己的钱那样尽心尽力地经营别人的钱。有限公司，这种企业的形式，决定了出资者、管理者的不同，即财产权与经营权的分离，这个分离导致财产权的所有者——股东与经营管理者的委托代理关系。我们回忆一下驴肉汤师傅，就很容易理解。

到了19世纪，美国由于大量建设铁路的需求，需要巨大的资金，渠道就是发行股票和债券，这样使铁路公司拥有众多的股东，每一个股东亲自参与公司管理既不现实也不经济。现实主要是指这些行业的管理工作需要专业的技能，经济是指小股东就投了这么一点钱与亲自参与管理的投入产出比显然是不合算的。所以，在这种情况下，现代企业公司治理的雏形就逐步诞生，股东在股东大会层面发挥作用，并通过股东大会选派管理层，如杜邦公司创新成立董事会，这是第一层的委托代理关系，董事会再委任经理管理日常事务，这是第二层的委托代理关系，至此现代公司制度的雏形就诞生了。

（二）几种流行的公司治理理论

1. 两权分离理论

即公司所有权与控制权分离理论，它是随着股份公司的产生而产生的。该理论的代表人物是伯利、米恩斯和钱德勒等。贝利和米恩斯在1932年出版的《现代公司与私有财产》一书中，对美国200家大公司进行了分析，发现在这些大公司中相当比例是由并未握有公司股权的高级管理人员控制的。由此得出结论：现代公司已经发生了“所有与控制的分离”，公司实际已由职业经理组成的“控制者集团”所控制。[1]钱德勒认为，股权分散的加剧和管理的专业化，使拥有专门管理知识并垄断了专门经营信息的经理实际上掌握了对企业的控制权，导致“两权分离”。

2. 股东中心主义

公司股东是公司的所有者，即委托代理理论中所指的委托人，经营者是代理人。代理人是自利的经济人，具有不同于公司所有者的利益诉

1 ［美］伯利、［美］米恩斯：《现代公司与私有财产》，华鸣等译，商务印书馆2005年版，第31~34页。

求，具有机会主义的行为倾向。所以，公司治理的中心问题就是解决代理风险问题，即如何使代理人履行忠实义务，具体地说，就是如何建立起有效的激励约束机制，督促经营者为所有者(股东)的利益最大化服务。

3. 利益相关者理论

利益相关者理论是近几年出现的有关公司治理新内涵的新概念，广义上指凡是与公司产生利益关系，与公司发生双向影响的自然人或者法人机构，都是公司的利益相关者。如股东、债权人、员工、顾客、供应商、零售商、社区及政府等个人和团体。该理论认为，公司的目的不能局限于股东利益最大化，而应同时考虑其他利益相关者，包括员工、债权人、供应商、用户、所在社区及经营者的利益，企业各种利益相关者利益的共同最大化才应当是现代公司的经营目标，也才能充分体现公司作为一个经济组织存在的价值。因此，有效的公司治理结构应当能够向这些利益相关者提供与其利益关联程度相匹配的权利、责任和义务。

（三）公司治理的模式

公司治理的模式一般有两种：英美模式和德日模式。

1. 市场主导型：英美模式

现代企业制度发端于英国，发扬光大于美国。大规模生产和分销对资本的要求，使股份公司迅速发展带来的所有权和经营权分离。英美国家反对财富和权力过度集中的社会传统，成就了英美高度分散、流动的股权结构。立法对于银行持股的限制，消极机构投资者的双重代理问题，高度活跃的资本市场，私人投资者“用脚投票”和“搭便车”，董事会中心主义，单一董事会制度不设监事会，外部董事占3/4，首席执行官（CEO）为治理核心。公司治理的核心任务是解决代理问题。

2. 机构主导型：德日模式

德国“劳资共同决定制”是公司治理的基础，德国银行是全能型银行，即同时具有商业银行“存贷款”和投资银行“持有和分销证券”的双重功能。资本市场不发达，鼓励间接融资，银行和员工组织扮演公司治理核心角色。日本机构是以交叉持股为特征的股权结构。银行是公司治理的核心。股东中心主义，在表决权方面高度集中，实行多元投票权和限制最大投票权制度，与英美体系“同股同权”或“一股一票”严重背离，是一种银行机构员工内部人治理模式。[1]

1 闫长乐主编：《公司治理》，人民邮电出版社 2016 年版。

第二节

我们在这里谈论公司治理的时候谈的是什么？

一、问题

2017 年 4 月，饶胖给一家培训机构开设的董秘培训班上课，这类培训班的老师有以下几类：第一类是大学教授和监管机构领导，讲理论、聊宏观、开眼界、话监管；第二类是中介机构老师、券商、律师、会计师，从监管视角和证券服务第三方视角讲资本业务实操；第三类，也是比较少的是企业从业人员，如饶胖这样的，也是讲企业资本运作实操，不过是从企业内部的视角，着眼于怎么把宏观、监管、中介的资本意志融汇于企业目标和实务之中。

这个班课讲得比较多，同一个班已经上过 3 个整天，基本把饶胖压箱底的干货都讲了个遍。这天，培训机构负责人来和饶胖商量，准备再上第四天。“还是同一个班？”饶胖惊道。就是讲过的就不能再讲了，饶胖毕竟不是职业老师，虽然确实还有不少内容，但是都比较零散且针对性比较强，说了几个主题，机构负责人都不太满意。最后他亮出底牌：“饶总，我这个课程设计里面还有公司治理没讲，要不，你就讲这个？”饶胖一愣：“公司治理，这个不应该是教授们来讲的理论课程吗？”饶胖也称“教授”不过是会叫的“野兽”罢了，“恐怕不合适吧？”培训机构负责人说：“饶总，你是资深董秘，企业的公司治理是由你负责和操作的对吧？”“对啊。”“那你就按实际操作给同学们讲讲不就行了。”是啊，这个公司治理就是董秘们日常的实务，为何在我们脑子里总觉着这是个教授们谈论的理论问题？饶胖回去好好思考了一下，这也就是本书的来历，下面就顺着饶胖的思路，琢磨一下这个问题。

二、公司治理的美国问题

回想起来，饶胖最早接触系统的公司治理理论是在十多年前读会计硕士的时候，上过一门公司治理课，教授是香港中文大学公司治理问题专家范博宏教授。记得范教授讲，公司治理问题的理论基础是财产的所有权和使用权分离带来的代理问题，从历史实践来看，可以采用外部和内部的治理机制，如法律监管制度、信息公开和透明、第三方如审计师、市场竞争、公司内部的激励制度等来寻求解决方案。但是范教授也指出，历史证明，这些方案不必然消除所有的代理问题，主要原因是成本效率问题，彻底清除代理问题本身不是一个现代社会化协作生产方式的经济选项，现实中代理问题永远存在。理想的模式是它们会被降低至边际收益等于边际成本的程度。这也就是为何美国公司治理体系发展了那么多年，仍然会出现像安然公司这样治理失败的丑闻。

安然丑闻被公众所知悉是在 2001 年 10 月，具体情况是安然管理层通过使用表外合伙企业操纵利润和隐藏的债务总共超过 10 亿美元，前安然管理层 Michael Kopper 对两项重罪指控认罪，最终安然公司破产，同时，安然的审计师安达信 AA 因销毁有关安然的文件而被认定为妨害司法公正，最终 AA 倒台，从此，世界五大会计师事务所变成了“四大”。

根据范教授的研究，按所有权集中度可以把公司治理问题分为两类：一类是美国和英国，另一类是美国和英国以外的其他国家。

美国也是公司治理研究最主要的国家，美国公司制度的特点是股权高度分散、职业经理人市场发达、政府管制较少、主要依赖市场竞争、资本市场历史悠久、经过了充分的制度演进，在这里的代理问题主要体现为分散的小股东与有形的职业经理管理层的代理和冲突。

冲突的起源在于信息不对称和逆向选择（道德风险）。管理层对于企业内部信息的掌握与分散的小股东自然不同，这个容易理解，但是管理层利用这一信息优势进行内部交易等行为，损害股东的行为就与受托责任相冲突。理论上，管理层（经理）应当服务于股东利益的最大化，但是经理层为自己的利益选择损害股东利益的时候，就产生了逆向选择和道德风险。

纵观华尔街的历史，道德自律是个最靠不住的东西，只有一次次的丑闻和崩溃，让市场痛定思痛，才会出手解决问题，就像约翰·S. 戈登在《伟大的博弈》中所描述的1860年前后的伊利铁路股权争夺战，这是一场充满了硝烟血腥的股权争夺战，股市操纵者肆意囤积股票，管理层随意发行新股，立法官员与操纵者狼狈为奸，而当时社会屡见不鲜的政府腐败和证券法规的严重缺失，使这一切仿佛是再正常不过的事情。戈登写道:“谁能责备他们——他们只是做了他们爱做的事情而已。”（饶胖：没人管，把钱装自己口袋了，谁不爱。）在市场被伊利案震惊以后，当时的《商业和金融周刊》建议实施一系列法律，包括除非经2/3股东同意，否则董事会无权发行新股，所有上市公司都必须在信誉良好的金融机构保存其所有流通股票的总量记录等，这些条款构成了今天美国《1933年证券法》的基础。（饶胖：这些规定，我们现在是不是都认为理所应当？）从一开始，美国的公司治理问题就集中在管理层与股东利益冲突上，公司治理的制度也是逐步演进而来的。

我们习以为常的会计准则和审计师制度，也不是从天上掉下来的。约翰·S. 戈登在《伟大的博弈》中写道：“在19世纪90年代，美国经济生活中还有另外一个巨大的进步，那就是现代会计制度的出现。”事实上，华尔街的银行和经济推动了现代会计职业的产生，以及在美国上市公司中强制实施公认会计准则（Generally Accepted Accounting Principles, GAAP）。

记得我们之前讲的哥伦布的故事，伊莎贝拉女王在圣玛利亚号上派自己的会计师管理他们的投资，这应该是外部审计师的“祖师爷”。

戈登继续写道：“今天看来，很难想象在一个资本主义世界里会没有年度和季度财务报告。”可是，在1870年之前，当时没有法律要求上市公司公布财务报告。当纽约证券交易所想了解西部铁路公司的财务信息时，被告知不要多管闲事。“我们不作财务报告，”西部铁路公司说，“也不公布会计报表。”在那时，即使有些上市公司发布了财务报告，通常也是一堆“摸不着头脑的烂账”。1870年5月17日，《商务金融报》这样报道：“在这样一个充满阴谋的时代，保密成了成功的一个条件。如果公众也有机会了解那些只有董事才知道的关于公司价值和前景的信息，那么投机董事的好日子就一去不复返了。”就像所有人都会保护自己利益一样，19世纪上半叶，美国上市公司的管理层也在努力维护自己的利益，强烈抵制这样一种公开报告制度。最终，纽约证券交易所开始强制要求所有上市公司提交财务报告，尽管不愿意，上市公司管理层也只好照办。但另外一个问题随之而来：公开的财务报告由谁来做？公司内部的财务人员毕竟是为公司管理层工作，所以很难做到真正的独立。（饶胖：想想你现在的审计师是否是真正的独立，毕竟是公司管理层雇佣的他们，想想安达信AA。）这时，独立会计师就应运而生了。1887年，美国公共会计师协会成立，1896年纽约州通过立法奠定了这项职业的法律基础，并使用“注册会计师”（CPA）这样一个称呼。（饶胖也是CPA，经常引以为傲。）

美国公司治理的发展就是随着资本市场的发展，通过不断纠错，不断寻求效率和管制之间的平衡。例如，安然事件以后，出台了《塞班斯法案》，其中404条款，即SOX404。

《塞班斯法案》是美国证券市场有史以来最严厉的针对上市公司财务和公司治理的法律。该法案规定，企业的首席执行官和财务总监必须对呈报给美国证券交易委员会（SEC）的财务报告予以保证，以确保其完全符合证券交易法，在所有重大方面公允地反映财务状况和经营成果。其中404条款规定，上市公司的财务报告必须包括一份内控报告，并明确规定公司管理层对建立和维护财务报告的内部控制体系及相应控制流程负有完全责任，财务报告中必须附有其内控体系和相应流程有效性的年度评估。同时，《塞班斯法案》规定了管理层（CEO、CFO）的法律责任。很厉害是吧，几年以后雷曼兄弟倒掉的时候，大家有没有想想，为啥这么厉害的公司治理和内控的法案没起作用？

由于美国公司结构的特点，股东高度分散、所有权管理权高度分离，产生了一些独特的公司治理问题，如恶意收购、控制争夺和更换管理层斗争（这个可以买一本《门口的野蛮人》看看，当然也可以看看王董事长和姚老板的大戏——中国特色的控制权争夺）；还有就是职业经理人有不断扩张的冲动，有研究表明，在美国公司治理问题中非常突出的就是职业经理人以大肆扩张企业规模的方式扩张手中的权力，疯狂并购就是这样一种现象，规模越大，职业经理人权力就越大；激励导致的管理层短期行为问题，激励管理层，如使用期权等方式，是解决代理问题的传统方式之一，就是把管理层与股东利益捆绑，但是激励管理层通常与关键绩效指标（Key Performance Indicator,KPI）直接相关，KPI 大多是短期、量化的，激励一定改变行为方式，而 KPI 文化常见的问题就是企业行为短期化，短期看起来符合股东利益，但是损害企业长期竞争力，最终还是股东吃亏；另外，管理层最清楚情况，可以利用信息不对称，利用激励计划给自己多发钱，损害股东利益，也是常常发生的。

美国金融历史有必要好好看看，对于理解金融市场和资本运作很有帮助，你会发现历史总是不断地重复着自己。除了前面说的《伟大的博弈》《漫步华尔街》《非理性的繁荣》都是值得一读的经典书籍。

三、公司治理的中国问题

范博宏教授讲过，除了美国、英国以外，其他国家和地区的公司所有权（股权）非常集中，家族和政府是主要的控制所有权人，对公开上市交易的公司的控制是通过直接持有股权和通过股权金字塔、交叉持股、不同表决权股票等间接持有股权达到控制目的的，代理冲突在集中和分散的所有权中性质是不同的，前者是大股东和小股东之间的冲突，后者是经理层和股东之间的冲突（美国和英国）。

其他国家和地区的公司治理，饶胖没有兴趣，只来聊聊中国的公司治理问题。在饶胖看来，中国的公司治理问题可以分为三个方向：（1）国有企业的公司治理问题。（2）上市公司的公司治理问题。（3）面向资本市场的中小民营企业公司治理问题。

（一）国有企业的公司治理问题

国有企业的公司治理问题是一个特殊的治理领域。国家代表全民，作为企业所有者或者出资者行使股东权利。问题是，国家并不是一个人格化主体，而总是由国家行政部门，即各级国有资产管理部门代为行使股东权利，这也是典型的代理问题，只不过真正所有者，人民更是一个虚化的符号，国有企业治理多数还是多层代理问题。没有过渡到现代企业制度的国企，仍然属于行政与企业没有彻底分离，即使形式上是现代公司制度，但是其经营目标往往与现代企业不同，历史上多承担了部分政府职能。

饶胖虽然在央企工作过十多年，但那时是个一线工程技术人员，从不了解国企治理这一套，后来从央企出来就进入外企和民营企业工作，对国企公司治理没有认知，近期唯一的经验，来自一个朋友的询问。事情是这样，他们是个民营企业，参股了一个国有企业，国有控股，他们是二股东，但是实际运作他们负责，也是注册的有限责任公司，近期他们收到当地国资部门通知，要在国有控股公司实施党委领导制，具体形式是，在提交董事会审议的事项前须经公司党委常委会预先批准，并要求他们按此修改相应的公司章程。就这个问题而言，我和他讲我并没有什么经验，也没什么建议，只是如果从《公司法》角度讲，这个还是比较奇怪的，如果常委会人员与公司董事会重合倒也罢了，不重合就要修订公司章程，加一条关于党委会的条款。[1] 据 FT 中文网《国际投资者支持把党委写入中国国企章程》[2] 报道称：披露材料显示，先锋 (Vanguard) 和挪威央行 (Norges Bank) 控制的基金对中共被纳入公司章程投了反对票，而贝莱德（Black Rock）、富达（Fidelity）和英国的资金管理公司施罗德 (Schroders) 投了赞成票。这三家机构支持中国工商银行对章程的修订。新规则对党委作用的描述是“确保和监督党和政府的政策和指针

1 近期很多国有控股的 A 股上市公司已经修改了公司章程，加入了党委决策的内容。

2 《国际投资者支持把党委写入中国国企章程》，载 http://www.ftchinese.com/story/001074183?print=y，最后访问日期：2017 年 9 月 30 日。

在工行得到贯彻落实”。看来外国投资者对于上市国企党的监督是否应当列入公司章程意见也是不一致的。报道同时称，投了赞成票的富达表示：“我们的大体意见是，我们支持提议的修订内容，这可能会提高一家公司决策流程的总体透明度，而且也跟中国政府的国企改革议程保持了一致，许多投资者已认识到，让中国共产党的介入公开化，可能会有利于股东们更好地理解党委所扮演的角色。”看来党的领导写入章程这事是中国特色国有公司治理的实践，不过国有企业公司治理饶胖也不懂，也就不在本书里讨论了。

（二）上市公司的公司治理问题

上市公司的公司治理问题可以大致分为两类。第一类与美国问题类似，即股权分散、职业经理团队控制公司，导致控制权争夺，2016~2017年的万科宝能之争就是代表，不过这类公司比较少。第二类，绝大多数情况是，上市公司由实际控制人、控股股东控制，存在实际控制人、控股股东与中小股东的冲突，主要表现在实际控制人、控股股东滥用控制地位谋求特殊利益，损害中小股东权益和社会权益。另外，2013年年底推出的新三板（股转系统），也是挂牌公开转让的公众公司，由于股权与上市公司相比更加集中，公司治理的问题主要集中在实际控制人、控股股东违规操作损害中小股东利益。

前面两个都不是饶胖在这里要讨论的重点。

（三）中小民营企业的公司治理问题

1.“牛牛”公司的治理结构

啰里啰唆讲了这么长，终于讲到饶胖想讨论的区域：面向资本市场的中小民营企业公司治理问题。先讲一个小故事。

饶胖在新三板有点小名气，讲课也蛮多的，自然有不少朋友碰到问题来找饶胖讨论。一天，微信里一个朋友问我有没有时间通个电话，一看备注，大约半年前听过我的课，一家新三板公司董事长。

电话接起来，寒暄了两句，就切入正题，可是牛董事长地方口音很重，基本听不明白，只好商量让饶胖去他们公司一次当面说吧。长话短说，到了公司，会议室坐下，对面是牛董事长、牛太太、牛公子，闲聊几句，发现一家人都听过饶胖的课，问问治理结构，明白了，牛董事长、牛太太、牛公子分别是公司的股东会、董事会、管理层，这就是最真实的中国中小民营企业的现实，效率最高，一家人吃晚饭的时候就把公司大事都定了，不过，话又说回来，这样的治理结构，公司治理怎么办？或者为什么这样的企业也要搞公司治理？答案很简单，资本市场的要求，要去资本市场，必须符合资本市场的规则，公司治理规范有效是资本市场对进入者的基本要求。

2. 资本的诱惑和规则

在《饶胖说新三板：董秘·资本实务二十讲》中[1]，第一讲就是“资本市场决策”，说的就是中小民营企业要不要去资本市场的问题，展开了一个利弊分析，好处很多，饶胖列举了进入资本市场的七大好处：形象提升，目标具象化，价值实现，融资便利，激励团队，外延扩张，规范也是竞争力：当然也说了坏处：成本、透明、约束、话语权和开弓没有回头箭（有兴趣可以找来看看细节）。利弊分析其实是建立在你想去的基础上，多数情况是去不了的，不是不愿而是不能，说穿了就是条件暂时还不具备或者历史、业务上有什么障碍不符合国内 IPO 的要求。所以，你下次放言“我不去 IPO，是因为我不愿意”的时候要小心，听的人大都明白你是不能而不是不愿。

饶胖经常感慨，现代中国人最是无助，启蒙还没完成，又被抛入资本的世界，绑在了资本战车上，滚滚向前，永不言休。饶胖上了几天哲学，在这里掉下书袋，看官暂且耐下性子。

资本自从来到人间，人世间的万物都被它裹挟其中。

有一次，周末给一个董秘班讲课，说到资本的统治，就举了个例子。你们看，你们礼拜六还要来听课，这就是我们的生活，这就是我们被资本裹挟的生活。按照我老师的说法，我们都是资本的螺丝钉，我们的人生是被资本安排的，因为这样对资本来说是最高效的。有没有想过，我们教育我们的小孩，说要上一个好幼儿园，上一个好小学，上一个好初中，上一个好高中，那小孩会问你：“我为什么要上一个好高中？”“上了

1　参见饶钢：《饶胖说新三版：董秘·资本实务二十讲》，法律出版社 2017 年版。

好高中才能上好大学，上了好大学才能找好工作，找了好工作才能娶媳妇、买房，才有资格当房奴，才能在这个资本的链条上努力工作，为资本发扬光大贡献你的力量，这就是资本给我们规定的生活。”你有没有想过这就是生活的意义吗？这肯定不是生活本来的意义。但是资本给我们规定了，因为资本来到人间以后，所有的规则都被资本洗礼了，因为资本要增长。我们想想，为什么我们要更高更快？因为资本要增值，不增值资本就死了，资本家其实也很可怜，晚上睡得很晚，早上要起得很早。应该这么说，资本家也是被资本所奴役的人格，因为资本这个东西是非人化的，是异化的，就是非人性化的。你想，这么好的周六，如果我们坐在外面的咖啡馆里一定很舒服，外面下着小雨，我们在那里喝个咖啡、听个小曲儿，多好的事情。但是没有办法，我还要在这里讲课，你们还要听课，我们都要为了“更快、更好、更高”努力，为资本的增值奋勇向前。

有同学表示不同意，说这是他个人的抱负和理想，与资本增值没有关系。我就想起来王德峰教授讲过的一个小故事，王老师是这样讲的：假如这个教室里，王老师和同学们，王老师兜里有大量的货币、钱、资本，而这屋子里其他人囊中羞涩，那么应该是怎样的结果？是不是其他人都扑上来把王老师兜里的钱抢了分了？如果是丛林原则，确实如此，为何在现实人的社会里一般不会发生？因为王老师对于那些钱具有“right”，权利，或者译成法权，就是由法律保护的权利，其他人不能上来抢，否则维护法律权利的国家就会动用暴力惩罚这些不遵守法权的人。从另一个角度讲，这个屋子里的人应该干什么？应该围上来，说王老师你这么多钱，放在兜里不对。那怎么办？应该拿出来理财，拿出来投资，总之要增值，王老师说他不懂，没关系，同学们懂，同学们帮他来弄，搞个P2P啊、PE啊、泛亚啊啥的，这个实质是什么？是这些人争相向王老师提出申请，请王老师雇佣他们。这是王老师的魅力？不，王老师说，这是他兜里的资本的力量，这个资本的力量又可以称为资本的权力，那是“power”，“power”吸引人，“power”统治人。想想，我们在崇拜马云“爸爸”的时候，是在崇拜这个男人吗？不！我也学一下王老师的语气，那是在崇拜马云代表的资本，崇拜马云兜里资本的力量，资本的权力，资本的“power”。

资本其实就是人的抽象劳动的累积，累积的抽象劳动又反过来统治和奴役人，这就是资本的异化，异化就是人创造出来的东西反过来统治人、奴役人。而资本本身追求自身的增值和扩张，这是资本的本性。你有没有想过，什么是一家好企业？大家会说：高成长的，赚更多的利润的。对吧，其实这都是资本的原则，我们被裹挟其中而不自知，就像路上行驶的汽车，资本就是要快，就是要踩油门，加油再加油，快了还要更快。可是，如果看了华尔街的历史，就会知道猛踩油门的下场就是车毁人亡，周期性的丑闻崩溃再重建。

康德告诉我们，人的意义就来自人自身高贵的理性，绝非是任何外部强加给你的权威，意义在他自己。王阳明说，人人皆可是心中有良知、行为有担当的大英雄。到了黑格尔那里，他说，这个高贵的理性不是个体的主体性，是结果而不是出发点，只有在市民社会和国家的强制下，主体的理性才有可能实现，主体的自由才可以伸张。

就像在道路系统上的交通规则，交通规则背后是法律，是政府的国家强制力，我们又给汽车装上了制动系统，装上了信号系统，装上了各种保证安全的系统，什么ABS、EDP，你要是不开车是不是和SOX404类似，这些规则和系统就是要保证在资本不断催促我们猛踩油门时，我们自己能安全，道路上的其他车辆能安全。

现代资本市场发展出了一套公司治理系统，这套系统有外部的、有内部的，都是保证资本市场能够持续下去的交通规则和刹车系统，刹车安全系统必然带来损耗，规则必然带来不方便，你不能为所欲为了对吧。到了路口要看红绿灯，该等就得停下来，这就是中小企业在走向资本市场之前，怎样看待那套看着没用、只会带来麻烦、影响效率、减少利润的资本市场规则，公司治理体系就是这套规则中重要的一环。说实话，在初期低速行驶在乡间小路上，这些体制规则制度确实没啥用，但是如果没有就不让你上路，缺了，警察还要罚款，出事了扣车吊销驾照，资本市场也是一个道理。

要去资本市场，那是因为资本力量诱惑着你，或者资本的力量控制着你，不去还真不行，除非你的修为到家，这又是另外一回事。可是如果你没去过就说我不想去通常是个“伪”字罢了，坊间有句话，你是个好人，那仅仅可能是你没有机会做坏人。敲一下钟，公司就值几十个亿了，为啥值几十个亿？还不是万千“韭菜”兜里的货币决定的，这就是资本的力量。但是，要去，资本市场是有一套规则等着你的，你做对了、做好了、考试合格了，就让你敲钟，让你有割“韭菜”的机会。这就是我们要在这里谈论的公司治理，即面向资本市场的中小民营企业的公司治理，就是这些中小民营企业希望走向资本之路，面临的规范化的公司治理要求，以及面对这些规范要求的企业的应对决策和操作。本书后面在谈及公司治理时都是在这一应用场景之下。

第三节

资本路上公司治理的“演”和“用”

如果把本书讨论的公司治理场景局限在中小民营企业希望走向资本之路过程中的公司治理，这就很好理解那位培训机构负责人请饶胖去讲公司治理的时候，饶胖的困惑了。过去 10 年，饶胖一直在中小民营企业做董秘、财务总监，负责面向 IPO 的资本运作，公司治理是本职工作，但被要求去讲公司治理课还是很愕然，觉着这应该是教授学者的领域，究其原因，就是中小民营企业的公司治理问题是“演”和“用”问题，就是符合规则和利用规则，而非理论研究。

一、“演”

所谓“演”，用汉语说就是我们照着规则做，按照资本市场规则做事情、规范地运作企业，至于为什么，有什么用，或者你内心在规范运作的时候是否真心认同或者理解这些规则，实际上并不是很重要，“为什么”不是企业关心的核心问题。这就相当于一个社会强制力，企业为了去资本市场，必须符合资本市场的规则，至于在企业中，这个公司治理演出是不是真的发挥了学者们研究的公司治理作用，在这个阶段，并不是最主要的考虑。最要紧的是，我规范运作了，也就是我演好了，观众认可了，这个观众主要是指资本市场监管者和企业其他利益相关者，我拿到了资本市场的入场券罢了。

想明白了这一层，既然是个“演”，核心问题就有四个：验收标准、演出时间、“剧本”和治理结构。我们一个一个来说。

1. 验收标准

先说验收标准。之所以要先谈验收标准，是因为这主要是一个实务操作的思路问题，饶胖的总结叫作：“以终为始，把事情办成才是王道。”知识和决定是两回事，我们学习很多资本市场规则、知识和经验，这很重要，但有一点我们要留意，如果这个事项最后是由一个人或者机构的行为决定，那么这个实操的关键就在于由这个人或者机构的认识所决定，如我们经常谈一个股权激励中的股份支付问题，要不要认定为股份支付，这是个资本市场中会计师的问题，最终由你的审计会计师认定和决定，此时你怎样讨论这个问题的知识其实都不重要，而是你的会计师，是由这个具体的人和他背后的会计师事务所对这个问题的认识所决定的，你自己的知识虽然很重要，但是如果不能说服具体作决定的人，也是白搭。这个人或者机构是一个具体的而非抽象的概念。例如，饶胖经常讲的另一个原则，你的税务问题最终以你的税务当局的意见为准，饶胖的税务当局的意见不能代替你的税务当局的意见。所以实操就是要以终为始，把事情办成才是王道。当然，你还是需要有知识，要不你连走到决定跟前的机会或者与决定者对话的基础都没有。

我们特别要留意这是个实务操作的思路，或者说是战术层面的指导思想，在实操或者战术层面，“以终为始，把事情办成才是王道。”

但是，在战略层面就不能这样，正好需要反过来，“以始为终，不忘初心”。否则，如果在战略层面搞“以终为始”的结果导向，必然导致急功近利，行为动作变形，有可能适得其反。例如，想通过粉饰报表或者财务造假获得 IPO 成功，那可能侥幸一时，但大多是不得善终。当然，“战略”，换个词就是长期，也是相对的。又如，与搞好企业相比，IPO 就是一个短期的战术性的目标，而在长达数年的 IPO 准备和努力中，各项 IPO 技术细节相对而言就是实务操作，而 IPO 本身变成了战略性活动。

“以终为始，把事情办成才是王道”，核心就是需要事前知道什么叫把事情办成。在资本市场的中小民营企业公司治理活动中，把事办成就是“演出成功”，监管机构认为你的公司治理运行有效符合资本市场规则和要求。饶胖总结公司治理把事情办成的标准有三条：

（1）不出事。如果被有权部门或者交易所（场所）处罚了，如实际控制人占用公司资金被证监局处罚，中介机构披露不利信息，又如会计师出具否定意见的报告，就是出事了，这类问题最后大都可以归结为公司治理失效。

（2）没造假。出事，是问题被发现了，而在国内IPO中，还有很重要一条就是自行举证没有造假，即要能够在监管机构审核的时候自证清白。公司治理体系的运作有效是自证清白的一个重要环节。

（3）经得住检查。资本路上有两种检查，第一种是你提交的文件禁不禁得住问，追问几次就“歇菜了”一定过不了关；第二种是现场检查，惯常几种情况，IPO抽查，抽签方式决定，IPO过程中根据举报的现场检查，绿色通道申报IPO企业全部要现场检查，IPO辅导验收时的现场检查，现场检查即不是你交资料而是检查组到现场来搞，如果有假基本藏不住。2017年9月，证监会公布了2017年上半年IPO企业现场检查情况，共35家企业现场检查，15家发现有严重问题，占比40%，其中两家移送稽查局，13家撤材料。

在上述三个标准中，出事实际是公司治理失败的结果，公司治理的外部性，被外面人发现了、处罚了，倒推公司治理失效。

后面两个标准都是公司治理活动有效性的检验，活动本身很难检验，检验的是活动留下的痕迹。例如，执行公司治理活动的程序，这个程序是以公司文件形式存在，可以查看；公司治理活动，如按照既定程序是否执行的痕迹，如开个董事会，你得有会议通知和签收（证明你按公司章程规定通知了）、会议资料和签收（证明会议内容事先告知了参会董事）、会议过程的记录（证明会议举行过）、会议的决议文件（证明确实进行了表决形成了决议）等，这些痕迹或者文件证明你的公司治理活动的存在。说穿了，就是公司治理活动留下的公司治理文档体系是否建立健全经得住检查和举证。

自证清白，需要考虑监管接受什么样的证据。例如一个股权转让，只有受让方资料，要让审核者相信没有潜在纠纷就比较困难；如果有律师见证、公证、交易进入产权交易中心来做、对方有确认的证明等，这些证据就构成了证据链和证据环境，审核者就容易判断是否存在潜在纠纷。现在清楚该干什么了吧。

2. 演出时间

以境内 IPO 为目标的资本道路，在以下几个节点需要验收公司治理活动的成果，就是要汇报演出了。

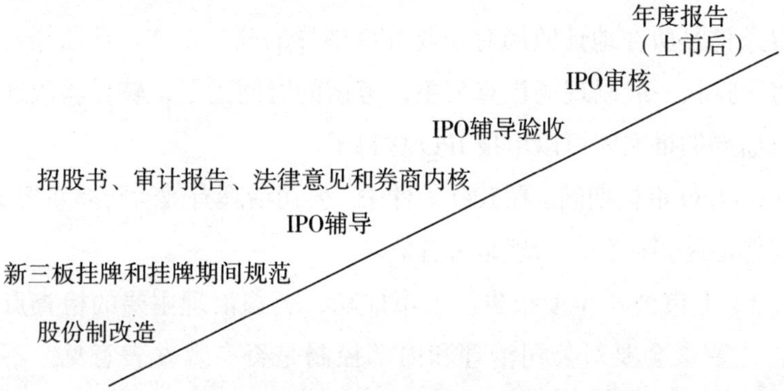

图 1–1　公司治理活动验收节点图

（1）股份制改造。股份制改造是中小民营企业走向资本市场第一个最重要的节点，在这个节点，应该将公司治理体系正式地建立起来，开始运作。

（2）新三板挂牌和挂牌期间规范运行（如有）。新三板建立起来没几年，已经有过万家企业挂牌，申请挂牌的条件里面就有：公司治理机制健全，合法规范经营。挂牌就是第一个检查点，检查股改以来，公司治理是否有效运作。在新三板挂牌期间，新三板公司受当地证监局和股转监管，如果出现问题可能会受到证监局和股转处罚。

（3）IPO 辅导期间。按照现行制度，申请 IPO 的前置程序是向所在地证监局申请 IPO 辅导备案，进入 IPO 辅导期，在 IPO 辅导期中，由券商对企业规范运作进行辅导，定期报辅导进展报告给所在地证监局，公司治理是规范运作的重要内容。

（4）IPO文件制作和券商内核。这是一个时间点，按照现行规则，向证监局申请IPO辅导验收，是以券商内核通过为前提，而券商内核是在IPO文件，招股书（券商）、法律意见书（律师）、三年一期审计报告（含内控鉴证报告）（会计师）的基础上作出，券商内核也是根据严格程序由内核会议作出，大的券商通过内核也很不容易，在这个时点，回顾和证明报告期公司治理运作是否有效，符合IPO条件。

（5）IPO辅导验收。按照现行IPO制度，向证监会递交IPO申请的前置条件是所在地证监局对企业IPO辅导的验收批文。证监局对企业IPO辅导验收一般以现场检查为主，考试的时间到了，辅导验收通过，获得证监局的批文就可以申报IPO材料了。

（6）IPO审核期间。在IPO条件中，公司治理有效运行是重要条件，很多问题最终指向公司治理是否有效。

（7）上市公司年度报告。上市成功，公司治理主要的检查点在年度报告，董事会要对公司治理和内部控制是否有效发表意见。不过，IPO成功后，公司治理问题进入了另一个领域。

3.“剧本”

既然面向资本市场的中小企业公司治理活动是“演”，那么“剧本”就是关键，这是个规定动作比赛，不是比谁水平高，而是比谁符合规则不犯错。

“剧本”可以分为三个层次：

第一，法规。这里指成文的法律、证监会部门规章和监管文件、证券交易所规则或者股转规则中涉及公司治理的部分。

第二，窗口指导。主要指监管机构进行行政审核时依据的不成文（非红头文件形式）的监管操作指引，形式上主要以历次保代培训内容和各种监管会议讲话或者通知为主。

第三，惯例。歌德说：“理论是灰色的，生命之树常青。”法规甚至窗口指导，就在那里，谁都看得懂，但是，涉及行政审核，这不是一个抽象的概念，具体由人——监管官员来进行操作，那么审核人员如何在抽象具体的法条和鲜活的千变万化的企业情况之间，判断何种情况可以何种情况不可以，终究依赖人的判断，如IPO规定实际控制人股权不存在重大纠纷，那么什么情况不属于，还是依赖审核人员的判断，在长期的审核实践中，审核人员也会形成一定的认知模式，这个尺度往往在实际案例中呈现而被我们观察到，这个实际是实操的经验，而案例往往有案例的特殊情形，别人可以你未必就行，另外，这类经验往往难以作为标准知识传达，饶胖以多年的经验总结，可以通过换位思考，想想审核官员关心问题的落脚点，从他们的角度去理解。他们需要何种信息或者信号，才能打消疑虑，或许才是真的有用。

我们这里把涉及的公司治理法规条目列一下，实操的时候到证监会、证券交易所、股转网站上查询，共三个层次：法律、证监会规章、证券交易所（含股转）规则。

第一，法律层面：《公司法》《证券法》，《公司法》是公司治理根本大法，要多看。

第二，部门规章，就是证监会的规则，分为两个层面：

一是IPO规则和非上市公众公司管理办法。

《首次公开发行股票并上市管理办法》

第十四条　发行人已经依法建立健全股东大会、董事会、监事会、独立董事、董事会秘书制度，相关机构和人员能够依法履行职责。

第十五条　发行人的董事、监事和高级管理人员已经了解与股票发行上市有关的法律法规，知悉上市公司及其董事、监事和高级管理人员的法定义务和责任。

第十六条　发行人的董事、监事和高级管理人员符合法律、行政法规和规章规定的任职资格。

《首次公开发行股票并在创业板上市管理办法》

第十六条　发行人具有完善的公司治理结构，依法建立健全股东大会、董事会、监事会以及独立董事、董事会秘书、审计委员会制度，相关机构和人员能够依法履行职责。

发行人应当建立健全股东投票计票制度，建立发行人与股东之间的多元化纠纷解决机制，切实保障投资者依法行使收益权、知情权、参与权、监督权、求偿权等股东权利。

第十九条　发行人的董事、监事和高级管理人员应当忠实、勤勉，具备法律、行政法规和规章规定的资格，且不存在下列情形：

（一）被中国证监会采取证券市场禁入措施尚在禁入期的；

（二）最近三年内受到中国证监会行政处罚，或者最近一年内受到证券交易所公开谴责的；

（三）因涉嫌犯罪被司法机关立案侦查或者涉嫌违法违规被中国证监会立案调查，尚未有明确结论意见的。

《公开发行证券的公司信息披露内容与格式准则第1号——招股说明书》

第七节　同业竞争与关联交易

第五十一条　发行人应披露已达到发行监管对公司独立性的下列基本要求：

（一）资产完整方面。生产型企业具备与生产经营有关的主要生产系统、辅助生产系统和配套设施，合法拥有与生产经营有关的主要土地、厂房、机器设备以及商标、专利、非专利技术的所有权或者使用权，具有独立的原料采购和产品销售系统；非生产型企业具备与经营有关的业务体系及主要相关资产；

（二）人员独立方面。发行人的总经理、副总经理、财务负责人和董事会秘书等高级管理人员不在控股股东、实际控制人及其控制的其他企业中担任除董事、监事以外的其他职务，不在控股股东、实际控制人及其控制的其他企业领薪；发行人的财务人员不在控股股东、实际控制人及其控制的其他企业中兼职；

（三）财务独立方面。发行人已建立独立的财务核算体系、能够独立作出财务决策、具有规范的财务会计制度和对分公司、子公司的财务管理制度；发行人未与控股股东、实际控制人及其控制的其他企业共用银行账户；

（四）机构独立方面。发行人已建立健全内部经营管理机构、独立行使经营管理职权，与控股股东和实际控制人及其控制的其他企业间不存在机构混同的情形；

（五）业务独立方面。发行人的业务独立于控股股东、实际控制人及其控制的其他企业，与控股股东、实际控制人及其控制的其他企业间不存在同业竞争或者显失公平的关联交易。

发行人应披露保荐人对前款内容真实、准确、完整发表的结论性意见。

第五十二条　发行人应披露是否存在与控股股东、实际控制人及其控制的其他企业从事相同、相似业务的情况。对存在相同、相似业务的，发行人应对是否存在同业竞争作出合理解释。

第五十三条　发行人应披露控股股东、实际控制人作出的避免同业竞争的承诺。

第九节　公司治理

第六十七条　发行人应披露股东大会、董事会、监事会、独立董事、董事会秘书制度的建立健全及运行情况，说明上述机构和人员履行职责的情况。发行人应披露战略、审计、提名、薪酬与考核等各专门委员会的设置情况。

第六十八条　发行人应披露近三年内是否存在违法违规行为，若存在违法违规行为，应披露违规事实和受到处罚的情况，并说明对发行人的影响；若不存在违法违规行为，应明确声明。

第六十九条　发行人应披露近三年内是否存在资金被控股股东、实际控制人及其控制的其他企业占用的情况，或者为控股股东、实际控制人及其控制的其他企业担保的情况；若不存在资金占用和对外担保，应明确声明。

第七十条　发行人应披露公司管理层对内部控制完整性、合理性及有效性的自我评估意见以及注册会计师对公司内部控制的鉴证意见。注册会计师指出公司内部控制存在缺陷的，应予披露并说明改进措施。

《非上市公众公司监督管理办法》

第二章　公司治理

第七条　公众公司应当依法制定公司章程。中国证监会依法对公众公司章程必备条款作出具体规定，规范公司章程的制定和修改。

第八条　公众公司应当建立兼顾公司特点和公司治理机制基本要求的股东大会、董事会、监事会制度，明晰职责和议事规则。

第九条　公众公司的治理结构应当确保所有股东，特别是中小股东充分行使法律、行政法规和公司章程规定的合法权利。股东对法律、行政法规和公司章程规定的公司重大事项，享有知情权和参与权。公众公司应当建立健全投资者关系管理，保护投资者的合法权益。

第十条　公众公司股东大会、董事会、监事会的召集、提案审议、通知时间、召开程序、授权委托、表决和决议等应当符合法律、行政法规和公司章程的规定；会议记录应当完整并安全保存。

股东大会的提案审议应当符合程序，保障股东的知情权、参与权、质询权和表决权；董事会应当在职权范围和股东大会授权范围内对审议事项作出决议，不得代替股东大会对超出董事会职权范围和授权范围的事项进行决议。

《非上市公众公司监管指引第3号——章程必备条款》

第四条　章程应当载明保障股东享有知情权、参与权、质询权和表决权的具体安排。

第五条　章程应当载明公司为防止股东及其关联方占用或者转移公司资金、资产及其他资源的具体安排。

第六条　章程应当载明公司控股股东和实际控制人的诚信义务。明确规定控股股东及实际控制人不得利用各种方式损害公司和其他股东的合法权益；控股股东及实际控制人违反相关法律、法规及章程规定，给公司及其他股东造成损失的，应承担赔偿责任。

第七条　章程应当载明须提交股东大会审议的重大事项的范围。章程应当载明须经股东大会特别决议通过的重大事项的范围。公司还应当在章程中载明重大担保事项的范围。

第八条　章程应当载明董事会须对公司治理机制是否给所有的股东提供合适的保护和平等权利，以及公司治理结构是否合理、有效等情况，进行讨论、评估。

第十条　章程应当载明公司信息披露负责机构及负责人。如公司设置董事会秘书的，则应当由董事会秘书负责信息披露事务。

第十二条　章程应当载明公司关于投资者关系管理工作的内容和方式。

第十四条　公司章程应当载明公司、股东、董事、监事、高级管理人员之间涉及章程规定的纠纷，应当先行通过协商解决。协商不成的，通过仲裁或诉讼等方式解决。如选择仲裁方式的，应当指定明确具体的仲裁机构进行仲裁。

第十五条　公司股东大会选举董事、监事，如实行累积投票制的，应当在章程中对相关具体安排作出明确规定。公司如建立独立董事制度的，应当在章程中明确独立董事的权利义务、职责及履职程序。公司如实施关联股东、董事回避制度，应当在章程中列明需要回避的事项。

二是上市公司规则。

虽然中小民营企业在资本路上奔向上市，但毕竟不是上市公司，你也许会问这个和中小民营企业有啥关系？想想“以终为始”，上市公司的规则就是方向，做到了可能没问题，条件不具备，也要虽不能至而心向往之，最起码让别人觉着你在努力。

证监会网站上，公司治理和内部控制是放在一起的，在饶胖的实践中，内部控制也是饶胖的职责，为何？中小民营企业没去资本市场之前，一般不会专设内控的体系和人员，大多是和其他公司治理措施一样，为了符合“演”的要求，都得重新建立起来。从另一个角度来看，内部控制体系实质上也可以理解为广义的公司治理制度中的一环，有点像ABS，刹车还得靠刹车系统，但是ABS能保证刹车系统更有效。内部控制系统从另外一个角度，即从风险的角度来看，对公司治理是否有效运行进行监督、检查和证明（会计师的内部控制鉴证报告）。所以，在本书的场景，内部控制也是公司治理的内容之一。

在证监会网站，公司治理和内部控制条目下的法规有以下这些：

1.《上市公司章程指引》（〔2016〕23号）

2.《上市公司股东大会规则》（〔2016〕22号）

3.《上市公司大股东、董监高减持股份的若干规定》（〔2017〕9号）

4.《关于上市公司实施员工持股计划试点的指导意见》（〔2014〕33号）

5.《上市公司监管指引第3号——上市公司现金分红》（〔2013〕43号）

6.《关于进一步落实上市公司现金分红有关事项的通知》（〔2012〕37号）

7.《关于上市公司建立内幕信息知情人登记管理制度的规定》（〔2011〕30号）

8.《企业内部控制配套指引财会》（〔2010〕11号）

9.《关于印发〈企业内部控制基本规范〉的通知财会》（〔2008〕7号）

10.《上市公司董事、监事和高级管理人员所持本公司股份及其变动管理规则》（〔2007〕56号）

11.《上市公司与投资者关系工作指引》（〔2005〕52号）

12.《关于加强社会公众股股东权益保护的若干规定》（〔2004〕118号）

13.《上市公司治理准则》（〔2002〕1号）

上述法规中和公司治理直接相关的是《上市公司治理准则》，规定了上市公司公司治理的基本框架，拟上市公司公司治理也必须参考。

三是证券交易所（含股转）规则。

上海证券交易所、深圳证券交易所的上市规则都有相应内容，不过，饶胖觉着对中小企业建设公司治理最有价值的是深圳证券交易所的《规范运作指引》，有三个，分别对应主板、中小板和创业板，内容其实差不多，在深圳证券交易所网站上都能找到。

好多次朋友问我：什么是中小民营企业的规范运作？或者怎样做才算规范运作？开始我还说要公司治理和内部控制有效、财务会计规范、主体资格合法、生产经营合规……好长的话，挂一漏万，其实几句话怎么能说得清楚规范运作。后来我就回答，有一个《深圳证券交易所中小板上市公司规范运作指引》（2015 年修订）（主板和创业板都差不多），去深圳证券交易所网站下载下来，打印出来一厚本，好好读读就知道什么叫规范运作了。

4. 治理结构

两张图看一下治理结构。

第一张是公司和利益相关者的关系：（具体参见图 1–2）

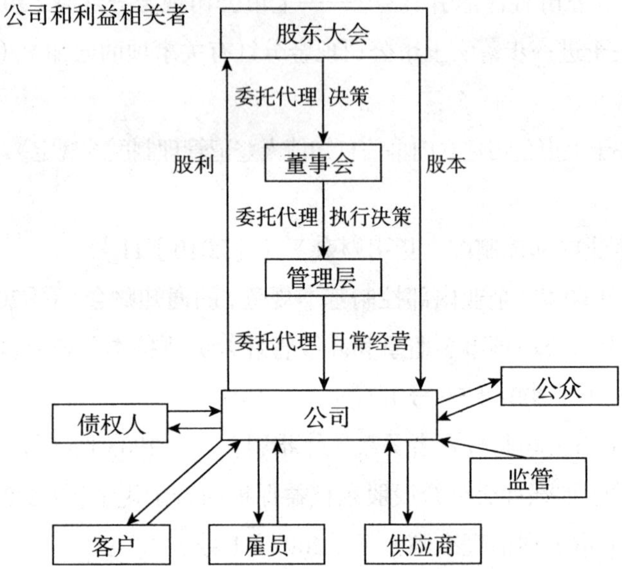

图 1–2　公司和利益相关者的关系

第二张是公司内部治理体系：（具体参见图 1–3）

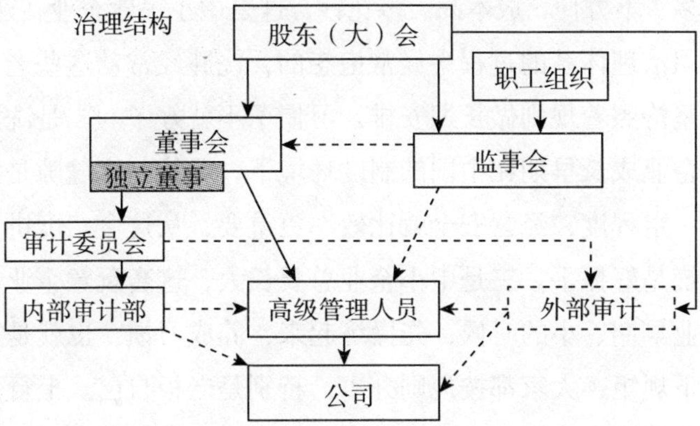

图 1-3　公司内部治理体系

在中小民营企业走向资本市场的公司治理结构中，原来有几个东西是没有的，要注意：

一条线是，独立董事，以独立董事为主的审计委员会，审计委员会领导内部审计部（这个要特别注意，如果准备 IPO 一定按上市公司治理准则来，内部审计机构一定由董事会的审计委员会领导）进行内部控制活动，审计委员会选择外部审计机构。

另一条线是，职工组织，职工代表大会或者工会，选举职工监事。

二、“用”

前面讲的“演”，就是要按照规则，在指定时间汇报演出，经监管验收，打造不出事、不造假、经得住检查、有效运行的公司治理系统，符合资本市场要求。你要说这都是“伪”，为了治理而治理，在一定程度上是的。你想想，“牛牛”公司决定增发股票在哪里作出的决定？家里晚饭桌上。但是如果“牛牛”公司要去资本市场，就得把董事会、股东会的程序履行清楚。

你要说这不是浪费吗？饶胖不是这么认为，面向资本市场中小企业公司治理还有另一个层面就是“用”，从企业角度看有三个层次：

第一，演着演着就入戏了。

约束多、不方便，成本高、多花钱，这是中小民营企业在建立自律、规范的公司治理体系的过程中经常抱怨的，饶胖经常劝这些老板，一是不习惯，坚持照着规则做长期安排，习惯了不就好了。二是洗清原罪安全经营，企业成长早期在中国的制度环境下，寻找制度缝隙是常态，企业长大到一定程度，经营安全就比效率更重要，从这个角度讲，这套公司治理系统是好抓手。三是中小企业总要长大，这套玩意企业越大越管用，在企业早期、小的时候，先操练起来，养成习惯，也就是按资本市场规则立下规矩，大家都按规则办事，特别是老板自己。上行下效，老板自己不按规矩来，也很难让手下人规规矩矩，企业小的时候老板自己或者家里人一起能看住，企业大了，靠人盯人就不行了，这时这套治理制度也许就派上大用场，风物长宜放眼量。孟子云："吾养吾浩然之气"。浩然之气是要自己养的。

从股权结构角度，我们可以把单一股东，或者家族制股权结构作为一端，另一端是多元化的股权结构；从管理角度，一端是股东自己或者老板家人或者创业者在一线管理企业运作，另一端是以外部职业经理人为主的多层级管理架构。

我们都知道，企业发展或者创业早期，必然是单一股权结构和股东亲自管理；随着企业发展，规模扩大，需要引入外部资源，股东结构开始多元化；随着业务规模变化，一个老板七八个兄弟的管理结构必然向职业经理人多层次代理的管理架构演进。

同时，随着企业规模的变大，早期追逐短期利益，保证企业活下去，追逐最大利润的、高效率的企业目标，也逐步转变成持续发展、百年老店、防范风险的长期企业目标，此时，现代资本市场演化出的公司治理系统以及内部控制体系都是这一长期企业目标的有力保证。

可能目前阶段就是为了去资本市场而搞的公司治理，就是"演"；从另一个角度讲，也是演习，预演，为将来这些系统真正发挥作用打下基础。

第二，另一种治理思路。

老大、老板或者大股东或者家长一言堂是常态，中小民营企业还有一种情况，即在早期就是股权多元化，如几个兄弟一起创业，或者比较早就引入了外部投资者，在经营过程中，各方意见分歧是正常现象。怎样化分歧为力量？老大权威是一种方法，如果老大不具备绝对权威，此时，一套协商妥协或者共同遵守的规则就非常重要，而这套制度也不能凭空从天上掉下来或者由某一方单独制定，此时，按照资本市场规则的公司治理体系就可以“粉墨登场”，成为各方共同遵守的普遍原则。当然，公司治理体系本质上讲是“right”，即权利或者法权，法权以权力为保障，公司治理制度能否执行下去，从根本取决于各方权力，也就是“power”的平衡。

第三，少走弯路。

中小民营企业搞公司治理的任务是为了去资本市场，这是重要的目标，用好公司治理，遵守规则，其实是省钱的大法，在IPO的道路上，很多涉及公司治理的问题是红线、高压线，碰上就死了，前功尽弃，或者不熟悉规则，走了弯路花了冤枉钱。

为何公司治理问题会成为资本路上、IPO路上的“坑”，饶胖再啰唆几句。

马克思在《论犹太人问题》中论述了人权，饶胖理解的白话大概是这样：人权可以分为两个层次：一个是人的政治权利（rights of citizen），即参与现代国家政治生活的权利，另一个是人的自然权利（rights of human），或者说天赋人权，人之为人就有这样的权利，马克思分析，人的自然权利有四个层次，第一个是自由，自由就是随心所欲、为所欲为，不受阻碍和限制，这很容易理解，同时也很容易理解的是人同在一方天空之下，所谓“己所不欲，勿施于人”，这个自由只能是消极的自由，或者是一个界限性的自由，在你那个自己的小天地里的自由；第二个是财产权，也就是你自由的表现形式和自由的伸张，记得有一年在美国一个温州女子开枪击毙闯入家中的劫匪的新闻，私人财产的边界就是自由的边界，即所谓私人财产神圣不可侵犯；第三个是平等，就是用法律把前述自由和财产权以正面的方式确定下来，用法律划好各个人之间的界限，在法律面前各主体实现平等；第四个是安全，当前述法律规定的界限被破坏，国家就要出面干预，维护法律，惩罚犯规者。

扯了一大堆，是为了类比企业、社会和国家之间的关系，企业我们可以认为一定程度就是人的财产权，或者说企业是企业家（这里指大股东）人格的延伸，在这里，企业家的自由要得到实现，权利要得到保证，同时，所有企业之间、企业的不同股东之间，以及企业和所有利益相关者之间的关系是平等，即由法律规定出来的界限和权利。例如，“牛牛”公司，在公司内部一定程度上是自由的，但是“牛牛”公司的老板与其他利益相关者的关系则是不自由的，或者说是被约束或者限制的，这些限制（法律）保证所有市场参与主体的平等，在面向资本市场的公司治理领域，就是前面列出的那些规则，如果你不遵守，那么安全就得不到保证，国家之手就要出面维护秩序。又如，IPO 规则里有一条不得有重大违法行为，从源头来讲，就是企业不能侵害社会公共利益，这也是企业的利益相关方，如环保问题，实际就是企业外部性导致损害其他利益相关方的问题。顺着这个思路你就很容易理解资本市场关于公司治理规则的基础和来源，以及你为何要遵守这些规则。

另外，这类公司治理问题是一个长期性的问题，需要在一个较长的时间段内解决，如股权设计上的同业竞争问题、关联交易问题、实际控制人股权稳定性问题等，需要长期的策划和坚持，所以学会“用”好公司治理规则，问题早发现、早解决，才能真的省钱。后面我们有很多案例，不深刻理解规则导致重组或者 IPO 失败的，损失很大，也有深刻理解规则的“大咖”们巧妙利用规则，省钱、省力、省时。所以，“用”好公司治理规则是每一个走在资本路上的中小民营企业老板的必修课。

延伸阅读

从企业外部看公司治理之用

公司财报和公司治理的不良信号是投资决策的有效预警，从赢鼎教育注销的1.1亿元应收账款里学习风险信号

饶胖曾经说公司的真相实不可得，特别是企业外部利益相关者，如中小投资者或者潜在中小投资者，在做一个投资选择时，大多时候总是在纠结企业到底是什么情况。什么才是企业的真相？其实，在资本市场运作中，真相并不重要，因为这个真相实不可得！我们判断的唯一依据就是企业发出的信号，而非企业本身，企业的资本动作是信号，公司治理活动是信号，财务报表也是信号，企业外的人仅仅可以接触到信号，以此来判断企业到底发生了什么，同时要时刻牢记，那仅仅是信号，而不是企业本身。

饶胖干了十多年咨询和投资，都是在企业外往里面看，就是根据外部资料试图把握企业的真相，做出投资与否的定性意见，后来又干了十多年企业，是从企业里面看，到企业去了以后，发现此前在企业外部通过研究企业公开资料，获得一个确定的结论，确实难度很大，即使有些公司出了事情，结果已经出来，但再回过头去看他们的公开资料，仍然很难把握到底发生了什么？就像一位著名的分析师曾经说过：误入了这个算命的行业。金刚经云：一切有为法，如梦幻泡影，如露亦如电，应作如是观。

由于企业外部人获得企业资料的不完整性，想通过研究企业公开资料获得完整企业情况的图景是相当困难的，此时，我们常常求助于直觉，而直觉大多时候属于一种个人禀赋，如复旦著名会计教授李若山说过：拿一本账，我一闻就知道有没有假。这就属于直觉，或者是一种暗知识。我看你老兄骨骼清奇印堂发亮，必成大业。这也属于直觉或者暗知识。但是直觉或者暗知识传递或者传授困难，直觉不像确定的知识，我们通过既定的方法学习就可获得，例如会计，我们学习个课程，就会看财务报表，会看公司年报，不过，是不是你一看就知道好不好，这个多数靠直觉，例如游泳，教练把游泳知识都传授给你了，你还是不会游，你得跳下去，喝两口水自然就会了，这叫什么？实践。暗知识或者直觉获得，两种方法，一种是亲身实践，不过大千世界的无限性与我们生命的有限性相比，能亲身实践的事情实在很有限；另一种就是模拟，我们模拟在事件中，感同身受，例如文学、电影，都是虚构一个场景，讲一个故事，让我们模拟在事件的进程中，似乎也没有让我们背什么公式，我们似乎就学到了什么，这就是直觉或者暗知识的传递途径或者方法。

经常看看案例也是同样的方法，今天我们来看新三板一个奇葩实务案例，赢鼎教育注销自己1.1亿元应收账款，闻一闻危险的信号。

赢鼎教育，2015年7月31日在新三板挂牌转让，代码833173，公开转让说明书里说的公司业务是：公司专注于高考报考在线教育领域，主要提供以在线教育和线下咨询为一体的全方位解决高中生大学专业定位及高考报考的教育产品，同时提供高考报考线下咨询服务和职业规划咨询服务。

2013~2016年的收入利润情况见下图：

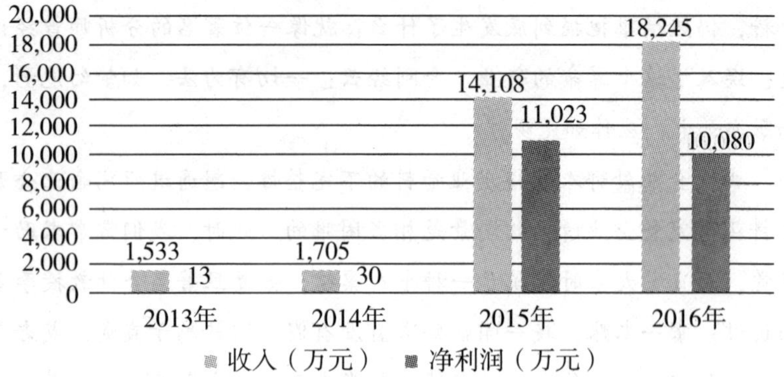

赢鼎教育利润

看着这样的收入利润数据，你的感受如何？利润真多，对不对？太能赚钱了，你一定想知道，他们卖的是啥玩意利润这么高，白粉吗？或者老板长得像王俊凯，有无数粉丝无私奉献？

根据公开资料，这四年，赢鼎教育只有一类产品，高考报考俱乐部产品（还有一个高考加分产品），实际上就是帮助高中生选择报高考志愿的线上产品，这种产品一次制作，终端边际成本基本为零，所以你看，收入基本就是利润了，这个似乎有点道理，高考报考俱乐部产品的销售方式，从资料和媒体报道来看，估计是层层区域买断式代理销售，省代从公司拿货，再批给市代，开始层层代理，有点像传销模式，最终销售给高中学生使用。

赢鼎教育确认销售收入的时间点，是在直接（省代）代理商签订进货合同取得产品的时候，而不是在销售给终端用户的时候，四年中，赢鼎教育的代理商全部，这点很重要，敲黑板了，全部都是个人。这个模式，有一个特点，就是可以通过压货代理商调节收入确认，这个会计准则是认的，如果代理商在买断式拿货时没有付全款，在确认销售收入的时候，未收到的款项确认为应收账款。这个模式要IPO，一定玩完，因为可以操纵的环节太多了，如果是真实交易，可以通过信用政策的调整提前或者延后确认销售收入，也可以虚构代理商或者朋友帮忙，走走合同走走款，然后收入就来了，特别是代理商都是个人的时候，更不容易自证清白。不过新三板不是IPO，没那么严格，出审计报告的会计师认可就行。

我们看赢鼎教育在2013年、2014年，销售规模也就是1千多万元，基本处于盈亏平衡状态，印象就是个初创的小公司，2015年突然发力，将近10倍的收入增长，几百倍的利润增长，突变，成了净利润过亿的大公司，这是一种不连续的增长，突变也就是变异，说好听了是小宇宙大爆发，难听就不说了，也可能就是梦一场。事有蹊跷必有妖孽，不过也可能碰到神仙，妖怪和神仙，都有可能，不过妖怪和神仙，都有一个共同特点：他们都不是人。对于突变需要特别警惕，赢鼎教育这个爆发增长说穿了就是讲了个故事，代理商信了，或者代理商信了可以继续忽悠下线代理商赚大钱，或者投资者信了也行，反正周围人信了，故事就可以讲下去，游戏就可以玩下去，这个故事饶胖听过赢鼎教育老板路演，口才杠杠的，有这个实力。签了省代合同交付了产品（产品既然是线上软件内容，交付不交付从实体上看就是个手续，给个代码就好），确认销售收入，代理商打了一小部分款（根据2016年年报数据，销售前五和应收账款前五对比，部分代理商付款只有8.31%~25.8%），剩余部分确认为应收账款，至于，2015~2016年，到底终端卖出去多少产品，公开资料里没有显示，如果货都在代理商（渠道）手里，是不是危险了，警钟长鸣。

到了2017年半年报，风云突变，2017年8月28日公告的半年报显示：2017年上半年营业收入大幅下降并发生亏损。上半年公司实现营业收入仅仅301.02万元，较上年同期下滑95.96%，记着2016年上半年，收入是7454万元，从7454万元回到了301万元，又是一个突变，对吧，看来妖怪终究是妖怪，成不了神仙。归属于母公司股东的净利润为亏损3183万元。要知道2016年收入1.8亿元，净利润1亿元，费用成本支出全年一共8千万元，2017年上半年，收入300万元，基本就是业务完蛋了的感觉。果不其然，2017半年报中称公司四年来的王牌产品也是唯一的产品，高考报考俱乐部，不玩了，免费送人了，另外搞了一个"一点马"高考机器人产品，重起炉灶另开张，2016年账上还有1.1亿元的代理商应收账款，不要了，全额减值，要知道2016年一共收入1.8亿元，净利润1亿元，这下直接打回原形，去年看风情万种，今年看青面獠牙。

2017年半年报发布同日，赢鼎教育的督导券商光大证券发布《关于北京赢鼎教育科技股份有限公司经营策略调整及应收账款全额计提坏账的风险提示公告》，称：赢鼎教育于2017年8月28日披露的《北京赢鼎教育科技股份有限公司第二届董事会第二次会议决议公告》中审议通过《关于公司经营策略调整的议案》，并提交2017年第五次临时股东大会审议：“（1）免费提供高考报考产品。（2）调整公司与经销商的合作。随着高考报考产品免费化及高考提分产品被一点马高考名师机器人升级取代，公司与这两个产品的经销商在友好协商的基础上陆续停止合作并终止合同。已销售给经销商但未销售至终端的产品收回关闭，经销商尚未缴纳的尾款不再履行。”赢鼎教育于2017年8月28日披露的《2017年半年度报告》中指出上述与两个产品经销商停止合作并终止合同“将对公司本年度利润造成一定损失，预计损失为报告期末应收账款，账面价值共计11,001万元。”

消息一出，第二天，赢鼎教育股价从前收盘7.08元大跌到5.5元，再对比一下2016年定增价20元，这个损失可就大了。

一次注销掉自己1.1亿元的应收账款，就是企业自己放弃自己的资产，豁免别人的债务，2016年年报赢鼎教育总资产是3.47亿元，一下子就搞掉1/3资产，从利润表角度来看，2016年其实是个亏损年，饶胖认真地看了看公开转让说明书和年报，和饶胖的常识一致，试图从公开资料、年报、财务数据、报表和附注中找到问题的确切位置，或者说给一个定性，如是不是造假，确实是非常困难的，只能说疑似或者有可能，到底是玩砸了无以为继，只好破罐破摔，还是真的转换思路另起炉灶再创辉煌，确实无从分辨。所以对公开资料的外围分析，并不能确定这是一家值得投资的好公司，但是，公开资料确实提供了一些信息，让你注意到风险，就是说我们可能通过分析公开资料排除坏公司。在赢鼎教育这个案子里，除了从销售模式和财务数据突变嗅出的危险信号，我们还可以从公司治理的角度尝试发现危险的信号，我们也来个马后炮。

赢鼎教育公司治理的不良信号：

1. 违规募资和违规炒股

2015年8月31日，赢鼎教育公告2015年半年报，一个月前，7月31日，赢鼎教育在新三板挂牌，在半年报第一页大事记有这样一段话：

2015年5~6月，公司经与新增9名投资者协商一致分别签署协议拟募集资金1.00亿元。截至2015年6月10日，赢鼎科技收到8名新增投资者合计9500万元资金（另一自然人投资者500万元投资款未缴纳）。2015年7月7日，公司以9500万元定向发行募集资金及公司自有资金500万元合计1.00亿资金投资理财，用于购买二级市场股票。前述事宜公司尚未履行内部决策程序，未告知主办券商。

赢鼎教育2015年7月27日公告的公司章程显示，公司在一年内购买、出售重大资产或者担保金额超过公司最近一期经审计总资产30%的，由股东大会以特别决议通过。赢鼎教育2015年半年报，截至2015年6月30日，公司总资产为15,546.12万元。7月7日投资1亿元的二级市场股票，须由股东大会特别决议通过，显然该投资行为属于越权违规行为，理论上讲就是公司治理失效的表现。看到这个，我们要高度警惕，小公司，老板与公司不分家是常态，老板绝对控股，即使开股东会特别决议也没有问题，但是你来了资本市场，最起码的要求就是守规矩，照章办事，如果观察到老板不能遵守规则不敬畏规则，现在可以胡来，尽管事后证明这一股票投资行为赚了2000多万元，似乎是好事，没留意还有规矩要遵守，但是，股票这种高风险投资本来就不是投资人拿钱给你的目的，如果投资人拿钱给你是为了炒股，那么去买股票基金好了，投你一个教育企业干吗？同时，危险在于，老板在这事上不守规矩，其他事情也有高度可能不守规矩，这叫管窥窥豹，危险的信号。

2. 两换会计师和延迟披露年报

从企业外部来看，经过会计师审计的财务报告是公众公司信息披露的核心和主要信息来源，会计师的稳定性是一个重要的公司治理信号，香港中文大学著名会计教授吴毓武说过：审计是生意！一语道破天机，会计师尽管肩负第三方公正立场和责任，但是审计毕竟是企业花钱雇佣会计师的行为，说穿了是个生意，那么会计师公正性的基础就有点可疑，实务中，会计师是在风险和收益间博弈，实在风险过高，大不了一走了之，就是不干了，您另请高明，君不见那么多会计造假的公众公司，有哪个是会计师举报的，所以，换会计师是一个非常重要的风险信号，当然，不一定换会计师都是造假，不过这个信号不要放过，要警惕了。

嬴鼎教育 2017 年两换会计师，这信号发的够猛吧，你要是还没注意，那就太大意了。

另外，俗话说：报喜急不可耐，坏消息姗姗来迟。新三板公司年报时间都是提前预约时间披露的，如果不能按期披露年报，一般都不是什么好事。换会计师和延迟披露年报搞在一起，是不是要赶紧跑啊！

2017 年 2 月 27 日，嬴鼎教育公告：经双方协商，北京兴华会计师事务所（特殊普通合伙）不再担任公司审计机构。公司拟聘请中喜会计师事务所（特殊普通合伙）负责公司 2016 年年度财务报告审计及相关专项审计工作。帮你挂牌，陪了你几年的会计师突然不干了，看这个时间应该是已经做了一段时间，实在分歧大，干脆不干了，这得有多大分歧。

2017 年 4 月 26 日，嬴鼎教育公告：原定于 2017 年 4 月 26 日在全国中小企业股份转让系统披露平台披露公司《2016 年年度报告》，因 2016 年年报审计工作尚未完成，为确保财务报告质量和信息披露的准确性，公司《2016 年年度报告》将延期披露。新来的会计师搞了 2 个月没搞定，随即，28 日起暂停转让，期间督导券商数次发出延迟发布年报的风险警示。

2017 年 6 月 5 日，嬴鼎教育公告：为了更好地推进 2016 年年度审计工作，公司拟改聘希格玛会计师事务所（特殊普通合伙）负责公司 2016 年年度财务报告审计及相关专项审计工作。从 2 月 27 日中喜上任到 6 月 5 日两家分手，将近 4 个月，这么简单、业务单一、非制造业的一个公司审计，出了什么幺蛾子，会计师不敢出报告，最后一走了之，大家可以有自己的判断。

新来的希格玛胆子大，不到一个月，仅仅 21 天，就完成了中喜 3 个多月没完成的审计工作出了报告，6 月 26 日公告了 2016 年年报和审计报告，年报确认2016年收入1.8亿元，净利润1亿元，应收账款1.1亿元。不过，仅仅过了2个月，8月28日，2017年半年报就狠狠给了希格玛一个耳光，6月26日确认的那个1.1亿应收账款都不算了，我们不禁要问，6月26日那个时候，赢鼎教育的战略调整方案出来了吗？如果没出，为何上半年收入只有300万元，就是说上半年实际已经停止了原来产品的拓展，可以推断上半年所谓战略调整已经付诸实施，那么公司和会计师理应知道要不玩了，要免费了，你还确认1.1亿元应收账款？还出标准无保留意见的审计报告？饶胖和几个业内人士说起这事，大家都觉着很奇怪，这年报怎么能这么出呢？只能说，这胆也真够肥的，彪悍！

第二章

股东和股权

CHAPTER 2

导读

摩莱尔先生平静地，最后一次和儿子道了别：“血可以保护我们的尊严。”穿戴整齐回到了办公室，看看墙上的挂钟，离佛伦奇银行代表约定来收账的时间还有 7 分钟，摩莱尔先生再次整理了一下遗书和手枪，时间一分一秒地过去，他听到楼梯口那扇门的铰链的转动声，时钟轧轧地响了起来，预示着 11 点到了。办公室的门开了，摩莱尔先生没有转身，他把手枪的枪口放到牙齿中间，一旦听到门房通报的那几个字：佛伦奇银行代表到了。一切就都结束了。

这是大仲马著名小说《基督山伯爵》里面的一个情节，主人公邓蒂斯的前老板摩莱尔先生投资船和贸易，融资的方式就是开出远期汇票，可惜连续几艘船出了海难，可是汇票期限越来越近了，他最后的希望埃及王号也失事了，经过几个月的辗转求助无果后，只好在佛伦奇银行代表约定来收账的时候吞枪自尽。这个情节饶胖印象很深，那就是为什么要自杀？自杀了就不用还钱了吗？那个时代，现代企业制度之前，古典企业制度，企业债权债务是与企业出资人不分离的，也就是人身依附的，企业破产就是人的破产。摩莱尔先生的公司还不出钱来，只能公司破产，也就是个人破产，丧失尊严和信誉，这在人身权利与企业权利不分的时代很是要命，所以他选择自杀保护个人的尊严和信誉。不过，最终结局是皆大欢喜，有兴趣可以看看这部小说，非常精彩。

股东与企业的关系是公司治理制度中一系列关系的基石和最为重要的部分，现代企业制度最重要的标志就是股东财产权利（也就是股东人身权利）与企业财产权分立，即企业有限责任制度，股东的责任以出资为限，以有限责任为代表的现代企业制度，出资人以出资额为限承担有限责任，企业出问题了一般不会牵连到出资人自身财产。

当然，有些生意需要人身参与，如现行《合伙企业法》里面有两种非有限形式：一种是普通合伙企业和有限合伙企业的普通合伙人，直接规定了这些合伙人是承担无限连带责任；另一种是公司法规定的一人有限公司，在无法分清个人资产和企业资产时，一人有限公司的股东也要承担无限责任。这是在现代企业制度有限责任大环境下的特殊企业形式。

股东出资与股东人身权的分离，是公司治理制度意义上第一次权利分离，也是第一次产生了代理问题，股东与企业的关系也是公司治理制度中最重要的一环。在我国，中小企业、民营企业在发展早期，在没有面向资本市场的时候，大多股东结构简单，以家族血缘纽带和朋友友情纽带维系，尽管公司的形式是有限公司，实际上股东，特别是少数控制股东人身权利与公司往往混同，边界并不清晰。一旦准备面向资本市场，外部股东进入，特别是引入公众股东，这时资本监管规则就会要求企业的公司治理按照资本市场规则进行规范，在股东和企业关系方面，主要体现为资本运作符合监管要求，规范实际控制人行为，保护中小股东权利，保护其他利益相关者权利以及股东大会、董事会运作规范等。本篇结合资本运作案例和资本故事，聊一聊股东和企业的规范关系的要点。

第一节

谁是股东?

无论是《公司法》还是《证券法》都没有专门针对“股东”一词进行界定，而我国理论界对“股东”通常的解释是“向公司进行出资并对公司享有权利和承担义务的人”。基于“人资两合”和“资合”属性的学理区别，公司在我国被划分为“有限责任公司”和“股份有限公司”两种类型。[1]在实务中，我们确认通常有法定形式和实质要件两个方面。

一、法定形式

（一）上市公司和新三板公司

最近几年，新三板（全国中小企业股权转让系统公司，以下简称股转或新三板）发展很快，已经有1万多家企业挂牌，去了新三板非常重要的一条就是股权融资，也就是我们常说的定增（定向增发），一个新三板企业定增就是增发股票融资，新三板定增股票的对象是有管制的。《非上市公众公司监督管理办法》第39条规定，发行股票的特定对象的范围包括下列机构或者自然人：（1）公司股东；（2）公司的董事、监事、高级管理人员、核心员工；（3）符合投资者适当性管理规定的自然人投资者、法人投资者及其他经济组织。特定对象第一条就是公司

1 郑彧：《上市公司股份代持法律问题研究：兼论股份代持对信息披露监管制度的挑战与完善》，载《证券法苑》2012年第2期。

股东，那么问题来了，谁是公司股东？在这个场景下，公司股东是指审议批准该次股票发行的股东大会的权益登记日那天收市后，登记在股东名册上的股东。这个名册从哪里取得？由公司持股东大会通知等相关文件，向中国证券登记结算公司（以下简称中登）北京分公司申请，由中登根据申请下发，这个名册上登记的股东即为此次发行的特定对象之一，公司股东。这个就和上市公司的规定一样，因为新三板公司的股票也是登记在中登，当天卖出的就不在当天收盘后的股东名称上，股权登记日第二天买入的也不在股权登记日股东名称上，都不是该次发行的公司股东。

《上市公司章程指引》

第三十条　公司依据证券登记机构提供的凭证建立股东名册，股东名册是证明股东持有公司股份的充分证据。股东按其所持有股份的种类享有权利，承担义务；持有同一种类股份的股东，享有同等权利，承担同种义务。

【注释】公司应当与证券登记机构签订股份保管协议，定期查询主要股东资料以及主要股东的持股变更（包括股权的出质）情况，及时掌握公司的股权结构。

第三十一条　公司召开股东大会、分配股利、清算及从事其他需要确认股东身份的行为时，由董事会或股东大会召集人确定股权登记日，股权登记日收市后登记在册的股东为享有相关权益的股东。

《非上市公众公司监管指引第 3 号——章程必备条款》

第三条　章程应当载明公司股票采用记名方式，并明确公司股票的登记存管机构以及股东名册的管理规定。

确认新三板公司和上市公司的股东的法定形式，就是看中登的股东名册，全称是“证券持有人名册”，由于上市公司和新三板公司都处于交易状态，股东在交易时段随时变化，所以确认公司股东需要首先确认时间点，再去中登申请股东名册，根据那个时间点（收市后）的股东名册确认公司股东。

新三板定增一直有个 35 人规定，就是《非上市公众公司监督管理办法》第39条规定的三类特定对象的后两类，一次定增不能超过35人，有时定增人数多了采取的方法就是先把定增对象变成公司股东，就是先通过交易方式让发行对象买个1000股，变成在册股东就不受一次35人的约束，记得要在批准该次发行的股东大会股权登记日收市前购买。

（二）有限公司和股份有限公司

上市公司和新三板公司（非上市公众公司）的公司形式都是股份公司，只不过上市公司在证券交易所公开交易，新三板公司在股转公开转让，这两种公司都是股份公司在资本市场的特殊形式。我们这里说的股份有限公司限定为非上市或者非公众公司阶段的股份有限公司。

有限公司和股份有限公司的股东，我们通常看工商登记资料，根据《公司法》，公司成立需要在登记机关登记，这是强制性的。

《公司法》

第六条　设立公司，应当依法向公司登记机关申请设立登记。符合本法规定的设立条件的，由公司登记机关分别登记为有限责任公司或者股份有限公司；不符合本法规定的设立条件的，不得登记为有限责任公司或者股份有限公司。法律、行政法规规定设立公司必须报经批准的，应当在公司登记前依法办理批准手续。公众可以向公司登记机关申请查询公司登记事项，公司登记机关应当提供查询服务。

公司的章程是法定登记文件，有限责任公司章程中股东的名称和出资数额是法定登记事项，股份有限公司的发起人股东的名称和出资数额是法定登记事项，谁是股东，有限责任公司到该公司登记的工商管理部门查询打印出来即可，在工商管理部门打印出来的资料是有工商部门盖章的，这个具有法定的效力，当然目前网上查询工具也很方便，启信宝、企查查等都很好用，不过需要工商部门盖章的原件才有法律效力，特别是在做资本运作的时候，还是去工商局查一下资料比较稳妥。

有限责任公司股东、股份有限公司发起人股东的法定资料在工商登记管理部门，上市公司、新三板公司股东法定资料在中登，中间还有一类比较特殊的公司，就是在各地股权交易中心（“四板”）挂牌或托管的公司，这类公司的法定股东资料不在工商登记管理部门而是在挂牌或托管的股交中心。除此之外的股份有限公司除发起人股东之外股东资料只能依赖公司的股东名册，似乎就有一个法定资料的空白地带，在这一时期，如果计划 IPO 的，尽量还是把全部股东登记在工商部门，有的地方工商部门不接受，毕竟法规只规定股份公司的发起人股东是法定登记事项，如果登记不了，还有一个办法就是在这一阶段股权变动的交易，包括增资或者股权转让，涉及股东变动的交易，进入各地的产权交易所做交易，如深圳联合产权交易所，进产权交易所交易，有第三方监管，有效性、合法性都容易证明，不易产生纠纷。

这些法定资料可以证明股东身份，这个和证明你爸是你爸是一个道理，法定身份只看法定文件。我的一个朋友就碰到过这个问题，现在买房，有各种限制政策，好不容易资料齐了，交易中心就问："这个你爸是你爸？"给个证明材料，如果他和他爸妈在一个户口簿里，复印一下核对一下原件即可。但因为他自己老早从他爸妈户口了迁出来，爸妈户口簿遗失更换过，就没他了，这可就麻烦了，后来不得不回老家找原派出所调户籍档案才解决。

另外要注意一点，有限责任公司和股份有限公司成立的时候，股东是强制登记的，《中华人民共和国公司登记管理条例》（以下简称《登记管理条例》）第 9 条，公司的登记事项包括：……（8）有限责任公司股东或者股份有限公司发起人的姓名或者名称。以后股东发生变更，例如增资或增加新股东，老股东转让给新股东等，有限责任公司股东变更是强制登记的，关于股东变更，《登记管理条例》第 34 条规定，有限责任公司变更股东的，应当自变更之日起 30 日内申请变更登记，并应当提交新股东的主体资格证明或者自然人身份证明。有限责任公司的自然人股东死亡后，其合法继承人继承股东资格的，公司应当依照前款规定申请变更登记。”这里面很清楚，有限责任公司股东变更需要在规定期限登记，而股份公司股东变更则不是强制登记项目。我们看一个例子：

德威新材（300325）在上市审核中，监管机构问在股份公司阶段有几次股权转让签约时间和办理工商变更登记的时间差距较大（1~2 年）

有没有问题？

律师回复："根据《公司法》《登记管理条例》的相关规定，并经发行人注册地江苏省苏州工商行政管理局确认，股份公司的股份变更不属于法定的公司变更登记事项。因此，发行人于设立后发生的历次股份转让除涉及修改章程的情形外均未办理工商变更登记手续。前述转让协议生效后，发行人向股东换发或交付了股权凭证，并相应修改了《股东名册》。综上所述，发行人前述历次变更均符合《公司法》等相关法律、法规、其他规范性文件的规定，均合法有效。"

当然这是事后补救，如果计划做资本运作还是事前就把功课做足了更好。

如果是有限公司股东变更了，没有办理工商变更登记是有法律风险的，《登记管理条例》第68条规定，公司登记事项发生变更时，未依照本条例规定办理有关变更登记的，由公司登记机关责令限期登记；逾期不登记的，处以1万元以上10万元以下的罚款。"因此，如果不及时进行工商登记将要承担相应的罚款。

二、股东的实质要件

在资本运作中，特别是准备IPO或者新三板，法定股东资料的齐备是非常重要的，就是要有法定证据证明你是股东。当然，股东的实质并不是那张盖了章的纸。

股东是指通过向公司出资或其以他合法途径出资并获得公司股权，并对公司享有权利和承担义务的人或者机构。股东成为股东的实质条件是股东出资，公司作为资本型企业，股东出资是其成立的基础，因此，股东之于公司出资是取得股东资格的基础条件。

《公司法》

第二十三条　有限责任公司，应当具备下列条件：

（一）股东符合法定人数；

（二）有符合公司章程规定的全体股东认缴的出资额；

（三）股东共同制定公司章程；

（四）有公司名称，建立符合有限责任公司要求的组织机构；

（五）有公司住所。

成立一个有限责任公司，需要有股东（2~50人）（1人可以成立一人有限公司，《公司法》有专门规定，不过1人有限公司通常不是资本运作的主体），股东出了钱，股东一起签署了一个公司基本法即公司章程，另外就是有个名字和办公的地方。其中出钱最重要，没出钱，有了纠纷就没办法了。经常有朋友咨询我，说老板给他点股权，还要他花钱买，不够意思。我说，花钱就对了，那叫出了对价，就是出了钱，股权就是你的了，你就是股东了，别人抢不走。如果你没出钱，这事挺复杂的，将来万一有个纠纷，这股权是谁的还不一定呢？

根据《最高人民法院关于适用〈中华人民共和国公司法〉若干问题的规定（三）》（以下简称《司法解释（三）》）第23条的规定，当事人之间对股权归属发生争议，一方请求人民法院确认其享有股权的，应当证明以下事实之一：（1）已经依法向公司出资或者认缴出资，且不违反法律法规强制性规定；（2）已经受让或者以其他形式继受公司股权，且不违反法律法规强制性规定。

将来万一有纠纷，除了协商就是诉诸法律，打官司，法院怎样看？在不违法的情形下，你是否已经出了钱，包括出资或者支付转让对价，就成为核心要点。切记，取得股权成为股东需要支付对价，公司成立的时候就是出资，参与公司增资的时候就是认购，受让取得股权的就是支付对价，对价可以是现金，也可以是其他法律认可的资产。

《公司法》

第二十七条　股东可以用货币出资，也可以用实物、知识产权、土地使用权等可以用货币估价并可以依法转让的非货币财产作价出资；

但是，法律、行政法规规定不得作为出资的财产除外。对作为出资的非货币财产应当评估作价，核实财产，不得高估或者低估作价。法律、行政法规对评估作价有规定的，从其规定。

这里要提醒大家，如果将来你要做资本运作，特别是准备将来IPO的，在出资形式上尽量避免以无形资产评估作价出资，监管通常重点关注。此时，如果你想确认自己的无形资产，建议用先后出资的办法，如你的团队出钱加技术，现金1000万元，技术5000万元，另外投资方出资现金4000万元，合计注册资本1亿元，一种方案是你把你的无形资产技术评估作价5000万元出资占50%，团队现金出资1000万元占10%，投资方出资现金4000万元占40%，虽然按现行法律没问题，但是在IPO时就会有较多麻烦。无形资产、实物资产等涉及评估、权属、有无纠纷、定价是否公允等一系列问题，当时没处理好将来IPO时就比较难以解决。另一种方案，团队先现金出资1000万元成立公司，再由投资者增资668万元，合计注册基本1668万元，占增资后投资者40%，增资对价是4000万元现金，668万元进入注册资本，3332万元进入资本公积，同样团队还是现金出资1000万元占60%，投资方现金投资4000万元占40%。

另外，我们也要留意具备了股东实质条件但是欠缺法定形式的情形，就是没办理相应的工商登记手续。根据《公司法》第32条规定，有限责任公司应当置备股东名册，记载于股东名册的股东，可以依股东名册主张行使股东权利。公司应当将股东的姓名或者名称向公司登记机关登记；登记事项发生变更的，应当办理变更登记。未经登记或者变更登记的，不得对抗第三人。也就是说，工商登记的法定形式是证明权利的而非设立权利，具备股东实质条件不因为没有工商登记的法定形式而取消，但是对于公司外部人而言，工商登记具有重要意义，记着我们要去资本市场就是要面对外部人，监管自然也关心法定形式，所以实质条件和法定形式都要齐全才是正途。

三、法定形式和实质要件不一致的情况

正常情况下，股权的实质要件（出资）和法定形式（载入公司法定

文件和工商登记）一致，如果不一致就会产生纠纷，哪个来认定股权是谁的？这里面就要两个专业名词，名义股东和实际股东，名义股东就是法定形式上的股东，载入公司法定文件和工商登记，实际股东又称隐名股东，就是实际出资人。

一般而言，实际股东（隐名股东）以名义股东的名义登记载入公司法定文件和工商登记，名义股东仅仅是实际股东的手套，股权的权利义务均归属于实际股东，这种民间权属关系本身没有问题，只有当出现实际股东和名义股东产生纠纷时，才需要法律介入，下面我们看相关法律和司法解释对这一问题的规定。

《最高人民法院关于适用〈中华人民共和国公司法〉若干问题的规定（三）》

第二十四条　有限责任公司的实际出资人与名义出资人订立合同，约定由实际出资人出资并享有投资权益，以名义出资人为名义股东，实际出资人与名义股东对该合同效力发生争议的，如无合同法第五十二条规定的情形，人民法院应当认定该合同有效。前款规定的实际出资人与名义股东因投资权益的归属发生争议，实际出资人以其实际履行了出资义务为由向名义股东主张权利的，人民法院应予支持。名义股东以公司股东名册记载、公司登记机关登记为由否认实际出资人权利的，人民法院不予支持。实际出资人未经公司其他股东半数以上同意，请求公司变更股东、签发出资证明书、记载于股东名册、记载于公司章程并办理公司登记机关登记的，人民法院不予支持。

第二十五条　名义股东将登记于其名下的股权转让、质押或者以其他方式处分，实际出资人以其对于股权享有实际权利为由，请求认定处分股权行为无效的，人民法院可以参照物权法第一百零六条的规定处理。名义股东处分股权造成实际出资人损失，实际出资人请求名义股东承担赔偿责任的，人民法院应予支持。

《合同法》

第五十二条　有下列情形之一的，合同无效：（一）一方以欺诈、胁迫的手段订立合同，损害国家利益；（二）恶意串通，损害国家、集体或者第三人利益；（三）以合法形式掩盖非法目的；（四）损害社会公共利益；（五）违反法律、行政法规的强制性规定。

《物权法》

第一百零六条　无处分权人将不动产或者动产转让给受让人的，所有权人有权追回；除法律另有规定外，符合下列情形的，受让人取得该不动产或者动产的所有权：（一）受让人受让该不动产或者动产时是善意的；（二）以合理的价格转让；（三）转让的不动产或者动产依照法律规定应当登记的已经登记，不需要登记的已经交付给受让人。受让人依照前款规定取得不动产或者动产的所有权的，原所有权人有权向无处分权人请求赔偿损失。当事人善意取得其他物权的，参照前两款规定。

上述最高人民法院的司法解释实际承认了实际股东权利的有效性，当纠纷出现时，法院支持实际股东的权利。需要注意上述规定仅适用有限责任公司，股份公司并无明确规定。

在对股份公司“资合性”特征的把握下，根据我国法院的审判传统，法院对“资本认定规则”的唯一理解就是“谁出资，谁所有”。[1]

1　郑彧：《上市公司股份代持法律问题研究：兼论股份代持对信息披露监管制度的挑战与完善》，载《证券法苑》2012 年第 2 期。

第二节

自然人、机构、穿透和 200 人问题

一、自然人股东和机构股东

登记在公司股东名册或者公司章程中的股东有两种类型：一种是自然人，另一种是机构。自然人就是人格，这个很容易理解，需要个“人”证，居民就是身份证，非居民自然人就是护照。

自然人之外的，我们都叫他机构股东，有这么几种类型：有限责任公司、股份有限公司、非上市公众公司（新三板公司）、上市公司（新三板公司和上市公司是特殊的股份有限公司）、一人有限公司、国有独资公司，前面这些类型都是《公司法》管辖；此外还有外商投资企业，包括外商独资公司和中外合资公司，这是外商投资企业的法规规范；以及合伙企业，包括普通合伙和有限合伙企业，由《合伙企业法》管辖。前面这些机构的共同特点是登记在工商管理部门，我们一般称为工商法人，也就是法人股东，按照民法总则的规定，统称营利法人。[1]

其他类型的法人机构包括：在不同历史时期允许成为公司股东的社团法人，如工会、职工持股会、基金会等。这些机构登记在民政等其他政府部门；国有资产管理机构，这是我国特有的机构股东形式，国有资产管理机构是指中央政府和地方各级政府为实现国有资产管理而设置的专门行政机关。最终由国有资产管理机构控制的公司称为国有法人。

---

1 合伙企业不是法人，是个例外。

上面这些都是法人主体，在公司机构股东，即非自然人股东方面，还有一类是非法人的机构，前面讲过新三板定增对象的规定，包括三类：（1）公司股东；（2）公司的董事、监事、高级管理人员、核心员工；（3）符合投资者适当性管理规定的自然人投资者、法人投资者及其他经济组织。其中最后一个是其他经济组织，既非自然人也非法人，如契约型组织。

《全国中小企业股份转让系统投资者适当性管理细则（试行）》

第四条　集合信托计划、证券投资基金、银行理财产品、证券公司资产管理计划，以及由金融机构或者相关监管部门认可的其他机构管理的金融产品或资产，可以申请参与挂牌公司股票公开转让。

在新三板适当性投资者规定的其他经济组织，主要是指没有法人实体的金融计划，我们经常碰到的，包括契约式私募基金，私募基金也可以是法人式基金，如主体是有限公司，只有契约式的基金没有法人主体，私募基金的管理人和产品按现行法规须在基金业协会备案；资产管理计划，资管计划有券商即证券公司的资管计划和基金子公司的资管计划，前面几种都属于证监会监管的金融计划。另外还有一种就是信托计划，这个是银监会监管。上述这些金融计划的共同特点是没有法人实体，即不在工商管理部门登记，在新三板坊间有个别称叫“三类股东”。

二、穿透

穿透或者穿透原则，是在股东结构核查上的专用词汇，有专用的应用场景，如在谈股东的场景，穿透的意思是要把机构股东打开来看，到底有谁在后面，前面我们说了股东分为自然人股东和机构股东，自然人股东即自然人本身是法律意义或者法定形式的最终股权持有人，除了自然人股东以外，其他我们都称为机构股东，包括法人股东和其他经济组织，如资管计划，这些是非人格的股东，非人格的股东最终也是由人来持有，这里又有两种情况：一种情况是追溯到最后为自然人，另一种情况是国有资产管理机构，这是人民共有财产法定形式的人格代表。

穿透是资本市场管制的要求，如上市公司定增，按2015年10月的窗口指导，定增对象要穿透到自然人、国有资产管理机构和股份公司，上述穿透后的定增对象总和不超过200人。

在申请新三板挂牌时，如果穿透后股东合计数超过200人，需要先取得证监会行政核准，如果不超200人则直接向股转申请，证监会豁免核准。此时，计算股东人数就不能仅凭股东名册上的股东人数，而是需要把机构股东打开来看，如果机构股东后面还有机构股东，要逐级打开，穿透直至自然人、国有资产管理机构和股份公司。

至于为什么要穿透？一般理解是为了避免以合法形式掩盖非法目的，如掩盖同业竞争、关联关系和利益输送，规避资本管制法规等，也就可以理解如果你不去资本市场，不上新三板，不申请IPO之类的，也就没人会管你股东最终到底是谁、到底穿透后有几个。

三、股东人数问题

（一）一般规定

有限责任公司，股东人数2~50人，一人有限公司就一个股东，这个从字面上就可以理解，有限合伙的合伙人人数上限为50人，股份公司成立时发起股东人数上限为200人。那么你要问：股份公司成立的时候股东不超过200人，后面企业运作不断有新股东加入，股东人数超200人了，怎么办？其实200人是资本市场规则，股份公司去资本市场之前是登记在工商局，工商局执行的是《公司法》，《公司法》没规定股份公司成立以后股东人数的问题，但是到了资本市场，问题就来了。

（二）200人问题

股东人数200人的问题是我国资本市场的一个重要规定，是划分公开发行证券的界限，而公开发行证券是重要的资本管制项目，需要证券管理部门行政许可。

我们从一个问题来了解一下200人问题的来龙去脉：新三板公司股东超200人能IPO吗？

新三板公司在现行发行制度下申请IPO，是符合IPO条件的新三板公司在2016年至2017年最重要的资本选择之一，随着2016年下半年IPO发行明显提速，符合IPO条件或者接近IPO条件的新三板公司大都在跃跃欲试。

新三板公司IPO和其他IPO有什么不一样的特点和需要关心的问题？饶胖最近接到不少类似的咨询。除了IPO常规问题之外，新三板公司独有的特点，会产生几个问题，经常会被问到。第一是股东超过200人要紧吗？第二是做市交易方式要改回协议转让吗？第三是资管计划、信托、私募基金这“三类”股东要清理吗？

如果你不需要知道为什么，饶胖的回答是这样：第一，超过200人没问题不影响；第二，不是必须转换回协议转让方式；[1]第三，以监管意见为准。

如果要解释为什么，那需要很长的话，我们先来分析一下200人问题。

200人，在中国证券管理中是一个非常重要的数字，实际也是现行监管公募与私募的分界线，公募重在注册制，私募重在合格投资者制度，至于合不合理，特别是美国在2012年通过JOBS法案：《初创企业促进法案》（以下简称JOBS法案），把美国对于公众公司的要求从《1934年证券交易法》的500人提高到2000人，学界有很多讨论，大家可以自行检索。

200人分界是否合理，这是理论界和监管的事情，我们搞实操的更关注现行法律监管框架下怎样操作可行，在IPO的过程中，最主要的法规是《首次公开发行股票并上市管理办法》和《首次公开发行股票并在创业板上市管理办法》，前者管主板、中小板，后者管创业板。

《首次公开发行股票并上市管理办法》

第十八条 发行人不得有下列情形：（一）最近36个月内未经法定机关核准，擅自公开或者变相公开发行过证券；或者有关违法行为虽然发生在36个月前，但目前仍处于持续状态……

《首次公开发行股票并在创业板上市管理办法》

第二十条第二款 发行人及其控股股东、实际控制人最近三年内不存在未经法定机关核准，擅自公开或者变相公开发行证券，或者有关违法行为虽然发生在三年前，但目前仍处于持续状态的情形。

1 2018年1月15日起协议转让方式改为集合竞价转让方式。

未经法定机关核准，擅自公开或者变相公开发行证券，这是一个禁止项，如果报告期存在这个问题，或者报告期前发生但在报告期内未得到纠正，就不能 IPO 了。

那么，什么是公开发行证券？我们来看《证券法》的规定。

《证券法》

第十条 公开发行证券，必须符合法律、行政法规规定的条件，并依法报经国务院证券监督管理机构或者国务院授权的部门核准；未经依法核准，任何单位和个人不得公开发行证券。有下列情形之一的，为公开发行：（一）向不特定对象发行证券的；（二）向特定对象发行证券累计超过二百人的；（三）法律、行政法规规定的其他发行行为。

如果说一个公司不是上市公司，股东人数又超过了 200 人且未经有关部门核准（有关部门是指国务院证券监督管理机构或者国务院授权的部门，实际运作就是证监会），如果未经证监会核准公开发行证券（向不特定对象）或者向特定对象发行证券累计超过 200 人，就会构成未经核准公开发行证券，这是重大违法行为，是不可能进行 IPO 的。这就是为什么“200 人”问题非常严重。

关于股东人数的规定还有《公司法》，《公司法》规定了几种公司的形式，有限责任公司，股东人数是 2~50 人，股东人数上限是 50 人。股份有限公司的股东人数规定是发起股东人数上限为 200 人，也就是说，股份有限公司在成立时发起股东人数不得超过 200 人，但是，以后通过定向发行或者转让之类股东人数可能会超过 200 人，根据《公司法》，这在实际运作中没有问题（工商局不会管），但是，如果要去资本市场，就要受《证券法》约束，就会有问题。上市公司实际就是经证监会核准公开发行证券的股份有限公司，上市公司股东人数是没有上限的。

《证券法》第 10 条规定的第一种公开发行证券的行为是“向不特定对象发行证券的”，就是我们平常说的 IPO，即首次公开发行股票。

《证券法》第 10 条规定的另一种公开发行证券的行为是“向特定对象发行证券累计超过二百人的”，如果在股份公司运作过程中，股东人数实际超过了200人，又需要去资本市场，怎么办？2013年，证监会公布了《非上市公众公司监管指引第4号——股东人数超过200人的未上市股份有限公司申请行政许可有关问题的审核指引》（以下简称《非公指引4号》），就是为了解决这个问题。

《非公指引4号》文件

《证券法》第十条明确规定“向特定对象发行证券累计超过二百人的”属于公开发行，需依法报经中国证监会核准。对于股东人数已经超过200人的未上市股份有限公司（以下简称200人公司），符合本指引规定的，可申请公开发行并在证券交易所上市、在全国中小企业股份转让系统（以下简称全国股份转让系统）挂牌公开转让等行政许可。对200人公司合规性的审核纳入行政许可过程中一并审核，不再单独审核。

《非上市公众公司监督管理办法》

第二条　本办法所称非上市公众公司（以下简称公众公司）是指有下列情形之一且其股票未在证券交易所上市交易的股份有限公司：（一）股票向特定对象发行或者转让导致股东累计超过200人；（二）股票公开转让。

第三十四条　股东人数超过200人的公司申请其股票公开转让，应当按照中国证监会有关规定制作公开转让的申请文件，申请文件应当包括但不限于：公开转让说明书、律师事务所出具的法律意见书、具有证券期货相关业务资格的会计师事务所出具的审计报告、证券公司出具的推荐文件。公司持申请文件向中国证监会申请核准。

第三十六条　股东人数未超过200人的公司申请其股票公开转让，中国证监会豁免核准，由全国中小企业股份转让系统进行审查。

从上述法规来看，新三板公司是非上市公众公司，其特点是股票向特定对象发行、转让导致股东累计超过200人或者公开转让，这个合法性是在新三板挂牌时经过了证监会的行政许可，就是《证券法》第10条所说的“经国务院证券监督管理机构或者国务院授权的部门核准”。只不过申报挂牌时，如果股东不超过200人的（穿透计算），证监会豁免核准，代由股转公司审查，豁免核准和核准效力是一样的，后面新三板挂牌公司再通过定向增发或者公开转让，股东人数超200人时，不需要证监会再核准一次，目前的做法是发一个股东超过200人的提示公告。

总结一下,《证券法》所说的公开发行有两种情况：一种情况就是“向不特定对象发行证券的”，我们通常所称IPO，由证监会按首发管理办法行政核准：另一种情况是“向特定对象发行证券累计超过二百人的”，这个适用《非公指引4号》和《非上市公众公司监督管理办法》。新三板公司申请挂牌时，如果当时股东人数超过200人（穿透计算）应按《非公指引4号》和《非上市公众公司监督管理办法》的规定向证监会申请行政核准，如果股东人数未超过200人（穿透计算）则中国证监会豁免核准由股转审查。

也就是说，新三板挂牌公司都是按照《非公指引4号》和《非上市公众公司监督管理办法》经过了证监会的行政核准，股东人数可以超过200人，自然在申请IPO时就不会出现违反《首次公开发行股票并上市管理办法》第18条的法定情形，即发行人不得有下列情形：最近36个月内未经法定机关核准，擅自公开或者变相公开发行过证券；或者有关违法行为虽然发生在36个月前，但目前仍处于持续状态。

结论：新三板股东数超200人不是IPO的障碍

其他经常遇到200人问题的场景，股份制改造准备新三板或者IPO时，上市公司非公开发行股票（定向增发）。

第三节

直接股东和间接股东

直接股东就是公司法定材料上列明的公司股东，章程和股东名册（有限公司阶段、股份公司阶段）、合伙企业协议（有限合伙）、证券持有名册（新三板公司和上市公司）上面列明的股东，如果是指自然人股东自然就这一层，如果是机构股东，那么机构股东的股东就是公司的间接股东。间接股东，也就是股东的股东，甚至股东的股东的股东，间接股东往往是另一个法人或者非法人组织的治理问题，在资本运作中，我们经常遇到的是实际控制人以及一致行动人和关联关系的问题，这些我们在下一章“合并报表、控制、实际控制人和一致行动人”中讨论，这里我们聊聊另外两个我们经常遇到的间接股东问题：一是间接持股的股权激励；二是董事、监事、高级管理人员（以下简称董监高）间接持有股份的锁定问题。

一、间接持股的股权激励

股权激励是中小企业走向资本市场常常要考虑的问题，或者也可以说能使用股权激励也是去资本市场的原因之一，马克思在《关于费尔巴哈的提纲》中谈到：环境与人的关系。到底是环境造就了人还是人改变了环境，这是一个循环的问题，环境造就人，我们同意，人改变环境，我们也同意，两个加起来就成了矛盾。到底先有鸡还是先有蛋？中小企业资本市场决策和股权激励决策也是类似，为了搞股权激励不去资本市场不行，因为股权没有资本市场就不能定价和变现，也就起不到激励作用，去了资本市场，如果你不搞股权激励恐怕也留不住人，互相影响、互为因果。

股权激励从是否是直接股东来看，可以分为直接持股的股权激励和间接持股的股权激励。直接持股很容易理解，激励对象，你的员工兄弟直接成为公司股东，登记在公司章程和股东名册上；间接持股就是搞一个机构（持股平台），可以是有限公司或者合伙企业，也可以是非法人的组织如资管计划，这个机构（持股平台）成为公司的直接股东，激励对象成为该机构（持股平台）的股东（有限公司和股份公司）、有限合伙人（有限合伙企业）、份额持有人（金融计划）等。

从理论上讲，间接持股可以通过模拟计算还原为持有公司多少股权，但仅仅是模拟，因为该机构（持股平台）的股东权利行使往往由公司或者实际控制人控制，激励对象对间接持有的股权的行使也是在机构（持股平台）层面，一般都设计有诸多的限制或者条件，与直接持股相比权利保护的能力就低很多。

有董秘朋友问我：“搞股权激励直接持股好还是间接持股好？”我就问他：“如果是给你股份，你选择直接还是间接？”他回答：“那当然是直接持股。”对吧，这其实只是一个立场问题，你站在激励对象角度考虑，自然是直接持股好，股权在我名下，我就是股东，这个权利比较有保障，行使起来也容易；从老板和公司管理的角度来讲，一定是间接更好，特别是中小企业在发展的早期，团队成员或者员工流动率高，直接持股要变更起来相当复杂，如有些地方工商局股权转让需要本人亲自到场，对方要是不配合，你还真麻烦。还有就是控制股权稀释的问题，如果放在持股平台上，持股平台一般由老板控制，最起码表决权还在老板自己手里，人员流动在持股平台层面也比较容易解决，同时也不影响公司股权结构，坏处是激励效果就打了折扣。

如果是新三板公司，要留意，现行政策是不允许持股平台成为定增对象的，即使用于股权激励员工持股平台也不行。解决方案一是在挂牌新三板之前就把持股平台搭好，由老板先拿着，挂牌后按激励方案转让给激励对象；二是持股平台受让老股；三是用员工持股计划，载体是金融计划，资管计划或者私募股权基金，但这个有“三类股东”IPO 问题。

二、董监高间接持有股份的锁定问题

我有很多问题线索都是来自朋友的咨询，有时，只是凭借印象回答一下，如这个问题问：“饶胖，我是个新三板公司，有董事和高管通过持股平台（有限合伙公司）间接持有公司股份，这部分股份需不需要按董监高任职期间 25% 比例限售？”记得那天我在北京出差，晚上，在出租车上接到电话，车外华灯初上树影婆娑，我当时的回答是：“具体法规记不清楚了，印象是董监高间接持有的股份无须法定限售，但是要确认是否在公开转让说明书里承诺对间接持有的股份自愿限售，如果有承诺，这个是承诺事项，如果没有则没有强制要求。”当时也觉得这个问题蛮有意思的，说回头再研究下具体法规，后来因事情多，也就搁下了。

那么现在回想起来，如果董监高间接持股不需按每年 25% 限售，这个漏洞似乎很明显，对吧？到底怎么回事，饶胖还是查查法规研究一下。

（一）董监高 25% 限售的来历

《公司法》第五章股份有限公司的股份发行和转让第二节“股份转让”的第 141 条规定，发起人持有的本公司股份，自公司成立之日起一年内不得转让。公司公开发行股份前已发行的股份，自公司股票在证券交易所上市交易之日起一年内不得转让。公司董事、监事、高级管理人员应当向公司申报所持有的本公司的股份及其变动情况，在任职期间每年转让的股份不得超过其所持有本公司股份总数的 25%；所持本公司股份自公司股票上市交易之日起一年内不得转让。上述人员离职后半年内，不得转让其所持有的本公司股份。公司章程可以对公司董事、监事、高级管理人员转让其所持有的本公司股份作出其他限制性规定。

限制对象：现任股份公司董事、监事、高级管理人员，董事监事不用解释，谁是高级管理人员看具体公司章程规定。

限制方式：在任职期间每年转让的股份不得超过其所持有本公司股份总数的 25%。

（二）证监会的具体解释

《上市公司董事、监事和高级管理人员所持本公司股份及其变动管理规则》（证监公司字〔2007〕56 号）重申了上市公司董监高 25% 限售规定，并规定了具体计算和操作方法：

> 第五条　上市公司董事、监事和高级管理人员在任职期间，每年通过集中竞价、大宗交易、协议转让等方式转让的股份不得超过其所持本公司股份总数的 25%，因司法强制执行、继承、遗赠、依法分割财产等导致股份变动的除外。上市公司董事、监事和高级管理人员所持股份不超过 1000 股的，可一次全部转让，不受前款转让比例的限制。
>
> 第六条　上市公司董事、监事和高级管理人员以上年末其所持有本公司发行的股份为基数，计算其中可转让股份的数量。上市公司董事、监事和高级管理人员在上述可转让股份数量范围内转让其所持有本公司股份的，还应遵守本规则第四条的规定。（第四条规定了上市公司董监高不得买卖公司股票的敏感期）
>
> 第七条　因上市公司公开或非公开发行股份、实施股权激励计划，或因董事、监事和高级管理人员在二级市场购买、可转债转股、行权、协议受让等各种年内新增股份，新增无限售条件股份当年可转让 25%，新增有限售条件的股份计入次年可转让股份的计算基数。因上市公司进行权益分派导致董事、监事和高级管理人所持本公司股份增加的，可同比例增加当年可转让数量。
>
> 第八条　上市公司董事、监事和高级管理人员当年可转让但未转让的本公司股份，应当计入当年末其所持有本公司股份的总数，该总数作为次年可转让股份的计算基数。

《上市公司董事、监事和高级管理人员所持本公司股份及其变动管理规则》关于受 25% 限售要求的股份的规定是直接持股，不包括间接持股：

> 第三条　上市公司董事、监事和高级管理人员所持本公司股份，是指登记在其名下的所有本公司股份。

《上市公司董事、监事和高级管理人员所持本公司股份及其变动管理规则》同时规定了公司对于限售可以作出比法定要求更高的安排，但需要在公司章程中进行规定。

> 第九条　上市公司章程可对董事、监事和高级管理人员转让其所持本公司股份规定比本规则更长的禁止转让期间、更低的可转让股份比例或者附加其它限制转让条件。

（三）直接持股具体锁定操作

对上市公司董监高和新三板公司董监高的股份锁定的操作单位是中国结算，中国结算分别有对应操作指引，根据交易所（上市公司）、股转（新三板公司）提供的限售资料和公司申请限售，对相应董监高名下限售股进行锁定。

《中国证券登记结算有限责任公司深圳分公司上市公司董事、监事和高级管理人员所持本公司股份管理业务操作指南（2017年版）》，《中国结算北京分公司证券发行人业务指南（2017年版）》。

从具体限售程序来看，饶胖猜测，为何间接持股没办法规定成法定限售，主要还是实际操作问题，董监高名下证券账户可以操作直接锁定，可是通过多人持股的有限合伙或者有限公司来间接持股的情况，实际没办法来明确哪一部分是属于应该锁定的，所以法定限售只锁定直接持股的部分。

（四）董监高间接持股不用管吗？

从前面的法规来看，强制或者法定限售的是上市公司董监高直接持有的股份，间接持有的股份没有作出规定，那么是不是就可以放任不管？这肯定不是。

> **《上市公司董事、监事和高级管理人员所持本公司股份及其变动管理规则》**
>
> 第四条　上市公司董事、监事和高级管理人员所持本公司股份在下列情形下不得转让：（一）本公司股票上市交易之日起1年内；（二）董事、

监事和高级管理人员离职后半年内；（三）董事、监事和高级管理人员承诺一定期限内不转让并在该期限内的；（四）法律、法规、中国证监会和证券交易所规定的其他情形。

也就是说，除了《公司法》法定限售25%的以外，还需要遵守特定期间不得出售（上市1年内和离职半年内），以及遵守自愿限售承诺。这个自愿限售承诺在哪里？一般是在招股书（上市公司）和公开转让说明书（新三板公司）的自愿限售承诺里，你要是没搞过IPO其实很难理解，会以为这帮人疯了，自愿限售，自己限制自己的权利。其实，自愿只是形式，来源于监管的"窗口指导"，根据网传的保代培训资料，规定"董监高间接持有发行人股份及其关联方直接或间接持有发行人股份的，参照董监高直接持股锁定，即上市之日起一年内不得转让，任职期间每年转让不超过25%，离职后半年内不得转让。"既然是窗口指导，不是法定限售措施，怎样落地？自然需要当事人自愿锁定。招股书（上市公司）和公开转让说明书（新三板公司）这个承诺是起点，上市/挂牌期间董监高可以补充自愿承诺限售，这也是承诺内容。半年报、年报，都会对董监高遵守承诺的情况进行说明，说白了就是要在这两个时间点进行检查。

小结：上市公司、挂牌公司董事、监事、高级管理人员间接持有的股份，无法定限售要求。但是，首先，要看看公司章程是否有对董监高间接持股的限售规定，如果有属于自愿限售需要遵守；其次，需要查看招股书（上市公司）和公开转让说明书（新三板公司）有无相关自愿限售承诺，如果有属于遵守承诺，半年报、年报都是要检查的。如果都没有，那就没人管了！

第四节

股东的权利和权力

权力需要限制，权利需要保护，如果再加一个定语，要限制实际控制人、控股股东的权力，要保护中小股东的权利。

一、股东的权力

权利和权力不是一回事。权力是一种控制的力量，英文是“power”，权力展现的是力量与控制能力。例如，别人问你：“你们家谁说了算啊？”这个“说了算”就是谁掌权，谁拥有权力。而权利是有权享有相应的应该具备的利益，英文是“rights”。

在电影《黑客帝国》里尼奥问先知 oracle：“那个法国人要什么？”先知说：“就像所有拥有权力的人一样，他要更多的权力。”这里是权力，不是权利，是一种力量，控制的力量。马克斯·韦伯认为，权力意味着在一定社会关系里哪怕是遇到反对也能贯彻自己意志的任何机会，不管这种机会是建立在什么基础之上。股东的权力，指的是在一个公司拥有控制权的股东，控制公司，让公司按照他的意志行事的能力。

我们来看一个股东权力的案例：

2017 年 6 月 30 日，新三板公司行悦信息公布了姗姗来迟的年报，这是一份会计师无法表示意见的审计报告。会计师在对无法表示意见的专项解释中称：行悦信息内控制度存在重大缺陷，大额资金支付缺乏有效监管。2015年12月31日，行悦信息账面反映预付供应商中萱(上海)贸易有限公司（以下简称中萱贸易）的余额3802万元，2016年12月31日，账面反映预付中萱贸易余额9714万元。行悦信息2016年向中萱贸易支付总金额为3.05亿元，中萱贸易向行悦信息汇回1.81亿元。在审计过程中，要求去中萱贸易访谈遭到拒绝，无法获取充分的审计证据，对于2016年行悦信息与中萱贸易往来款项的性质进行判断，无法证实预付中萱贸易的款项的商业实质是否存在。

就在几天前，6月26日，行悦信息的督导券商国金证券发布风险提示公告称：截至2017年4月30日，行悦信息预付账款余额1.79亿元，其中支付给中萱贸易余额是1.76亿元，经查，行悦信息支付给中萱款项的金额合计与中萱开票给公司金额规模不相符合，存在大量资金被占用，大额预付账款不能收回的风险。

也就是说，2016年12月31日，行悦信息预付给中萱贸易的预付款余额是0.97亿元，仅仅过了4个月就又付了将近8000万元。要知道行悦信息2016年的销售收入还不到1个亿，这几年也没什么利润，倒是在新三板市场上融资了将近2.42亿元，扣除老板自讨腰包参与定增的部分，从社会上募集了将近1.98亿元，2016年打给中萱将近1.2个亿，2017年1~4月又打了8000万元，基本把募集来的钱都搞走了，把钱转给说不清楚的供应商这是套取公司资金的传统把戏，把资金都挪走了，这是要跑路吗？

7月12日，行悦信息复牌，复牌的ST行悦，股价一路下跌，最低时达到了0.19元/股，创下做市股价新低。有的做市商给出了1分钱的报价，你隔着屏幕都能体会到被欺骗的愤怒情绪。当天，ST行悦收盘股价0.35元，跌幅高达63.16%，成交金额330.07万元，总市值仅为0.44亿元。2015年风光时的行悦信息，股价最高达15.78元，总市值最高14.47亿元。作为新三板曾经的“明星股”，ST行悦有着765位中小股东，有市场人士把ST行悦称为“绞肉机”。紧接着实际控制人辞去董事长，高管接连离职，坊间传说拖欠工资、老板失联，有人怀疑实际控制人与公司供应商联手掏空公司后跑路。

看起来这又是一起滥用股东权力的事件，现代企业制度的特点是股东与企业的分离，企业是独立法人，特别是在资本市场阶段，股东已经不仅仅是老板自己，再把企业的钱当自己的钱用就有大问题了。按照公司治理的法规，股东行使权力只能按照法律形式来，如要把钱转到老板兜里，那就是个关联交易，需要股东会非关联股东来决定。但是在现实世界中，绝大部分中小民营企业还是一股独大，控制股东、老板实际上是控制企业的运营，天然的具有权力，这种力量，越过公司治理制度，直接调动企业资源，在行悦信息的案例中，我们就看到一个经营失败就直接粗暴转移公司资产到自己口袋里的恶劣行为。

孟德斯鸠是提出三权分立的杰出思想家，他在《论法的精神》一书中明确指出，一切有权力的人都容易滥用权力，这是万古不易的一条经验。有权力的人们使用权力一直到遇到界限的地方才休止……要防止滥用权力，就必须以权力约束权力。[1]

对于控制股东权力的约束，就是我们资本市场要求的公司治理制度和内部控制体系，如果你不能遵守，那么另一种权力——监管的权力就会出手，把你从资本市场的牌桌上赶下去，逐出这个市场。

延伸阅读

刺穿公司的面纱

从一个故事讲起

这天上午，老高刚刚在办公室坐定，财务经理推门进来，说：“老板叫你去他办公室。”老高之前都在大外企，到这个中等规模的民营企业，老板是有香港身份的潮州人，在老高看来就是个乡下小民营企业，不是看在IPO的面上，老高也不会跑到这里来做财务总监。在外企时

1 ［法］孟德斯鸠：《论法的精神》（上册），张雁深译，商务印书馆1961年版，第154页。

间长了，啥事都是邮件，一人一个黑莓，就是蹲在厕所里，哪怕是隔壁的兄弟也是互发邮件，不出声的，民企老板无论有啥事，都直接叫他过来，习惯大大的不同。到了老板办公室，看着老板黑着脸，老高心里隐隐感到不妙，“高德定”，一般老板对老高这个外来和尚还是客气的，总是高总长高总短的，今天上来直呼其名，有点来者不善的意思，“这细（是）怎么肥死（回事）”，老板的粤式普通话就是这个调调，听懂就是，不计较，老板随手丢过来一份文件，老高心里一紧，接过来一看，是一份银行的担保协议，这个是企业刚刚去建设银行申请贷款的文件之一，这家公司一直比较保守，从来没在银行借过钱，现在准备IPO，自然要扩大生产，也要加一点财务杠杆，这不安排从建设银行借个项目贷款，以公司的土地作抵押，大股东就是老板承担连带担保责任，这个也是老板批准的。老高不禁纳闷：这会有什么问题？小心翼翼地问：“朗总，这个文件您有什么问题？”“这个建设银行怎么（回事）”，老板一边鼓捣他的水烟袋，头也没抬，“他们要抵押，土地给他们了，为什么还要我来承担连带担保，还要我老婆一起签字，这个是公司贷款，公司是有限责任公司，我虽然是大股东，但是我是有限责任，以我的出资为限承担责任，现在要我承担连带责任，不是搞成个体户了吗？这没道理嘛！”老高毕竟老江湖了，回答这种问题，一般三个答法：第一，说惯例就这样的；第二，说这个毕竟是谈判地位决定的，现在人家银行强势要这个东西，你不给也就别贷款；第三，讲讲为何中国的银行在给民营企业贷款的时候，大股东或者实际控股之人承担连带担保责任是个标准配置。第一种是说给下属听的，第二种是说给同事听的，第三种才是说给老板听的。

老高清了清嗓子：“郎总，我把这个来龙去脉给您汇报下，这个事情实质是有限责任制下，债权人出于保护自己权益的措施，理论界有一个说法叫作刺穿公司的面纱。”

刺穿公司的面纱是指有限公司股东承担有限责任的例外制度，最初为美国法官所首创。20 世纪初，美国法官 Sanborn 在“United States v.

Milwanlee RefrigerectorsTrainsity Co.”(142F.2d247,255C.C.E.D.Wis.1905)一案的判决书中确立了“刺穿公司面纱”理论（piercing the veil of the corporation），其写道：“……如果要确定一种原则的话，那就是公司被作为一种法律主体（a legal entity）是一般原则，除非出现了相反的情况；但是，法律主体被用来妨碍公众便利、庇护不法行为，保护欺诈或者包庇犯罪行为时。法律将会视该法人主体为无权利能力的数人组合体（个人合伙）……”该理论是指在特定情况下，当股东故意规避《公司法》的规定，以期达到自己的某种不法目的时，为阻止股东滥用公司的独立人格和保护公司债权人利益及社会公共利益，就具体个案中的特定法律事实，否认公司独立的人格及股东的有限责任，责令公司的股东对公司债权人或公共利益直接负责，以实现公平、正义之目标。[1]

按照现行《公司法》第3条之规定，公司是企业法人，有独立的法人财产，享有法人财产权。公司以其全部财产对公司的债务承担责任。有限责任公司的股东以其认缴的出资额为限对公司承担责任；股份有限公司的股东以其认购的股份为限对公司承担责任。从这个角度来讲，公司股东的责任以出资为限，这也是现代公司制度的基础，但是，《公司法》第20条又同时规定，公司股东应当遵守法律、行政法规和公司章程，依法行使股东权利，不得滥用股东权利损害公司或者其他股东的利益；不得滥用公司法人独立地位和股东有限责任损害公司债权人的利益。公司股东滥用股东权利给公司或者其他股东造成损失的，应当依法承担赔偿责任。公司股东滥用公司法人独立地位和股东有限责任，逃避债务，严重损害公司债权人利益的，应当对公司债务承担连带责任。

《公司法》第20条就是“刺穿公司的面纱”理论在中国的法律实践，就是说，如果股东滥用股东有限责任逃避债务的，就要刺穿公司有限责任的面纱，由股东对公司债务承担连带责任。

1 参见张卫甫：《刺穿公司的面纱——股东在有限公司破产或清算时承担有限责任的例外》，载《中国律师和法学家》2006年第2期。

我们来看一个法院判例：

某投资公司，注册资本2000万元，实缴出资400万元。新《公司法》股份认缴制出台后，增资到10个亿。在签订近8000万元的合同后，面对到期债务突然减资到400万元，并更换了股东。债权人在首笔2000万元无法收取后，将该公司连同新、老股东一同告上法庭，要求投资公司与新老股东均承担债务的连带责任。法院就该起认缴出资引发的纠纷作出了一审判决：某投资公司应该在判决生效之日起10日内向向债权人履行债务2000万元；对投资公司不能清偿的债务，新老股东在未出资的本息范围内履行出资义务，承担补充清偿责任。

在判决中法官指出，认缴制下公司股东的出资义务只是暂缓缴纳，而不是永久免除，在公司经营发生了重大变化时，公司包括债权人可以要求公司股东缴纳出资，以用于清偿公司债务。在注册资本认缴制下，公司股东在登记时承诺会在一定时间内缴纳注册资本（像在本案中被告公司的股东就是承诺在10年时间内缴纳），公司股东这样的承诺，可以认为是其对社会公众包括债权人所作的一种承诺。股东作出的承诺，对股东会产生一定的约束作用，同时对于相对人（如债权人）来说，也会产生一定的预期。但是，任何承诺、预期都是在一定条件下作出的，这样的条件有可能会产生重大变化。在条件发生重大变化、足以改变相对人（债权人）预期的时候，如果再僵化地坚持股东一直到认缴期限届满时才有出资义务，只会让资本认缴制成为个别股东逃避法律责任的借口。

在实务中，中小民营企业老板一股独大的情况比较常见，且中小民营企业公司治理都不是很规范，老板与企业的边界不清晰，资产债务混同情况是常态，利用有限责任恶意逃避债务的事情也是屡屡发生，尽管可以通过法律途径寻求救济，毕竟打官司是后话，风险高而且效率低，鉴于这种情况，一般银行在给中小民营企业贷款的时候，就直接穿透有限责任的面纱，要求除了正常保证抵押措施以外，老板要签署连带保证协议，就是把老板个人直接圈进来，其实银行就是把老板和公司视为一体。

2017 年乐视风波里，贾会计虽然把乐视上市公司套在孙宏斌头上后远走美国，但是银行要起债来可不含糊。新浪科技讯 8 月 1 日消息，中国裁判文书网的两份裁定书显示，7 月 24 日，中国建设银行股份有限公司北京光华支行诉乐视网信息技术（北京）股份有限公司、乐视控股（北京）有限公司、贾跃亭、贾跃民金融借款合同纠纷一案，已向法院申请财产保全。经法院审查，查封、扣押、冻结乐视网信息技术（北京）股份有限公司、乐视控股（北京）有限公司、贾跃亭、贾跃民的财产，限额人民币 5018 万元；查封、扣押、冻结乐视网信息技术（北京）股份有限公司、贾跃亭的财产，限额人民币 2 亿元。你们注意到没有，借款都是乐视网借的，为啥查封贾会计个人资产，那就是那个银行的借款惯例了，贾会计作为实际控制人、大股东一定是在建行这笔借款合同上承担了个人连带担保责任，你就是甩掉公司跑路，个人责任也不能免除。

说到这里，朗总基本明白了银行的套路，但还是有点不解，说：“那为什么还要我老婆签字，我签字不就行了吗？”这句话，老高一下子明白了老板为啥脸黑的跟包公一样，之前听下面人嚼舌头，老板、老板娘近期有点不对劲，怪不得老板不高兴，老高笑着说：“这个没办法，按照《婚姻法》，婚内财产都是夫妻共有，您担保，您太太也有份，所以银行还得需要您太太也同意这个连带担保，这个都是银行律师写的标准版本，放贷款的支行也无权限修改，您也体谅他们的苦衷。”

二、股东的权利

（一）股东权利的概念

权利通常指被许可干什么或者不干什么，这是一个大体被动的概念，而权力是一个主动地概念。现代社会，权利被界定为法律对公民或法人能够作出或不作出一定行为，并要求他人相应作出或不作出一定行为的许可。

权利是需要法律即国家的权力来保证的。曾经有这么个事情，一个美国人叫丹尼斯·霍普。1967年，联合国成员国共同签署了《外层空间条约》，一致同意任何国家都不得通过占领或其他手段将太空星体据为己有。但是，条约中并未提及个人是否可以拥有那些星球。于是，丹尼斯·霍普就钻了这个条约的空子。在1980年，他突发奇想，想做一笔“出售月球土地”的买卖，于是跑到旧金山市政府，要求将月球及除地球之外的其他行星的所有权注册在他的名下。工作人员十分为难，不知如何应对，于是这件事在政府办公室之间推来推去。令人吃惊的是，霍普的请求最后居然得到了允许。霍普通过律师向联合国各机构发信，声明他是月球的合法主人。虽然他的行为有诈骗嫌疑，但是美国的法律也拿他没办法。就这样，霍普成了“合法的、不容置疑的……月球及其他一些天体的主人”。从此以后，他开始着手出售月球的土地。这件事就像一个笑话，不过饶胖请教了一个大律师，他的回答说：丹尼斯·霍普是可以宣称他对月球土地的权利，但是要注意到，权利是以法律即国家的权力来保证，国家的权力就是暴力，你可以说这是我的权利，但是没有能力去保护的权利也就是个笑话。如果你需要法律来保护你的权利，你一定不是权力的拥有者。股东的权利就是法律许可你作为公司股东应该享有的利益，你可以使用也可以放弃。具体而言，股东权利是指在按法律注册的企业中，企业财产的一个或多个权益所有者拥有哪些权利和按什么方式、程序来行使权利。股东权利是清楚、明确的权利，由法律规定。既然由法律规定，所以在不同的国家，股东权利可能会有所差别，即使在同一个国家，不同类型公司的股东权利也不一样，如有限责任公司和股份有限公司股东权利就略有差别，有限责任股东天然享有《公司法》赋予的优先购买权，而股份公司股东则没有这项《公司法》权利。[1]在中国，法律规定股份有限公司的股东可通过股东大会“决定公司的经营方针和投资计划”；而在美国，法律规定开放型公司（相当于中国

1　股份公司在特定情况下才享有公司发行股份的类似优先权，例如A股公司配股，新三板公司发行新股章程未取消优先权的情形。

的股份有限公司）的股东权利基本上限于投票选举董事和调整资本结构等事项。

股东权利与义务是一致的，不可分离，在法律上一方有权利，必有相应的义务，或者互为权利义务。例如你要拥有股东权利，就要负担按章程出资的义务，负有对公司和其他股东的诚实守信责任等。

（二）关于股东权利的法律法规及相关文件

股东权利既然是法律赋予的，在国内有哪些法律？可以分为几个层次：

（1）法律法规，由人大批准的叫法律，《公司法》《证券法》《外商投资企业法》《合伙企业法》等。行政法规，由国务院发布的行政规定，如《国务院关于全国中小企业股份转让系统有关问题的决定》。

（2）部门规章，国务院所属行政部门发布的规则，如证监会发布的《上市公司章程指引》《非上市公众公司章程必备条款》。

（3）证券交易所或者交易场所的业务规则，如《上海证券交易所上市规则》《深圳证券交易所中小板上市公司规范运作指引》《全国中小企业股份转让系统业务规则》等。

（4）公司章程（合伙协议），这是具体企业规定股东权利的基本法，这个非常重要，搞公司治理的朋友要经常翻翻自家公司的章程，很多时候都要按章程来行事。例如经常有新三板朋友问我，搞个投资要不要披露？这个和章程就直接相关，你自家的章程对投资权限是如何规定的？你这个投资额需要股东大会来批准吗？需要，那一定要披露，如果是董事会批准，这个要报告和备案，是否披露你可自主决定，这里首要的问题就是看自己公司的章程是怎么规定的。

最基础的关于股东权利的法律是《公司法》，《公司法》第4条规定，公司股东依法享有资产收益、参与重大决策和选择管理者等权利。比较实用的，可以看证监会《上市公司章程指引》关于股东权利的描述，上市公司我们可以理解为在国内公司治理程度最高的标准，以这个标准作参考来搞公司治理制度总是没错的。

《上市公司章程指引》

第三十二条　公司股东享有下列权利：（一）依照其所持有的股份份额获得股利和其他形式的利益分配；（二）依法请求、召集、主持、参加或者委派股东代理人参加股东大会，并行使相应的表决权；（三）对公司的经营进行监督，提出建议或者质询；（四）依照法律、行政法规及本章程的规定转让、赠与或质押其所持有的股份；（五）查阅本章程、股东名册、公司债券存根、股东大会会议记录、董事会会议决议、监事会会议决议、财务会计报告；（六）公司终止或者清算时，按其所持有的股份份额参加公司剩余财产的分配；（七）对股东大会作出的公司合并、分立决议持异议的股东，要求公司收购其股份；（八）法律、行政法规、部门规章或本章程规定的其他权利。

（三）股东权利的分类

上述这些具体的股东权利，从理论上可以分为两类：

（1）自益权

股东基于自己的出资而享受利益的权利，也就是财产权利，如转让自己的股权、获得股息红利、公司解散时参与分配财产、（有限责任公司股东）不同意其他股东转让出资额时的优先受让权等。这些都是股东为了自己的利益而行使的权利。

（2）共益权

股东基于自己的出资而享有的参与公司经营管理的权利，如参加股东大会的权利、在股东大会上表决的权利、对董事会和管理层质询的权利，（持有法定数额股权的股东）请求召开股东会的权利、知情权等。这是股东为了公司利益，同时兼为自己利益行使的权利。

另一种分类方式是看行使这项股东权利有没有股权数量限制：

（1）无股权比例限制的股东权利。即该股东权利与该股东持有的股份比例无关，如股东身份、财产权利、参与权、知情权、表决权等。你只要是股东就有这个权利。

（2）按照股权比例行使的股东权利。即该项股东权利的前提是持有一定比例的股权，如股份公司股东有自行召集和主持股东会的权利，但是该股东的条件是连续 90 日以上单独或者合计持有公司 10% 以上股份的股东。

三、限制权力与保护权利

（一）限制实际控制人、控股股东的权力

本书讨论场景是面向资本市场的中小民营企业的公司治理，就是在中小民营企业怀揣资本梦想、奔向上市路上的公司治理，这个阶段的中小民营企业大多的情况是老板一言堂，所谓公司治理体系就是个摆设，老板的权力并没有什么“外部的笼子”来装、来限制，这个阶段公司治理的难题，很大程度就是老板自己能不能管得住自己。上市公司（挂牌公司）有监管部门（证券监管部门）和证券交易所（或者股转）进行监管，证券交易所都制定有实际控制人、控股股东的行为规范，划出那些不能干、不能碰的红线。而在资本路上的这些中小民营企业，尚无有形的监管。资本运作过程有一个矛盾，就是治理自律的长期性和验收的滞后性的矛盾，验收、上市审核往往在数年之后，而检查的却是这几年的公司治理是否合格，这几年就靠自觉，不踩红线，不占便宜，确实不容易，忍字头上一把刀，但是没办法，你要去那个资本市场，要实现上市的伟大理想，这几年就得自己控制住自己，或者换个角度想想：天下哪有一边倒的好事？为了上市，代价总要付的。

至于实际控制人、控股股东什么事情不能干，我们参考《上海证券交易所上市公司控股股东、实际控制人行为指引》，深圳证券交易所的上市公司规范运作指引（有三个，分别是《深圳证券交易所主板上市公司规范运作指引（2015 年修订）》《深圳证券交易所中小板上市公司规范动作指引（2015 年修订）》《深圳证券交易所创业板上市公司规范动作指引（2015 年修订）》），这几个文件主要规定了上市公司实际控制人、控股股东的行为规范，除了涉及上市以后的内容，如信息披露、履行承诺以外，保证上市公司独立性是最重要的内容，这个也是拟资本市场的公司必须遵守的公司治理标准。规则都差不多，下面摘录《上海证券交易所上市公司控股股东、实际控制人行为指引》中关于公司治理保持上市公司独立性的内容，拟上市公司也得照着做。

《上海证券交易所上市公司控股股东、实际控制人行为指引》

第二章 上市公司治理

2.1 控股股东、实际控制人应当建立制度，明确对上市公司重大事项的决策程序及保证上市公司独立性的具体措施，确立相关人员在从事上市公司相关工作中的职责、权限和责任追究机制。

2.2 控股股东、实际控制人应当维护上市公司资产完整，不得侵害上市公司对其法人财产的占有、使用、收益和处分的权利。

2.2.1 控股股东、实际控制人应当按照法律规定及合同约定及时办理投入或转让给上市公司资产的过户手续。

2.2.2 控股股东、实际控制人不得通过以下方式影响上市公司资产的完整性：

（一）与生产型上市公司共用与生产经营有关的生产系统、辅助生产系统和配套设施；

（二）与非生产型上市公司共用与经营有关的业务体系及相关资产；

（三）以显失公平的方式与上市公司共用商标、专利、非专利技术等；

（四）无偿或以明显不公平的条件占有、使用、收益或者处分上市公司的资产。

2.3 控股股东、实际控制人应当维护上市公司人员独立，不得通过以下方式影响上市公司人员的独立性：

（一）通过行使相关法律法规及上市公司章程规定的股东权利以外的方式，影响上市公司人事任免或者限制上市公司董事、监事、高级管理人员以及其他在上市公司任职的人员履行职责；

（二）任命上市公司总经理、副总经理、财务负责人或董事会秘书在本公司或本公司控制的企业担任除董事、监事以外的经营管理类职务；

（三）要求上市公司为其无偿提供服务；

（四）指使上市公司董事、监事、高级管理人员以及其他在上市公司任职的人员实施损害上市公司利益的决策或者行为。

2.4 控股股东、实际控制人应当维护上市公司财务独立。

2.4.1 控股股东、实际控制人不得通过以下方式影响上市公司财务的独立性：

（一）与上市公司共用银行账户或者借用上市公司银行账户；

（二）通过借款、违规担保等方式非经营性占用上市公司资金；

（三）通过财务会计核算系统或者其他管理软件，控制上市公司的财务核算或资金调动；

（四）要求上市公司为其支付或垫支工资、福利、保险、广告等费用或其他支出。

2.4.2 控股股东、实际控制人通过其下属财务公司（以下简称财务公司）为上市公司提供日常金融服务的，应当按照法律法规的规定，督促财务公司以及相关各方配合上市公司履行关联交易的决策程序和信息披露义务，监督财务公司规范运作，保证上市公司存储在财务公司资金的安全，不得利用支配地位强制上市公司接受财务公司的服务。

2.5 控股股东、实际控制人应当维护上市公司机构独立。

2.5.1 控股股东、实际控制人应当支持上市公司董事会、监事会、业务经营部门或其他机构及其人员的独立运作，不得通过行使相关法律法规及上市公司章程规定的股东权利以外的方式干预上市公司机构的设立、调整或者撤销，或对公司董事会、监事会和其他机构及其人员行使职权进行限制或施加其他不正当影响。

2.6 控股股东、实际控制人应当维护上市公司业务独立。

2.6.1 控股股东、实际控制人应当支持并配合上市公司建立独立的生产经营模式，不得与上市公司在业务范围、业务性质、客户对象、产品可替代性等方面存在可能损害上市公司利益的竞争。

2.6.2 控股股东、实际控制人应当维护上市公司在生产经营、内部管理、对外投资、对外担保等方面的独立决策，支持并配合上市公司依法履行重大事项的内部决策程序，以行使提案权、表决权等相关法律法规及上市公司章程规定的股东权利方式，通过股东大会依法参与上市公司重大事项的决策。

2.6.3 实际控制人不得利用其对上市公司的控制地位，谋取属于上市公司的商业机会。

2.7 控股股东、实际控制人与上市公司发生关联交易，应当遵循关联交易程序公平与实质公平的原则，并签署书面协议，不得造成上市公司对其利益的输送。

2.8 本所鼓励控股股东、实际控制人通过重大资产重组实现整体上市等方式减少上市公司关联交易。

关于老板的自律总结一下，有以下几条：

（1）避免同业竞争。这个是红线，一定要在报 IPO 材料之前得到彻底解决，挂牌新三板标准低一点，也要给出整改解决的承诺。

（2）尽量减少关联交易。要做的时候一定问一句“有必要吗？可以不这么做吗？”“公允吗？”“符合商业惯例吗？”如果确有商业合理性的，或者暂时解决不了，要有一个长远规划逐年减少，这个减少包括数量的减少和占比的减少，一定到审核的时候，让审核者注意到控制减少关联交易的努力和成果。

（3）企业的便宜不能占。特别是老板自己和近亲属高管等占用企业资金的，这个如果不去资本市场，没人管你，钱在这个兜和那个兜里，都是老板自己的；但要去资本市场，企业的钱就是企业的，老板不能动，这是大忌。又或者让企业承担老板与企业经营无关的一些费用等。一句话：要去资本市场，企业的便宜就不能再占了。

例如，2017年9月8日，主板发审委否决了杭州致瑞传媒股份有限公司首发申请，发审委的主要问题之一，即请发行人代表进一步说明：①报告期内，发行人实际控制人及其控制的企业曾存在占用发行人资金的情形，且金额较大，发行人的资金管理制度是否严格；②报告期内，发行人分别为实际控制人邹斌、邹雪梅购买阿斯顿马丁、玛莎拉蒂等汽车供其专用；2016年，发行人为邹斌、邹雪梅支付长江商学院学费112.80万元，上述事项是否履行发行人董事会等审议程序，是否符合《公司法》《上市公司治理准则》的相关规定，发行人关联交易等相关内部控制制度是否健全且被有效执行。请保荐代表人发表核查意见。

上述问题就是老板占了公司便宜，占用资金、为自己买豪车、交学费，把公司当成家了，其实这些钱老板自己出不就得了，是为小不忍则乱大谋。你不去资本市场，愿意买什么车没人管，但是要去资本市场就要说清楚公司治理和内控是否有效执行，否则就会被否决。

（4）老板和企业的其他边界要划清楚。小企业通常就是老板人格的延伸，这个很正常，但是你要去资本市场，企业的边界和老板就要划清楚，特别是老板除了这家企业还有其他企业，几家公司共用财务、行政、采购等平台资源的情况经常有，商业逻辑上很正常，也都是允许的。但是如果你要去资本市场，这个就要分开，不能共用。企业的就是企业的，还有就是一些知识产权共用的问题，也一定要理清楚。

（5）通过企业治理体系管理企业。中小企业，决策高效，老板一声令下就是了，但是记得要用法规和章程规定的程序走一遍，最起码手续和文件要齐全。

（二）保护中小股东权利

老板的权利不需要保护，他权力在手，可以率性而为，需要的反而是限制。但是中小股东的权利需要保护，特别是不受老板，也就是控股股东、实际控制人行为的侵犯。股东权利我们前面讲了，主要是自益权和共益权。自益权是股东基于自己的出资而享受利益的权利，也就是财产权利，包括分红、转让、优先认购权、救济权、剩余财产分配等。共益权是股东基于自己的出资而享有的参与公司经营管理的权利，一般包括：知情权、表决权、提案权、质询权等。

全国股转系统2016年11月发布的《投资者权利义务问答》说：

> Q：什么是投资者权利？
>
> A：投资者权利，在这里我们主要讨论证券投资者权利。当投资者持有挂牌公司的股票，无论多少，即为挂牌公司的股东，根据我国相关法律法规和业务规则的规定，依法享有知情权、表决权、提案权、质询权、优先认购权、救济权、剩余财产分配请求权等各项股东权利。也就是说，投资者作为挂牌公司的股东，依法享有在挂牌公司中的财产利益，并可以通过正确行使自己的权利参与挂牌公司事务，督促挂牌公司规范经营，更好地保障自己利益不受侵害。

在这里我们聊聊知情权、表决权、提案权、质询权，当然这几个问题大多是新三板公司的问题，如果还是私人公司阶段，这些问题一般不太会有，股东就那么几个人，大多是熟人或者朋友，协商是主要途径，到了新三板阶段是公众公司了，尽管还有很长资本路要走，此时已经有中小股东进来，你不认识不熟悉，怎样和他们打交道，要怎样保证他们的知情权、表决权、提案权、质询权，成为这一阶段公司治理的重要课题。

1. 表决权

参加股东大会，并行使相应的表决权是公司股东最基本的权利，参加股东大会，股东可以自己参加，也可以委派股东代理人。如非境外上市公司，股东按照公司的通知，年度股东大会提前 20 天通知，临时股东大会提前 15 天通知，公众公司通知的形式是公告，公司不得以任何理由拒绝股东参加股东大会，也不应当设置障碍去阻碍股东的出席，如把股东大会地址选在外地等。

例如，新三板公司，A 公司，5 月 10 日发出公告，拟 5 月 25 日召开临时股东大会，股权登记日 5 月 18 日，公告同时指出，参会股东是 5 月 18 日收市后登记在册的股东，同时该股东须在 5 月 23 日前进行参会登记，明确参加次股东大会，登记方式可以到公司住所登记，也可以发送电子邮件到公司指定邮箱进行登记。李某是公司股权登记日在册自然人股东，并未在进行参会登记，5 月 25 日股东大会召开，在股东大会开始前，李某持有效身份证件和深交所股东账户卡到 A 公司要求参加股东大会，公司接待人员是否可以以李某未按公司公告规定进行参会登记而拒绝李某参与本次股东大会？

答案自然是否定的。公司不能通过单方面的程序规定，剥夺股东参与股东大会并对大会议案进行表决的权利。即使李某未按公司公告要求进行参会登记，也不能剥夺李某参与会议的权利，只要李某是在册股东，同时能够提供有效身份证明，公司就不能拒绝李某参会。

这种情况其实经常有，上交所在《监管问答》中就专门作了说明：

Q: 现场股东大会召开前的参会登记环节是否必须，未登记的股东能否参加现场股东大会的表决？如果股东不能及时参会，应当如何处理？

A: 实践中，为方便会议组织，上市公司往往会在股东大会召开日前设置一个现场参会登记环节。但需要明确的是，这一“登记”并非召开股东大会的法定环节。只要是股权登记日在册的股东，不进行现场参会登记，也不妨碍该股东及其代理人现场出席股东大会并行使其表决权。

2. 知情权

知情权分为两个层次：第一是信息披露，这个是新三板公司、公众公司才有的，这是公司主动披露信息的义务，就股东角度而言，这个是被动的知情权。第二是主动要求查阅公司资料，根据《公司法》第33条第1款规定，（有限责任公司）股东有权查阅、复制公司章程、股东会会议记录、董事会会议决议、监事会会议决议和财务会计报告。根据《公司法》第97条规定，（股份公司）股东有权查阅公司章程、股东名册、公司债券存根、股东大会会议记录、董事会会议决议、监事会会议决议、财务会计报告。注意上述有限责任公司和股份有限公司是不同的，有限责任公司股东可以复制而股份公司只规定了查阅。

全国股转系统2016年11月发布的《投资者权利义务问答》说：

Q：什么是投资者知情权？

A：投资者知情权，是指法律赋予投资者作为公司股东通过查阅、复制公司的财务会计报告等有关公司经营、管理、决策的相关资料，实现了解公司的经营状况和监督公司高管人员经营活动的权利。知情权是一项独立的权利，不依附于其他的权利而存在，而且知情权是公司投资者实现其他权利的重要基础。

Q：投资者知情权具体包括哪些内容？

A：投资者知情权主要体现在对信息的获取方面，即作为公司股东有权查阅与公司有关的信息，包括公司章程、股东名册、公司的债券存根、股东大会会议记录、董事会会议决议、监事会会议决议，财务会计报告等。投资者查阅以上文件，尤其是财务会计报告，可以迅速了解公司的运营状况，并可对公司的经营提出建议或者进一步对公司的相关信息进行质询。

如果你是一个新三板公司董秘，你就是投资者和企业直接的桥梁，投资者要行使知情权，找的就是你。那么，问题来了，如果小股东要求查阅公司财务会计账簿，你怎么办？给看不给看？

还是老套路，先查查法规。

《公司法》

第三十三条第一款　股东有权查阅、复制公司章程、股东会会议记录、董事会会议决议、监事会会议决议和财务会计报告。

《上市公司章程指引》

第三十二条　公司股东享有下列权利：……（五）查阅本章程、股东名册、公司债券存根、股东大会会议记录、董事会会议决议、监事会会议决议、财务会计报告；……

根据上述法规，股东是有权查阅财务会计报告，那会计账簿呢？

《公司法》

第三十三条第二款　股东可以要求查阅公司会计账簿。股东要求查阅公司会计账簿的，应当向公司提出书面请求，说明目的。公司有合理根据认为股东查阅会计账簿有不正当目的，可能损害公司合法利益的，可以拒绝提供查阅，并应当自股东提出书面请求之日起十五日内书面答复股东并说明理由。公司拒绝提供查阅的，股东可以请求人民法院要求公司提供查阅。

不过上述规定适用于有限责任公司，《公司法》详细规定了有限责任股东要看会计账簿的程序。

第一，需要向公司提出书面申请。注意是书面的，说明查看公司会计账簿的目的。

第二，公司收到书面申请后，可以同意也可不同意，如果不同意应该在收到书面申请 15 日内书面答复并说明理由。记着又是书面的，这都是为后面诉讼作的准备。

第三，股东收到书面拒绝后，可以向人民法院起诉，要求查阅。

第四，法院受理后，根据案情，可以判决允许查阅也可以判决不支持查阅。

第五，如果法院支持了股东的请求，公司有义务配合。

从上面的程序来讲，基本堵死了小股东查阅公司会计账簿的可能性，太麻烦了，成功概率也不高，公司只要秉承不给看的真诚态度，小股东基本没戏。从另一方面讲，小股东基本都是消极投资者，觉得你不好基本是靠脚投票而不是来查你的账，这种事情通常发生在有限公司阶段，在那些不掌握公司实际运作的二股东与实际控制人之间产生矛盾的时候。

我们来看一个这样的案例：

【案情】2010年4月18日，叶某、姜某及朱某（姜某岳母）共同出资设立立德有限责任公司，并分别持有股份33%、27%、40%。《公司章程》约定，公司主营业务为阀门及阀门配件的生产和销售，公司股东有权了解公司经营状况和财务状况，公司监事有权检查公司财务等。同年4月19日，姜某被任命为公司执行董事兼总经理，叶某被选举为公司监事。

2011年9月，叶某因公司经营管理事务，与公司管理层发生矛盾。2012年3月16日，叶某向公安机关报案，举报公司总经理姜某伙同公司会计亏空公款。公安机关收到举报后，要求叶某进一步提供有关证据材料。后叶某向公司提出要求查阅公司会计账簿，遭到公司拒绝，遂将公司诉至法院。庭审中，立德公司辩称，原告叶某未向公司说明查阅会计账簿的目的；此外，叶某之妻注册成立了与公司经营项目相同的企业，公司有合理根据认为叶某查阅会计账簿有不正当目的，可能损害公司合法利益，故拒绝提供查阅。

【审理判决】法院经审理认为，原告叶某作为被告立德公司的股东和监事，有权查阅公司会计账簿。叶某因怀疑公司账目存在问题而向公司提出查阅会计账簿，应当认定其查阅会计账簿具有正当目的。虽然叶某妻子注册成立了与被告立德公司经营项目相同的企业，但叶某查阅会计账簿与损害公司合法利益并无必然联系，据此判决公司于判决生效后10日内将会计账簿提供给原告叶某查阅。

最后说一句实际操作，啥叫查阅？就是可以看，允许复制吗？《公司法》说得很清楚，根据《公司法》第33条第1款规定，（有限责任）股东有权查阅、复制公司章程、股东会会议记录、董事会会议决议、监事会会议决议和财务会计报告。这里查阅和复制是分开的。根据《公司法》第33条第2款规定，（有限责任）股东可以要求查阅公司会计账簿。这里只说了查阅，没说复制，对吧？那就是不允许；再严格点，允许记录吗？没说，对吧？那你就只能查阅，就是用眼睛看，用心记。

上述查看会计账簿的都是有限责任公司，对于股份公司，根据《公司法》第97条之规定，（股份公司）股东有权查阅公司章程、股东名册、公司债券存根、股东大会会议记录、董事会会议决议、监事会会议决议、财务会计报告。可见，《公司法》没有再继续规定股份公司的股东查阅公司会计账簿的问题，这就可以理解为，股份公司股东除了有董事、监事、管理层身份的，可以以董监高身份查阅公司财务账簿外，其他人是没有权利要求查阅公司会计账簿。

3. 质询权

有一次，一个新三板公司的董秘给我打电话，说他们总经理不肯参加股东大会，问我怎么办？了解了一下，其实这个总经理是公司创始人，后来不断引进新股东，也上了新三板，股份稀释得比较厉害，最近公司业务遇到一点问题，其他股东有意见，就希望在股东会上质询总经理，总经理知道了就不肯来参加股东大会。我说："总经理列席股东大会，接受股东质询，是管理层的义务，不是你想参加就参加，不想参加就不参加的，这是剥夺股东的质询权。"

全国股转系统2016年11月发布的《投资者权利义务问答》说：

Q：什么是质询权？

A：质询权又称股东的提问权，是指在公司股东大会会议过程中，投资者作为公司股东有权就相关事项向董事、经理等经营者提出询问，被询问者对此质询负有说明之义务。股东质询权为公司中小股东获得充分信息提供了更多保障，因为现代公司治理中存在公司的投资者，特别是外部新进投资者与经营者之间存在严重的信息不对称问题，致使投资者在表决时缺乏足够的有效信息支持其对股东大会决议作出判断。尽管现有法律法规已有一系列制度设计来缓解因信息不对称而引发的诸多问题，但现有的信息披露可能无法满足广大股东对公司经营方面的信息需求，因此规定了查阅权、复制权和质询权等相关制度。相对于查阅权与复制权，质询权有其特殊的制度价值。首先，公司股东有权查阅、复制的对象包括公司章程、股东会会议记录、董事会会议决议、监事会会议决议和财务会计报告等。可以看出，股东对于上述文件中信息的获知需要建立在股东具有足够的理解和分析能力基础之上，部分中小股东若缺乏相应的专业能力，即使有权查阅复制也不能获取相应的信息。另外，股东复制查阅的行为是被动的，其只能复查阅复制董事等提供的资料，对于资料的错误、遗漏之处往往无法判别，而股东质询权恰好能够解决上述问题，股东有权通过主动的询问在法定范围内得到所需信息。

Q：作为小股东是否有质询权？

A：股东质询权是法定股东权，并不是由公司章程规定的，因此任何一个股东均享有此项权利，只要是有权出席股东大会的股东均享有股东质询权，对于持股多少和持股期限均没有限制。

4. 提案权

前面讲的表决权、知情权和质询权，是没有股份比例门槛的，即只要你是股东，1000股，新三板最小的单位，也拥有上述表决权、知情权和质询权。但是提案权不一样，这是有股权数量比例要求的，要有3%的股权，才有提案权。当然这里是指股份有限公司，多数是在公众公司阶段才遇到这类情况。

《公司法》

第一百零二条第二款　单独或者合计持有公司百分之三以上股份的股东，可以在股东大会召开十日前提出临时提案并书面提交董事会；董事会应当在收到提案后二日内通知其他股东，并将该临时提案提交股东大会审议。临时提案的内容应当属于股东大会职权范围，并有明确议题和具体决议事项。

注意这里没有规定持有股份的时间，只要单独或者合计，就是说几个股东凑起来也可以，就可以提出自己的议案。当然，提出议案，只是这个议案可以在股东大会上进行表决，按照股东大会的规则，相同的事项可以有不同的议案，应该按照提出议案的时间顺序分别表决。例如，董事会提了一个董事候选人，如果你只是小股东，只能去股东大会，对这个任命议案同意、不同意或者弃权，如果单独或者合计持有 3% 股份以上的股东就可以就这个事项，任命一名新董事提出自己的议案，自己的人选，让股东大会对上述两个议案分别进行表决。

第五节

几个重要的股权比例

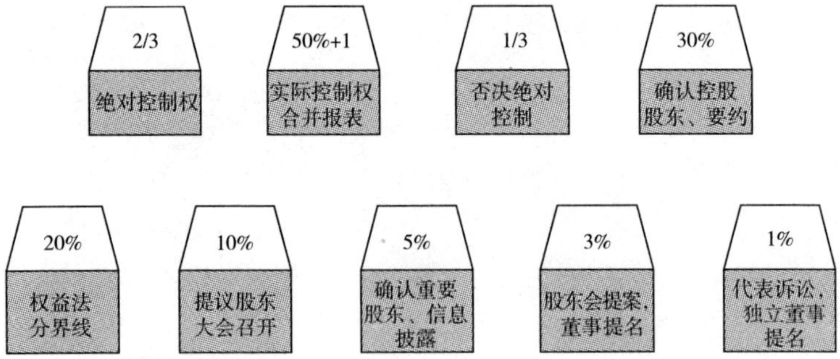

图 2–1　股权比例的几个重要节点

一、2/3：绝对控制

修改公司章程，增加或者减少注册资本，公司合并、分立、解散或者变更公司形式，这些重要事项，在股东会或者股东大会通过，需要特殊表决比例，即 2/3，或者 66.67%。

需要留意的是，有限责任公司和股份公司，特殊事项表决比例的基数是不同的。有限责任公司是全体股东所持全部出资的 2/3 表决权，在股份公司是出席股东大会的股东代表的表决权的 2/3 通过。另外要注意的是，在国内，有限责任公司是可以通过章程约定同样的股权拥有不同的表决权，即 AB 股，而股份公司，则是同种类股同权。

拥有 2/3 表决权，可以在股东会通过任何不违反法律的议案，应该说是完全控制了这家公司。

《公司法》

第四十三条　股东会的议事方式和表决程序，除本法有规定的外，由公司章程规定。股东会会议作出修改公司章程、增加或者减少注册资本的决议，以及公司合并、分立、解散或者变更公司形式的决议，必须经代表三分之二以上表决权的股东通过。（有限责任公司）

第一百零三条　股东出席股东大会会议，所持每一股份有一表决权。但是，公司持有的本公司股份没有表决权。股东大会作出决议，必须经出席会议的股东所持表决权过半数通过。但是，股东大会作出修改公司章程、增加或者减少注册资本的决议，以及公司合并、分立、解散或者变更公司形式的决议，必须经出席会议的股东所持表决权的三分之二以上通过。（股份公司）

2/3 是一个绝对控制的股权比例，那么 1/3 就是一个否决绝对控制的股权比例。实际上，走向资本市场就是意味着股权稀释，相对控制才是常见的情况，特别是资本市场阶段的公司形式是股份公司，2/3 指的是出席股东大会的股东代表的表决权，在资本运作的后期，特别是成为非上市公众公司或者上市公司后，股权都相对分散，而中小股东出于效率成本考虑通常都是“搭便车”者，实际来参会的中小外部股东较少，此时即使没有绝对 2/3，拥有相对多数也会形成绝对控制。

二、过半数：控制

除了需要 2/3 表决权比例的特殊事项，如修改章程，其他需要股东会或者股东大会通过的事项，是过半数表决权通过。过半数指的是超过 50% 但不包括 50%，过半数的最小单位是 50%+1 股。

《公司法》仅规定了股份公司股东大会形成决议，需经出席会议的股东所持表决权的出席过半数通过。对于有限责任公司而言，《公司法》

并未明确规定股东会普通决议的程序，而是让股东们自行通过章程确定，通常有限责任公司章程采用的都是当地工商部门的统一章程模板，一般也是约定全部出资额代表的表决权的过半数通过，具体要看公司章程的约定。不过要留意，既然是有限责任阶段股东表决方式可以从章程约定，一定要仔细看自己的章程。

有这样一个案例，有个公司老板引入PE，自己两个自然人股东占出资额52%，4个PE占出资额48%，老板不懂全权委托PE去搞工商变更登记，结果PE要手腕在章程里约定股东会表决按人头来，一个股东一票，老板也没发现，后来出现矛盾了，PE联合管理层，翻出章程，直接开会免了老板的董事，接管了公司。

三、30%：要约

30%是要约线，上市公司是强制要约制度，收购人持有一个上市公司的股份达到该公司已发行股份的30%时，继续增持股份的，应当采取要约方式进行，发出全面要约或者部分要约。《证券法》第88条第1款规定，通过证券交易所的证券交易，投资者持有或者通过协议、其他安排与他人共同持有一个上市公司已发行的股份达到30%时，继续进行收购的，应当依法向该上市公司所有股东发出收购上市公司全部或者部分股份的要约。新三板公司执行的是自愿要约制度，如果要实施要约收购，须先修改公司章程加入要约收购的内容。

四、20%：成本法和权益法的分界点

20%是一个使用成本法还是权益法合并报表的分界线，一般情况下，如果没有其他证据，母公司持有一个公司低于20%在计入长期投资是采用成本法，此时该公司盈亏均不在母公司报表反映，母公司报表仅仅按投资成本记账，只有当该项投资收回以后才计算投资收益或者亏损，这一点很重要，我们在资本运作时经常有一些标的很有前景，但是近期会亏损，如果投资不超过20%，即股权不超过20%，就可以先伸出一只脚，

占得先机，同时目标公司眼下的亏损又不会按比例计入母公司，影响母公司利润。如果达到 20% 尚未达到过半数股权，无其他证据情况下，一般是使用权益法，即目标公司盈亏按股权比例计入母公司。

另外，在实务中，不考虑其他条件的情况下，持有 20% 股权，一般可以认定为对企业有重大影响，在判断关联关系、控制等情形都要重视了。

2017 年 7 月 17 日，证监会在《2016 年上市公司年报会计监管报告》中指出：关于是否对被投资单位具有重大影响，企业会计准则给出了原则性定义，即对一个企业的财务和经营政策有参与决策的权力，但并不能够控制或者与其他方一起共同控制这些政策的制定。在实务中应结合直接或间接拥有被投资单位的比例、是否在被投资单位的董事会或类似权力机构中派有代表等因素进行判断。当投资方直接或间接持有被投资单位 20% 以上但低于 50% 的表决权时，一般认为对被投资单位具有重大影响，除非有明确的证据表明不能参与被投资单位的生产经营决策，不具有重大影响。根据《公开发行证券公司信息披露编报规则第 15 号——财务报告的一般规定（2014 年修订）》，对于持有被投资单位 20% 或以上表决权但不具有重大影响的，公司应披露相关判断和依据。

五、10%：召集股东开会的权利

10% 股权，是股东提议召开临时股东会或者股东大会的权利。如果持有 10% 股东要求召开临时股东会或者股东大会，在董事会、监事会不配合的情况下，股东可以自行召集并主持。有限责任公司对股东持股期限没有规定，而股份公司则规定需连续持股 90 日以上。

公司法相关条文：

【有限责任公司】

《公司法》

第三十九条　股东会会议分为定期会议和临时会议。定期会议应当依照公司章程的规定按时召开。代表十分之一以上表决权的股东，三分之一以上的董事，监事会或者不设监事会的公司的监事提议召开临时会议的，应当召开临时会议。

第四十条第二款　董事会或者执行董事不能履行或者不履行召集股东会会议职责的，由监事会或者不设监事会的公司的监事召集和主持；监事会或者监事不召集和主持的，代表十分之一以上表决权的股东可以自行召集和主持。

【股份公司】

《公司法》

第一百条　股东大会应当每年召开一次年会。有下列情形之一的，应当在两个月内召开临时股东大会：……（三）单独或者合计持有公司百分之十以上股份的股东请求时；……

第一百零一条第二款　董事会不能履行或者不履行召集股东大会会议职责的，监事会应当及时召集和主持；监事会不召集和主持的，连续九十日以上单独或者合计持有公司百分之十以上股份的股东可以自行召集和主持。

六、5%：重要股东

持有5%股权的股东，在资本市场时就要列入重要股东，在IPO、上市公司、新三板公司都有众多规定，需要留意。

1. 在IPO中，5%股东要进行信息披露，如果是机构股东还需穿透披露。

《公开发行证券的公司信息披露内容与格式准则第1号
招股说明书（2015年修订）》

第三十五条　发行人应披露发起人、持有发行人5%以上股份的主要股东及实际控制人的基本情况，主要包括：（一）发起人、持有发行人5%以上股份的主要股东及实际控制人如为法人，应披露成立时间、注册资本、实收资本、注册地和主要生产经营地、股东构成、主营业务、最近一年及一期的总资产、净资产、净利润，并标明有关财务数据是否经过审计及审计机构名称；如为自然人，则应披露国籍、是否拥有永久境外居留权、身份证号码、住所……

2. 证券法规定上市公司 5% 股东是内幕知情人的范围。

《证券法》

第七十四条第二项 证券交易内幕信息的知情人包括：……（二）持有公司百分之五以上股份的股东及其董事、监事、高级管理人员，公司的实际控制人及其董事、监事、高级管理人员……

3. 5% 股权比例是确定关联人的重要标准，确认为关联人，就要披露关联交易、涉及的关联董事股东按规则要回避表决。这个需要留意的是，会计准则与上市规则关于关联人的定义范围有所不同，上市规则明确 5% 股东是关联人，而会计准则是看控制和重大影响。所以在审计报告和上市公司、拟上市公司信息或审核披露的关联人范围有所不同，上市公司、拟上市公司信息或审核披露关联人范围要更大。

《深圳证券交易所股票上市规则（2014 年修订）》

10.1.3 具有下列情形之一的法人或者其他组织，为上市公司的关联法人：……（四） 持有上市公司 5% 以上股份的法人或者其他组织及其一致行动人……

10.1.5 具有下列情形之一的自然人，为上市公司的关联自然人：（一）直接或者间接持有上市公司 5% 以上股份的自然人；前所述人士的关系密切的家庭成员，包括配偶、父母及配偶的父母、兄弟姐妹及其配偶、年满十八周岁的子女及其配偶、配偶的兄弟姐妹和子女配偶的父母……

4. 上市公司收购的起点线，涉及权益披露和敏感期禁止交易，即达到上市公司 5% 要及时披露，规定期限内不得买卖，以后每增减 5%（新三板不同，是触及 5% 倍数线）也要披露和规定期限内不得买卖。

《证券法》

第八十六条 通过证券交易所的证券交易，投资者持有或者通过协议、其他安排与他人共同持有一个上市公司已发行的股份达到百分之五时，应当在该事实发生之日起三日内，向国务院证券监督管理机构、证券交易所作出书面报告，通知该上市公司，并予公告；在上述期限内，不得再行买卖该上市公司的股票。

投资者持有或者通过协议、其他安排与他人共同持有一个上市公司已发行的股份达到百分之五后，其所持该上市公司已发行的股份比例每增加或者减少百分之五，应当依照前款规定进行报告和公告。在报告期限内和作出报告、公告后二日内，不得再行买卖该上市公司的股票。

5. 新三板公司的收购权益披露线。直接或者间接持有新三板公司10% 以上股份的，以后权益变动达到5% 和5% 的倍数线，如13%，变为9%，触及10%，需要按《非上市公众公司收购管理办法》进行权益披露。与上市公司规定不同是触及5% 倍数线需要后续披露。

6. 上市公司减持规定。在2017 年新公布的减持新规中，5% 以上股东的减持政策视同大股东来执行。

7. 5% 是中小股东的界限，我们常说保护中小股东权利，那么谁是中小股东，按照现行规定5% 以下的股东是中小股东。

《深圳证券交易所中小企业板上市公司规范运作指引（2015 年修订）》

2.2.7 股东大会审议影响中小投资者利益的重大事项时，对中小投资者的表决应当单独计票。单独计票结果应当及时公开披露。中小投资者是指除上市公司董事、监事、高级管理人员以及单独或者合计持有公司 5% 以上股份的股东以外的其他股东。

七、3%：股东大会提案权

在现代企业制度中，股东与企业分立，股东参与企业经营管理的唯一渠道就是参加股东大会并投票表决，这是股东最基本的权利之一，表决就三种，即同意、不同意和弃权，而且是对特定的议案内容，如果你的股权到了一定数量，即《公司法》规定的3%，你就可以提出自己的议案，自己的具体意见，让股东大会来进行表决。这个是股份公司阶段，有限责任公司由于其具备的人合性质，没有此类繁杂的程序性规定。

《公司法》

第一百零二条第二款　单独或者合计持有公司百分之三以上股份的股东，可以在股东大会召开十日前提出临时提案并书面提交董事会；董事会应当在收到提案后二日内通知其他股东，并将该临时提案提交股东大会审议。临时提案的内容应当属于股东大会职权范围，并有明确议题和具体决议事项。

八、1%：代表诉讼和提名上市公司独立董事

代表诉讼于股份有限公司的股东，同时还必须满足持股 180 日这一条件。有限责任公司没有持股时间和持股比例的限制。代表诉讼（又可称为代为诉讼）权发生的前提，通俗来讲，可能是董事、高管违法违章损害公司利益，或者监事违法违章损害公司利益，出现这种情况，股东则可以直接以自己的名义“代公司的位”直接向法院提起诉讼。

《公司法》

第一百五十一条　董事、高级管理人员有本法第一百四十九条规定的情形的，有限责任公司的股东、股份有限公司连续一百八十日以上单独或者合计持有公司百分之一以上股份的股东，可以书面请求监事会或者不设监事会的有限责任公司的监事向人民法院提起诉讼；监事有本法第一百四十九条规定的情形的，前述股东可以书面请求董事会或者不设董事会的有限责任公司的执行董事向人民法院提起诉讼。监事会、不设监事会的有限责任公司的监事，或者董事会、执行董事收到前款规定的股东书面请求后拒绝提起诉讼，或者自收到请求之日起三十日内未提起诉讼，或者情况紧急、不立即提起诉讼将会使公司利益受到难以弥补的损害的，前款规定的股东有权为了公司的利益以自己的名义直接向人民法院提起诉讼。

根据证监会《关于在上市公司建立独立董事制度的指导意见》，上市公司设立独立董事制度，至少 1/3 董事应该是独立董事，拟上市公司比照上市公司规定执行，合计持有 1% 的股东可以向股东大会提名上

市公司独立董事。那么，非独立董事谁提名，如果是股东提名，在股份公司阶段，之前讲了提案权的股权比例是 3%，提案的内容包括董事人选。

第六节

股东、股权和 IPO

国内的 IPO 是指首次公开发行股票在主板、中小板和创业板上市，这是国内企业资本运作非常重要的目标，很多中小民营企业通过 IPO 拿到资本市场入场券，几年时间通过收购兼并等一些列资本运作有效地支持企业发展。例如，利亚德（300296），2012 年上市的时候，营业收入为 5.7 亿元，净利润（扣非后）为 5394 万元，到 2016 年，营业收入和净利润分别增长了 8 倍和 11 倍，营业收入为 43.8 亿元，净利润为 5.8 亿元，市值从 15.74 亿元增长到 274.63 亿元，增长了 17 倍。

IPO 对国内企业很有诱惑力，IPO 的要求方方面面，对于股东、股权都有很多要求和限制，这一节我们简单讨论下，如果以 IPO 为目标，在股东和股权设计上要注意的问题，一共讨论如下七个问题：（1）IPO 对股东股权的总体要求；（2）代持和代持还原；（3）业绩承诺；（4）其他附条件的股权；（5）国有股东；（6）实际控制人股权权属纠纷问题；（7）股东适格性。

一、IPO 对股东股权的总体要求

国内 IPO 对股东和股权的总体要求体现在以下两个方面：

1. 实际控制人不能变更

在一定期限内实际控制人不能变更，主板、中小板是 3 年，创业板是2年。关于实际控制人的概念、判断变更的方法，我们在本书第三章结合案例来分析。另外，如果是新三板挂牌，在申报期内实际控制人是可以变更的。

2. 股权清晰，没有纠纷

在股权清晰和没有纠纷上，主板、中小板和创业板在规定上一字不差。

《首次公开发行股票并上市管理办法》

第十三条　发行人的股权清晰，控股股东和受控股股东、实际控制人支配的股东持有的发行人股份不存在重大权属纠纷。

《首次公开发行股票并在创业板上市管理办法》

第十五条　发行人的股权清晰，控股股东和受控股股东、实际控制人支配的股东所持发行人的股份不存在重大权属纠纷。

看起来很简单对吧，谁的股权是谁的，这会有什么问题？但是，在实务中，审核人员或者监管怎样判断什么是股权清晰和没有纠纷却十分复杂。下面，我们就简单讨论几个常见的股权清晰和没有纠纷的问题。

另外，新三板挂牌条件也有关于股权清晰的要求：股权明晰、股份发行转让合法合规。

二、代持和代持还原

监管机构判断拟上市公司股权清晰的重要标准：不存在股份代持，有时称委托持股，或者历史上存在过代持关系，已经解除代持还原为实际持股人持股，且没有后续纠纷可能会导致股权不稳定的情形。

我们在前面讲了，从法律关系来看，我国的法律是支持名义股东与实际股东（隐名股东）的委托代理关系，但在IPO中这种关系是不被认可的，主要原因有以下几个：

1. 信息披露问题。IPO包括新三板挂牌都是私人公司向公众公司转变的过程，公众公司对于信息披露有严格的规定，而代持关系本身就是一种非真实的股东信息情况，自然是不允许的。

2. 以合法形式规避法律。在上市公司包括新三板公司，有众多规定，例如，股份限售，上市公司实际控制人现行规定需要上市后3年才能解禁才能卖股票，如果实际控制人安排一些股权有别人代持，就可以事实规避监管。又如，上市公司不允许同业竞争的情况，把涉及同业竞争的公司转给一个第三方，而第三方是个代持，这样从形式上就规避了监管等。再如，内幕交易是监管法规规定了谁是内幕知情人，代持是不是就在监管之外了。

3. 股东身份问题。有些人是不能拟上市公司股东，如军人或者有限制的公职人员、职业身份限制等，那么就找个人代持。

4. 关联关系。关联方如果实名出现，就要受关联法规的约束，如回避表决、披露关联交易等。

5. 利益输送。有的是经济利益，有的是权钱交易，互相输送利益，实名了就不方便了，这个很容易理解。

不管出于哪一种目的，代持或者委托持股都违反了上市公司、非上市公众公司信息披露关于不得有虚假记载、误导性陈述或者重大遗漏的要求。所以在IPO（包括新三板挂牌）申报材料之前，都需要对代持关系进行清理，还原为真实的股权结构。同时，实际控制人、控股股东、董事、监事、高级管理人员和重要股东都要对自己持有的股权不存在代持或者委托持股的情形作出书面承诺。

在代持关系中，IPO常常遇到几种情况，包括：（1）是名义股东与实际股东（隐名股东）的解除和还原；（2）疑似代持关系的解释；（3）工会和职工持股会问题；（4）信托问题。

1. 名义股东与实际股东（隐名股东）的解除和还原

名义股东与实际股东（隐名股东）的本质是一种民事委托代理关系。“委托代理”是市场上存在的最为简单的股份代持关系，股份的真实所有权人（或者出资人）不以自己的名义直接持有公司股份，登记在公司法定文件和工商登记资料中，而是通过委托合同或代理协议等方式委托他人（代理人）以他人的名义持有公司股份，对外信息披露时只披露该等接受委托而在名义上持有股份的代理人的信息，委托人的身份并不对外进行披露。这种代持关系在本质上是传统民法中的“隐名代理”关系。这种隐名代理在法律上是认可的，但是在资本市场操作，IPO（包括挂牌新三板）是不允许的，不是说历史上出现过就不行，而是在申报材料的时候上述代持关系已经解除、还原并充分披露。所谓解除还原，就是通过股权转让等操作将委托代理关系解除，谁的股权回到谁手上。在IPO中，一般是在股份制改造之前进行上述解除和还原操作。

某某公司股份代持和还原案例

委托持股解除

2011年9月26日，某某有限召开股东会，全体股东一致同意：周某将其持有某某有限11.6%的股权174万股以208.8万元的价格转让给合伙企业HFZH；梁某将其持有某某有限13.27%的股权199万股以238.8万元的价格转让给合伙企业HDQF。

本次股权转让实际上是为了使某某有限的股权结构更加透明化和清晰化，对公司历史上存在的委托持股行为进行的清理和规范。合伙企业HDQF和合伙企业HFZH分别是以梁某和周某为出资人代表的员工持股小组成员出资设立的有限合伙企业，梁某和周某将其代持的股权转让给有限合伙企业以还原股权的真实持股情况。

由于本次股权转让是对原委托持股行为的清理和规范，股权转让价格定为1.2元/股，与原委托人实际出资价格一致，系双方协商确定，2011年9月26日，转让双方就上述股权转让事宜签订了《股权转让协议》。2011年11月1日，合伙企业HFZH和合伙企业HDQF分别将本次股权转让款支付给周某和梁某。2011年10月18日，工商行政管理局核准了本次股权变更登记。

委托持股的清理情况

根据公司及有关股东的说明，基于规范公司股权结构的需要，公司对员工的委托持股情况进行了清理和规范。原有的以梁某和周某为出资人代表的两个员工持股小组分别解散，原员工持股小组成员共同出资新设有限合伙企业（合伙企业HDQF和合伙企业HFZH）以原价受让梁某和周某代持的某某有限股权。各方签署了《终止委托出资的协议》，确认各方对某某有限享有的有关权益并未因该次股权转让而发生变化。

以梁某为出资人代表的员工持股小组的清理情况

2011 年 8 月 20 日，原委托人 11 人（以下简称原委托人）与原受托人梁某签署《终止委托出资的协议》，约定：（1）各方同意解除原《委托出资协议》，由梁某将代原委托人持有的某某有限股权转让给各方共同出资设立的有限合伙企业（合伙企业 HDQF）；（2）各方共同设立合伙企业 HDQF，其中梁某担任普通合伙人，出资金额为 1.20 万元，占有限合伙企业 0.50% 的权益，其余各方为合伙企业有限合伙人，按《终止委托出资的协议》约定的出资金额和比例，占有限合伙企业 99.50% 的权益；（3）原委托人同意将原委托梁某持有的某某有限的股权转让给有限合伙企业；（4）原委托人实际间接持有某某有限的股权比例及享有的权益不因本次股权转让而发生任何变化。

以周某为出资人代表的员工持股小组的清理情况（略）

2012 年 6 月某某公司完成股份制改造，2014 年挂牌新三板，2016 年 6 月申报 IPO。

要点分析：

（1）有合理的商业理由。为什么要代持？这个原因要说清楚，并且符合商业逻辑。这个案例是股权激励问题，开始就说好是个股权激励，落实到每个激励对象的，激励对象也出了钱签署了代持协议，只是形式使用了委托持股的方式。这就是合理的商业理由或者逻辑。

（2）解除的方式合法无纠纷。解除代持也就是代持还原，不能在这个过程中剥夺或者损害隐名股东的利益。这个案例是隐名股东共同按原比例出资成立合伙企业，委托持股的股份转让给合伙企业。同时，原名义股东（公司高管）成为执行事务合伙人，大家知道该部分股权的投票权实际仍然在该公司高管手中，也就是在实际控制人掌控之中。

（3）过程要清晰留痕。委托持股要签署正式书面协议，打款要从书面协议约定的隐名股东账户汇出，要留下充分书面证据，隐名股东获得分红、参与公司决策的证据也要留下，证明委托持股本身存在的真实性和合法性。解除代持要签署解除代持的书面协议，如果能直接对解除代持协议进行公证更好，转让付款要从对应账户走，就是款项要在对应账户留痕。在解除代持时或者解除代持后，应该及时安排律师鉴证或者访谈，原代持的双方都应签署书面承诺声明对于股份还原没有纠纷和异议。

2. 疑似代持关系的解释

前面讲了代持（委托持股）关系在IPO前，主要是在股改前，解除代持关系并还原为实际股东，这是自己主动解决的。还有很多情况是自己没说，但是监管机构在IPO审核的时候，觉得形迹可疑来问你，这时你就要自证清白，通常监管机构会问的情况有以下几种：

（1）超200人清理过的

股东人数超过200人就构成《证券法》第10条规定的公开发行，需要证券监管部门行政许可，否则就是重大违法行为，也就上不了市。由于种种历史原因，有些公司在历史上存在这种问题，解决方案有两个：一个是去证监会非公部申请行政核准（可以参考温氏集团吸并大华农整体上市的案例）；另一个就是清理，把多出来的超过200人的股东清理掉，把股东人数减到200人之内。

清理这事说得容易做得难，所谓知易行难，主要是你的目的就是上市IPO，股权价值未来的预期就不一样了，谁愿意在看到这个预期的时候再把股权平价转让掉，这是正常人的思维逻辑或者正常商业合理性，可是现在就出高价，一般老板也不是很愿意，毕竟IPO成功率也不是很高，搞不成就亏大了，所以狗头军师就跑出来出主意，咱们搞个代持不就得了，名义股权都转到少数人手里，其实还是隐名股东的。所以，监管在看到你历史上有清理事件，一定会问：你是真清理还是假清理？有没有代持（委托持股）？有没有通过代持规避监管？清理转让有没有纠纷？特别是转让方是否知晓公司拟IPO的情形？

（2）股权转让可疑的

如果股权一直没有变动自然不会怀疑你有代持，但是经常有股权转来转去，特别是在价格上和商业逻辑上看起来不合理，如在IPO前平价或者低于公允及格转让，监管机构就会怀疑你是不是代持或者解除代持而没有披露。例如，创业板上市公司寒锐钴业300618，IPO审核反馈意见中，监管机构要求寒锐钴业说明，2011年3月、2014年2月金光与汪东峰之间两次股权转让的具体原因、定价依据及合理性，汪东峰是否知晓公司的上市计划，其以每股9元增资却以每股3元价格转让发行人股权的逻辑合理性，金光与汪东峰是否存在股份代持等利益安排，该部分股权是否存在争议或潜在纠纷等。股权转让很正常，但是高买低卖，转来又转去，就看起来不正常。监管机构就怀疑你是代持未披露，让你说清楚，特别是需要不再是股东的对方出来证明股权转让是自愿的、知情的、没有纠纷的。想想，如果你和对方关系现在不好了，要对方配合你，这个难度和代价。

（3）股东身份不匹配的

在一些企业历史上，除了创始股东和内部股东，会引入一些外部投资者，如提供资源、帮助发展的战略投资者，按照市场公允价格提供资金的财务投资者，这些只要在商业逻辑能说清楚都没有问题，但是有些企业低价引入一些外部投资者，一披露身份发现是退休工人或者农民，一看就是替人顶名的，后面一定还有人，这个监管机构一定也会询问是否是存在代持。

（4）消除关联关系的

关联关系很麻烦，会导致关联交易，严重的构成同业竞争。消除的方法之一就是把关联方（企业）转让给非关联的第三方，看起来不就解决了，其实，这个第三方还是我控制的，只是帮我代持，也就是个马甲，这也就是监管机构一定会关心消除关联关系的合理性和原因，会不会存在委托持股的情形。

有次一个朋友问我，老板在拟上市主体之外还有类似业务公司，由于各种原因并不进来，准备转让给一个“马仔”，钱还是老板出，由“马仔”代持，问我行不行。我说从法律上讲没问题，但是监管机构一定会问，这个第三方为何受让你的股权，他的商业合理性在哪里？如果这个第三方本来就是该行业的从业者，也有管理能力，也有支付能力，这个好解释，如果你现在找一个在你企业工作过的，既没有该行业经验，也没什么资金积累的人来接手，虽然你方便控制了，可是别人一看不就知道你是代持吗？

3. 工会和职工持股会问题

工会和职工持股会是历史遗留问题，在2000年之前，工会、职工持股会成为公司股东是有法律依据的。

职工持股会的依据是《民政部、外经贸部、国家体改委、国家工商行政管理局关于外经贸试点企业内职工持股会登记管理问题的暂行规定》（民社发〔1997〕28号，以下简称《职工持股会规定》），是专门从事企业内部职工持股资金管理、认购公司股份、行使股东权利、履行股东义务、维护出资职工合法权益的组织。职工持股会制度最早来源于外经贸企业的企业改制实践，早在1994年国务院即批复同意外经贸股份有限公司进行内部职工持股试点。1997年《职工持股会规定》首次明确“职工持股会”的法人地位，上市公司的股东中也开始出现职工持股会。

工会由《工会法》规范，其一般法律性质是社团法人。中华全国总工会、地方总工会、产业工会具有社会团体法人资格。基层工会组织具备《民法通则》，《工会法》和《基层工会法人资格登记办法》规定的法人条件的，依法取得社会团体法人资格。具备法人资格的工会组织依法独立享有民事权利，承担民事义务。国家工商行政管理总局颁布的工商企字〔1999〕第173号《关于企业登记管理若干问题的执行意见》第6条规定，社会团体（含工会）、事业单位及民办非企业单位，具备法人资格的，可以作为公司股东或投资开办企业法人，但依照中共中央、国务院的规定不得经商办企业的除外。该意见由2006年6月23日实施的《国家工商行政管理总局关于废止有关工商行政管理规章、规范性文件的决定》予以废止。

到了2000年，基于民政部办公厅发文取消对于职工持股会的法人登记，2000年中国证监会法律部24号文规定，中国证监会暂不受理工会作为股东或发起人的公司公开发行股票的申请。中国证监会法律部在

2002年对内的复函中，再次明确职工持股会主要基于职工持股会因未登记而不具备“法人主体”资格的原因，拒绝对在股东结构中含有职工持股会的上市公司进行相关申请的核准，而工会成为上市公司的股东与其设立和活动的宗旨不符也不得作为发行人的股东。

关于职工持股会及工会持股有关问题的法律意见

发行监管部：

你部关于职工持股会或工会持股有关问题的咨询函收悉。经研究，现提出以下法律意见：

1. 我会停止审批职工持股会及工会作为发起人或股东的公司的发行申请主要有两点考虑：其一，防止发行人借职工持股会及工会的名义变相发行内部职工股，甚至演变成公开发行前的私募行为。其二，在民政部门不再接受职工持股会的社团法人登记之后，职工持股会不再具备法人资格，不再具备成为上市公司股东及发起人的主体资格，而工会成为上市公司的股东与其设立和活动的宗旨不符。

2. 我部认为，与发行申请人有关的工会或职工持股会持股的三种情形，建议分别处理：

（1）对已上市公司而言，在受理其再融资申请时，应要求发行人的股东不存在职工持股会及工会，如存在的，应要求其按照法律部〔2000〕24号文要求规范。（2）对拟上市公司而言，受理其发行申请时，应要求发行人的股东不属于职工持股会及工会持股，同时，应要求发行人的实际控制人不属于职工持股会及工会持股。（3）对于工会或职工持股会持有拟上市公司或已上市公司的子公司股份的，可以不要求其清理。

法律部

2002年11月5日

至此，工会和职工持股会在拟IPO中均属于需要清理的情形。

苏州设计（后改名为启迪设计）

（300500）工会和职工持股会清理案例

【代持原因】历史上苏州设计是由国企苏州市建筑设计研究院转制而成，当时，苏州市建筑设计研究院共有154名职工拟出资成为苏州有限的股东，股东人数超过了当时的《公司法》对有限责任公司的股东最多50人的规定。因此，2001年10月15日，苏州市建筑设计研究院向苏州市总工会提交了《关于设立苏州市建筑设计研究院（有限责任公司）持股会的申请》，申请成立由张林华等124名拟持有苏州有限股权的职工组成的职工持股会。经苏州市经济体制改革办公室、苏州市总工会于2002年7月24日出具的《关于同意组建〈苏州市建筑设计研究院有限责任公司职工持股会〉的批复》（苏工持复〔2002〕006号）批准，苏州有限成立职工持股会。苏州有限在办理工商登记时，职工持股会以苏州有限工会的名义进行登记。

【清理】工会、职工持股都会导致不能IPO，在股份公司成立之前需要清理。清理的过程要透明留痕，第一步经过有权部门批准，第二步工会和持股会都要履行内部决策程序，第三步工会成员和职工持股会成员要确认清理过程合法有效、是自己的意思表示、没有纠纷。2012年1月，这些职工持股工会成员和工会成员共同出资成立赛德投资作为新的持股平台，由于人多，赛德投资一开始就设立成股份公司，增资成为控股股东，并将工会代表职工持股会持有的股权转让给对应自然人，随后进行了股份制改造，上述清理获得监管部门认可，于2016年1月在深交所创业板上市成功。

【点评】苏州设计这个职工持股会和工会的案例非常具有典型性，是一个时代留下的历史问题，在那个时代，职工持股会持股是鼓励的，而由工会代表职工持股会登记为公司股东也是允许的，但是在2000~2002年证监会文件出台后，要IPO就要清理工会和职工持股会，清理的方法通常是转让或者增资+转让，苏州设计采用的是增资+转让，核心要素是，前后的持股人的权利应该保持一致，履行决策合法程序，包括职工持股会和工会履行合法决策程序，清理后，权利人没有纠纷和异议。当然，之前设立职工持股会和工会持股的过程要合法，履行了相关批准程序取得相关部门的批准，这也是监管对于清理的关注之一。

4. 信托问题

2017 年 2 月 24 日，21 世纪经济报道《IPO 被要求反馈“信托持股”私募投行化遭遇监管困境》称：近期，随着 IPO 密集发行，在多家拟上市公司被证监会首次公开发行股票申请文件反馈意见中，多次被问及信托持股问题，即“是否存在委托持股、信托持股或一致行动关系等情况”。“IPO 中涉及信托产品是不可以的，要拆掉信托计划；重组过程中涉及（信托计划）的也不行。”华南一位律师表示。矛盾在于，“银监会鼓励信托公司开展股权投资信托业务；证监会在上市审核时认为信托持股会导致股权不清晰，存在影响股权稳定的潜在纠纷，要求在上市申报材料前进行真实股权还原。”深圳一位信托机构高管说。“机构也知道信托不能参与 IPO，所以也不做 IPO 业务，但是信托买股票还是可以的。”有信托机构人士表示。

在信托制度中，通过信托契约而将信托财产的所有权切分为“名义所有权”和“实际所有权”，信托人将信托财产的所有权让渡给受托人，受托人可以以“名义所有权”的身份按照信托安排独立行使对信托财产包括占有、使用、处分、收益等权能在内的一切所有权权利。

以信托制做股权投资，真正发展起来起始于 2008 年，2008 年 6 月 25 日，银监会印发了《信托公司私人股权投资信托业务操作指引》，这使得以信托计划的方式进军股权投资领域有了明确的法律依据，之后出现了很多信托制的私募股权投资基金。

但是，很快，证监会就表示，公司上市前存在信托计划持股的，必须进行清理，否则不予放行。可能存在以下原因：一是信托持股突破了《公司法》对股东人数的限制，违反《证券法》对公开发行证券的有关规定；二是信托公司作为受托人要为受益人的相关情况保密，这与资本市场的信息披露原则有冲突；三是信托登记制度的缺失，信托公司作为企业上市发起人股东无法确认其代持关系。

不管什么原因，此路不通了，至于到底为什么？饶胖猜测还是股权清晰问题，对于什么叫股权清晰，监管部门持一种从严的态度，根据《首次公开发行股票并上市管理办法》第 13 条的规定，发行人的股权清晰，控股股东和受控股股东、实际控制人支配的股东持有的发行人股份不存在重大权属纠纷。该管理办法的立法意图中最重要的是控制人的股权清晰稳定，但在实务审核中，证监会对此的把握是从严处理，不允许一丝一毫股权不清晰的情况。实务中，如果信托计划中代持行为难以核实，恐怕监管很难容忍。另外，信托持股为受益人保密的特点使得监管部门难以核实实际的持股情况，可能出现一些以合法的形式规避监管要求的情况，如原本作为 5% 以上的主要股东可能通过信托持股一部分来实现规避信息披露义务和限售承诺。

另外，我们需要留意，信托计划是新三板的合格投资者，可以参与新三板公司定增和市场交易，成为新三板公司的股东，这是监管部门允许的，但是如果这些有信托股东的公司申请 IPO 会怎样？我们拭目以待。

三、业绩承诺

（一）两个“对赌”的故事

1. 因业绩对赌丧失控制权

先说个故事，十几年前，有个朋友找我帮忙，说他老板（一个很大民营企业的老板）在他的行业里数一数二的，要引进外国大牌风险投资（Venture Capital,VC），对方给了个条款清单（teamsheet），老板不放心，想找熟人看看，他就想起了我在 VC 干过几年，就叫我过去帮忙。到了企业办公室，老板很客气，拿出几张纸说这是对方给的条款清单，已经翻译成中文，也就五六页，我研究了一下，都是 VC 惯用的标准条款：估值、对价、交割、对赌、保护、回购、IPO 和合格并购、董事会席位和重大事项一票否决权等，倒是个标准的东西，没什么特别的，不过那是十多年前，当时不像现在，扔块砖头在大街上都有大概率会砸到一个搞 PE 的，那时这套玩意儿国人还没学会，只有少数外资基金在国内运作，很神秘也很封闭，一般民营企业家也不太了解外资 VC/PE 的套路。我和老板聊了几句就明白他也是个 VC 半文盲，字都认识，毕竟已经翻译成中文了，尽管是英文式的中文，看懂意思问题不大，但看懂和明白后果是两回事，我就费了好长时间逐条为他解释了各个条款的意义、后果和风险。

这里面重头戏是对赌，也就是业绩承诺。这个对赌看上去很简单，就是约定后3年的税后净利润，由VC指定的4大会计师事务所审计确认数据，如果不达标逐年累积，按调整后的净利润与承诺净利润的比例调整估值，进而调整老板持有公司股权的比例。我解释这一条的时候看老板没反应，就又讲了一遍还是没有我预期的风险警示效果，我就当场做了一个简单的财务模型，他提供预测，我来帮他算未来3年利润，结果算来算去，只有所有因素都向好的假设情形下才能达标。结果出乎我的意料，老板也不着急，反而说VC来谈判的合伙人和他关系很好，他们说这个主要是合规用的，到时候完不成也不要紧，不会来真的。我一听就是被忽悠了，我说这个很危险，他们这种国际大牌VC都是玩真的，到时候就看协议，抠合同条款，谁管当时嘴上怎么讲的，另外，这些大佬，看起来很牛的样子，其实他们也只是更高级的打工者，帮基金管理投资的，他们流动性也很强，过几年要算账的时候，人都不一定是一拨了。

当然，我也知道我这种财务出身的人，就会盯着风险，为啥成不了老板，就是风险意识太强，干不成什么大事，老板不一样，在我们眼里的风险，到了他们那里全都是机会，要不怎么他们做老板，饶胖只能做一个参谋、军师，所以，我也没能说服老板这个太危险。果不其然，过了几年听说由于对赌失败，不断让渡股权，最后老板成了一个不管事的小股东，也丧失了对企业的控制权和管理权。不过后来也了解到其实老板也不傻，当时企业现金流有大问题，拿这个钱是救命的，活着才能博后面的机会，也许就抓住机遇冒险成功、咸鱼翻身了呢。不过，饶胖觉得咸鱼翻了身毕竟还是咸鱼，只是帮咸鱼翻身的各路金融才俊手上总要沾点油水倒是真的。

2. 救命的业绩对赌条款

也是一家民营企业引入风险投资，风险投资总是有业绩对赌和事件回购条款，事件回购条款主要指的是在一定期限内，公司要完成IPO或者投资者认可的并购，所谓投资者认可的并购一般都有约定的估值。例如，合格并购指估值不低于10亿元的收购。前面那个故事也有回购条款，如果届时公司未能完成IPO或者合格并购，就要求老板按商定的价格回购投资者的股份，从而实现投资者的退出。正好是2008年上半年，中国经济还在狂飙突进之中，老板觉得业绩完成没问题，但是对于能否如期IPO心里还是没底，想到条款规定完不成IPO要回购，压力也是蛮大的，各种纠结。

投资者就问老板担心什么？老板说："我这个行业和国际形势有关系，如果出现大的危机，如打仗，影响是毁灭性的。"不得不说这个老板风险意识还是很强的，投资机构也是十分看好，还是想促成这事，就说要不写个免责条款。一般免责条款都是描述不可抗力，通常这么写，不可抗力情况，即合同订立时不能预见、不能避免并不能克服的客观情况，包括自然灾害、如台风、地震、洪水、冰雹；政府行为，如征收、征用；社会异常事件，如罢工、骚乱等。

老板说业绩对赌和回购这些的豁免条款要写得具体一点，具体提了三个，第一是中国发生战争或者进入战争状态，第二是发生重大自然灾害对公司经营产生重大影响，第三是中国经济发生了明显的金融危机。

前两个好理解，第三个是创新，投资机构也蒙了：啥叫金融危机？讨论了半天，最后觉得也就是给老板吃个定心丸罢了，就这两三年还能发生啥大事情？最后投资机构把这三条写上，除了企业老板，其实双方参与谈判人员都没当回事，只是老板说了大家谈谈罢了，既然投资机构负责人同意写进去就好。顺利签约打款。

"黑天鹅"总是在不经意的时候出现，几个月后，雷曼兄弟倒闭了，金融风暴来了，这个行业盛极而衰，从珠穆朗玛峰顶一直跌到马里亚纳海沟，崩盘了，别说几年里上市，行业里的老大们纷纷都倒了，以前风光无限的大老板们不是跑路就是进去，能活着就是很好，还谈啥上市和业绩。过了一段时间，投资机构想起了业绩承诺和回购的事情，来找老板商量，老板拿出了协议，指出："业绩承诺和回购的豁免条款第3条：中国经济发生了明显的金融危机，现在都全球金融风暴了，你说是不是中国处于明显的金融危机中？业绩承诺和回购也就不用再提了。"这时，我们才恍然大悟，不禁暗暗竖起大拇指，不过投资机构老板心里是不是也这样想，就不知道了。

（二）业绩承诺和申报前清理

从前面两个故事，我们知道了有业绩承诺，到时完不成的，就会对老板的股权产生一定的影响，也就是会造成股权未来的不确定性。

业绩承诺，也称为业绩对赌或者对赌，一般出现在投资和并购活动中，投资方或者收购方有时要求被投资方或者被收购方的股东（通常是大股东），对未来约定承诺业绩和特定事项提供一种保证。

业绩承诺的思维逻辑是这样的，如果在以未来业绩或者特定事项作为被投资企业或者被收购对象的估值基础，未来的业绩或者特定事项就成为关键要素，而未来尚未发生，且投资者或者收购方都是企业外部人，实际并不真的清楚企业的现实，也不控制住企业未来的运作。例如，我们经常看到这样的投资，以去年 1 亿元净利润为基础 20 倍 PE，企业估值 20 亿元，投资者投资 2 亿元占 10%，企业承诺未来 3 年净利润分别为 1.5 亿元、2 亿元、3 亿元，这么高的价格是在未来高成长的预期之下，现在很贵要 20 倍 PE，但是 3 年后，如果预期实现就降到 6.7 倍，还是赚的，但是这里面核心的问题是那个 3 亿元是未来的事情，没实现的，万一没实现怎么办？现在这估值不就亏大了。当然企业家都是乐观派，觉得做出来没问题，可是对于投资者而言风险就不可控制了，那怎么办？聪明的投资家们就发明出业绩承诺条款或者协议来保护自己，核心是以未来业绩的承诺实际完成情况来调整估值。比如，到时没完成 3 亿元，只完成 1.5 亿元，如果按照直线比例，那么估值就要减一半，变成 10 亿元，那么投资者投入的 2 亿元就不是 10% 而是 20%，多的 10% 由大股东 1 元转让给投资者。

当然，实际业绩承诺花样很多，不一而足，但是核心就一个：完成业绩你好我好，完不成业绩那就要赔钱赔股。具体业绩承诺条款设计花色各有不同，主要取决于谈判双方博弈的实力，有的赔股，有的赔钱，有的逐年算，有的累积算，有的逐年加累积一起算，有的允许前面赔了后面赚了可以对冲，有的赔了就赔了后面赚了也不还给你。有兴趣研究对赌条款的，找个上市公司重组并购说明书看看就好。

业绩承诺或者对赌协议会造成公司股权（主要是控制权）的不稳定，因为业绩承诺不是由、也不能由企业作出，而是由企业的大股东通常是控股股东、实际控制人作出，这些承诺最终都与股东的股权有直接或者间接联系，一旦业绩承诺没完成，业绩承诺人的股权就会存在不稳定性，这个也就容易理解。所以业绩承诺的存在，也就不符合股权清晰要求，清理在所难免，所谓清理就是在IPO前解除业绩承诺协议。

与业绩对赌类似，需要在IPO之前清理的，是那些和业绩承诺条款并列的保护和回购条款。例如，在一定期限内IPO或者合格并购，如果不行就要回购投资者股权，这也都会造成未来的事项影响现在的股权结构稳定，也是需要和业绩承诺一样在IPO申报前进行清理。

需要注意的是，解除对赌协议需要签署书面的解除协议，要请律师和券商对业绩承诺协议解除方进行访谈，确认无异议和纠纷。

IPO前解除业绩承诺的案例：

2017年2月登陆创业板的拓斯达(300607)，之前是新三板挂牌企业。2013年11月，拓斯达股东与兴证创投签署了增资扩股协议，里面存在业绩补偿、股份回购、优先清算权、一票否决权等多项对赌条款。

拓斯达申请IPO，2015年6月，双方重新约定，自拓斯达IPO申请受理之日起，业绩补偿条款及股份回购条款中止执行；自公开发行股票并上市之日起，业绩补偿条款和股份回购条款终止执行；若上市申请被不予核准/注册，或拓斯达自行撤回申请的，对赌条款恢复效力。

四、其他附条件的股权

（一）赠送

老板把股票送给你，不要钱，而且办理了工商登记，这个股票以后就是你的了吗？这可不一定，要留意以下几点：

（1）转让股权不付对价，就是没付钱，实际是一种赠与行为。

（2）受赠人如果有不履行赠与合同约定义务情形的，赠与人可以撤销赠与。

（3）附条件的赠与民事法律关系是双方当事人的真实意思表示，不违反法律、法规的禁止性规定，合法有效。接受赠与的一方未完全履行赠与所附条件，应按照约定承担相应的法律责任。

也就是说，如果是赠与的股份，而且赠与是附条件的，当受赠与方有不履行附赠约定的情形，赠与人可以撤销赠与，收回股份。我们来看一个案例。

柴国生（雪莱特实际控制人）诉李正辉（雪莱特前高管）股权转让纠纷案

根据2010年11月17日南方都市报《国内首例上市公司股权激励案 李正辉起诉柴国生索赔8418万》报道：

柴国生与李正辉之间的股权转让纠纷，被业界称为全国首例上市公司股权激励案纠纷。

知情人透露，李正辉曾有“销售奇才”之称，于2000年进入雪莱特公司，先是做柴国生的助理，2001年起任公司副总经理，专门负责销售，直至离开雪莱特。

据柴国生称，2002年12月，为激励高管，柴国生自愿将名下的38万股（约合当时公司总股本的3.8%）公司股份赠给时任公司副总经理的李正辉，双方同时约定，李正辉自2003年1月1日起，至少要在公司服务满5年，若中途退出则将收回这部分股权。当时的这38万股股权在雪莱特上市及送股后，后来增至522万股。

2004年7月，柴国生再次签订股权赠与协议，将名下的占公司0.7%的股权（折合现股票96万股）赠与李正辉。李正辉承诺自2004年7月15日起5年内，不能以任何理由从公司主动离职，否则将按约定向柴国生给予经济赔偿。

孰料，在两份赠与协议中约定的服务年限均未到的情况下，李正辉突然在2007年7月间以身体不适为由向公司提出辞呈。

2007年9月29日，柴国生以未履行相关协议及承诺为由，将李正辉告上法庭，要求李正辉归还所有赠与股份。该案审理历经两年，去年8月尘埃落定，最高人民法院终审认定李正辉3.8%股份确为“赠与”，判李正辉赔偿柴国生1929.4万元，并退还34.83万股份。

根据最高人民法院（2009）民二终字第43号民事判决书，有几点我们要特别留意：

（1）为何认定第一笔是赠与？

最高人民法院判决书显示：

2002年10月30日，柴国生和李正辉签订了《关于股份出让的有关规定》，约定柴国生将股份无偿转让给李正辉，但李正辉应在雪莱特公司服务5年，即双方通过签订合同建立了附条件的赠与关系。

2003年1月14日，雪莱特公司董事会决议载明，由柴国生拿出自己股份3.8%给李正辉享有，作为李正辉2年多来成绩的肯定。上述事实表明，《关于股份出让的有关规定》是双方当事人的真实意思表示，该内容不违反法律法规的禁止性规定，并得到了雪莱特公司的认可，应认定合法有效。

鉴于李正辉不能提供证据证明其向柴国生支付过股权转让款，应认定柴国生与李正辉签订的《股权转让协议》未实际履行，李正辉系根据《关于股份出让的有关规定》建立的附条件的赠与法律关系获得雪莱特公司3.8%股权。柴国生上诉主张其向李正辉赠与股份的事实成立，法院予以采信。

没给钱，即使签的是股权转让合同，法院仍然认定是赠与，而且是附条件赠与。虽然最高人民法院认定第一笔是赠与，但第一笔的约定是有期限的，即服务满5年，服务满的期限的股票归李正辉，没服务的部分还给柴国生，最后一共522万股，服务了56个月，拿到487万股，退回35万股。

最高人民法院判决书显示：

本案中，雪莱特公司决定于2007年8月28日与李正辉正式解除劳动关系时，李正辉依据《关于股份出让的有关规定》自2003年1月1日持股后在雪莱特公司服务了近4年9个月，尚有4个月的服务时间未满，按每月获赠股份的数额折合可撤销赠与的4个月股份数为348,259股（李正辉约定服务时间5年为60个月，平均每月获赠股份为 5,223,886÷60=87,064.77 股，4 个月对应的股份数额为 87,064.77×4=348,259 股），李正辉应退还柴国生。

（2）卖身合同不能签

这个案子最高人民法院判决李正辉赔偿 1929 万元，就在于签了一个卖身合同。

最高人民法院判决书显示：

2004 年 7 月 15 日，柴国生与李正辉又签订一份《股权赠与协议》，内容为：①截至本协议签署之时，甲方合法持有雪莱特公司 70.6％的股权。②甲方将其合法持有的公司 0.70％的股权赠与乙方，乙方接受该等股权赠与。③本次股权赠与的相关手续，依据相关法律法规办理。④本协议自甲、乙双方签署之日起生效。

同一日，李正辉签署一份《股权受赠承诺书》给雪莱特公司。内容为："鉴于柴国生拟将其合法持有的公司 0.70％的股权赠与本人，本人接受该等赠与。为此，本人郑重承诺遵守如下义务：

自本人作出本承诺之日起 5 年内，本人如果以任何理由从公司主动离职，则本人应向柴国生先生给予经济赔偿，赔偿金额按以下方法计算：

①本人离职之日，如果受赠股份未上市流通，赔偿金额＝受赠股份数 × 公司最近一期经审计的每股净资产值；

②本人离职之日，如果受赠股份已上市流通，赔偿金额＝受赠股份数 × 离职之日雪莱特公司股票交易收盘价。以上"受赠股份数"指本人接受柴国生先生赠与的股权在雪莱特公司改制为股份公司后形成的股份数（含本人接受赠与至本人从雪莱特公司主动离职之日期间送股及公积金转增股本）。以上"离职之日"由雪莱特公司人力资源部确定。

在这个案件里，李正辉对于赔偿没有异议，只是对怎样计算有异议。为啥没有异议？就在于这是个无条件的卖身合同，"5 年内，本人如果以任何理由从公司主动离职，则本人应向柴国生先生给予经济赔偿"，只要你主动离职，就算违约，就要赔偿，这可不是按期限来算，要不你就咬牙坚持到底，要不就赔钱了事。

（二）股权质押

股权质押是指出质人以其所拥有的股权作为质押标的物而设立的质押，属于权利质押的一种。

《物权法》

第二百二十六条　以基金份额、股权出质的，当事人应当订立书面合同。以基金份额、证券登记结算机构登记的股权出质的，质权自证券登记结算机构办理出质登记时设立；以其他股权出质的，质权自工商行政管理部门办理出质登记时设立。

股权质押是常用的融资担保方式，股权质押需要签订书面合同并办理质押登记手续，其中，有限责任公司和股份有限公司的股权质押登记在工商局办理，可以在工商局查询到，新三板公司股权质押是在中国结算登记，可以在中国结算查询。

既然股权质押是一种融资担保，也就是对债权的担保，如果债权不能按时清偿，被质押的股权就要被质权人处理用于清偿债务。《担保法》第 71 条规定，债务履行期届满质权人未受清偿的，可以与出质人协议以质物折价，也可以依法拍卖、变卖质物。质物折价或者拍卖、变卖后，其价款超过债权数额的部分归出质人所有，不足部分由债务人清偿。所以，不能到期清偿债务，股权有可能就变成别人的了。这样股权在未来就会出现不稳定，也就有可能影响 IPO 股权清晰的要求。

《公开发行证券公司信息披露的编报规则第 12 号——公开发行证券的法律意见书和律师工作报告》

第三十六条　发行人律师核查发行人的“发起人所持股份是否存在质押，如存在，说明质押的合法性及可能引致的风险”。

《保荐人尽职调查工作准则》

第十四条　保荐机构调查或了解“主要股东所持发行人股份的质押、冻结和其它限制权利的情况；控股股东和受控股股东、实际控制人支配的股东持有的发行人股份重大权属纠纷情况；主要股东和实际控制人最近三年内变化情况或未来潜在变动情况”。

在 IPO 中要充分披露质押情形，是否影响股权清晰和实际控制人股份没有重大权属纠纷，至于是否需要在 IPO 之前解除质押，还是由律师、券商来具体判断。从实践来讲一般情况如下：

（1）小股东。小股东小比例的股权质押，存在解释空间，不论是股东自身为债务人还是发行人为债务人，该部分股权质押不一定要进行清理。

案例：华安证券（600909）小股东小比例股权质押

2012年11月5日，合肥瑞泽源置业有限公司（以下简称瑞泽源，质押人）与兴业银行（601166）合肥分行（质权人）签订《质押合同》，质押人以其所持华安证券5000万股股权对债务人安徽网盟网络科技有限公司提供质押担保。发行人律师认为：上述股权质押事项属于股东的正常商业行为，且履行了相应的法律程序，质押行为合法有效；本次质押股权占发行人总股本比例为1.77%，占比较小，且没有发生争议导致发行人股权被司法查封、处置的情形，不会对发行人的股本结构造成重大影响，对发行人本次上市不构成重大法律障碍。

（2）控股股东。控股股东应尽量避免股权质押，若质押股权比例较大，尽量在上市前清偿债务或是变更担保方案；如果不清理而是向监管部门解释，解释的方向是股东自己具备清偿能力，不会影响股权稳定性，即控股股东的股权质押情形，不会影响股权结构的稳定。

案例：扬帆新材（300637）发行人律师解释股权质押合规性

根据扬帆控股和樊彬出具的书面说明并经本所承办律师核查，发行人因拟向中国证监会递交IPO申请，发行人控股股东浙江扬帆控股集团有限公司（以下简称扬帆控股）决定杜绝与发行人发生资金往来，不再占用发行人资金。为了解决因扬帆控股近年对外投资的资金所需，2015年8月1日，扬帆控股与自然人王云友签署《借款合同》，约定王云友向扬帆控股出借人民币3000万元，借款年利率为年化10%，扬帆控股归还借款时一次性支付利息，借款期限为3年。同时，樊彬作为保证人，向王云友出借给扬帆控股的人民币3000万元款项及相应利息承担连带责任保证担保，并将所持有的扬帆控股15%股权质押给王云友。

发行人律师认为：樊彬报告期内一直在发行人任职并领取薪酬，3年合计领取报酬大约200万元；发行人报告期内连续分红，2014年至2016年樊彬共获得现金分红1890万元，此外，樊彬拥有多处房产，预计2018年质押合同到期时樊彬具备相应的偿还能力。同时，报告期内扬帆控股从发行人处共获得3600万元现金分红，相关投资项目已有销售回款，届时预计清偿能力可以得到保障。

综上，扬帆控股和樊彬对于上述3000万元的借款本金和利息有较强的偿债能力，扬帆控股上述3000万元借款事宜不会影响樊彬所持有的扬帆控股的股权稳定性。发行人本次发行上市符合《首次公开发行股票并在创业板上市管理办法》第15条“发行人的股权清晰，控股股东和受控股股东、实际控制人支配的股东所持发行人的股份不存在重大权属纠纷”之规定。

五、国有股东

（一）新三板做市商国有股IPO问题

新三板公司在现行发行制度下申请IPO，是符合IPO条件的新三板公司在2016年至2017年最重要的资本选择之一，随着2016年下半年IPO发行明显提速，符合IPO条件或者接近IPO条件的新三板公司大都在跃跃欲试。

新三板公司IPO和其他IPO有什么不一样的特点和需要关心的问题？饶胖最近接到不少类似的咨询，除了IPO常规问题之外，新三板公司独有的特点，会产生这几个问题，如经常会被问到一个问题：做市转让方式要改回协议转让吗？

1. 什么是做市？（如果你熟悉新三板这部分可以跳过）

《全国中小企业股份转让系统业务规则（试行）》“3.1.2 股票转让可以采取协议方式、做市方式、竞价方式或其他中国证监会批准的转让方式。经全国股份转让系统公司同意，挂牌股票可以转换转让方式。”新三板企业只能选择一种做市方式，但是经股转批准，可以转换转让方式。《全国中小企业股份转让系统股票转让细则（试行）》第 13 条规定："股票可以采取做市转让方式、协议转让方式、竞价转让方式之一进行转让。"[1]

简单来说，做市转让方式是新三板企业可以选择的三种交易方式之一，且只能选择一种交易方式。三种交易方式，即做市转让方式、协议转让方式、竞价转让经过程序（股东会和股转批准）可以转换，但是竞价转让到现在还没有出台，所以现在仅有做市转让和协议转让两种方式。在新三板挂牌默认选择协议转让方式，当然也有少数企业选择挂牌即做市，大部分做市企业是挂牌后通过程序从协议转让方式转换为做市转让方式，也有些做市企业出于各种考虑，又从做市转让方式转回协议转让方式。

协议转让方式与做市转让方式的不同点，从图 2-2 可以看出：

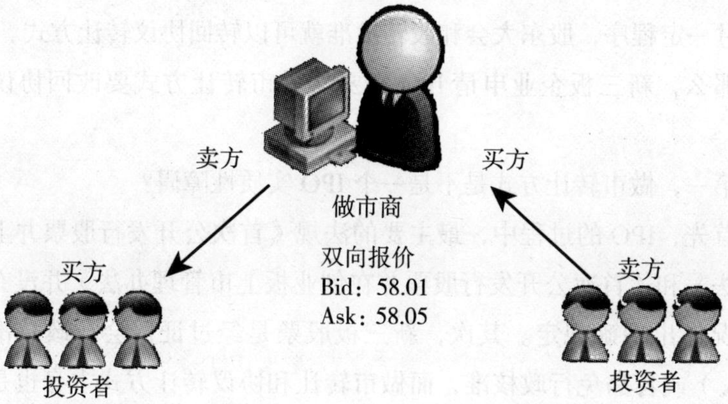

图 2-2　协议转让方式与做市转让方式的不同

协议转让方式下投资者直接交易，做市转方式下投资者通过做市商进行交易不能直接交易，也就是多了一个做市商做中间人。

2. 谁是做市商？

《全国中小企业股份转让系统做市商做市业务管理规定（试行）》

第二条　本规定所称做市商是指经全国中小企业股份转让系统有限责任公司（以下简称全国股份转让系统公司）同意，在全国中小企

1　2018 年 1 月 15 日起，协议转让方式由集合竞价转让方式取代。

业股份转让系统（以下简称全国股份转让系统）发布买卖双向报价，并在其报价数量范围内按其报价履行与投资者成交义务的证券公司或其他机构。

《全国中小企业股份转让系统股票转让细则（试行）》

第五十六条　证券公司在全国股份转让系统开展做市业务前，应向全国股份转让系统公司申请备案。

在股转备案的做市商名录可以在股转网站上查到。

3. 做市启动和转回

你要做市交易，至少要有两家做市商愿意为你做市，同时持有你一定数量的做市库存股，经过一定程序，股东大会和股转批准就可以启动。如果要从做市转让方式改为其他转让方式，首先要你的全部做市商同意，再经过一定程序，股东大会和股转批准就可以转回协议转让方式。

那么，新三板企业申请IPO需要从做市转让方式要改回协议转让吗？

第一，做市转让方式是不是一个IPO实质性障碍？

首先，IPO的过程中，最主要的法规《首次公开发行股票并上市管理办法》和《首次公开发行股票并在创业板上市管理办法》并没有对类似情况作出明确规定。其次，新三板股票是经过证监会行政核准（超200人）或者豁免行政核准，而做市转让和协议转让方式本身也是新三板体系制度的内容，从法理上讲，新三板企业一种交易方式可以IPO另一种交易方式，不可以IPO逻辑上就不成立。可以认为，新三板企业的交易方式不会是IPO实质性障碍。

饶胖请王亚文同学统计了一部分新三板申报IPO企业的交易方式，截至2017年1月7日，申报排队的72家新三板企业中，做市转让方式的有15家，这也从另一个角度验证做市转让方式不是实质性障碍。

第二，既然不是实质障碍，那么为何有人要为IPO转回协议转让方式？

饶胖了解下来一般有这样几种考虑：

（1）控制股东人数，或者控制 200 人

有很多朋友认为公司股东超 200 人以后 IPO 会有实质障碍，这是个误解。新三板企业经证监会行政核准或者豁免核准后公开转让，股东人数可以突破 200 人。做市转让方式下，确实由于做市商的连续报价，增加了市场散户购买股票的机会，股东人数通常都会上升，股东人数多，如果审核人员不考虑新三板公司已经是证券市场公开转让的公司，继续按股份公司要求进行所有股东核查，那么股东多，确实会在 IPO 审核时带来额外的麻烦。但是，大家要注意，股东人数多少，与做市交易并不是呈现线性关系，当你股东数到一定程度，即使协议转让，交易也会十分活跃。以科顺防水（833761）为例，2016 年 9 月 14 日由做市交易方式转为协议转让方式。

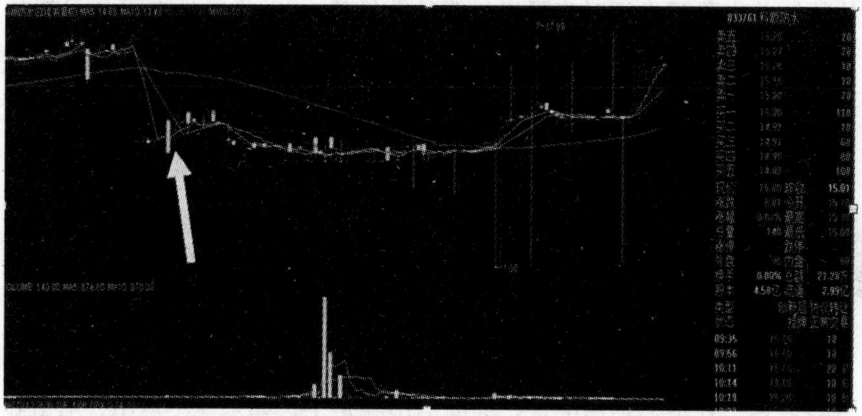

图 2-3　科顺防水 2016 年 9 月 14 日交易图

图 2-3 箭头指的是 2016 年 9 月 14 日，该日由做市交易方式转为协议转让方式。改成协议到 2017 年 2 月 17 日，96 个转让日有交易，共成交 5.17 亿，日均成交 539 万，当然这里面有不少大宗交易，但是小笔交易也很活跃。这说明，只要股东数足够多，公司足够吸引投资人，交易方式只是次要的，这么活跃的交易，控制人数的想法也是无法实现的。

（2）清理三类股东或者股东 IPO 前大宗定向交易

一直以来，资管计划、信托、私募基金这“三类”股东在 IPO 时是

否要清理，一直都是新三板公司 IPO 的重点话题，因为这个牵扯公司的具体运作。当然，该不该清，是另外一个问题，如何清？确实涉及交易方式。另外就是，股东在 IPO 前大宗定向交易，IPO 不是人人都喜欢，IPO 申报前，有人要来有人要走，很正常。在做市转让方式下，没有协议转让通道，清理三类股东说白了就是将这类股东持有的股票转给监管认为适格的投资者，IPO 大宗前定向交易就是定向协议转让，但是，做市方式下没有协议通道，怎样实现定向交易确实是一个难题。[1]

（3）国有做市商库存股问题

根据《境内证券市场转持部分国有股充实全国社会保障基金实施办法》第 6 条规定，股权分置改革新老划断后，凡在境内证券市场首次公开发行股票并上市的含国有股的股份有限公司，除国务院另有规定的，均须按首次公开发行时实际发行股份数量的 10%，将股份有限公司部分国有股转由社保基金会持有，国有股东持股数量少于应转持股份数量的，按实际持股数量转持。

由于做市商是券商，而券商有相当部分是国有的，就会存在划转社保的问题。不过这个问题，其实与是否改为协议转让方式无关，你在股转网站上检索一下，经常会对看到做市商公告退出某只股票做市，有一部分就是该公司要准备 IPO 而这个券商是国有的，在市场上出售股票退出做市。做市商一般与公司都有联系，你可以在启动 IPO 流程后，告知或者公告，让他们提前准备，提前退出就是了，如果他不退出，对 IPO 企业而言不过是增加核查程序，请对方协助出函确认划转。

但是，我们要留意一个问题，即在 IPO 报材料的时候需要“国有资产管理部门出具的国有股权设置批复文件”。根据证监会《公开发行证券的公司信息披露内容与格式准则第 9 号——首次公开发行股票并上市申请文件（2006 年修订）》和《公开发行证券的公司信息披露内容与格式准则第 29 号——首次公开发行股票并在创业板上市申请文件（2014 年修订）》，在向证监会递交 IPO 资料的资料清单里都有这样的内容：“9—3 国有资产管理部门出具的国有股权设置批复文件及商务部出具的

1 2018 年 1 月 15 日起，增加了盘后大宗交易的通道。

外资股确认文件（主板中小板）”，“4—6 国有资产管理部门出具的国有股权设置及转持批复文件及商务主管部门出具的外资股确认文件（创业板）。”也就是说，这个国有股权处置（划转社保）需要有国有资产管理部门的文件，如果你有国有股东，而没有这个文件，申报就会有问题。那怎么知道你的股东是不是国有？以前都要根据工商登记材料追溯查询，新三板公司股东不是登记在工商局，而是在中国结算，第一个方法就是到中国结算把你的股东名册打出来，叫证券持有人名册，这个名册上有一栏叫持有人类别，类别包括：境内自然人、境内非国有法人、国有法人、基金、理财产品、私募基金、有限合伙企业、个人等。

如果有国有法人，那么就需要在申报前联系该股东，请他去他的主管国资部门开具同意划转社保的函，或者请他退出也是个办法。如果没有就可以报了。不过需要留意的是，名册上登记信息并不具有被监管审核认定的效力，监管觉得有些股东是国有的你没有拿函，就会来问你，这时你还是需要去解决。近期听说一家新三板公司撤了 IPO 材料，就是因为有一家国有股股东开不出证明，也不知真假。

（二）谁是国有股东[1]

国有股认定主要由两个部门来认定，一个是国资部门（国有资产监督管理部门），另一个是财政部门。

1. 国资部门认定国有股东的法律依据

国资部门认定国有股东，有两个文件：一个是国务院国资委《关于实施〈上市公司国有股东标识管理暂行规定〉有关问题的函》（国资厅产权〔2008〕80 号，以下简称 80 号文）；另一个是国务院国资委、财政部发布的《企业国有资产交易监督管理办法》（国务院国有资产监督管理委员会令第 32 号，以下简称 32 号令），在 IPO 准备中，中介机构要对照这两个文件，对是否存在国有股东进行判断。

根据 80 号文规定，以国资单位对被出资单位的绝对控股或连续多层级的绝对控股，作为认定被出资单位“国有股东”身份的基本标准，

1　本节内容参见沈春晖：《A 股 IPO 漫谈：国有股转持的政策、操作与对策》，载 http://mp.weixin.qq.com，最后访问日期：2017 年 12 月 31 日。

持有上市公司股份的下列企业或单位是国有股东：

（1）政府机构、部门、事业单位、国有独资企业或出资人全部为国有独资企业的有限责任公司或股份有限公司。

（2）上述单位或企业独家持股比例达到或超过50%的公司制企业；上述单位或企业合计持股比例达到或超过50%，且其中之一为第一大股东的公司制企业。

（3）上述（2）中所述企业连续保持绝对控股关系的各级子企业。

（4）以上所有单位或企业的所属单位或全资子企业。

根据2016年32号令，第4条规定，国有及国有控股企业、国有实际控制企业包括：

（1）政府部门、机构、事业单位出资设立的国有独资企业（公司），以及上述单位、企业直接或间接合计持股为100%的国有全资企业。

（2）第（1）款所列单位、企业单独或共同出资，合计拥有产（股）权比例超过50%，且其中之一为最大股东的企业。

（3）第（1）、（2）款所列企业对外出资，拥有股权比例超过50%的各级子企业。

（4）政府部门、机构、事业单位、单一国有及国有控股企业直接或间接持股比例未超过50%，但为第一大股东，并且通过股东协议、公司章程、董事会决议或者其他协议安排能够对其实际支配的企业。

32号令与80号文之间也存在不同：

首先，32号令增加了"国有实际控制企业"概念，开始使用控制概念，而不是简单以50%的数量标准，要求进行实质性判断，防止通过类似协议安排方式规避国资监管，这和会计准则就统一了，虽然不是直接或者间接持股超过50%，如果是第一大股东，此时要判断是否通过股东协议、公司章程、董事会决议或者其他协议安排能够对其实际支配的企业。

其次，32号令规定主体身份时使用"企业"，80号文使用"公司"。前述80号文的第（2）项将范围仅限于"公司制企业"，那么作为PE主要组织形式的有限合伙是否就不算呢？在A股IPO实践中，开立医疗（300633）的补充法律意见中曾经出现"因为有限合伙企业不属于有限责任公司、股份有限公司或公司制企业，因此不符合上述a项和b项要求”的观点，引发争议。在32令出台后，再以有限合伙方式规避国有股东监管应该是行不通了。在已上市A股IPO企业中，海辰药业（300584）、熙菱信息（300588）等在对国有股东性质进行判断时引用了32号令。

2. 财政部门认定“国有股东”的标准

根据《财政部关于国有企业认定问题有关意见的函》（财企函〔2003〕9号）第3条规定，“国有公司、企业”还应涵盖国有控股企业，其中，对国有股权超过50%的绝对控股企业，因国有股权处于绝对控制地位，应属“国有公司、企业”范畴；对国有股权处于相对控股的企业，因股权结构、控制力的组合情况相对复杂，如需纳入“国有公司、企业”范畴，须认真研究提出具体的判断标准。实践中，财政部门也多是参照国资委的相关规定进行。

（三）关于国有股东必备的知识

如果你的公司里有国有股东，或者引入的投资者是国有性质，在IPO路上，有几件事情你必须知道：

1. 转持证明

根据证监会的规定，申报的时候如果有国有股东，就要出具划转社保的证明，如果没有你就没法申报，材料不齐全。你要明白，这个证明不是该股东能出具的，而是该国有股东上级有权的国有资产管理部门出具，就是这事不是由该股东能够控制的，如果开不出来对你的IPO进程是致命的。

2. 转让手续

如果你的股权是从国有股东那里受让来的，要记得几件事：第一，经过有权部门批准；第二，进场交易，就是要进有资质的产权交易所走挂牌交易程序。

国有资产转让的相关法律规定有以下几点，碰到了要先学习再操作：

（1）全国人大常委会、国务院颁布的法律法规。主要是两个：2008年10月通过的《中华人民共和国企业国有资产法》和2003年5月通过的《企业国有资产监督管理暂行条例》。

（2）国务院国资委和其他中央部委颁布的规章和文件。主要有：《企业国有产权转让管理暂行办法》（国务院国有资产监督管理委员会、财政部令第3号）、《关于企业国有产权转让有关事项的通知》（国资发产权〔2006〕306号）。还有很多其他文件，可以参考国资委网站。

（3）各省颁布的地方性法规和文件。一般都是各地在国家法规和中央部委文件规定的范围内，根据各地实际情况有更加详细具体的规定，实务中需要根据你的具体所在地，查阅相关规定。

3. 增资评估

前一阵，一个新三板董秘向饶胖抱怨说有国有股东太麻烦了，每次增资都要评估，他就是个小股东，太麻烦了！这个没办法，国有资产管理本身就是出资者缺位的委托代理关系，为了防止国有资产被侵害，只好规定得严一点，转让也要评估。为何增资要单独说？就是因为转让要批准和进场交易，批准和交易条件里包括评估在内的各种要求和条件，你不会漏掉，而有时，国有小股东自己也忘了你增资要评估，到后面就麻烦了。

《企业国有资产评估管理暂行办法》

第六条　企业有下列行为之一的，应当对相关资产进行评估：……

（四）非上市公司国有股东股权比例变动……

另外，国有股转持只有一种例外情况，2010年10月13日，国务院批准，财政部、国资委、证监会、社保基金会联合颁发《关于豁免国有创业投资机构和国有创业投资引导基金国有股转持义务有关问题的通知》，规定符合条件的国有创业投资机构和国有创业投资引导基金，投资于未上市中小企业形成的国有股，经财政部审核批准后，可豁免国有股转持义务。

政策始终是在变化之中，就像赫拉克利特说的唯一不变的就是变化，就在本书付印之前，2017年11月18日，国有股划转的政策发生了重大变化，《国务院关于印发〈划转部分国有资本充实社保基金实施方案〉的通知》（国发〔2017〕49号）规定，划转的对象发生重大变化，将中央和地方国有及国有控股大中型企业、金融机构纳入划转范围。同时规定，自本方案印发之日起，《国务院关于印发减持国有股筹集社会保障资金管理暂行办法的通知》（国发〔2001〕22号）和《财政部、国资委、证监会、社保基金会关于印发〈境内证券市场转持部分国有股充实全国社会保障基金实施办法〉的通知》（财企〔2009〕94号）等现行国有股转（减）持政策停止执行。

六、实际控制人股权权属纠纷问题

> **《首次公开发行股票并上市管理办法》**
>
> 第十三条 发行人的股权清晰，控股股东和受控股股东、实际控制人支配的股东持有的发行人股份不存在重大权属纠纷。

受控股股东、实际控制人支配的股东持有的发行人股份不存在重大权属纠纷，也就是老板的股权没有纠纷。一种是排除显性纠纷，如诉讼、仲裁、被申请财产保全司法冻结、设定质押和担保权到期未能清偿债务等，这是已经存在的显性纠纷。另一种是隐性纠纷，就是还没有暴露出来，可能存在的纠纷，这类纠纷大多是由于历史上的股权转让形成的，如果老板股权从一开始就是自己的，没经过股权转让，自然存在隐性纠纷的可能性就比较低，如果历史上老板的股权是从别人那里承接来的，这个可能就会有问题。

一般来讲，IPO审查时都会询问，历史上存在多次转让请券商律师核查有无纠纷，那么如果我们知道将来IPO时需要怎样的材料进行核查，我们在处理转让时就能有的放矢，做好准备。

股权转让，主要的两方是出让方和受让方，受让方是现实股东，转让方是历史股东，股权转让有无纠纷一般要从以下几个维度来看：

（1）转让行为是否成立。股权转让协议的签署，股权转让款的支付，股权转让的决策程序包括转让方的决策程序，如果是机构要看他的章程规定的决策权限，如果需要董事会批准，那么就需要董事会决议，股权所在企业的决策程序，主要是股东会决议批准转让和章程变更，工商登记程序时候合法有效等。

（2）转让双方确认转让行为无异议。其实这里主要是转让方的确认，一般的形式是，由IPO（挂牌新三板）律师和券商对转让方进行访谈，了解当时转让的原因，转让行为是否是转让方真实意思的表示，对转让有无异议和纠纷，如果转让时间点临近IPO，特别要问对方是否知晓上市计划，然后由被访谈对象签署书面访谈文件予以确认。

（3）转让的税交了吗？如果出让方是机构，纳税义务由出让方履行，如果出让方是自然人，那么缴个人所得税的纳税义务是由受让方履行，即由受让方代扣代缴，这个需要特别留意。

访谈当年的出让方一般都是不容易的，毕竟对方没有义务配合你，特别是对方当年转让股份的时候不是特别愉快，如持股员工离职，如果当时处理得不好，要对方配合就是更加困难。又或者当时没问题，可是现在你要上市了，当时转让的时候出让方就拿了那么一点钱，现在后悔了，如果最后中介两手一摊，还是要老板来搞定，有的用钱、有的用情、有的用关系，八仙过海各显神通。

1. IPO访谈的故事

灵感来自生活，切勿对号入座。

老高是职业IPO董秘，就是专门做帮助拟IPO企业组织实施上市事宜的职业经理，也就是个项目经理，和盖房子的项目经理没啥本质差别，一个就组织民工把房子盖好交给业主，另一个是组织金融民工准备材料通过证监会审核完成企业上市计划，这个职业的特点就是过几年就得换个地方，这个好理解，房子盖好了，盖房子的民工头自然换下个地方接着盖另外的房子，留下来难道要转型做物业经理吗，职业IPO董秘也是一样，IPO成功或者确定不成功，都得换下一家继续做。

在上一家财务问题里吃了太多的苦，老高暗自下定决心，下一家要找个财务简单的公司。经朋友介绍，到了这家TG股份公司，一看财务报表，老高笑了，真简单，梳理了半个月资料，基本确认了TG股份清楚干净规范，是块IPO的好料，老高暗喜这回来对了。在和券商保代金总交流的时候，老高讲了自己的想法，保代金总表示同意，说唯一可能会问到的是一些历史沿革问题，主要是当年从别人手里取得控制股权的问题。

与保代金总交流回来，老高叫证代把工商资料拿到办公室，这些都是在工商局调出来的工商档案资料，涉及历史资料，最好是工商档案里的资料，因为这些资料当年在工商局备了案，有工商局的章，这个有法定效力，也是个经验，涉及历史沿革的问题，主要看工商档案，其他资料都是辅助。

看了半天，老高基本把线索理清楚了，这家 TG 股份公司的前身，NB 有限是一家大型公司 NB 集团设立的绝对控股子公司，NB 集团的大老板萧总，当时请了现在 TG 股份的老板文总做总经理，也就是职业经理，当然也象征性地给了少量股权，NB 有限股权结构是 NB 集团的 80%，NB 集团工会占 5%，剩余 15% 由文总以及几个 NB 集团高管持有，并且在章程中约定，NB 集团工会的 5% 将来转给 NB 有限员工。

经营了 3 年，突然 NB 集团、NB 集团工会、NB 集团高管就把股权全部转让给了文总夫妇，也就是搞了个管理层收购（Management Buy-Outs，MBO），转让价格要比当年 NB 集团投入价格高一点，也比 NB 有限当时的净资产高一些，NB 集团开了董事会决定转让股权，NB 有限开了股东会，分别签署了转让协议，文总夫妇支付了转让款，完成了工商变更登记，随后 NB 有限更名为 TG 有限（TG 股份的前身），股东变成文总夫妇二人，这都是 10 多年前的事情。

老高看了半天也没觉得有啥大问题，NB 集团转让有决策程序、董事会决议，NB 有限召开了股东会有会议记录和股东会决议，通过了股权转让和章程变更的议案，转让人 NB 集团、NB 集团工会、几个持有股权的 NB 集团高管自然人都分别与文总夫妇签署了股权转让协议，约定了付款方式，转让款集中付到 NB 集团账上，再由 NB 集团转账给股权转让各方，实施了付款，有银行汇款凭证，有 NB 集团董事长萧总签字确认的收款函件，工商变更程序合规，一时没看出什么问题。

既然是个法律问题，就找律师问问吧。约了 IPO 的王大律师，王律师很斯文，说话慢条斯理，说起当年这档子转让，他看看了老高说："不是我们不相信你们文总，这个基本信任我们是有的，但是，我们一直希望能访谈一下当年转让方，当面确认一下没有纠纷，这里面主要是NB集团董事长和NB工会负责人，你们文总一直都不肯安排，这个就比较麻烦了，前年挂牌新三板的时候，我们就要去访谈，一直都没有成行，你要知道，新三板审核松一点，IPO可是不一样，请高总还是和文总好好再沟通下。”

不肯安排？为啥？送走王大律师，老高心里嘀咕：不要真有啥事情吧？搞了这些年IPO，老高还是有经验的，一个原则是绝不主动打听老板私事，因为，IPO是个审核制，一个事情真相到底是怎么样的，其实并不那么重要，因为中介机构有他们认为的真相，审核官员有他们认为的真相，他们相信什么是真相，这个才是真相，谈论真相本身就没什么意义，而中介机构和监管官员相信什么？绝不是你的说辞，主要是证据，有了证据，并且这个证据可以被采信，这时说辞才会起到画龙点睛的作用，离开了可以被认可的证据，说辞那就是个自言自语罢了。所以，老板对这个事情的描述，只是一种说辞，核心是取得证据让中介和监管相信这个事情没有问题，不影响发行条件，即股权清晰，受控股股东、实际控制人支配的股东持有的发行人股份不存在重大权属纠纷。

所以和老板沟通此事，并不是要去了解这事的来龙去脉，而是寻找证据的过程，主要是把中介和监管的思维模式解释给老板听，股权转让是个双方＋工商登记，目前我方和工商资料齐备合法无异议，只是缺对方的确认，也就是王大律师说的访谈。

这里面也分为两个层次。第一个是中介机构相信此事，中介说这事没问题既是承诺也是担保，同时，中介机构要向监管机构解释你是如何得出相信此事，你做了什么工作，得到了什么证据，最后怎样通过分析法律法规得出这个没问题的结论。第二个是监管机构认可了中介机构的解释，因为是审核制，实际上监管机构是实质判断了发行人和中介呈上的证据链条，并作出了不影响发行条件的结论。

根据经验，老高第一步不是需要老板对这事的说明和解释，这个怎样都不重要，重要的是首先要打消中介机构的疑虑，中介机构其实担心这里面有问题，又不好明说，所以实际访谈行动是必须的。第一个中介得交代核查过程，第二个需要让中介安心作出结论。想明白了这一层，老高瞅机会和文总说起了安排访谈的事情。文总说，不是他不安排，NB集团董事长萧总不肯接受访谈，至于NB集团工会负责人自然听萧总的，前年挂新三板的时候就努力过，还找了领导帮忙打招呼，结果约好时间券商和律师去访谈，说出国了、回来时间不定等，就是给你个“软钉子”吃，不接待、不配合。

听说前年去访谈未成这事，老高就找券商和律师要看当时访谈的底稿，结果当时的券商和律师执行人员都离职了，也查不到任何资料。在老高看来，这就是极不专业的表现，你去访谈，对方不接待，也是一个访谈结果，必须及时做好书面记录，访谈人员签字，甚至在人家单位门口拍个照片，和接待人员合个影，请接待人员签个字证明我们来过等。就是一条，这工作你做过了，但是对方不配合，而不是口头说。这个性质就大不相同，一个是履行了核查程序而无结果，另一个是不知道你干过什么。

了解好情况，老高再次找到文总，列出了访谈方案：第一，既然大老板不肯配合，那么就先从那几个小股东着手，当时有几个小股东，包括当时NB集团的外部董事和NB集团的高管，这里面有的本身就不是NB集团的人，有的已经离开NB集团，这些人因为现时已经没有和NB集团的瓜葛，自然接受访谈不会有太大心理障碍；第二，当时参与此事的知情人，包括当时的律师，参与股东会的人员，这些虽然不是转让对手方，但是他们参与了股权转让过程，可以侧面了解当时的情况；第三，如果前两个方案达不到目的，那就只好去NB集团拜访萧总，即使不接待也留下核查证据。

有些事情就是个沟通，文总多聪明的人，一下子明白了路径，没多久就联系上了3个小股东，当时的律师和当时参加股东会的工会签字代表。

访谈的程序一般是老板把人约到一个咖啡馆之类的地方，由券商和律师进行访谈，事前律师和券商都会针对访谈对象起草一个书面的访谈问卷，现场问、现场记录，访谈结束请对方确认一下记录文字，再签个字，就大功告成。

老高明白，这些人能答应见面就已经是帮了大忙，一定得客气尊重。先叫律师把访谈提纲拿来看看，一看就觉得不好，律师写的访谈提纲读起来很生硬，如果让对方自己看，这个很困难，如果照着念，听着像审问，可是这些都是标准文本，你说让律师写个温柔一点的估计就把他难倒了，另外也不符合底稿要求，怎么办？这难不倒经验丰富的老高，第一不能事先把访谈提纲给对方，如果他看着感觉不好就很难挽回，第二去访谈，老高一定得陪着，老高自己控制场面。

上来老高先来暖场，这毕竟是10多年前的事情，这些人有印象但是记不清楚，这是正常状态，那么先帮他们回忆。这个回忆有技巧，绝对不能红口白牙干说，一定是把工商档案里相关的文件准备好，对着文件说，同时指给他看，他们肯定不记得文件和文件内容，但是上面名字是他，签字是他，这个一定会想起来，即使想不起来看见自己的签名，这事就是这样了，基本就把他引导到你要的那个场景中。接着就闲聊当年的职位和经历、有没有这事（转让）、有没有纠纷、当时为何转让、钱有没有收到、税交了没有等你关心的问题，以闲聊的形式先聊一下，这些聊完，他基本已经处于认可这个事请的情景状态中，这时请律师就问卷的问题再确认一下，这个话很重要，是“确认”，闲聊时都说过了，也不需要他看问卷，法律措辞看起来不是那么容易理解且很有易产生歧义，他确认，券商律师当场记录在问卷上，说完请他看一下记录的文字有无错误，无误签个字就可以了。

三个小股东和工会代表访谈顺利，联系那个律师的时候，律师倒是很客气，说访谈没问题，不过要签访谈记录，他需要去和NB集团的大老板萧总确认后才能签字。得知这个情况，券商和律师就觉得访谈没有必要，即使访谈了不签字也没有什么证据，老高没同意，坚持去访谈，券商和律师也只好跟着。到了律师那里，发现这个律师10多年前是处理这个转让的NB集团的法律顾问，从那时到目前仍是NB集团的法律顾问，除了口头确认没有纠纷以外，还谈到一个细节，就是之前文总通过他找过NB集团的大老板萧总，萧总回复不接待。这个信息其实很重要，这就打消了中介机构对于文总回避访谈萧总这事的疑虑，确实是对方个人问题，不愿意配合，这个也没办法，不是刻意回避接触，刻意在隐瞒什么。虽然最终律师的访谈提纲因为没有得到许可，也就没签字，但是现场券商律师和老高在访谈提纲上签了字，并和律师合了影，这个访谈对于中介机构最终相信这事确实没有什么问题起了相当大的作用。

当然，这事最直接的就是访谈了NB集团董事长，这是直接证据，在访谈不到的情况下，访谈小股东、律师和工会代表，这些都是间接证据，有帮助的，最大的帮助是参与的中介相信这事没问题，那么就从法律法规上进行分析就行了。

从法律法规上分析有四个要点：

第一，股权转让合同成立且已履行。各种证据证明合同依法成立，转让款已经支付，并办理了工商登记，当时的小股东等都证实无异议、无纠纷。

第二，过了诉讼时效。民事纠纷的诉讼时效是自侵害发生或者理应知道侵害发生之日起2年，由于前年TG股份挂牌新三板，历史沿革这部分资料都已经公开，属于理应知道，到现在已经过了2年，已经过了诉讼时效，即使NB集团和NB集团工会提起诉讼也不会影响股权稳定。

第三，工会内部决策程序不影响股权转让效力。由于最终也没搞清楚NB集团工会当时持股的资金来源和内部决策程序，但是，已经签署转让协议并已经执行并办理了工商登记，NB集团工会内部的决策程序当时并没有作为办理工商变更登记必须的材料，故而NB集团工会内部的决策程序并不影响该转让的有效性，即NB集团工会内部的决策程序并不能对抗外部善意第三人。

第四，出让方是自然人的，无法确定出让方有否缴纳转让的个人所得税，实际控制人承诺如果税务局追缴由他负责兜底。

终于尘埃落定，老高总结道：如果当年转让的时候能把这些点都想到，多做些准备，如公正，律师见证，律师访谈，索要对方（机构）转让决策依据，索要最终收款方收款依据，询问出资来源等，当时就多一些证据，现在就好办很多，当然，如果一直能保持一个良好的关系，也是很重要的。

2. 纠纷举报的案例

IPO 什么时候算是成功？过会？拿到批文？发行？敲钟？只有到敲了钟，背后交易所大屏上价格数量动了起来，这个才算是 IPO 成功。为啥？之前的过会、批文、发行三道关都过了，也可能随时停下来，甚至有的已经发行了，只要没敲钟，证监会一声令下，把钱退了，也是“黄粱梦”一场。为啥敲了钟就没问题了？那是因为一旦敲了钟，交易开始，大批“韭菜”蜂拥而至，这个时候要取消只有退市一条路，退市可没那么容易，这么多年，你看才真正退了几家？

千辛万苦过了会，这时倒下是最痛苦的，即使只是暂停，暂停意味着变数，有的就永远站在那里了，地素时尚就是这样，被按下了暂停键。

2017 年 5 月 10 日，证监会网站公布了主板发审委 2017 年第 70 次会议审核结果公告，地素时尚股份有限公司（首发）获通过。很快，5 月 19 日拿到了证监会 IPO 批文，5 月 23 日发布了《发行安排及初步询价公告》，计划于 2017 年 5 月 26 日进行初步询价，成功在望了。

天有不测风云，在询价日当面，突然发出《首次公开发行 A 股暂缓发行的公告》称：“因尚存在事项需要核查，发行人与保荐机构（主承销商）中国国际金融股份有限公司协商，出于保护投资者权益的考虑，决定暂缓后续发行工作，原《发行安排及初步询价公告》中披露的预计发行时间表将进行调整，原定于今日进行的初步询价暂缓。”

一般看到这个，搞 IPO 的朋友都知道，举报的来了。按证监会惯例，实名举报都要受理并进行调查，自然发行就先停下来。果然，2017 年 6 月 22 日，野马财经一篇名为《地素时尚 IPO 暂缓背后：创业夫妻反目，争夺股权祖孙三代对簿公堂》的文章称：5 月 24 日，一封举报信被送到了证监会，举报内容是，地素时尚董事长马瑞某的前夫钱某、前婆婆叶丹某实名举报地素时尚隐瞒重大股权纠纷，涉嫌虚假披露、欺诈发行、带病过会。

根据上述报道和地素时尚招股书，大致经过是这样：地素时尚董事长、实际控制人马瑞某和前夫钱某，在2002年创立了地素时尚的前身“上海黛若”，当时是由叶丹某，即前夫钱某的母亲代2人持股，后来经过多次增资和股权转让，到了2009年，马瑞某持有86.21%,叶丹某持有12.41%,2010年马瑞某和前夫钱某离婚，钱某母亲叶丹某持有的12.41%转让给了马瑞某和钱某的女儿马艺某。

地素时尚招股书显示：2010年12月22日，叶丹某、李赛某与马艺某签署了《股权转让协议》，约定马艺某以151.2万元的价格受让叶丹某持有的12.41%公司股权；以16.8万元的价格受让李赛某持有的1.38%公司股权。同日，地素有限股东会决议同意前述股权转让。叶丹某为马艺某的祖母，李赛某为马艺某的外祖母，本次股权转让价格按照地素有限当时注册资本定价。2011年1月5日，地素有限在上海市工商行政管理局长宁分局完成了工商变更登记手续，并取得了更新后的企业法人营业执照。本次股权转让完成后地素有限的股权结构如下：

表2-1 地素有限股权结构

股东姓名	出资额（万元）	出资比例（%）
马瑞某	1050	86.21
马艺某	168	13.79
合计	1218	100.00

根据野马财经的文章和招股书，饶胖觉得这事就是前夫看着前妻企业做大，要上市发大财，来敲敲竹杠。这些事通常都是花钱摆平，天下没有成交不了的商品，只有成交不了的价格，估计头寸没谈拢。一怒之下，前夫诉至法院，称当年这份协议是马瑞某趁叶丹某单独在场的时候签署的，老太太看不大懂协议的意思，也不知道其中的要害，马瑞某哄着老太太签下了协议，不是叶丹某的真实意思表示，且有部分签名系伪造。同时又实名举报到证监会，这个暂停键就摁下了。不过饶胖觉得问题不大，如果仅仅就这次转让而言，诉讼很难打赢不说，实际控制人的股权本身不受这次转让的影响，举报也不过是干扰一下IPO进程罢了。

果然，根据新京报2017年7月10日《地素时尚拟IPO：因奶奶起

诉孙女　前夫告前妻受阻》报道称，对于钱某及叶丹某的诉讼请求，6月30日，上海静安区人民法院作出一审判决。法院认为，叶丹某主张其因年迈无法充分了解文件内容即行签字，因其未就签署股权转让协议时民事行为能力受限提供相应的证据，法院不予采纳。

但是在这个案例中，我们要特别留意的不是这次股权转让是否有效，而是夫妻共有财产离婚的分割是否会影响实际控制人股权的稳定。在地素时尚的过会意见中，发审会特别问了这个问题：

请发行人代表进一步说明发行人历次增资或股权转让以及实际控制人变更的原因、定价依据及其合理性、是否履行了必要的法律程序及其合法合规性；相关离婚协议的约定情况及其具体执行情况，是否存在其他影响发行人股权结构稳定的约定或安排；是否存在其他补偿和利益安排，是否存在潜在纠纷；发行人目前股权结构中是否存在委托持股或代持股情形，发行人控股股东、实际控制人持有的发行人股份是否存在股权争议或潜在的纠纷，是否存在应披露未披露事项，相关信息和风险是否充分披露。请保荐代表人发表核查意见。

夫妻婚内财产总的来说是夫妻双方共有，在夫妻离婚的时候对股权是如何分割就是个关键，这也就是发审会问的问题，即相关离婚协议的约定情况及其具体执行情况，是否存在其他影响发行人股权结构稳定的约定或安排。

7月5日，地素时尚发了一个书面声明，其中关于离婚财产分割作了澄清：

董事长马瑞某与其前夫钱某于2010年2月协议离婚时，在共同协商基础上对家族财产所作的分割安排。根据双方约定，钱某放弃对公司股权的所有权利要求，其母亲叶丹某将名下的12.41%股权转让给钱某与马瑞某已成年的女儿，钱某分得十余套房产、相关房产出售款及项目投资款等资产，并获得现金人民币1800万元（由马瑞某分期支付，已于2014年提前支付完毕）；马瑞某则放弃对前述相关资产的所有权利要求，继续持有公司股权及其使用的办公场所。对此，钱某及其母亲叶丹某自始至终都是明知并确认的，而且各方早已依法办理了相关法律手续，叶丹某还亲赴工商部门办理了股权转让登记，无任何未尽事宜，在我公司启动上市进程前的数年间也无任何争议。

如果是像上述声明说的那样，当时财产分割是说清楚的，留有充分证据的，那么地素时尚重新按下 IPO 重启键就指日可待了。

七、股东适格性

2017 年 7 月 3 日，证监会在一份《对十二届全国人大五次会议第 2432 号建议的答复》的文件中，对唐一林等人大代表提出的“三类股东”（契约型私募基金、资产管理计划和信托计划）的问题，作出回复。关于“三类股东”的建议，证监会表示：针对部分新三板挂牌公司存在“三类股东”的问题，证监会并未在 IPO 申请即受理阶段设置差别性政策，已有多家存在“三类股东”的拟上市企业提交 IPO 申请并获受理。同时，鉴于“三类股东”作为拟上市企业股东涉及发行人股权清晰等发行条件及相关信息披露要求，证监会表示目前正积极研究“三类股东”作为拟上市企业股东的适格性问题。

上述证监会文件中有关于拟上市企业股东适格性问题，也可以称为是否存在不符合上市公司股东资格要求的情况。例如，祥鑫科技 IPO 反馈意见中：“12. 请核查说明公司的自然人股东以及法人股东的终极股东等是否存在不符合上市公司股东资格要求的情况。”换句话说，上市企业股东的适格性问题就是你去申请 IPO 时，企业股东是否具备作为上市公司股东资格，这个又分直接在册股东和穿透后的终极股东，从实务来看，主要是分析这两类股东是否在法律法规上受限。在前面，我们提到了几种情况是不能作为 IPO 企业股东的，包括信托（代持问题）、工会（持股与成立性质不符、证监会发文禁止）、职工持股会（不具备法人资格，证监会发文禁止）。其他股东可以分为自然人和机构。

1. 自然人股东适格性问题

先来看看自然人，一般不符合现行法律法规规定的，主要是党政机关工作人员、领导干部、现役军人、公务员等。自然人碰到下列情况需留意：

（1）公务员(禁止)。根据《公务员法》的相关规定，公务员不得从事或者参与营利性活动，在企业或者其他营利性组织中兼任职务。公务员因工作需要在机关外兼职，应当经有关机关批准，不得领取兼职报酬。公务员辞去公职或者退休的，原系领导成员的公务员在离职3年内，其他公务员在离职2年内，不得到与原工作业务直接相关的企业或者其他营利性组织任职，不得从事与原工作业务直接相关的营利性活动。

（2）党政机关的干部和职工(禁止)。根据《关于严禁党政机关和党政干部经商、办企业的决定》以及《关于进一步制止党政机关和党政干部经商、办企业的规定》的规定，国家机关法人的干部和职工，除中央书记处、国务院特殊批准的以外，一律不准经商、办企业。因此，国家机关法人的干部和职工不得投资公司成为股东。《中国共产党廉洁自律准则》第2条规定，党的机关、人大机关、行政机关、政协机关、审判机关、检察机关中县（处）级以上党员领导干部，人民团体、事业单位中相当于县（处）级以上党员领导干部，禁止私自从事营利性活动。不准有下列行为：①个人或者借他人名义经商、办企业。②违反规定拥有非上市公司（企业）的股份或者证券。③违反规定买卖股票或者进行其他证券投资。④个人在国（境）外注册公司或者投资入股。⑤违反规定在经济实体、社会团体等单位中兼职或者兼职取酬，以及从事有偿中介活动。⑥离职或者退休后3年内，接受原任职务管辖的地区和业务范围内的民营企业、外商投资企业和中介机构的聘任，或者个人从事与原任职务管辖业务相关的营利性活动。以及第15条规定，国有和国有控股企业（含国有和国有控股金融企业）及其分支机构领导人员中的党员；县（市、区、旗）直属机关、审判机关、检察机关的科级党员负责人，乡镇（街道）党员负责人，基层站所的党员负责人参照执行本准则。

（3）处级以上领导干部配偶、子女(有条件禁止)。根据中央纪委《关于“不准在领导干部管辖的业务范围内个人从事可能与公共利益发生冲突的经商办企业活动”的解释》(中纪发〔2000〕4号)、《关于省、地两级党委、政府主要领导配偶、子女个人经商办企业的具体规定(执行)》

（中纪发〔2001〕2号），区、县党政机关局级领导干部的配偶、子女不准在领导干部管辖的业务范围内投资兴办可能与公共利益发生冲突的企业。

（4）县以上党和国家机关退（离）休干部（禁止）。《中共中央办公厅、国务院办公厅关于县以上党和国家机关退（离）休干部经商办企业问题的若干规定》（中办发〔1988〕11号）明确禁止县级以上党和国家机关退的（离）休干部，不得兴办商业性企业。因此，县级以上党和国家机关的退（离）休干部是不可以投资公司成为股东的。

（5）国有企业领导人（有条件禁止）。根据《国有企业领导人员廉洁从业若干规定》第5条规定，国有企业领导人员应当忠实履行职责。不得有利用职权谋取私利以及损害本企业利益的下列行为：①个人从事营利性经营活动和有偿中介活动，或者在本企业的同类经营企业、关联企业和与本企业有业务关系的企业投资入股……

（6）国企领导人配偶、子女（有条件禁止）。《国有企业领导人员廉洁从业若干规定》第6条规定，国有企业领导人员应当正确行使经营管理权，防止可能侵害公共利益、企业利益行为的发生。不得有下列行为：本人的配偶、子女及其他特定关系人，在本企业的关联企业、与本企业有业务关系的企业投资入股……

（7）国有企业职工（有条件禁止）。《关于规范国有企业职工持股、投资的意见》（国资发改革〔2008〕139号）规定……国有大中型企业主辅分离辅业改制，鼓励辅业企业的职工持有改制企业股权，但国有企业主业企业的职工不得持有辅业企业股权。国有大型企业改制，要着眼于引进先进技术和管理、满足企业发展资金需求、完善公司法人治理结构，提高企业竞争力，择优选取投资者，职工持股不得处于控股地位。严格控制职工持股企业范围。职工入股原则限于持有本企业股权。国有企业集团公司及其各级子企业改制，经国资监管机构或集团公司批准，职工可投资参与本企业改制，确有必要的，也可持有上一级改制企业股权，但不得直接或间接持有本企业所出资各级子企业、参股企业及本集团公司所出资其他企业股权。科研、设计、高新技术企业科技人员确因特殊情况需要持有子企业股权的，须经同级国资监管机构批准，且不得作为该子企业的国有股东代表。

（8）现役军人（禁止）。《中国人民解放军内务条令》第127条规定，军人不得经商，不得从事本职以外的其他职业和传销、有偿中介活动，不得参与以营利为目的的文艺演出、商业广告、企业形象代言和教学活动，不得利用工作时间和办公设备从事证券交易、购买彩票，不得擅自提供军人肖像用于制作商品。《中国人民解放军纪律条令》第114条规定，参与经商或者偷税漏税，情节较轻的，给予警告、严重警告处分；情节较重的，给予记过、记大过处分；情节严重的，给予降职（级）、降衔（级）、撤职、取消士官资格处分。

（9）银行工作人员（有条件禁止）。目前没有统一的明文规定禁止银行工作人员投资其他企业，但各商业银行对其员工都有不同程度的限制性规定。

（10）在职教师（允许）。我国《教师法》和《教师职业道德规范》没有规定教师不可以做股东。教师也不是公务员，他们只是有些待遇按照公务员或者不低于公务员对待。所以，他们可以投资做股东。但是，不可以做公司的职员，也不可以利用教师的权利为自己或他人谋利益。

（11）未成年人（允许）。自然人作为股东一般应当具备完全行为能力。无行为能力人和限制行为能力人因继承取得而成为公司股东的，其权利和义务应当由法定代理人代为行使和履行。《国家工商行政管理总局关于未成年人能否成为公司股东的答复》（工商企字〔2007〕131号）指出，《公司法》对未成年人能否成为公司股东没有作出限制性规定。因此，未成年人可以成为公司股东，其股东权利可以由法定代理人代为行使。但是要注意无民事行为能力或者限制民事行为能力的人不得担任公司的董事、监事、高级管理人员。

（12）家庭成员（有条件允许）。家庭成员尤其是夫妻共同设立公司，由于涉及财产的独立性问题，存在公司性质模糊（可能是一人公司）及权利处置（夫妻离婚后的股权分置）的问题。家庭成员共同出资设立有限责任公司，必须以各自拥有的财产作为注册资本，并各自承担相应的责任，登记时需提交财产分割的书面证明或者协议。

（13）自然人股东适格性的新三板问题。需要注意的是，如果拟上市公司是一家非上市公众公司（新三板公司），股东是在股转二级市场购买入新三板公司股票而成为股东的自然人，属于证券投资，不属于股权投资，就是买卖股票，也就是炒股，而炒股，公务员和党政干部不是禁止的。

《中共中央办公厅、国务院办公厅关于党政机关工作人员个人证券投资行为若干规定》

第二条　本规定所称党政机关工作人员个人证券投资行为，是指党政机关工作人员将其合法的财产以合法的方式投资于证券市场，买卖股票和证券投资基金的行为。

第三条　党政机关工作人员个人可以买卖股票和证券投资基金。在买卖股票和证券投资基金时，应当遵守有关法律、法规的规定，严禁下列行为：（一）利用职权、职务上的影响或者采取其他不正当手段，索取或者强行买卖股票、索取或者倒卖认股权证；（二）利用内幕信息直接或者间接买卖股票和证券投资基金，或者向他人提出买卖股票和证券投资基金的建议；（三）买卖或者借他人名义持有、买卖其直接业务管辖范围内的上市公司的股票；（四）借用本单位的公款，或者借用管理和服务对象的资金，或者借用主管范围内的下属单位和个人的资金，或者借用其他与其行使职权有关系的单位和个人的资金，购买股票和证券投资基金；（五）以单位名义集资买卖股票和证券投资基金；（六）利用工作时间、办公设施买卖股票和证券投资基金；（七）其他违反《中华人民共和国证券法》和相关法律、法规的行为。

所以，对新三板拟上市公司而言，党政公务员股东只要确认其拥有深圳证券交易所股东账户，并且通过二级市场受让的方式取得拟上市公司股票，取得股票的资金来源、取得股票方式合法，自然人股东符合《全国中小企业股份转让系统适当性管理细则（试行）》的要求，经审核成为新三板的合格投资者，即具备上市公司股东资格。

2. 机构股东的适格性问题

对于机构而言，股东适格性问题主要表现在以下几类：

（1）三类股东，即契约型私募基金、资产管理计划和信托计划。

这三类股东均可以开立证券交易账户，成为上市公司股东没有疑问，只是作为拟上市公司股东进行 IPO 时，对于是否影响股权清晰，存在技术争议，截至 2018 年 1 月，监管部门正在积极研究，尚无正式规则公布。

（2）一人公司 (有条件允许)。一人有限公司原则上可以成为公司的股东，自然人只能投资设立一个一人有限公司，而且该一人有限公司不能投资设立新的一人有限公司。

（3）商业银行 (有条件允许)。商业银行原则上不能成为非金融机构的股东，但国家另有规定的除外，如司法判决或抵押质押等不属于主动投资行为等。

（4）会计事务所、审计事务所、资产评估机构、律师事务所 (禁止)。会计事务所、审计事务所、资产评估机构、律师事务所不得设立公司。

（5）职工持股会和工会 (禁止)。证监会发文明确禁止。

（6）分公司 (禁止)。有限责任公司或股份有限公司可以对公司制企业、集团所有制企业投资，但其所设立的分公司不能对外投资。

（7）事业单位 (禁止)。《中央行政事业单位国有资产管理暂行办法》第 29 条规定，各部门行政单位和参照公务员法管理的单位，不得将国有资产用于对外投资。其他事业单位应当严格控制对外投资，不得利用国家财政拨款、上级补助资金和维持事业正常发展的资产对外投资。

（8）高校 (禁止)。教育部《教育部关于积极发展、规范管理高校科技产业的指导意见》(教科发〔2005〕2 号) 规定，高校除对高校资产公司进行投资外，不得再以事业单位法人的身份对外进行投资。

第三章

合并报表、控制、一致行动和实际控制人

CHAPTER 3

导读

我们在前面分析了股东与企业之间有三种类别的关系，控制股东，重要或影响股东，没有影响力的中小股东。这一章我们将讨论控制股东与企业的关系以及在资本运作中的实践，讨论公司治理的“用”，即如何合理合法利用规则的问题。

我们将从一个小问题出发讨论企业的边界，我们只有分清楚企业的边界才能讨论控制股东和企业的关系，所以首先讨论合并报表问题。本章包括以下 11 个部分：（1）为何要合并报表？（2）合并范围的确定，控制；（3）资本故事：一个合并报表引发的 IPO 血案；（4）一致行动人；（5）给控制权加一个杠杆，分股不分权、融资不稀释的制度设计；（6）同一控制下合并的小陷阱；（7）谁是实际控制人？（8）非同一控制下合并的业务和 IPO 问题；（9）有限合伙的合并问题；（10）上市公司并购基金实战案例学习，金城药业收购朗依制药；（11）跟高手学资本运作，先减资再增资省税重组大法。

饶胖计划通过上面 11 个问题和案例的讨论，理解从控制股东也就是企业角度，思考企业资本运作需要考虑的股权设计相关问题，包括：企业边界和合并报表、同业竞争、一致行动、控制权、同一控制下和非同一控制下合并涉及 IPO 的问题、实际控制人、有限合伙合并问题，最后讲一个上市公司利用并购基金的收购案例和一个上市前重组的案例综合一下前面的内容。

引子

有一天，一个朋友在微信群里问大家一个问题："我们有一个子公司，我们持有 49%，另外两家分别持有 30% 和 21%，请问我们能合并报表吗？"

一个很好的问题，看似简单，其实里面知识点很多，换句话说就是陷阱很多。饶胖是老江湖自然不会掉坑里，贸然给个答案。这里面涉及几个层面问题，为何要合并报表？怎样确定能否合并报表？也就是合并报表的范围。什么是控制？股权或者出资比例与表决权是一回事吗？谁是一致行动人？我们就当回侦探，一层层来分析。

第一节

为何要合并报表?

先从一个例子开始。有个朋友问我:“我们并购一家企业,销售收入4000万元,净利润约800万元,扣非后净利润是600万元,我们51%控股,我们扣非后净利润2500万元,想问一下,对比IPO净利润标准,看的是标的扣非后净利润加上我们自己扣非后净利润算还是看归属母公司净利润?即挂牌公司扣非净利润加并购后归属母公司的部分?”

这就是一个典型合并报表的问题。我们在谈论一个企业的时候,经常使用销售收入、净利润等这样会计术语,这些会计术语应用的这个企业的边界在哪里?在没有特殊说明的上下文里,并使用会计术语的场景,我们默认,这是一个合并口径,即由母子公司组成的企业集团,我们会把母子公司视为一个企业整体,企业的边界把确认为母子公司的个别企业包裹在内,这时我们谈论这个企业的销售收入、净利润、总资产之类的会计术语时,我们使用的是合并口径,即这个企业集团合并报表上的数据。

企业的边界不是天然的,是人为制定规则识别出来的,使用会计术语的就是使用会计的准则。我们也可以类比自然界的自然边界,如一头牛,它是由各个器官组合而成,它的边界就是它的皮肤。

牛皮是自然形成的,很容易识别,而会计上企业集团的边界,是由人根据一定规则判定的。如果不是使用会计术语的场景,如经济学家谈论的企业边界，就是另外一回事。科斯在《企业的本质》（The Nature of the Firm）中回答了企业出现的逻辑起点，以及企业与市场的界限问题，提出市场和企业是两种可以相互替代的配置资源的手段，在市场上，资源配置由价格机制自动调节，在企业里，资源配置由权威的组织来完成，但无论用市场机制还是企业组织来协调生产，都是有成本的。企业之所以会出现，是因为有些交易在企业内部进行比通过市场进行所花费的成本要低，但是企业的组织成本与企业是形影不离的，它伴随着企业规模的扩张而扩张，当在企业内组织交易的成本扩大到等于市场组织交易的成本时，企业与市场的界限也就划定了。

当然，经济学家说的，饶胖经常搞不明白，记得有个经济学家的段子是这样，两个经济学家师兄弟，水平差不多，师兄比较有运气获得了大奖，收到了50万美元的支票，颁奖仪式后，师兄弟两人出来散步，没得奖的师弟就大发感慨，世道不公巴拉巴拉，获奖的师兄不以为然，看见地上一堆狗屎就说，你要是实在不服气，这样，你把这堆狗屎吃了，这张支票归你，那哥们想想毕竟50万美元，就吃了，拿到了支票，两人继续散步，又看见一堆狗屎，吃屎的师弟想想很冤枉，就说，你吃了这堆狗屎，我就把支票还给你怎么样？结果获奖的师兄拿回了支票，两人回去汇报给他们的老师听，说我们俩吃了两堆狗屎，什么事情也没有发生，老师一下子站了起来说，不对，你们吃了两堆狗屎，创造了100万美元的GDP。

当然只是个GDP的笑话，如果假定师兄弟两人分别是两家企业，那么两家企业各自可以确认的收入，获奖者师兄50+50=100，师弟50，合计150万美元，但是如果两家企业属于同一企业集团，这吃狗屎产生的两个50万美元收入需要抵消，即如果把两者看成一个整体，内部发生的交易，对于这一集团的外部观察者而言并不存在，只有这一整体与外界的交易才能够记录在案，即只有获奖者得到的50万美元算收入。

合并报表的逻辑在于以母公司（控制者）视角出发，把母公司控制的所有公司视为一个企业集团（整体），报告这一企业集团的会计信息。如图3-1所示，假定箭头代表控制，则A公司合并是从A作为母公司视角出发。

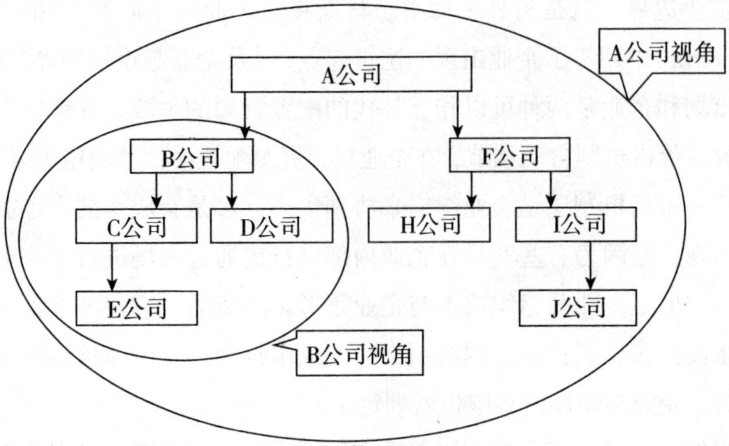

图 3–1 合并报表的逻辑

合并之后，要按照母公司的会计制度进行会计调整，编制合并报表全面反映集团的盈亏情况，抵消关联交易带来的虚增利润和成本，更好地体现企业的盈亏情况，防止人为虚增利润和成本。

在资本市场特别是 IPO，一般需要解决同业竞争和关联交易问题，这个很容易理解，关联交易容易形成操纵利益输送或者反向利益输送，一家人啥不好商量，所以市场对于严重依赖关联交易的公司都是很警惕的。2017 年 5 月，叶檀财经一篇质疑神雾环保的文章，核心点之一就是关联交易，尽管第二天一早招商证券大牌研究员和公司方面都出来澄清说这个关联交易是行业惯例而且都是披露过的，但市场仍然反应激烈。神雾双雄（神雾环保和神雾节能）双双应声跌停，一天损失市值 57 亿元。可以看得出来，市场对于关联交易可能带来的虚假财务数据是非常敏感的。

通常的办法就是把这些产生同业竞争和关联交易问题的各个公司通过收购兼并，重组形成一个合并报表主体，那么再严重的关联交易也就变成合并报表内部的抵消关系，同业竞争变成一个会计主体内部的分工安排，这是最彻底的解决同业竞争和关联交易的途径。

另外一个观察合并的角度是收购决策，如果收购一个企业（非同一控制下），对于收购方而言就是母公司视角，即如果控制被收购方，被收购方就成为收购方的子公司纳入合并报表范围。我们可以简化理解合并后的利润表，收入变成两家公司全部收入之和(如果不存在互相销售)，这对于外延扩张的企业战略特别有用。例如，收购方公司10亿元收入，净利润1亿元，收购标的公司收入8亿元，净利润1亿元，控股收购标的51%，形成控制，合并后收入变成了18亿元，净利润2亿元，当然，在净利润下面会有一行补充归属于母公司所有者的净利润1.51亿元，即扣除少数股东权益0.49亿元，但是我们在看企业的时候非常关注企业的规模，也就是关注收入，这里尽管只收购了51%的股权，但是合并报表上的收入变成了18亿元，增长了80%。

理解了为何要合并，前面那个问题就很好回答，即以合并口径财务报表数据为准，预测下收购后的合并报表数据即可。另外，首发管理办法规定的会计利润标准是合并财务报表口径，扣除少数股东权益，扣除非经常性损益前净利润与扣除非经常性损益后净利润对比，以孰低为选择标准，也就是两个里面选个低的。

第二节

合并范围的确定、控制

确定合并范围非常重要，如果搞错了，黎叔会很生气，问题会很严重。

一、两个搞错的案例

（一）天津磁卡合并范围错误被处罚

证监会天津监管局一纸行政处罚决定书，处罚了上市公司天津磁卡（600800SH）以及天津磁卡的5个董监高人员。处罚书列举了违法事实：天津磁卡2006年半年报至2013年半年报期间均未披露环球化学是其子公司；天津磁卡未将控股子公司环球化学纳入合并财务报表的合并范围，虚计2006年至2012年各期年报合并利润。处罚决定：依据《证券法》第193条的规定，决定：（1）对天津磁卡给予警告，并处以60万元罚款；（2）对阮某（董事长）给予警告，并处以15万元罚款；（3）对刘金某总经理给予警告，并处10万元罚款；（4）对郝连某（董事副总经理）给予警告，并处以5万元罚款；（5）对王某（财务总监）、李某（监事）给予警告，并分别处以3万元罚款。

这个事情发生在2006年，天津磁卡2006年7月25日受让环球化学73%的股份，成为其控股股东，但未进行账务处理，也未将环球化学纳入合并报表范围。由于环球化学与天津磁卡存在大量其他应收款，是不是合并范围，会计处理不一样，导致2006年至2013年会计数据错报，最后上市公司和相关董监高当事人被处以行政处罚。具体案情细节我们不讨论，只是提醒一下，如果合并范围错了，会导致严重的后果，这个需要留意。

（二）中国有色集团被审计署通报

2017年6月23日国家审计署网站公告了《中国有色矿业集团有限公司2015年度财务收支审计结果》，该报告称：中国有色集团成立于1983年，主要从事有色金属矿产资源开发、建筑工程、相关贸易及服务。据合并财务报表反映，中国有色集团2015年年底拥有全资和控股子公司215家、参股公司44家；资产总额1255.35亿元，负债总额962.54亿元，所有者权益292.81亿元，资产负债率76.68%；当年实现营业总收入1708.66亿元，利润总额-52.28亿元，净利润-46.03亿元。

报告同时指出中国有色在财务管理和会计核算方面存在8方面问题，其中一项就和合并报表范围有关。2013年至2015年，所属大冶有色将下属2家企业调出合并财务报表范围，造成少计收入311.57亿元、成本317.65亿元，多计利润6.08亿元，其中2015年多计利润6.55亿元。也就是说，为了掩盖亏损，在会计上造假，造假的手段是在确认企业合并范围上动手脚，将亏损子公司“出表”，剔除出合并范围，自然亏损也就不在集团合并报表上显示出来，只需要会计部门动动指头，6亿元利润目标就完成了，牛吧！

二、会计准则

合并报表的问题是个会计技术问题，会计问题除了咨询你的会计师以外，也可以自学会计准则和相关解释。如果是个会计问题，饶胖有一个处理会计问题的原则，就是最后的关键点一定在给你出审计报告的会计师那里，你学得再好，如果没法说服你的会计师，也是白费力气。当然，你不学习，连和会计师对话的机会都没有。

我们先学一下会计准则怎么说。

《企业会计准则第33号——合并财务报表》关于合并范围，即关于什么样的公司纳入合并报表的规定如下：

《企业会计准则第33号——合并财务报表》

第二章　合并范围

第七条　合并财务报表的合并范围应当以控制为基础予以确定。

控制，是指投资方拥有对被投资方的权力，通过参与被投资方的相关活动而享有可变回报，并且有能力运用对被投资方的权力影响其回报金额。

本准则所称相关活动，是指对被投资方的回报产生重大影响的活动。被投资方的相关活动应当根据具体情况进行判断，通常包括商品或劳务的销售和购买、金融资产的管理、资产的购买和处置、研究与开发活动以及融资活动等。

第八条　投资方应当在综合考虑所有相关事实和情况的基础上对是否控制被投资方进行判断。一旦相关事实和情况的变化导致对控制定义所涉及的相关要素发生变化的，投资方应当进行重新评估。相关事实和情况主要包括：

（一）被投资方的设立目的。

（二）被投资方的相关活动以及如何对相关活动作出决策。

（三）投资方享有的权利是否使其目前有能力主导被投资方的相关活动。

（四）投资方是否通过参与被投资方的相关活动而享有可变回报。

（五）投资方是否有能力运用对被投资方的权力影响其回报金额。

（六）投资方与其他方的关系。

第九条　投资方享有现时权利使其目前有能力主导被投资方的相关活动，而不论其是否实际行使该权利，视为投资方拥有对被投资方的权力。

第十条　两个或两个以上投资方分别享有能够单方面主导被投资方不同相关活动的现时权利的，能够主导对被投资方回报产生最重大影响的活动的一方拥有对被投资方的权力。

第十一条　投资方在判断是否拥有对被投资方的权力时，应当仅考虑与被投资方相关的实质性权利，包括自身所享有的实质性权利以及其他方所享有的实质性权利。

实质性权利，是指持有人在对相关活动进行决策时有实际能力行使的可执行权利。判断一项权利是否为实质性权利，应当综合考虑所有相关因素，包括权利持有人行使该项权利是否存在财务、价格、条款、机制、信息、运营、法律法规等方面的障碍；当权利由多方持有或者行权需要多方同意时，是否存在实际可行的机制使得这些权利持有人在其愿意的情况下能够一致行权；权利持有人能否从行权中获利等。

某些情况下，其他方享有的实质性权利有可能会阻止投资方对被投资方的控制。这种实质性权利既包括提出议案以供决策的主动性权利，也包括对已提出议案作出决策的被动性权利。

第十二条　仅享有保护性权利的投资方不拥有对被投资方的权力。

保护性权利，是指仅为了保护权利持有人利益却没有赋予持有人对相关活动决策权的一项权利。保护性权利通常只能在被投资方发生根本性改变或某些例外情况发生时才能够行使，它既没有赋予其持有人对被投资方拥有权力，也不能阻止其他方对被投资方拥有权力。

第十三条　除非有确凿证据表明其不能主导被投资方相关活动，下列情况，表明投资方对被投资方拥有权力：

（一）投资方持有被投资方半数以上的表决权的。

（二）投资方持有被投资方半数或以下的表决权，但通过与其他表决权持有人之间的协议能够控制半数以上表决权的。

第十四条　投资方持有被投资方半数或以下的表决权，但综合考虑下列事实和情况后，判断投资方持有的表决权足以使其目前有能力主导被投资方相关活动的，视为投资方对被投资方拥有权力：

（一）投资方持有的表决权相对于其他投资方持有的表决权份额的大小，以及其他投资方持有表决权的分散程度。

（二）投资方和其他投资方持有的被投资方的潜在表决权，如可转换公司债券、可执行认股权证等。

（三）其他合同安排产生的权利。

（四）被投资方以往的表决权行使情况等其他相关事实和情况。

第十五条　当表决权不能对被投资方的回报产生重大影响时，如仅与被投资方的日常行政管理活动有关，并且被投资方的相关活动由合同安排所决定，投资方需要评估这些合同安排，以评价其享有的权利是否足够使其拥有对被投资方的权力。

第十六条　某些情况下，投资方可能难以判断其享有的权利是否足以使其拥有对被投资方的权力。在这种情况下，投资方应当考虑其具有实际能力以单方面主导被投资方相关活动的证据，从而判断其是否拥有对被投资方的权力。投资方应考虑的因素包括但不限于下列事项：

（一）投资方能否任命或批准被投资方的关键管理人员。

（二）投资方能否出于其自身利益决定或否决被投资方的重大交易。

（三）投资方能否掌控被投资方董事会等类似权力机构成员的任命程序，或者从其他表决权持有人手中获得代理权。

（四）投资方与被投资方的关键管理人员或董事会等类似权力机构中的多数成员是否存在关联方关系。

投资方与被投资方之间存在某种特殊关系的，在评价投资方是否拥有对被投资方的权力时，应当适当考虑这种特殊关系的影响。特殊关系通常包括：被投资方的关键管理人员是投资方的现任或前任职工、被投资方的经营依赖于投资方、被投资方活动的重大部分有投资方参与其中或者是以投资方的名义进行、投资方自被投资方承担可变回报的风险或享有可变回报的收益远超过其持有的表决权或其他类似权利的比例等。

第十七条　投资方自被投资方取得的回报可能会随着被投资方业绩而变动的，视为享有可变回报。投资方应当基于合同安排的实质而非回报的法律形式对回报的可变性进行评价。

第十八条　投资方在判断是否控制被投资方时，应当确定其自身是以主要责任人还是代理人的身份行使决策权，在其他方拥有决策权的情况下，还需要确定其他方是否以其代理人的身份代为行使决策权。

代理人仅代表主要责任人行使决策权，不控制被投资方。投资方将被投资方相关活动的决策权委托给代理人的，应当将该决策权视为自身直接持有。

第十九条　在确定决策者是否为代理人时，应当综合考虑该决策者与被投资方以及其他投资方之间的关系。

（一）存在单独一方拥有实质性权利可以无条件罢免决策者的，该决策者为代理人。

（二）除（一）以外的情况下，应当综合考虑决策者对被投资方的决策权范围、其他方享有的实质性权利、决策者的薪酬水平、决策者因持有被投资方中的其他权益所承担可变回报的风险等相关因素进行判断。

第二十条　投资方通常应当对是否控制被投资方整体进行判断。但极个别情况下，有确凿证据表明同时满足下列条件并且符合相关法律法规规定的，投资方应当将被投资方的一部分（以下简称该部分）视为被投资方可分割的部分（单独主体），进而判断是否控制该部分（单独主体）。

（一）该部分的资产是偿付该部分负债或该部分其他权益的唯一来源，不能用于偿还该部分以外的被投资方的其他负债；

（二）除与该部分相关的各方外，其他方不享有与该部分资产相关的权利，也不享有与该部分资产剩余现金流量相关的权利。

第二十一条　母公司应当将其全部子公司（包括母公司所控制的单独主体）纳入合并财务报表的合并范围。（以下略去投资性主体的内容）

没看懂，或者没耐心看？这就对了，这是个技术活，如果你 5 分钟就搞明白了，会计师们干什么？对吧。同时，你在问你的会计师为什么这样决定或者为什么那样决定、依据是什么时，会计师说根据会计准则或者其他什么根据，此时，知道有这么个会计准则就很重要了。

三、判断控制

我们在请教会计师之前，还是要知道 / 掌握一点基本会计常识。我们只需把握一些关键就行，更复杂的情况留给专业人士。另外，你知道 / 了解一些专业术语，也会使你的谈吐看着高级专业，不摸底细的人也不敢随便糊弄你。

决定能否合并的关键词不是股权，而是控制。一定要记住这个高级的词汇，合并的范围是母公司视角，就是站在母公司的立场上，所有被母公司控制的企业都要纳入合并范围。

会计准则里控制的定义还是要背下来。

合并财务报表的合并范围应当以控制为基础予以确定。控制，是指投资方拥有对被投资方的权力，通过参与被投资方的相关活动而享有可变回报，并且有能力运用对被投资方的权力影响其回报金额。

这里面又有一个高级的词汇要记住，即“可变回报”，有权力参与被投资方活动有能力影响回报金额的即为控制。

我抄一段解释你看看能否看懂：

> 可变回报的定义，可变回报是不固定且可能随着被投资方业绩而变化的回报，可以仅是正回报，仅是负回报，或者同时包括正回报和负回报。可变回报的形式，投资方在评价其享有被投资方的回报是否可变以及可变的程度时，需基于合同安排的实质，而不是法律形式。例如，投资方持有固定利息的债券投资时，由于债券存在违约风险，投资方需承担被投资方不履约而产生的信用风险，因此投资方享有的固定利息回报也可能是一种可变回报。又如，投资方管理被投资方资产而获得的固定管理费也是一种变动回报，因为投资方是否能获得此回报依赖于被投资方是否获得足够的收益以支付该固定管理费。

我们从日常语言入手，把那些更为复杂的情况交给会计师们去处理吧。

首先，如果没有相反的证据，这两条决定：（1）投资方持有被投资方半数以上的表决权的。（2）投资方持有被投资方半数或以下的表决权，但通过与其他表决权持有人之间的协议能够控制半数以上表决权的。

其次，如果没有半数以上的表决权，那么可以使用以下判断标准：（1）表决权的分散程度，如你30%，但是其他人都在5%以下。（2）有没有潜在表决权，如可转换债券。（3）其他合同按安排，如一致行动人安排。

最后，能否安排或者决定或者影响对方的董事会人选和关键管理层人选，能否影响或者否决对方的重大交易等。

四、股权是表决权吗？

我们刚才谈了会计准则关于确定合并范围的关键是明确控制，以及控制的一些简单的判断原则，现在来回答本章开始的那道题。

问题：我们有一个子公司，我们持有49%，另外两家分别持有30%和21%，请问我们能合并报表吗？

根据我们前面谈到的，要合并，看控制。看是不是拥有过半数的表决权。问题里我们持有（股权或者出资额）49%，没有过半数，过半数是50%+1股不是51%，那么应该看其他判断标准，对吗？且慢，这里我们持有（股权或者出资额）49% 是指我们拥有 49% 的表决权吗？

我们假定这个发生在国内，我国《公司法》对于股权 / 出资额和表决权的规定是这样的：

有限责任公司，《公司法》第 42 条规定，股东会会议由股东按照出资比例行使表决权；但是，公司章程另有规定的除外。

股份公司，《公司法》第 103 条规定，股东出席股东大会会议，所持每一股份有一表决权。但是，公司持有的本公司股份没有表决权。

也就是说，如果是有限责任公司，表决权原则是由出资比例决定，但是，可以通过章程规定，约定不按出资比例行使表决权，如 A 出资比例 49%，B 出资比例 51%，但是章程规定，A 有 51% 表决权，B 有 49% 表决权，那么，这个初步判断公司应该有 A 来控制。但是，到了股份公司阶段，《公司法》就取消了表决权的章程自主原定，改为完全按股份比例来，即每一股份有一表决权。

有限公司叫出资额，股份公司叫股本，出资额比例不一定等于表决权，需要查看章程，股份公司的股本比例在我国等于表决比例。所以，要作第一步的表决权判断，首先要搞清楚是哪个公司性质。专业人士通常会说，我们占这家公司出资额的 49%，这个一看就是有限责任公司。但是，饶胖遇到的大多数情况是搞不清楚股权、股份和出资额的区别，就需要多问一句，免得掉坑里。

美国法律规定上市公司可以通过章程约定持有股票数和表决权的关系，就是可以通过公司章程约定，持有的股票数和持有的表决权数不相等的双重股权结构，俗称 AB 股。双重股权结构中，大股东或者实际控制人或者创始人试图以少量资本控制整个公司，故而将公司股票分高、低两种投票权，高投票权的股票每股具有两票至几十票的投票权，称为 B 类股，主要由创始人持有；低投票权由一般股东持有， 1 股只有 1 票甚至没有投票权，称为 A 类股。作为补偿，高投票权的股票一般流通性较差，一旦流通出售，即从 B 类股转为 A 类股。例如，百度，2016 年，李彦宏夫妇只持有百度 16% 左右，并不是第一大股东，但是由于百度的 AB 股架构设计，李彦宏夫妇拥有的表决权高达 68%，绝对控制百度。

第三节

资本故事：一个合并报表引发的 IPO 血案

托尔斯泰在《安娜卡列尼娜》中写道："幸福的家庭都是相似的，不幸的家庭各有各的不幸。"在漫漫 IPO 征途中，胜利者的喜悦都是一样的，折戟沉沙的伤心事却是家家不同。

我们这一部分是讨论合并报表，我就讲一个因为合并报表搞错导致 IPO 失败的故事。

灵感来自生活，切勿对号入座。

一、好事来了

孟老板来电话的时候，老高正对着那张 300 万元的本票发呆。一年多前，老高来到这家公司做董秘 CFO，负责操办创业板上市，谁知变化总比计划来得快，一转眼放弃了上市计划，转身卖给了上市公司，几个月时间操作完毕，老板发了大财，自己那点股份也套了现，当财务经理把这张本票递到老高手里的时候，说了句："一切都尘埃落定了。"是啊，并购案子没拿到钱之前，都是空的，进公司前投入的 30 万元变成 300 万元，尽管没上市，倒是落得实惠，搓搓手上这张本票，很有质感，很真实。

电话那头孟老板操着浓重的四川口音，说道："高总，恭喜哈！"这消息倒是真快，老高暗自嘀咕道，孟老板是老相识了，几年前给他做过财务顾问。"孟总取笑，挣点小钱罢了，不过马上失业，上市公司可不收留我们这些被收购公司的杂牌高管。”孟总接过来说：“我正好找你，我投资的那个公司，就是3年前你做过财务顾问的那家，珍宝公司，这几年业绩很好，也逐步规范了，去年券商律师会计师就进场准备IPO了，去年重组已经做完，今年准备马上股改报材料，怎么样，高总过来帮忙搞一搞IPO，如何？”

这家公司前几年去过，业务、利润不错，就是财务不规范，如果规范了还是块上市的好材料。老高暗暗盘算，特别是如果中介已经进场1年多，完成规范的重组，现在过去，很有可能今年就能把材料报进去排队，说不定又是家“短平快”，不禁心头暗喜，满口应承了下来。

二、珍宝公司的架构

可是世上哪有这等顺风顺水的好事等着搬砖的“金融民工”？老高一到现场就发现了问题，重组可能做错了。

这家公司，我们就叫他珍宝公司，有两个股东，也就是两个老板，孟老板是大陆人，有很多产业，这个项目他出钱和市场资源，另一个是郎老板，新加坡国籍，土生土长南洋华人，是这个行业的技术前辈，出技术、团队和管理，在大陆开了家工厂，叫老珍公司。珍宝公司是两方合资成立的新公司，珍宝公司成立后，老珍公司大部分业务人员并入了珍宝公司。结构如图3–2所示：

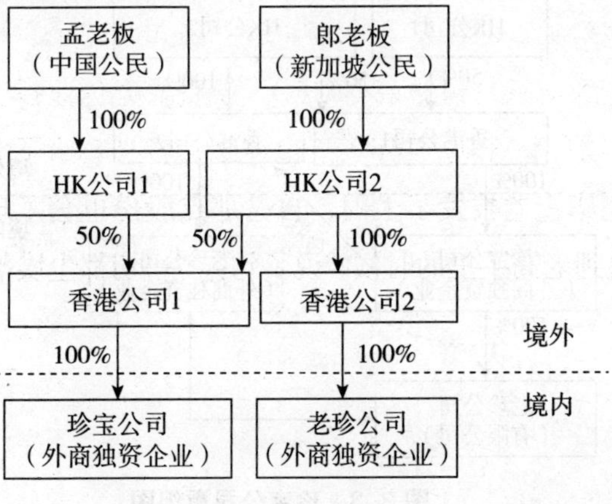

图3–2 珍宝公司股权结构图

珍宝公司成立以后，几年下来，业务发展得不错，后来也逐步规范，向资本市场方向靠拢，前两年两个老板觉得时机成熟了，准备把珍宝公司创业板上市，请了券商律师会计师进场做了尽调，中介机构提出的第一问题就是珍宝公司和老珍公司同业竞争问题，珍宝公司由孟老板和郎老板共同控制，而老珍公司仍在运营存续，且由郎老板控制，两家公司业务一样只是客户不重叠而已，这就构成了同业竞争。同业竞争始终是IPO的红线，碰不得，必须要解决。解决的方案一般有以下几种：第一是收购重组，将形成同业竞争的主体与拟上市主体合并，一个合并范围自然就不存在同业竞争问题；第二是将同业竞争主体停业注销；第三是将同业竞争主体转让给无关联第三方。[1]

三、珍宝公司的重组方案

老高一到任珍宝公司，先去拜访了负责珍宝公司的大西洋证券保代历总，历总对珍宝公司上市还是很有信心的，不过话锋一转，历总说："去年老珍公司那个重组，好像在付款上有点小问题，高总关心一下。"老高回到公司，叫来财务经理，了解了一下去年老珍公司重组的细节。

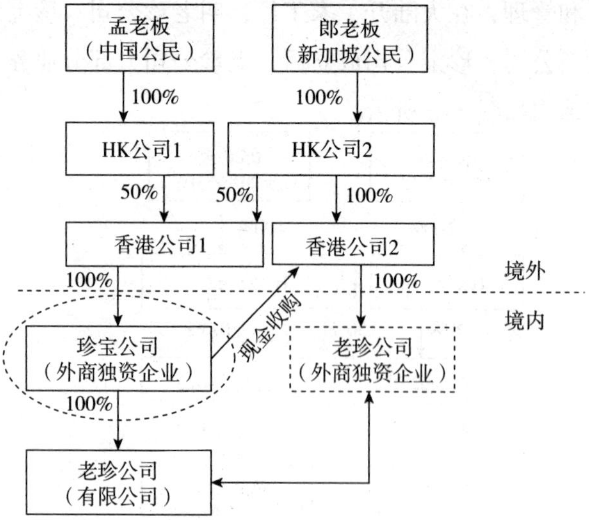

图 3–3　珍宝公司重组图

1　同业竞争和IPO问题参阅本节延伸阅读：什么是同业竞争？

珍宝公司消除同业竞争的重组如图 3-3 所示，采用的是拟上市主体，珍宝公司向香港公司 2 现金收购老珍公司，收购后老珍公司成为珍宝公司全资子公司，纳入合并报表范围，彻底消除同业竞争问题。

前一年，按照这个方案，珍宝公司与老珍公司唯一股东，也就是郎老板控制的香港公司 2 签订了股权转让协议，约定以净资产作价现金方式收购老珍公司 100% 出资额，由于老珍公司是外商投资企业，首先去当地外商投资管理部门进行了股权转让的前置审批，取得了批文并更换了外商投资批准证书，随后，去当地工商部门办理了工商登记变更手续，变更了公司章程和营业执照，这一切都很顺利，但到了付款的时候出了岔子。付款到境外需要外汇管理局前置审批，老珍公司所在地外管局说这个款汇不出去，卡住了，财务经理一直在和外管局沟通，但是没有进展。

老高皱起眉问道："都过去大半年了，具体什么问题？"财务经理说："外管局说不是他们的问题，是珍宝公司的问题，据说是他们系统上显示，珍宝公司是处于'返程投资未备案'的状态，所以业务审核没法做。"老高接着问："那要怎样解决呢？"财务经理答道："他们说这得到珍宝公司所在地外管局去了解，他们不知道。"

"返程投资未备案是什么玩意儿？"老高离开外企有些年头了，这些年都在民企混，外资法规也不熟悉了，还好资本圈朋友多，打了几个电话了解了一下，自己也查了查文件，心头隐隐觉着不妙了。

四、返程投资和红筹结构

要搞清楚返程投资，先要搞清楚红筹结构。"红筹结构"是指境内公司将境内资产 / 权益与股权 / 资产收购或协议控制（VIE）等形式转移至在境外注册的离岸公司，而后通过境外离岸公司来持有境内资产或股权，然后以境外注册的离岸公司名义申请在境外交易所（主要是香港联交所、纽约证券交易所、伦敦证券交易所、法兰克福证券交易所、纳斯达克证券交易所、新加坡证券交易所等）挂牌交易的上市模式。为啥叫"红筹"？这是个民间的俗称，就像全国股转系统，坊间都称"新三板"，最早的"红筹"来源于在港上市的中资企业，由于人们形容中国是"红色中国”，因此把与中国相联系的上市公司发行的股票称为“红筹股”。这是一种形象的叫法。

中国境内企业要在境外上市（IPO），通常有两种：一种是在香港联交所发H股，发行主体是中国公司，部分股权（H股）在香港联交所挂牌交易，剩余股权不在香港联交所流通，H股以大型国有企业为主，这是一种特殊的证券监管形式；另一种就是红筹结构或者是红筹模式，如美国纽约交易所和纳斯达克，由于主体的适用法律问题，即要去这些海外交易所必须适用当地法律，或者主体所在地法律为上市地认可，而我国法律体系在美欧都是不认的，那么要去美国纽约交易所和纳斯达克上市或者想全部股票在香港联交所流通，上市主体必须设立在交易所所在地法律认可的地区，上市主体再通过股权或者VIE方式控制中国境内的资产，如图3–4所示：

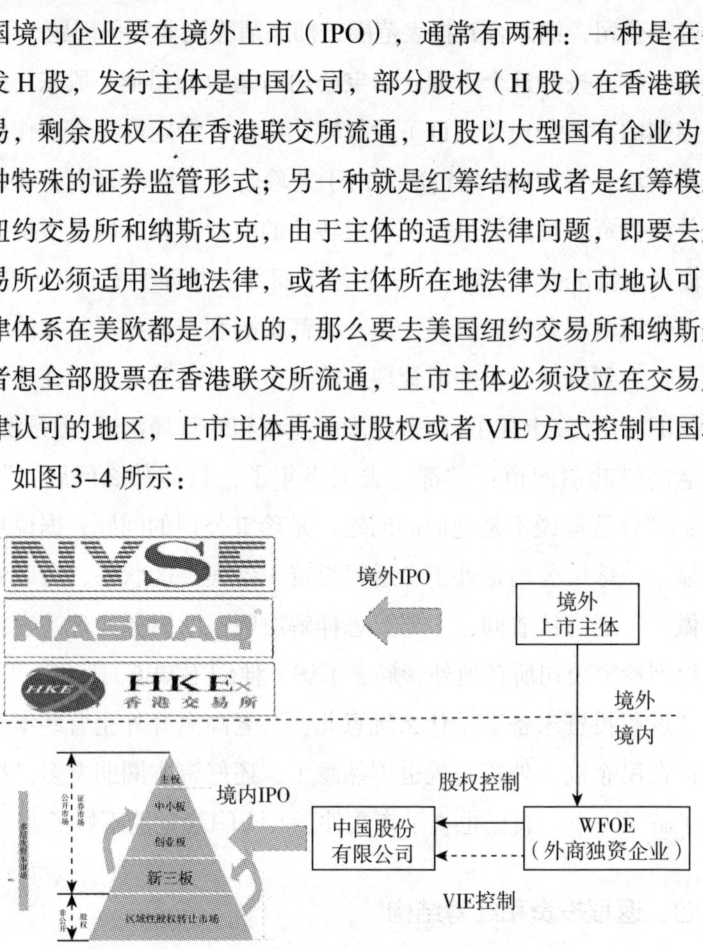

图3–4 中国境内企业在境外上市路线图

要在境内上市（上交所或者深交所）、挂牌（新三板），主体需要是一个注册在境内的股份有限公司。如果这家股份有限公司想去境外上市，一种方法是在香港联交所发H股，优点是不用换上市主体，只要监管批准即可。如果想港交所股票全流通，或者去美国上市（纽约交易所和纳斯达克），上市主体就要是一个境外法律主体，比较多选择注册在开曼群岛，然后这个上市主体再到境内设立一家外商独资企业（WFOE），由这家 WFOE 收购（股权控制）境内的股份有限公司，或者采用 VIE 控制这家境内运营实体。

VIE 是什么？可变利益实体 (Variable Interest Entities，VIEs)，即“VIE 结构”，也称为“协议控制”，是指境外上市实体与境内运营实体相分离，境外上市实体通过协议的方式控制境内运营实体，使该运营实体成为上市实体的可变利益实体。这种安排可以通过控制协议将境内运营实体的利益转移至境外上市实体，使境外上市实体的股东（境外投资人）实际享有境内运营实体经营所产生的利益，此利益实体系指合法经营的公司、企业或投资。VIE 结构，主要应用是在外商投资受中国法律限制的互联网或电子商务领域，实际是个规避管制的问题，VIE 结构的关键是通过 VIE 协议下的多个协议而不是通过拥有股权来控制国内牌照公司。通过技术公司和国内牌照公司签订的 VIE 协议，上市公司获得了对国内牌照公司的控制权和管理权，从而实现了财务报表的合并。VIE 结构起源于新浪美国上市，也成为“新浪模式”，该架构得到了美国 GAAP 的认可，专门为此创设了“VIE 会计准则”，即可变利益实体准则，允许该架构下将国内被控制的企业报表与境外上市企业的报表进行合并，解决了境外上市的报表问题，故该架构又称“VIE 架构”。

当然，红筹结构实际操作会更为复杂，一个简化的例子如图 3–5 所示：

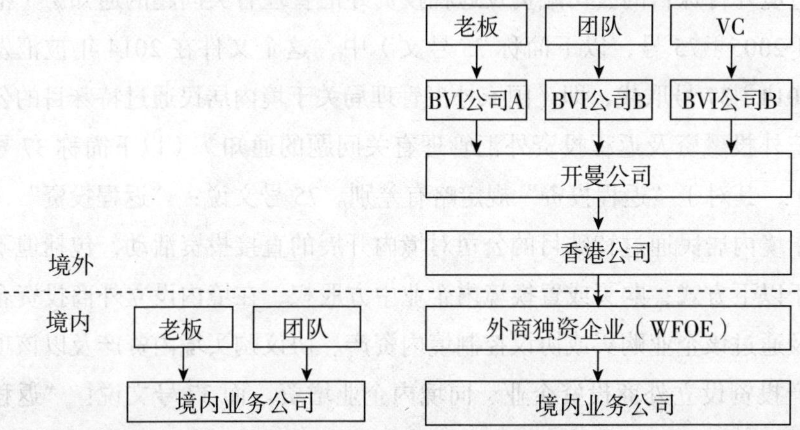

图 3–5 红筹结构操作简化图

公司业务主体是境内公司，由老板和团队持股，如果准备纳斯达克上市，结构就要改成右边的样子。老板和团队别在英属维京群岛BVI，注册公司，同时引入境外VC，三家在开曼群岛成立控股公司，开曼公司是纳斯达克上市主体。为啥要搞两层？主要是BVI私密性好，转让操作方便、维护费用低，但是法律体系不太受美国资本市场认可，开曼群岛法律体系完整，更适合做上市主体，由开曼公司设立一家全资香港公司，再由香港公司在境内设立外商独资企业。之所以不是由开曼公司直接设立外商独资企业，主要是因为税收优惠问题，香港公司作为中国非居民企业安排，在中国境内设立WFOE公司，WFOE公司的利润返回香港公司时，根据税收协定可以享受5%的预提所得税，而对于其他地区的离岸公司征收10%。图3-5中的BVI公司、开曼公司、香港公司都是未来海外IPO设立的特殊目的公司，即“Special Purpose Vehicle”，简称“SPV”。

讲了这么长，终于到了接近“返程投资”的位置。在上图中，如果老板（团队也一样）的国籍是中国，那么他作为中国公民先在境外投资，再利用境外特殊目的实体收购境内自己的产业，然后用特殊目的公司开曼公司在纳斯达克IPO，就构成了“返程投资”。

当年，关于“返程投资”的规定在《国家外汇管理局关于境内居民通过境外特殊目的公司融资及返程投资外汇管理有关问题的通知》（汇发〔2005〕75号，以下简称75号文）中，这个文件在2014年被汇发〔2014〕37号取代，即《国家外汇管理局关于境内居民通过特殊目的公司境外投融资及返程投资外汇管理有关问题的通知》（以下简称37号文），其对于“返程投资”规定略有差别。75号文说：“返程投资”，是指境内居民通过特殊目的公司对境内开展的直接投资活动，包括但不限于以下方式：购买或置换境内企业中方股权、在境内设立外商投资企业及通过该企业购买或协议控制境内资产、协议购买境内资产及以该项资产投资设立外商投资企业、向境内企业增资。而37号文说：“返程投资”，是指境内居民直接或间接通过特殊目的公司对境内开展的直接投资活动，即通过新设、并购等方式在境内设立外商投资企业或项目，并取得所有权、控制权、经营管理权等权益的行为。

根据75号文，返程投资须事前到注册地外汇管理局备案，而之前孟老板在香港设立HK公司1的时候没有按75号文的要求履行备案手续，尽管老高分析，返程投资适用于境外融资的特殊目的，而孟老板设立香港公司进而投资设立境内的珍宝公司，从其主观意愿上讲不是境外融资，因而不应该适用75号文的规定，但是珍宝公司所在地外汇管理局可没法知道你的主观意愿，只知道你孟老板是境内自然人，跑到香港去设立一家公司，这家公司又投资了一家境内外商独资企业，而且没来外汇管理局备过案，就把你的状态定义为"返程投资未备案"，更要命的是珍宝公司的重组计划就是去收购一家境内企业——老珍公司，这就坐实了返程投资的要件。

五、怎么办

老高仔细研究了75号文，发现了一个问题，这个文件规定了办理备案的程序方法等，同时规定了在75号文发布（2005年10月）之前，没有办理相应手续的补办时限，75号文第8条规定，本通知实施前，境内居民已在境外设立或控制特殊目的的公司并已完成返程投资，但未按规定办理境外投资外汇登记的，应按照本通知规定于2006年3月31日前到所在地外汇局补办境外投资外汇登记。境内居民补办境外投资外汇登记后，外汇局可为相关境内企业办理外资、外债外汇登记手续。也就是说，之前没办的75号文登记的，在2006年3月31日前可以申请补办。可惜，珍宝公司是在2005年之前成立的，也没有在补办窗口期去补办，这就错过了，那么怎么办？老高咨询了几个律师，律师意见一致，说这个补办很个性化，也就是当地外汇管理部门有给办的，也有不给办的，不一定，你得去珍宝公司所在地外管局咨询。

第二天，老高在市中心一栋看起来很陈旧老式的写字楼里找到了当地外汇管理局，排了2个小时的队，只等到了一句回答："我们这里没有 75 号文补办业务。”铩羽而归，老高这时真觉得大麻烦来了。[1]

一筹莫展的老高差不多打遍了 IPO 圈子里朋友的电话，求助加求教。各路大咖纷纷出谋划策，总结下来，可以有以下几种办法：

1. 孟老板换身份

75 号文规定的是境内居民返程投资，孟老板是中国公民所以就构成返程投资，如果孟老板是个外国人，这事不就迎刃而解了吗？但话说变成外国人有那么容易吗？还真有这么个行当，专门搞境外 IPO 移民，就是为了境外 IPO 而换个身份，规避监管。例如，俏江南的张兰，就移民去了圣基茨和维斯，一个加勒比海上美丽的小岛。要去吗？只要几十万美元，半年搞定。不过其他大咖纷纷质疑，这个是以合法形式明显规避监管，你还要境内 IPO 呢？这个不行吧。

2. 收购老珍公司资产、注销老珍公司

珍宝公司收购老珍公司的目的是消除同业竞争，如果把老珍公司资产买过来，而不是收购股权，就没有资金出境的问题，然后再把老珍公司注销，不就达到目的了。老高听着觉得这是个好办法，但一研究问题就来了：老珍公司流动资产和机器设备转让好解决，就是多一点税，可是老珍公司名下有一大块土地，十多年前拿的，成本基本忽略不计，但是现在如果要转让，这个就复杂了，另外，老珍公司也是外商投资企业享受了外商投资企业的税收优惠政策，可是这个优惠政策的前提是你经营够年限，现在时间还没到，你要注销，要先把前些年的优惠吐出来，两下一算，基本不可行。

3. 海外股份还原

既然决定境内上市，实际控制人是中国公民，一般而言，监管倾向于要求你的股权在境内，如果是海外架构，一般要拆掉。具体方案是，孟老板在境内成立一家公司，向孟老板设在香港的 HK 公司 1，购买珍宝公司股权，交易完成后，珍宝公司变更为中外合资企业，也就自然解

---

1 后来到 2011 年 5 月，国家外汇管理局颁布《境内居民通过特殊目的公司融资及反程投资外汇管理操作规程》（汇发〔2011〕19 号），规定了未按 75 号文办理备案程序的补办流程，没有备案的可以办理补备案程序。

决了珍宝公司“返程投资未备案”的问题。这个方案一劳永逸，就是孟老板把珍宝公司50%的股权从左口袋换到了右口袋，就是要交税，平白几百万没有了。不过，几个朋友反复叮嘱我，如果要实施股份还原的方案，一定需要事先取得当地外汇管理局的同意，不然，可能还要出问题。老高铭记在心，跑了几次窗口以后终于见到了主管的处长，处长原则同意这个方案，但是要求转让价格不低于珍宝公司净资产，同时认为，只要股权还原了，就不再受75号文管辖，自然老珍公司的收购就可以完成。

六、会计准则VS处长讲话

几个月搞下来，老高基本把情况摸清楚了，两个老板还在各种可能中纠结，怎么办？开个会决定一下，IPO路上中介协调会很重要。两位老板、券商、律师、会计师，加上老高，中介协调会就开起来了。老高先把这几个月摸到的各路信息汇报了一下，然后把可能的解决方案摆了出来，老板自然先要听专家的，券商和律师意见一致，认为75号文补办本身与珍宝公司情况不符，况且现在也不能补办，既然决定境内上市，之前搭建的海外结构还是还原了比较好，缺点就是孟老板要先交几百万元的税。轮到会计师发言，这是个清瘦的中年男人，宇宙会计师事务所的夏总，和孟老板的口音很像，他语出惊人：“我认为老珍公司的重组没有问题，已经完成了，尽管付款有小瑕疵，但不影响合并报表，所以，我们可以不管外管局、75号文这些事情，直接推进股份制改造。”

会场一下子安静了，老高明显感觉到孟老板眼里的异样，就是那种经常被人忽悠的人忽然明白了真相的那种感觉，短暂的平静后，券商大西洋证券保代历总清了清嗓子，明显感到强压着的不满，说道：“夏总，你说老珍公司可以合并报表的依据是什么？”

夏总感到了什么，提高嗓门说道：“根据我国会计准则，具体而言就是《企业会计准则第33号——合并财务报表》，合并财务报表的合并范围应当以控制为基础予以确定。控制，是指投资方拥有对被投资方的权力，通过参与被投资方的相关活动而享有可变回报，并且有能力运用对被投资方的权力影响其回报金额。除非有确凿证据表明其不能主导被投资方相关活动，下列情况，表明投资方对被投资方拥有权力：（1）投资方持有被投资方半数以上的表决权的。（2）投资方持有被投资方半数或以下的表决权，但通过与其他表决权持有人之间的协议能够控制半数以上表决权的。某些情况下，投资方可能难以判断其享有的权利是否足以使其拥有对被投资方的权力。在这种情况下，投资方应当考虑其具有实际能力以单方面主导被投资方相关活动的证据，从而判断其是否拥有对被投资方的权力。投资方应考虑的因素包括但不限于下列事项：（1）投资方能否任命或批准被投资方的关键管理人员。（2）投资方能否出于其自身利益决定或否决被投资方的重大交易。（3）投资方能否掌控被投资方董事会等类似权力机构成员的任命程序，或者从其他表决权持有人手中获得代理权。（4）投资方与被投资方的关键管理人员或董事会等类似权力机构中的多数成员是否存在关联方关系。”

老高听出来了，夏总是在整段复述会计准则，这个背书功夫倒是一流。背完会计准则，夏总得意地解释道：“按照会计准则的规定，老珍公司出资额 100% 由珍宝公司持有，且已变更公司章程和营业执照，老珍公司董事监事高级管理人员均由珍宝公司委派，从这些情况看，我认为符合会计准则合并报表的要素，应该合并报表。”

听到这里，历总笑了：“夏总会计准则很熟悉，业务很熟练，佩服佩服，不过，我们现在是在讨论珍宝公司 IPO 的问题，根据保代培训纪要，监管部门会计处杨处长对于非同一控制合并的条件有明确指示，原话是这样：“合并日是指合并方实际取得对被合并方控权的日期，应当同时满足下列要求：企业合并合同或协议已获股东大会等通过企业合并事项需经过国家有关主管部门审批的，已获得批准；参与合并各方已办理了必要的财产转移手续；合并方或购买方已支付了合并价款的大部分（一般应超过 50%），并且有能力、有计划支付剩余款项；合并方或购买方实际上已经控制了被合并方或被购买方的财务和经营政策，并享有相应的利益，承担相应的风险。处长讲话明确了如果没付到 50% 以上是不能确认合并的，所以，老珍公司不能合并报表，这种情况就构成了同业竞争，必须解决以后才能股改。”

延伸阅读

关于处长讲话中的法规来源

《企业会计准则第20号——企业合并》应用指南

合并日或购买日的确定

企业应当在合并日或购买日确认因企业合并取得的资产、负债。按照本准则第5条和第10条规定，合并日或购买日是指合并方或购买方实际取得对被合并方或被购买方控制权的日期，即被合并方或被购买方的净资产或生产经营决策的控制权转移给合并方或购买方的日期。同时满足下列条件的，通常可认为实现了控制权的转移：

（1）企业合并合同或协议已获股东大会等通过。

（2）企业合并事项需要经过国家有关主管部门审批的，已获得批准。

（3）参与合并各方已办理了必要的财产权转移手续。

（4）合并方或购买方已支付了合并价款的大部分（一般应超过50%），并且有能力、有计划支付剩余款项。

（5）合并方或购买方实际上已经控制了被合并方或被购买方的财务和经营政策，并享有相应的利益、承担相应的风险。

七、时间窗口

最终，为了IPO，还是按照IPO的要求，进行了股份还原，不过下这个决心不容易，毕竟要交几百万元的税，纠结了几个月，还是交了，为了这个小小的合并问题，前前后后折腾了1年多，好不容易把老珍公司的转让款付出去完成，珍宝公司启动股改，突然发现10年来一直很好的经营突然开始走下坡路了，IPO的窗口期过去了。

延伸阅读

什么是同业竞争？

（一）同业竞争的规定

2006年颁布《首次公开发行股票并上市管理办法》（已于2015年12月30日修订）第19条规定，发行人的业务独立。发行人的业务应当独立于控股股东、实际控制人及其控制的其他企业，与控股股东、实际控制人及其控制的其他企业间不得有同业竞争或者显失公平的关联交易。

同业竞争是不得存在的情况，即否决项。

根据百度百科的解释，同业竞争是指公司所从事的业务与其控股股东（包括绝对控股与相对控股，前者是指控股比例50%以上，后者是指控股比例50%以下，但因股权分散，该股东对上市公司有控制性影响）或实际控制人所控制的其他企业所从事的业务相同或近似，双方构成或可能构成直接或间接的竞争关系。

我们要注意，同业竞争并没有一个精确的法律定义。现行有效的法律文件中未对同业竞争进行明确界定。已于2006年5月29日废止失效的《股票发行审核标准备忘录第1号》(中国证监会发行监管部〔2001〕第1号，以下简称《备忘录》) 中对同业竞争进行过较为概括的界定。《备忘录》规定："控股股东不得与上市公司从事相同产品的生产经营，以避免同业竞争。""对此，适用于一切直接、间接地控制公司或有重大影响的自然人或法人及其控制的法人单位与公司从事相同、相似的业务"。根据《备忘录》的规定，同业竞争是指："直接、间接地控制公司或有重大影响的自然人或法人及其控制的法人单位与公司从事相同、相似的业务。"在同业竞争下，直接、间接地控制公司或有重大影响的自然人或法人及其控制的法人单位被视为竞争方。如果竞争方从事与上市公司相同或相似的业务，一方面造成利益冲突，不利于上市公司的独立性；另一方面容易出现竞争方转移上市公司利益，损害上市公司股东利益的情形，阻碍上市公司的发展。所以，IPO中同业竞争被予以高度关注并明确禁止。

在IPO实务中，以下几类关系需要考察是否存在同业竞争问题：（1）拟上市公司的控股股东、实际控制人及近亲属其控制的其他企业；（2）持有拟上市公司股份5%以上的关联方控制的其他企业；（3）拟上市公司董监高及其近亲属控制的其他企业。

坊间传闻的证监会关于同业竞争的审核原则如下：

2016年7月25日，证监会保荐机构专题培训中定下“IPO同业竞争，只要有就构成发行障碍”的调子，审核态度越发明确。本次培训中关于同业竞争的内容如下：（1）首发审核基本原则包括依法审核、审慎审核监管、实质重于形式、重大性原则等；（2）同业竞争是首发审核关注的主要问题，只要有同业竞争就构成发行障碍；（3）竞争方界定为控股股东、实际控制人及其关联企业，除此之外原则上不算竞争方。实际控制人的近亲属、直系亲属在竞争方之列，旁系亲属从事与拟上市公司竞争业务根据具体情况判定是否属于竞争方、是否构成同业竞争；（4）在解决同业竞争方面，具有可替代性、简单的地域档次区分均不能构成不存在同业竞争；同业但不竞争的审核原则是从严审核；共用采购或销售渠道的情况，也是不允许的。

2015年12月30日，中国证监会相继修订了《首次公开发行股票并上市管理办法》和《首次公开发行股票并在创业板上市管理办法》，自2016年1月1日起施行，主要的修改内容是删除了独立性和募集资金两个章节，我们前面提到的同业竞争条款，即《首次公开发行股票并上市管理办法》第19条规定：“发行人的业务独立。发行人的业务应当独立于控股股东、实际控制人及其控制的其他企业，与控股股东、实际控制人及其控制的其他企业间不得有同业竞争或者显失公平的关联交易。”也在删除之列。那么问题就来了，是不是同业竞争不再是IPO的否决项目了？答案是否定的，证监会在《首次公开发行股票并上市管理办法（征求意见稿）》修订说明中明确表示：“独立性带来的问题和矛盾已经基本解决，不需要再作为发行上市的门槛，拟采用披露方式对同业竞争和关联交易问题进行监管。”

在同时修订的《公开发行证券的公司信息披露内容与格式准则第1号——招股说明书》中规定了这个要求。第二章“招股说明书”第七节：“同业竞争与关联交易”第51条：“发行人应披露已达到发行监管对公司独立性的下列基本要求：……（五）业务独立方面。发行人的业务独立于控股股东、实际控制人及其控制的其他企业，与控股股东、实际控制人及其控制的其他企业间不存在同业竞争或者显失公平的关联交易……”

相应地，《首次公开发行股票并在创业板上市管理暂行办法》也删除了第16条：“发行人资产完整，业务及人员、财务、机构独立，具有完整的业务体系和直接面向市场独立经营的能力。与控股股东、实际控制人及其控制的其他企业间不存在同业竞争，以及严重影响公司独立性或者显失公允的关联交易。”增加了一条，作为第34条：“发行人应当在招股说明书中披露已达到发行监管对公司独立性的基本要求。”

所以，同业竞争依然是IPO的红线，碰不得。

（二）消除同业竞争的方法

既然同业竞争是IPO红线，如何消除？一般有以下几种方法：

1. 重组，避免同业竞争

以收购方式，将相竞争的业务集中到拟上市公司。通过实施资产重组避免同业竞争，即将该部分与上市公司的业务具有相同性质的资产整合进拟上市公司，一般通过现金购买竞争资产、股份置换或以其他非主业资产与竞争资产进行置换。这是解决上市公司同业竞争问题最为常见也是最彻底的解决方式。

2. 放弃同业竞争企业或业务

竞争方股东或并行子公司将相竞争业务转让给无关联的独立的第三方。这种方法需要注意，必须是真做，而不是仅仅换个马甲，因为监管机构会要你说明，独立第三方为何要接手这个业务的商业逻辑以及能力等一些列问题。例如，2017 年 9 月 1 日证监会发布的《证监会通报 2017 年上半年 IPO 企业现场检查及问题处理情况》，发现 2 家 IPO 公司涉嫌财务造假违法违规，已移送稽查部门处理，其中，广东科茂林产业化工股份有限公司涉嫌存在实际控制人近亲属虚假转让股权消除同业竞争等问题。

3. 停业或注销

拟上市公司与竞争方股东协议解决同业竞争问题，包括存在同业竞争的企业改变经营业务范围，竞争方股东作出今后不再进行同业竞争的书面承诺，这个通常监管不认可这种纸面法律行动，一般要求直接注销存在同业竞争的关联方企业。

4. 未来安排：区域划分或者行业产品划分

通过市场区域划分、经营商品种类差异、产品价格定位差异、目标客户群差异等方面来解释同业竞争问题。这种方案一般很难获得监管认可，风险较高，一般不宜使用。

（三）实际控制人或者其近亲属开办的其他企业疑似同业竞争的 IPO 核查问题

实际控制人或者近亲属开办的其他企业，如果你自己认为不属于同业竞争，有些是一目了然，或者不证自明。例如，上市主体是汽车零配件制造，实际控制人还投资了一家融资租赁公司，这个一看就不构成同业，也不存在竞争问题，不过如果属于一个大行业里面不同的子行业，那么就会产生疑似同业竞争问题，需要发行人和中介机构来证明不属于同业竞争情况。

先来看一个案例，正丹股份（300641）是一家特种精细化工领域企业，过会时，发审委会议提出询问的主要问题就有一个疑似同业竞争问题：根据申请文件，江苏大湖化学科技有限公司为发行人实际控制人的弟弟曹晓国及其配偶控制的企业。请发行人代表说明：大湖化学的主要业务及经营场所，与发行人是否存在竞争及潜在竞争，在供应商、客户方面与发行人是否存在重叠；是否存在发行人通过供应商、客户与大湖化学发生间接交易的情况，发行人与大湖化学之间是否存在资产、人员、业务等关系。就上述事项，请保荐代表人说明核查过程及结论。

在正丹股份披露的招股书中，只披露控股股东、实际控制人及其控制的其他企业与发行人不存在从事相同或相似业务的情形，与发行人不存在同业竞争。没有在招股书说明书披露亲属同业竞争的情况。但是列示了董事、监事、高级管理人员及其他核心人员关系密切的家庭成员直接或间接控制的，或担任董事、高级管理人员的，或施加重要影响的企业情况，一共16家，其中有印刷公司、铝业、光学、小贷等，一看就不是正丹股份的同业公司，但是有一家江苏大湖化学科技有限公司，为发行人实际控制人的弟弟曹晓国及其配偶控制。从名字上看也是化工领域，这个就需要进一步证明不是同业竞争了。

国浩律师（南京）事务所关于公司首次公开发行股票并在创业板上市之补充法律意见书（五）对这一问题进行了回答：

……

十二、根据招股书披露，江苏大湖化学科技有限公司为实际控制人的弟弟曹晓国及其配偶控制的企业。请发行人说明，大湖化学的主要业务，与发行人是否存在同业竞争，在供应商、客户方面与发行人是否存在重叠，是否存在发行人通过供应商、客户与大湖化学发生间接交易的情况，发行人与大湖化学之间是否存在资产、人员、业务的关系。请保荐机构、律师出具核查意见。

回复：

（一）大湖化学的主要业务、与发行人是否存在同业竞争

根据江苏大湖化学科技有限公司（以下简称大湖化学）现行有效的《营业执照》及对其实际控制人的访谈，大湖化学的经营范围为：普通化工原料及产品销售（不得仓储），镜片（隐形眼镜除外）生产（依法须经批准的项目，经相关部门批准后方可开展经营活动），主营业

务为生产及销售机械清洗剂、乳化液，主要产品为机械清洗剂、乳化液。

根据大湖化学2014~2016年的财务报表（未经审计），其2014年、2015年、2016年的营业收入分别为178.74万元、235.50万元及429.44万元。

基于前述，本所律师认为，发行人主营业务为特种精细化学品和高端环保新材料的研发、生产和销售，其与大湖化学的主营业务不同，大湖化学与发行人不存在同业竞争。

（二）大湖化学与发行人在供应商、客户方面是否存在重叠，是否存在发行人通过供应商、客户与大湖化学发生间接交易的情况，发行人与大湖化学之间是否存在资产、人员、业务的关系

1. 大湖化学与发行人在供应商、客户方面是否存在重叠

根据大湖化学书面说明及对其实际控制人的访谈，大湖化学目前的主要客户为大力神科技集团有限公司和江苏大力神科技股份有限公司，该两名客户均是大湖化学的关联公司，该等客户的主要产品为冷轧板；其主要原材料供应商为常州市和时利化工有限公司、张家港保税区中旺达国际贸易有限公司和常州市齐峰化工有限公司，经比对发行人报告期内的客户明细表、供应商明细表，大湖化学在供应商、客户方面与发行人不存在重叠。

大湖化学主要产品为机械清洗剂、乳化液，发行人主要产品为偏苯三酸酐、偏苯三酸三辛酯及乙烯基甲苯，从产品上看，大湖化学与发行人产品不同，其潜在客户不同；另外，大湖化学生产的主要原材料为棕榈油和白油，发行人生产的主要原材料为芳烃混合物、偏三甲苯、异辛醇和醋酸，从原材料看，发行人与大湖化学的原材料需求不同。

2. 是否存在发行人通过供应商、客户与大湖化学发生间接交易的情况

根据对大湖化学实际控制人的访谈及发行人确认，大湖化学生产的主要原材料为棕榈油和白油，与发行人生产的产品不同，大湖化学不会通过其供应商向发行人间接采购原材料，发行人亦不会通过客户

间接向大湖化学销售产品，发行人不存在通过供应商、客户与大湖化学发生间接交易的情况。

3. 发行人与大湖化学之间是否存在资产、人员、业务的关系

（1）根据发行人说明及本所律师核查，发行人具备与生产经营有关的生产系统、辅助生产系统和配套设施，合法拥有与生产经营有关的土地、厂房、机器设备以及商标、专利、非专利技术的所有权或者使用权，具有独立的原料采购和产品销售系统，其资产不存在与大湖化学混同的情形。

（2）根据大湖化学《职工花名册》，截至本回复出具日，大湖化学在职员工6名，经比对发行人《职工花名册》，该6名员工均不是发行人员工，其人员与发行人完全独立。

（3）如前所述，大湖化学主营业务为生产及销售机械清洗剂、乳化液，发行人主营业务为特种精细化学品和高端环保新材料的研发、生产和销售，大湖化学与发行人的业务明显不同。

综上，本所律师认为，大湖化学在资产、人员、业务方面与发行人完全分开，相互独立。

从上述正丹股份案例的问题和回答，我们基本可以了解IPO监管对于疑似同业竞争问题的解释途径：

（1）看营业范围，一方面看营业执照的营业范围，另一方面看实际的产品及经营范围。实务中，还可以从产品形态和用途、生产工艺、生产设备、使用原材料等维度进行分析。

（2）从客户和供应商维度分析，有无重合情况。

（3）看疑似同业竞争方与拟上市公司是否存在隐蔽（通过第三方）的交易。

（4）看疑似同业竞争方与拟上市公司是否存在资产、人员、机构、场地、业务、等方面有无重合（共用）的情况。

第四节

一致行动人

确定了出资或者股权比例与表决权的关系以后，我们再来看问题：我们（A）一个子公司 (D)，我们持有（股权）49%，另外两家分别持有（B）30% 和（C）21%，请问我们能合并报表吗？

如果没有过半数的表决权（问题中是 49%），那么下一个判断就是有没有其他合同或者协议安排。饶胖就问："这几家有一致行动关系存在吗？"答："剩余两家一家 30%，一家 21%，受同一公司（E）控制。"（见图 3-6）。好嘛，这坑挖的，你只有 49% 表决权，而另外两家是一致行动人，你自然确认不了控制，不能合并报表，只能用权益法核算。

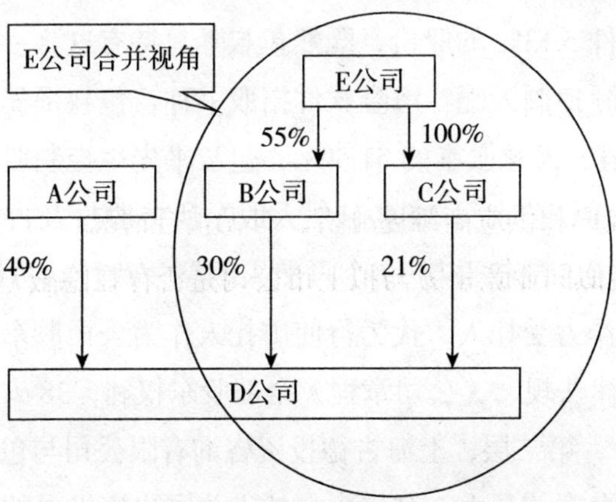

图 3–6　E 公司合并视角图

一致行动人就是指通过协议等方式各方承诺在某些事情上保持一致行动的自然人或法人或组织（包括企业、社会组织等）。

《上市公司收购管理办法》第83条规定，一致行动，是指投资者通过协议、其他安排，与其他投资者共同扩大其所能够支配的一个上市公司股份表决权数量的行为或者事实。

一、签署一致行动协议

一致行动人一般需要签署一个一致行动协议。相当于在公司股东会之外又建立了一个有法律保障的股东团体。每次在股东会表决或者协议约定事项进行时，有关各方可以在股东团体内部先讨论出一个结果作为各方对外的唯一结果，然后再在股东会里表决或者决定事项是否进行。简单来说就是抱起团一致对外。如果有人没有按照协议约定的一致行动，那他会受到一致行动人协议中约定的违约惩罚。惩罚可以是法律所允许的任何形式，如罚金、赔偿股份等。如果一致行动人加起来持有的表决权超过50%，也就构成了控制。

上市公司中，单个不具备控制能力的小股东，签署一致行动协议，掌控公司控制权的例子很多，如海隆股份（002195），海隆股份后来改名为二三四五，2007年12月在深圳证券交易所上市，证券代码002195，根据海隆软件的招股书，上市时，实际控制人是包叔平，包叔平持有海隆软件5.13%的股份，既然包叔平只持有这么一点点股份，怎样确认他是实际控制人呢？海隆软件招股书称，包叔平先生控制公司股份2187.90万股，占总股本的51.00%，包叔平先生控制股份总额，系由其自己所持股份、公司另37名自然人股东所持股份及古德投资所持股份构成。第一层，包叔平与37个自然人签署一致行动协议，37人同意由包叔平先生作为受托人，代为行使委托人作为公司股东，除收益权以外的，依照法律法规、《公司章程》全部股东权利，38人合计持有海隆软件30%股份，第二层，上海古德投资咨询有限公司与包叔平签署一致行动协议，上海古德是由3名境内自然人共同出资设立的有限公司持有海隆软件21%的股份，根据一致行动协议，上海古德授予包叔平代为行使除从收益权和处分权外的股东权利。根据这两份一致行动协议，仅仅持有海隆软件 5.13% 的包叔平获得了 51% 的股东大会表决权，从而认定为公司实际控制人。

另外，我们需要留意的是，一致行动固然对受托人有益，可以以较少的实际股权控制较大的表决权，甚至成为实际控制，但对于一致行动的另一方，除了放弃表决权以外，实际把自己与对方绑定，在中国资本市场，对于实际控制人的股份有较多限制，例如上市后限售期长（3 年），解禁后大股东减持也有严格约束，那么这些与实际控制人通过一致行动协议绑定在一起的小股东们的股票也是和实际控制人或者大股东一个待遇，例如，证监会 2017 年 5 月 26 日出台的《上市公司股东、董监高减持股份的若干规定》(〔2017〕9 号）对大股东减持作出了更加严格的规定，例如第 9 条：上市公司大股东在 3 个月内通过集中竞价交易减持股份的总数，不得超过公司股份总数的 1%，也就是说，1 年通过集中竞价最多出售 4%，那些通过一致行动协议与大股东绑在一起的，也要像大股东一样遵守这些减持限制规定。

海隆股份一致行动人案例

海隆股份（后改名为二三四五），2007 年 12 月在深圳证券交易所上市，证券代码 002195，根据海隆软件的招股书，上市时，实际控制人是包叔平，包叔平持有海隆软件 5.13% 的股份，既然包叔平只持有这么一点点股份，怎样确认他是实际控制人呢？我们来看招股书是怎么说的。

出于对包叔平先生的肯定和信任，2000 年 12 月 11 日，公司 30 位自然人股东中除包叔平先生外的 29 位签订《上海欧姆龙计算机有限公司 / 上海交大欧姆龙股份有限公司经营者 / 技术骨干持股规则》，约定获准持股的经营者 / 技术骨干同意共同委托自然人股东、公司总经理包叔平先生签署经营者 / 技术骨干作为一方当事人因认缴公司注册资本增资额应当签署的所有文件并代表其行使股东权利。

出于对以包叔平先生为代表的管理团队的肯定和信任，2001 年 7

月6日，上海古德投资咨询有限公司与包叔平先生签订协议，约定由包叔平先生代替其行使向公司推荐董事、独立董事及监事人选的权利，并同意在股东大会审议事项时，与包叔平先生保持一致。

根据上述协议，截至2001年7月24日股份公司设立时，包叔平先生实际控制公司44%的股份，为公司实际控制人。

为进一步巩固包叔平先生对公司的实际控制地位，2007年1月4日上海古德投资咨询有限公司与包叔平先生签订协议，约定古德投资授权包叔平先生行使其股东权利，包括股东大会的投票权、提案权、董事、独立董事及监事候选人的提名权、临时股东大会的召集权。2007年3月2日，自然人股东共同签署《上海海隆软件股份有限公司公开发行股票前的自然人股东持股规则》，约定由包叔平先生作为受托人，代理本规则的全体参与人，代为行事其作为公司股东除收益权和依照法律法规、公司章程及本规则的处分权之外的全部股东权利，包括股东大会的投票权、提案权及董事、独立董事、监事候选人的提名权、临时股东大会的召集权。

根据上述文件约定，截至目前，包叔平先生实际控制公司51%的股份，包叔平先生控制股份总额，系由其自己所持股份、公司另37名自然人股东所持股份及古德投资所持股份构成。具体情况如下：

（一）38名自然人股东持有公司股份情况见表3-1：

表3-1　38名自然人股东持有公司情况

序号	股东	持有股数（万股）	持股比例（%）	序号	股东	持有股数（万股）	持股比例（%）
1	包叔平	220.0000	5.1282	9	王洪祥	28.6000	0.6667
2	唐长钧	180.1250	4.1987	10	丁国骏	27.5000	0.6410
3	姚　钢	100.1000	2.3333	11	李　斌	27.5000	0.6410
4	周　诚	92.9500	2.1667	12	金　晶	27.5000	0.6410
5	李　坚	85.8000	2.0000	13	程　中	23.9800	0.5590
6	潘世雷	44.0000	1.0256	14	李海婴	22.0000	0.5128
7	陆　庆	44.0000	1.0256	15	王　刚	22.0000	0.5128
8	杨晓鸣	34.3750	0.8013	16	刘　庆	22.0000	0.5128

续表

序号	股东	持有股数（万股）	持股比例（%）	序号	股东	持有股数（万股）	持股比例（%）
17	李　静	22.0000	0.5128	29	姚　斌	10.7800	0.2513
18	王　彬	22.0000	0.5128	30	朱晓冬	8.8000	0.2051
19	沈　斌	22.0000	0.5128	31	郭伟忠	8.8000	0.2051
20	李志清	20.2400	0.4718	32	沈龙根	8.8000	0.2051
21	翟　佶	19.5800	0.4554	33	李晓豫	8.5800	0.2000
22	蒋伟成	17.1600	0.4000	34	陆念久	10.5800	0.2466
23	董　樑	16.5000	0.3846	35	王　奕	8.5800	0.2000
24	刘晓民	12.8700	0.3000	36	严晓月	7.7000	0.1795
25	张　弘	18.0200	0.4200	37	夏秀芳	5.5000	0.1282
26	张经伟	11.0000	0.2564	38	殷　健	3.3000	0.0769
27	郑　凯	11.0000	0.2564	总计		1,287.0000	30.0000
28	刘叶姝	10.7800	0.2513				

注：表中38名自然人股东于2007年3月2日共同签署《上海海隆软件股份有限公司公开发行股票前的自然人股东持股规则》。

《上海海隆软件股份有限公司公开发行股票前的自然人股东持股规则》主要内容如下：

第2条　授权和期限

前条所述全体参与人（以下统称委托人）均同意由包叔平先生作为受托人，代为行使委托人作为公司股东除收益权和依照法律法规、《上海海隆软件股份有限公司章程》（以下简称“《公司章程》”）及本规则的处分权之外的如下全部股东权利：

（1）股东大会的投票权；（2）提案权；（3）董事（含独立董事）候选人、监事（含独立监事）候选人的提名权；（4）临时股东大会的召集权。

在包叔平先生不能履行前款职责时，新的受托人的产生程序如下：

（1）由包叔平先生指定；

（2）委托人中超过半数的自然人股东同意推荐；

（3）持股比例占委托人合计持股2/3以上自然人股东同意。

新的受托人应当在委托人中产生。委托期限为本规则签署并生效之日起，至委托人按照本规则将其持有的股份公司股票转让完毕时止。此间委托人因公司送股、转增股本、股权激励等增加的股份适用本规则。

第3条 受托人的权利义务

（1）受托人依照本规则行使权利无须事先征得委托人同意；

（2）受托人不得向委托人收取任何费用；

（3）受托人必须遵守法律法规和《公司章程》的规定，审慎履行代理人的指责，不得利用委托人的委托损害委托人、股份公司及股份公司其他股东的利益；

（4）受托人违反法律法规、《公司章程》或者本规则的规定，给委托人造成损失的，应当承担赔偿损失的法律责任。

第4条 承诺事项

（1）股份公司股票上市前，委托人承诺仍遵守2000年12月11日签署的《上海欧姆龙计算机有限公司/上海交大海隆软件股份有限公司经营者/技术骨干持股规则》及2005年1月4日签署的《上海交大海隆软件股份有限公司经营者/技术骨干持股规则》。自本规则签署并生效之日起，至股份公司股票上市前，受让委托人股份的人必须承诺遵守本规则，其出具的遵守本规则的书面承诺视为已签署本规则。

（2）根据法律和中国证监会、证券交易所的相关规范性文件，自股份公司股票上市后，委托人承诺三年内不减持各自所持股份，三年期满后，每年通过证券交易所减持的股份不超过其持有股份公司股份总数的20%。委托人同意由股份公司董事会按照中国证监会、证券登记结算机构、证券交易所的相关规则办理股份的锁定等手续。

（3）委托人承诺未经受托人书面同意，委托人不单方解除本规则中对委托人的授权，本项承诺为独立条款。

（4）委托人违反本规则第2条承诺，应当支付其所持股份对应股份公司最近一期末经审计的净资产值的20%的违约金，违约金归本规则其他签署人按份共有。

（5）委托人违反本条（3）项承诺，应当支付其所持股份对应股份公司最近一期末经审计的净资产值的20%的违约金，违约金归本规则其他签署人按份共有。

（6）委托人违反本条（2）项承诺，超卖部分的所得归本规则其他签署人按份共有。

（7）委托人在本规则中的所有承诺均为不可撤销的承诺。

第 5 条　争议的解决

因履行本规则出现争议的，应当协商解决，协商不成的由中国国际经济贸易仲裁委员会上海分会仲裁解决。

（二）上海古德投资咨询有限公司

上海古德投资咨询有限公司是由 3 名境内自然人共同出资设立的有限公司。

2007 年 1 月 4 日，古德投资与包叔平先生签署了《协议书》，其主要内容为（注：乙方为古德投资，甲方为包叔平先生）：

第 1 条　乙方授权甲方行使乙方的下列股东权利：

（1）股东大会的投票权。

（2）提案权。

（3）董事、独立董事、监事候选人的提名权。

（4）临时股东大会的召集权。

第 2 条　乙方承诺，股份公司股票上市后，根据法律和中国证券监督管理委员会、证券交易所的相关规范性文件，自乙方所持股份公司的股票可以转让之日起，乙方每年通过证券交易所减持的股份不超过其持有股份公司股份总数的 25%。

第 3 条　乙方承诺未经甲方书面同意，乙方不单方解除本补充协议，本条为独立条款。

第 4 条　甲方必须遵守法律和股份公司章程，不得利用乙方的授权损害股份公司的利益或者其他股东的利益。

第 5 条　未经乙方书面同意，甲方不得将本补充协议第 1 条的权利全部或者部分授予他人行使。

第 6 条　乙方将以适当的形式就本补充协议第 2 条的内容另行向股份公司作出承诺。

第7条　甲方违反本补充协议第4条的约定损害股份公司利益的，乙方将根据法律和股份公司章程的规定追究甲方的法律责任。

甲方违反本补充协议第5条约定的，乙方有权解除本补充协议。

第8条　乙方违反本补充协议第1条约定的，应当向甲方支付其所持股份对应股份公司最近一期末经审计的净资产值的30%的违约金。乙方违反本补充协议第3条约定的，应当向甲方承担其所持股份对应股份公司最近一期末经审计的净资产值的30%的违约金。乙方违反本补充协议第2条承诺的，超卖部分的所得归股份公司所有。

第9条　乙方声明其在本补充协议中的所有承诺均为不可撤销的承诺。

截至2007年6月30日，公司的股权结构，如图3-7所示：

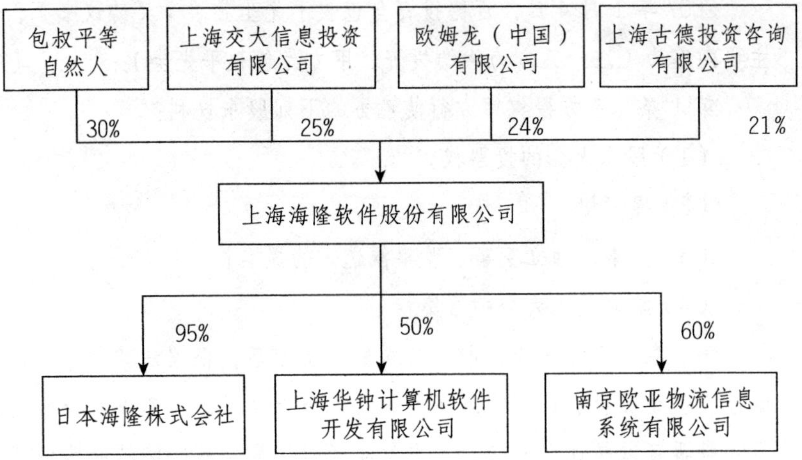

图3-7　上海海隆软件股份有限公司股权结构图

二、推定一致行动人

另外一种情况是各方并没有签订一个一致行动协议，但是通过他们之间的特殊关系可以判定他们之间存在一致行动关系。

《上市公司收购管理办法》

第八十三条　……如无相反证据，投资者有下列情形之一的，为一致行动人：（一）投资者之间有股权控制关系；（二）投资者受同一主体控制；（三）投资者的董事、监事或者高级管理人员中的主要成员，同时在另一个投资者担任董事、监事或者高级管理人员；（四）投资者参股另一投资者，可以对参股公司的重大决策产生重大影响；（五）银行以外的其他法人、其他组织和自然人为投资者取得相关股份提供融资安排；（六）投资者之间存在合伙、合作、联营等其他经济利益关系；（七）持有投资者30%以上股份的自然人，与投资者持有同一上市公司股份；（八）在投资者任职的董事、监事及高级管理人员，与投资者持有同一上市公司股份；（九）持有投资者30%以上股份的自然人和在投资者任职的董事、监事及高级管理人员，其父母、配偶、子女及其配偶、配偶的父母、兄弟姐妹及其配偶、配偶的兄弟姐妹及其配偶等亲属，与投资者持有同一上市公司股份；（十）在上市公司任职的董事、监事、高级管理人员及其前项所述亲属同时持有本公司股份的，或者与其自己或者其前项所述亲属直接或者间接控制的企业同时持有本公司股份；（十一）上市公司董事、监事、高级管理人员和员工与其所控制或者委托的法人或者其他组织持有本公司股份；（十二）投资者之间具有其他关联关系。一致行动人应当合并计算其所持有的股份。投资者计算其所持有的股份，应当包括登记在其名下的股份，也包括登记在其一致行动人名下的股份。投资者认为其与他人不应被视为一致行动人的，可以向中国证监会提供相反证据。

根据上述规定，一共有12种情况可以推定双方是一致行动人，除非自己去举证说明为何不是。

案例：融资安排推定一致行动人

2017年9月7日，金路集团（000510.SZ）发布公告《四川金路集团股份有限公司关于公司大股东、实际控制人收到中国证券监督管理委员会四川监管局行政处罚事先告知书的公告》，公告称：近日，公司大股东、实际控制人刘江东先生收到中国证券监督管理委员会四川监管局下发的《行政处罚事先告知书》（川证监处罚字〔2017〕5号），主要内容如下：你涉嫌违反证券法律法规一案，已由我局调查完毕，我局依法拟对你作出行政处罚。

依据《上市公司收购管理办法》第83条第2款第5项之规定，达州一马为刘江东、张贵林取得金路集团股份提供融资安排，刘江东、张贵林构成一致行动人。刘江东单独持有金路集团股份于2015年8月21日达到5%，于2015年8月31日达到10%，刘江东分别于2015年8月25日、9月7日进行了公告，披露无一致行动人。刘江东的上述行为违反了《上市公司收购管理办法》第12条、第16条和《证券法》第86条之规定，构成了《证券法》第193条所述违法行为。

最终，金路集团9月12日晚间公告，因涉嫌违反证券法律法规，公司实控人刘江东收到了四川证监局行政处罚决定书，责令刘江东改正，给予警告，并处罚款60万元。

上面四川证监局提到的《上市公司收购管理办法》第83条第2款第5项就是，银行以外的其他法人、其他组织和自然人为投资者取得相关股份提供融资安排。

从实际情况来看，刘江东、张贵林是从同一机构达州一马获得的融资，如果没有相反的证据，应推定刘江东、张贵林为一致行动人，而刘江东在收购权益披露中称没有一致行动人，因而违法被罚。

对于《上市公司收购管理办法》第83条第2款第5项的理解可以有两个方面：

1. 银行以外的其他法人、其他组织和自然人（以下简称资金融出方）为投资者取得相关股份提供融资安排的，资金融出方和投资者之间构成一致行动人关系。

2. 当资金融出方为多个投资者取得同一家上市公司股权提供融资安排时，这些投资者与投资者之间，投资者与资金融出方之间均形成一致行动关系。

第五节

给控制权加一个杠杆

在前面几节，我们谈到合并报表的核心要素就是判断母公司是否控制子公司，如果控制，就要纳入合并范围。判断控制，简便的方法是看股权以及股权代表的表决权，也可以几个股东形成一致行动来进行控制。为什么会有形成一致行动的场景？大多数情况是老板手上的“票”，即表决权不够多，拿到表决权的主要途径是股权或者出资额，这两样绝大多数都是与特定时间点投入企业的资金成正比，由于企业发展的需要，可能经过很多轮股权融资后，老板手上的股权就所剩无几。

举一个简单的例子，假定公司成立时，老板自己创业自然 100% 股权，为了激励兄弟们，分给一起创业的兄弟们 40%，公司启动了，这很常见，这时老板 60%，兄弟们加起来 40%。为了企业发展，引入外部投资者，A 轮 20%，B 轮 10%，C 轮 10%，这时企业有了一定规模，股改准备 IPO，这时老板还有多少股份？ 38.9%，这个时候为了实现对企业的控制，把其他小伙伴的“票”绑在一起，形成一致行动也是老板维持控制权的好方法，老板加兄弟们一起还有 64.8%，绝对控制；假设一切顺利，漫长坚持中业绩没下滑、没人举报、没被抽中现场检查、领导们不知怎么看你还算顺眼，凡此种种机缘巧合，上天眷顾，IPO 发行 25% 公众股，敲钟了，这时老板还有多少股份？ 29.2%。很多上市公司老板手上就只剩下 30% 左右股权，就是这种情况，这么少的股权，上市后又想搞点增发并购重组之类，股权进一步被稀释，离姚员外来敲门就不远了。

在美国可以设计双重股权体系，规定不同种类股票拥有不同数量表决权，这样即使经过多轮稀释老板手上股权比例不高，但是仍然拥有较多表决权从而控制控制公司，但是在国内，资本市场的法律体系是同股同权，不允许双重股权体系。

通过签署一致行动协议，巩固控制权是一种实用的方法，还有其他方法吗？签署一致行动协议的本质，就是其他股东通过协议方式将表决权转让给老板，表决权的本质还是股权、还是出资，要想不出资又要有表决权，就要寻找表决权（票）与出资（股权）分离的制度设计，利用有限合伙企业和金融计划的制度特点，饶胖称为给控制权加一个杠杆。

一、杠杆

除了一致行动以外，还有一种增强控制权的方法，就是利用控制主体间接持股的方法，饶胖称为给控制权加一个杠杆。

杠杆，大家都知道，阿基米德说："给我一个支点我可以撬起地球。"金融人："喏，这个三倍杠杆借给你。"第二天开盘，阿基米德净亏两个地球。

在金融领域，杠杆通常是指自己有的钱和借来的钱的关系。在实业企业的资产负债表上，所有者权益 + 负债 = 总资产，总资产就是我们筹措来资金投入的方向，例如投入生产设施就形成固定资产，投入原材料就形成存货，出售产品后就形成应收账款等。当然一定要留一点现金在手上，这些资产的来源只有两个，要么是股东投入企业的资本以及这些资本的衍生物，例如未分配利润、公积金等，另一个就是负债，包括向金融机构借的钱，银行贷款、债券等，以及向供应商融的资，应付账款等，企业总负债与总资产的比值就是资产负债率。不同行业资产负债率不一样，但是一般超过 70% 以上，再想从金融机构继续融资就比较困难了。70% 的资产负债率是什么概念？就是整个企业总资产的资金来源中 70% 是借来的，自己投入的本金只有 30%。杠杆率一般是指资产负债表中总资产与权益资本的比率，也就是 3.33 倍的杠杆率，实业企业实际运行的杠杆率在现实世界里都不是很高。

金融行业的杠杆率就不太一样。2008年初秋，我听到一个兄弟给我打电话说，美国第四大投资银行雷曼倒掉了，破产了，金融危机要来了。记得那是一个阳光很强的下午，正行驶在上海内环高架上。“怎么会？”给我的错愕和车窗外的阳光一起留下了很深的印象。

在渔阳的《乱世华尔街》（中国人民大学出版社2015年版）中是这样描述的：截至2007年年底，雷曼账上总资产7000多亿美元，减去各种负债后的净资产约200亿美元，资本金有多少？200亿美元，杠杆率不是两三倍，而是35倍，这已经很高了。到了2008年上半年，雷曼的房贷类资产问题逐步曝光，损失可能达到上百亿美元，公司亏了本钱，变成100亿美元净资产支撑6900亿美元总资产，杠杆率骤然冲高到近70倍。只要雷曼持有的6900亿美元资产再下跌几个百分点，就资不抵债。后面的事情我们都知道，最终保尔森决定不救雷曼，雷曼就此倒掉了，金融海啸也爆发了。

延伸阅读

为什么要加杠杆？——杜邦公式的秘密

我们假定公司的运营目标是股东利益最大化，衡量股东利益最大化的最重要指标是净资产收益率，就是股东投入企业的净资本与公司年度税后净利润的比值，也称为净资产回报率(ROE: Return on Equity)。

ROE = 净利润 / 股东权益 (Net Profit / Equity)

= (净利润 / 销售收入) × (销售收入 / 总资产) × (总资产 / 股东权益)

(Net Profit / Sales) × (Sales / Assets) × (Assets / Equity)

= 销售利润率 × 资产周转率 × 财务杠杆比率

(Profit Margin) × (Asset Turnover) × (Financial Leverage)

提升净资产收益率的方式可以转化为：提升销售利润率、资产周转率和加杠杆

渔阳的《乱世华尔街》中写道：想要对冲基金的回报，就得成为对冲基金。对冲基金，是债券类基金最基本的盈利模式，就是用对冲控制风险，然后通过金融杠杆提高利润率。这种靠杜邦公式第三项“财务杠杆比率”提高ROE的方法，可称为“华尔街模式”。举个例子：某债券只有区区5%的年收益率，很不起眼，可是如果能用3%的年利率融资，自有资本1元，借款19元，用20倍杠杆，那么回报率就能达到惊人的43%，扣除工资奖金等各项支出，留给股东的ROE还能超过20%！何况20倍杠杆不算高，只能说才起步。人家美林、贝尔斯登都30多倍呢！

当然，杠杆是个“双刃剑”，收益高的时候加倍，亏起来也加倍，前几年配资炒股的兄弟们都有深刻体会吧！

二、有限合伙的持股平台

我们说了，给控制权加个杠杆就是利用制度设计，在少出钱的情况下尽量多拿表决权，形成对企业的控制。有限合伙就是一个很好的办法。

2007年6月1日，新修订的《中华人民共和国合伙企业法》正式施行，规定了一种特殊的企业形式，有限合伙的法条如下：

《合伙企业法》

第三章　有限合伙企业

第六十条　有限合伙企业及其合伙人适用本章规定；本章未作规定的，适用本法第二章第一节至第五节关于普通合伙企业及其合伙人的规定。

第六十一条　有限合伙企业由二个以上五十个以下合伙人设立；但是，法律另有规定的除外。

有限合伙企业至少应当有一个普通合伙人。

第六十二条　有限合伙企业名称中应当标明“有限合伙”字样。

第六十三条 合伙协议除符合本法第十八条的规定外，还应当载明下列事项：

（一）普通合伙人和有限合伙人的姓名或者名称、住所；

（二）执行事务合伙人应具备的条件和选择程序；

（三）执行事务合伙人权限与违约处理办法；

（四）执行事务合伙人的除名条件和更换程序；

（五）有限合伙人入伙、退伙的条件、程序以及相关责任；

（六）有限合伙人和普通合伙人相互转变程序。

第六十四条 有限合伙人可以用货币、实物、知识产权、土地使用权或者其他财产权利作价出资。

有限合伙人不得以劳务出资。

第六十五条 有限合伙人应当按照合伙协议的约定按期足额缴纳出资；未按期足额缴纳的，应当承担补缴义务，并对其他合伙人承担违约责任。

第六十六条 有限合伙企业登记事项中应当载明有限合伙人的姓名或者名称及认缴的出资数额。

第六十七条 有限合伙企业由普通合伙人执行合伙事务。执行事务合伙人可以要求在合伙协议中确定执行事务的报酬及报酬提取方式。

第六十八条 有限合伙人不执行合伙事务，不得对外代表有限合伙企业。

有限合伙人的下列行为，不视为执行合伙事务：

（一）参与决定普通合伙人入伙、退伙；

（二）对企业的经营管理提出建议；

（三）参与选择承办有限合伙企业审计业务的会计师事务所；

（四）获取经审计的有限合伙企业财务会计报告；

（五）对涉及自身利益的情况，查阅有限合伙企业财务会计账簿等财务资料；

（六）在有限合伙企业中的利益受到侵害时，向有责任的合伙人主张权利或者提起诉讼；

（七）执行事务合伙人怠于行使权利时，督促其行使权利或者为了本企业的利益以自己的名义提起诉讼；

（八）依法为本企业提供担保。

第六十九条 有限合伙企业不得将全部利润分配给部分合伙人；但是，合伙协议另有约定的除外。

第七十条 有限合伙人可以同本有限合伙企业进行交易；但是，

合伙协议另有约定的除外。

第七十一条　有限合伙人可以自营或者同他人合作经营与本有限合伙企业相竞争的业务；但是，合伙协议另有约定的除外。

第七十二条　有限合伙人可以将其在有限合伙企业中的财产份额出质；但是，合伙协议另有约定的除外。

第七十三条　有限合伙人可以按照合伙协议的约定向合伙人以外的人转让其在有限合伙企业中的财产份额，但应当提前三十日通知其他合伙人。

第七十四条　有限合伙人的自有财产不足清偿其与合伙企业无关的债务的，该合伙人可以以其从有限合伙企业中分取的收益用于清偿；债权人也可以依法请求人民法院强制执行该合伙人在有限合伙企业中的财产份额用于清偿。

人民法院强制执行有限合伙人的财产份额时，应当通知全体合伙人。在同等条件下，其他合伙人有优先购买权。

第七十五条　有限合伙企业仅剩有限合伙人的，应当解散；有限合伙企业仅剩普通合伙人的，转为普通合伙企业。

第七十六条　第三人有理由相信有限合伙人为普通合伙人并与其交易的，该有限合伙人对该笔交易承担与普通合伙人同样的责任。

有限合伙人未经授权以有限合伙企业名义与他人进行交易，给有限合伙企业或者其他合伙人造成损失的，该有限合伙人应当承担赔偿责任。

第七十七条　新入伙的有限合伙人对入伙前有限合伙企业的债务，以其认缴的出资额为限承担责任。

第七十八条　有限合伙人有本法第四十八条第一款第一项、第三项至第五项所列情形之一的，当然退伙。

第七十九条　作为有限合伙人的自然人在有限合伙企业存续期间丧失民事行为能力的，其他合伙人不得因此要求其退伙。

第八十条　作为有限合伙人的自然人死亡、被依法宣告死亡或者作为有限合伙人的法人及其他组织终止时，其继承人或者权利承受人可以依法取得该有限合伙人在有限合伙企业中的资格。

第八十一条　有限合伙人退伙后，对基于其退伙前的原因发生的有限合伙企业债务，以其退伙时从有限合伙企业中取回的财产承担责任。

第八十二条　除合伙协议另有约定外，普通合伙人转变为有限合伙人，或者有限合伙人转变为普通合伙人，应当经全体合伙人一致同意。

第八十三条　有限合伙人转变为普通合伙人的，对其作为有限合伙人期间有限合伙企业发生的债务承担无限连带责任。

第八十四条 普通合伙人转变为有限合伙人的，对其作为普通合伙人期间合伙企业发生的债务承担无限连带责任。

法条一大堆，饶胖总结了一下：

（1）两个类型的合伙人：普通合伙人（又称执行事务合伙人）和有限合伙人。两类合伙人权利义务不对等，普通合伙人无限责任，有限合伙人出资为限承担责任，类似有限责任公司股东。

（2）有限合伙企业由普通合伙人执行合伙事务，类似表决权这类我们在这里关心的控制问题，一般是由普通合伙人来执行，制度设计的空间来了对吧。

（3）有限合伙的运作程序以合伙企业协议约定为主，没有《公司法》规定的股东会、董事会这类法条规定，所以，只要合伙人同意，可以约定对老板控制更为方便的程序，例如直接约定公司股权代表的投票权由普通合伙人行使，约定不得单方面更换普通合伙人，设立决策机构代表合伙企业行使对外权利，只要老板控制决策机构，这个自然就控制了表决权，甚至不用自己当普通合伙人，或者以老板控制的一个公司作为普通合伙人等，都可以在合伙企业协议以及一系列补充协议里约定即可。

（4）有限合伙成为上市公司股东、拟上市公司股东，甚至拟上市公司控股股东都没有法律障碍。在 2009 年 11 月 20 日《证券登记结算管理办法》修订之后，合伙企业做拟上市公司股东就不在存在法律和实务上的障碍了。《证券登记结算管理办法》修订的重大意义就是合伙企业获准在证券登记结算机构开设证券账户。

延伸阅读

关于有限合伙成为上市公司股东、拟上市公司股东、拟上市公司控股股东的案例

根据诸成刚的文章《有限合伙企业做（拟）上市公司控股股东

研究》：目前上市公司中，合伙企业做控股股东的案例有兆驰股份。2011 年 9 月 27 日，兆驰股份 (002429.SZ) 公告称，控股股东深圳市兆驰投资有限公司自 2011 年 9 月 20 日起工商注册信息变更为新疆兆驰股权投资合伙企业（有限合伙）。该控股股东持有兆驰股份 45,499.13 万股，占总股本的 64.19%。上市公司的控股股东直接采用从有限公司变更为有限合伙的方式，来自新疆的创新。这种创新是来源于以下三个文件：《新疆维吾尔自治区促进股权投资类企业发展暂行办法》（新政办发〔2010〕187 号）、《自治区工商行政管理局关于有限责任公司变更为合伙企业的指导意见》（新工商企登〔2010〕172 号）、《关于鼓励股权投资类企业迁入我区的通知》（新金函〔2010〕87 号）。目前有据可查的只有新疆有相关政策，且得到监管部门认可。后来威海广泰、科士达等采取了与兆驰股份相同的操作手法。

合伙企业身为控股股东直接作为发起人上市的案例。

2016 年 7 月 8 日过会的贝达药业。从其披露的招股说明书中得知，公司的控股股东为凯铭投资[宁波凯铭投资管理合伙企业(有限合伙)]、贝成投资［浙江贝成投资管理合伙企业（有限合伙）］和 YINXIANG WANG，其中，凯铭投资持有公司 22.2400% 的股份，贝成投资持有公司 7.5000% 的股份，YINXIANG WANG 持有公司 6.5071% 的股份。贝达药业过会明确了 IPO 审核中有限合伙企业作为发起人的控股股东无障碍。

前面那个例子，开始时，老板 60%，兄弟们加起来 40%，为了企业发展，引入外部投资者，A 轮 20%，B 轮 10%，C 轮 10%，这时老板还有多少股份？ 38.9%，这个时候为了实现对企业的控制，一个选择是把其他小伙伴的“票”绑在一起，形成一致行动也是老板维持控制权的好方法，老板加兄弟们一起还有 64.8%。但是，一致行动多数情况下是个事后的协议，在准备上市前搞，如果其他人不同意与你一致行动也比较麻烦，考虑到老板实际控制人，和老板的一致行动人，都要按实际控制人的限制条件约束。例如，上市后要限售 3 年而非小股东的 1 年，解除限售以后出售股票还有诸多限制和要求，可能看到这点有的人就不同意了。

如果在开始的时候，给兄弟们 40%，采取一个有限合伙的制度设计，老板当普通合伙人，兄弟们当有限合伙人，合伙企业约定在上市后一段时间内不得变更普通合伙人，有限合伙持有公司的除收益权和处置权以外的股东会表决权利均不可撤销地由普通合伙人行使，也可以由信得过的创业伙伴当普通合伙人，同时在合伙协议里约定决策机构，而决策机构老板能控制就好。这样，40% 的表决权老板始终能实际控制，开始就执行了巩固控制权的制度设计可以避免后面几年可能发生的意外。

三、受控金融产品作为融资平台

把分给兄弟们的股权由直接持股设计为有限合伙形式的持股平台，有限合伙的制度特点决定了可以通过控制普通合伙人和特别约定的合伙协议，授权执行事务合伙人控制持有公司的表决权，从而起到分股不分权的实际效果。

我们前面也讲到，老板股权稀释的原因除了分给兄弟们以外，就是股权融资的结果，企业发展需要钱，股权融资是重要的融资渠道，特别是国内中小企业债务融资的渠道通常受限于抵押品，股权融资一般是必备项目，能融来钱也是幸运，副作用就是股权稀释，这也是一对矛盾。如果能使用受老板控制的金融产品来融资是一个解决矛盾的好方法，也就是融资不稀释（控制权）。

我们来看一个案例：

伯朗特（430394）增发案

2017 年 4 月 14 日，新三板公司伯朗特（430394）公告了股票发行方案获证监会批准的公告，同时披露了定向发行说明书（反馈稿）和法律意见书，股票发行方案进入实施发行阶段，新三板公司定向发行后股东人数超过 200 人的需要先取得证监会行政许可，伯朗特股东人数老早超过200人，所以需要证监会核准，这没什么奇怪的，但是我们看看股票发行方案中的发行对象，还是很有新意的。

股票发行拟认购投资者及认购数量和方式如下：

表3–2 发行对象

序号	认购者名称	性质	是否为在册股东	拟认购数量（股）（不超过）	拟认购金额（元）（不超过）	认购方式
1	荣造一号	境内非法人组织	否	10,500,000	105,000,000.00	现金
2	尹荣造	自然人	是	3,200,000	32,000,000.00	现金
合计				13,700,000	137,000,000.00	

根据伯朗特2017年3月3日公布的年报，公司股本3450万股，尹荣造拥有 64.64%表决权，为公司实际控制人，尹荣造自己共有733.5万股，占21.26%。挂牌新三板时，公司全体董事、全体监事及全体高管共13人于2015年共同签订了《一致行动协议》，协议主要约定：协议各方对于行使公司股东及/或董事权利的意见有不一致时，则所有提案及表决均以尹荣造的意见为准。公司全体董事、全体监事及全体高管共计持有公司2230.00万股，占公司总股本比例为64.64%。鉴于上述事实，签订《一致行动协议》后，尹荣造拥有64.64%表决权，为公司实际控制人。

根据伯朗特2016年年报，部分一致行动人出售了部分股票，截至2016年12月31日，尹荣造拥有56.25%的一致行动表决权。

表3–3 本次股票定向发行前的股本结构

股东	股票万股	持股比例
尹荣造和一致行动人	1940.63	56.25%
其他	1509.38	43.75%
合计	3450.00	100.00%

本次股票发行后，按照股票发行方案最高额预测的股本结构：

表 3–4

股东	股票万股	持股比例
尹荣造和一致行动人	1940.6	40.3%
尹荣造认购增发	320.0	6.6%
荣造一号	1050.0	21.8%
其他	1509.4	31.3%
合计	4820.0	100.0%

可以看到，尹荣造自己增持 6.6%，加上之前自己和一致行动人的 40.3%，合计 46.9%，已经不够半数了。当然，公众公司股东大会表决是按参会股权比例计算，小股东基本“搭便车”，来参加股东大会比例不会高，46.9% 从目前看控制企业是没有问题的，问题在于伯朗特有没有后续继续股权融资或者增发股票收购并购的需要。看伯朗特的历史，我们都记得尹总 105 亿元融资伟业，尽管没有实施，但也给人留下了深刻影响，需要资金！我们猜测，为了继续控制以及为以后融资并购留下空间，尹总是动了脑筋的。这次发行的融资大头是发行给荣造一号，而荣造一号是由尹荣造实际控制的私募股权基金，钱融来了，控制还在自己手里，加了控制杠杆对不？

我们来看一下荣造一号具体设计，根据发行报告书（反馈稿）：

荣造一号，东莞市荣造智造一号投资合伙企业（有限合伙），执行事务合伙人广东荣造投资管理有限公司（委派代表：尹荣造）。

截至本说明书签署之日，荣造一号的合伙份额如下：

表 3–5

合伙人名称	合伙人性质	出资额（万元）	出资比例（%）
荣造投资	普通合伙人	400.00	80.00
尹荣造	有限合伙人	100.00	20.00
合计		500.00	100.00

荣造投资为 2016 年 11 月 7 日在中国证券投资基金业协会登记的私募投资基金管理人，登记编号为 P1034553；荣造一号为资产由其执

行事务合伙人/普通合伙人荣造投资管理并以投资活动为目的而设立的合伙企业，适用《证券投资基金法》《私募投资基金监督管理暂行办法》及《私募投资基金管理人登记和基金备案办法（试行）》的规定，应当办理私募投资基金备案。截至本说明书签署之日，荣造一号尚未办理私募投资基金备案手续。根据荣造投资按照《业务问答（二）》的规定出具的《承诺函》，承诺将于2017年12月31日前为荣造一号依法完成私募投资基金备案手续。）

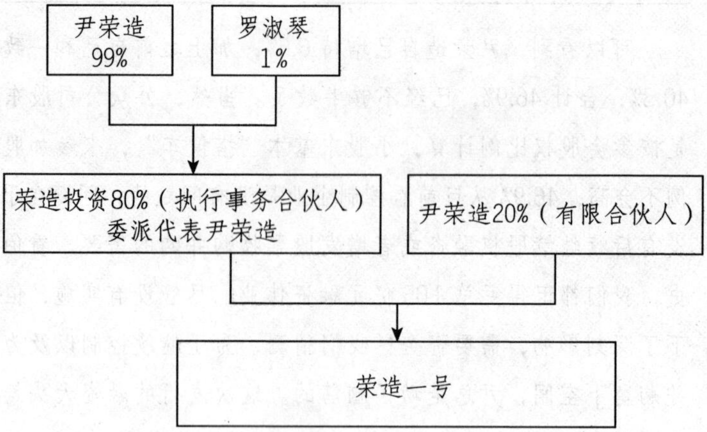

图 3-8

伯朗特这个案例，是实际控制人自己成立投资公司申请私募基金管理人资格，再设立由该基金管理人管理的私募基金产品，这个案例里是有限合伙形式的私募股权投资基金，融来的钱不直接持有伯朗特的股份，而是持有实际控制人控制的私募基金份额，从而达到少出钱多拿表决权的实际效果，按这个方案，尹荣造控制的股权从发行前的56.25%，不降反升，本次股票发行后尹荣造实际控制的股权为68.7%，为以后继续股权扩张留下了充足的空间，同时把公司控制权牢牢掌控在自己手里。

四、其他金融计划

实际控制人，可以自己设立一个投资管理公司，申请私募基金管理人的资质后发起设立私募基金产品，募集的资金认购的是私募基金的份额，而私募基金持有的公司股权的表决权控制在实际控制人手里，从而达到融资不稀释控制权的目标。

如果这个金融计划（如资管计划、信托计划、私募基金）不是由实际控制人控制的，而是由一个不相干的金融机构管理的，这个金融计划持有的股权代表的表决权，可以成为巩固控制权的工具吗？

我们先来看一个案例，宝能举牌万科案，这个饶胖不用解释，这是全民话题。姚振华对决红烧肉老王，最终姚振华被定性为妖精，老王黯然出局，谁是赢家一目了然。在宝能万科案里我们能学到很多东西，其中就包括我们这一节谈的金融计划的投票权是谁的问题。

我们来看一篇财新网的 2016 年 7 月 8 日文章《宝能到底是不是万科的大股东？》：

宝能到底是不是万科的大股东？这可不是脑筋急转弯，也不是应然问题，问的是现行法律制度下的实然问题。宝能系持有的万科股份分布在四类账户上，一是前海人寿自己的账户；二是前海人寿的保险产品账户；三是钜盛华公司名下（很少部分是券商融资账户，忽略）；四是在资管计划名下。如果这四类账户都是宝能的，那宝能才能算是真正的大股东。

关于资管计划的权属问题，2015 年 12 月 16 日万科的信息披露，深交所就此进行了认真询问，钜盛华的回答如下：

这 10% 的万科股票在 7 个资管计划名下，其中一个叫“西部利得金裕 1 号资产管理计划”。按照《证券法》，账户名称就是上市公司的股东。金裕 1 号持有的股票是怎么算到宝能头上的？根据那份公告，这事推导如下：

1. 组建资管计划并买入万科股票。7 个资管计划的结构如下，分优先和劣后（2:1），银行理财是优先（2），钜盛华是劣后（1），资管计划买入万科股票的收益优先保障银行理财的固定收益，其他都是钜盛华的。如果买入的万科股票出现亏损，并且导致资管计划单位净值低于 0.8，要么钜盛华追加资金，要么卖万科股票，直到把钜盛华的劣后亏完。

2. 买入的万科股票的表决权由资产管理人行使。例如，金裕 1 号的表决权归属西部利得基金管理公司。

3. 钜盛华与西部利得等基金公司签署补充协议，约定按钜盛华的书面意见行使表决权，从而资管计划与钜盛华成为并购中的一致行动人。

看到了我们很熟悉的词汇“一致行动人”对吧，这个资管计划投票权理论上属于金融计划管理人，但是，金融计划管理人可以将投票权授予其他人。在宝能案例中，金融计划的管理人是西部利得基金管理公司，同时，西部利得基金管理公司与姚振华实际控制的钜盛华签署了协议，将按钜盛华的书面意见行使表决权，从而资管计划与钜盛华成为并购中的一致行动人，姚振华也就控制这部分表决权。为什么姚振华要这么安排？也就是自己没有那么多钱，可是要 PK 老王，股票数量巨大，买这些股票的钱也不是姚振华兜里的钱搞得定的，只好自己出一点再加上大大的杠杆，做成金融计划，然后通过与金融计划管理人签署协议拿到表决权就好了。如果你问：那个西部利得等基金公司为何会自愿把表决权拱手相让？这你就要理解金融行业一个重要的词汇“通道业务”，对于西部利得等基金公司而言，他们仅仅是因为有牌照，当然也可能有募集资金的渠道，但是这钱干什么都是姚振华宏图大业的一部分，自然出让表决权是题中应有之义。

延伸阅读

证券投资基金的表决权是谁的？[1]

证券投资基金所持股份之表决权理应由基金管理人代表基金份额持有人自由行使，但由于证券投资基金持股数额一般较大，且该表决权的行使具有权义复合性和双重共益性，故基金管理人在行使基金持股之表决权时应尽忠实、勤勉义务。

无论投资者购买股份公司初次发行的股票，还是通过证券公司、基金等在二级市场购买上市交易的股票，基于拥有股份而形成的股东

1 殷洁、李静：《论证券投资基金所持股份之表决权的行使》，载《北方法学》2013年第2期。

权利（以下简称股权），既包括财产性质的权利（如分红派息权），也包括身份性质的权利（如出席股东大会并参与投票表决权）；既包括纯粹为了自身利益而行使的权利（被称为自益权，如股份转让权），也包括主要为了公司利益或全体股东共同利益而行使的权利（被称为共益权，如质询权、提起股东派生诉讼权）等。我国现行《公司法》第4条规定："公司股东依法享有资产收益、参与重大决策和选择管理者等权利。"其中，参与重大决策和选择管理者的权利主要是通过在股东大会上的投票表决权来实现的。就法理角度而言，包括表决权在内的各项股权，既然是法律赋予的一种权利，股票持有人当然可以选择行使，也可以选择放弃；可以自己亲自行使，也可以委托（信托）他人代为行使。

中国证监会曾在1998年8月21日发布的《关于加强证券投资基金监管有关问题的通知》中规定，管理公司依据《证券投资基金管理暂行办法》、基金契约及其他有关规定，代表基金出席上市公司的股东大会，行使股东权利，履行股东义务。虽然这个文件没有明令废止，但其所依据的《证券投资基金管理暂行办法》（证委发〔1997〕81号）却早已被《证券投资基金法》（该法自2004年6月1日起施行）所取代。而令人遗憾的是，《证券投资基金法》仅在第19条第11项规定"以基金管理人名义，代表基金份额持有人利益行使诉讼权利或者实施其他法律行为"属于基金管理人应当履行的职责之一，但实际上并未明确基金所持股份之表决权行使的具体规则。2012年7月，全国人大常委会法制工作委员会主持修订的《中华人民共和国证券投资基金法（修订草案）征求意见稿》第21条关于"基金管理人应当履行的职责"中同样未提及该问题。

尽管基金所持股份的实质股东是该基金的基金份额持有人，但是由于根据现行规定在股份公司股东名册上登记的名义股东是基金本身，因此，基民应无权直接以自己的名义行使基金持股之表决权。基金持股之表决权只能由基金管理人代表基民以基金本身的名义行使，或者由基金管理人再委托他人以基金本身的名义行使。

第六节
同一控制下合并的小陷阱

前一阵，一篇名为《一家新三板公司的辛酸泪：我们 IPO 有多麻烦你造吗？！》的文章，引起了饶胖的兴趣，文中新三板公司 LX 股份的老板谈起 IPO 准备的一把辛酸泪，大家有兴趣可以找来看看，对于新三板上摩拳擦掌准备 IPO 的老板们是有帮助的。IPO 对于企业老板而言，有点像第一次装修房子，大多数人都有装修房子的经历，满地是坑，到处是机关和套路，与各种坏人斗智斗勇，打落牙咽肚里，凡此种种，终于把房子装修完了，懂了好多，心里想下次我一定有经验了，可惜大多数人没有近期再装修房子的机会。IPO 也是如此，把 IPO 的水坑都爬了一遍，自己也成 IPO“大湿”了，可惜很少有机会再搞一家 IPO 公司。

一、老板的故事

这篇文章的辛酸泪很多，其中有一点是技术问题，是关于同一控制下合并的追溯调整问题，饶胖有兴趣，我们就来学习下。

> 文章里老板是这么说的：去年 5 月我们就定下来要 IPO 了，中介机构进驻进行尽调，计划以 2016 年年报作为 IPO 的时间节点报表，用 2014 年、2015 年和 2016 年 3 年的财务数据进行 IPO 申报。在今年 3 月 3 家中介各自报内核的时候，他们要对 2014 年同一控制人合并的

会计差错进行调整，因为挂牌新三板时认定的会计处理是有错误的，会计师的内核不同意。这个错误是因为目前我们的一家全资子公司引起的，叫LX浆纸。2014年决定挂牌新三板时，LX股份尚未收购LX浆纸，但我同为两家公司的实际控制人。因为LX浆纸成立十几年，财务各方面较为复杂，若把LX浆纸视同合并，财务核查比较费时，所以挂牌时认定第二大股东跟第三大股东是一致行动人，LX股份实际控制人不是我，避开了合并的要求。但是现在公司准备要IPO，就不得不正视这个问题了。2014年作为第一个财务年度，按照规则，必须对LX浆纸进行合并核查，也就是说，要进行会计差错调整。最后会计师不同意只好更换了会计师事务所。

公告是这么说的：

2.会计差错原因及更正：本公司于2015年5月13日受让实际控制人CJH持有的LX浆纸有限公司（以下简称LX浆纸）67%股权。2014年4月24日起CJH先生持有本公司35.50%股权，成为本公司的第一大股东和实际控制人，因此，2015年本公司对LX浆纸的收购系同一控制下的企业合并，同一控制下企业合并的起始时点应认定为2014年4月24日，而前期对同一控制下企业合并起始时点认定为2015年1月13日（系以实际控制人CJH取得本公司51%以上股权为起始点），导致前期报表中未追溯调整2014年比较期间数据，形成错报。本期采用追溯重述法对该项差错进行更正。

对照公告和老板说法，核心点是确认同一控制下合并的起点不同，挂牌新三板时会计师认定的时间是2015年1月13日，而IPO做三年一期材料时，券商和律师认为应该按2014年4月24日，会计师也是这样认为，但是之前会计师已经认定了2015年1月13日，没法自己打自己脸，只好临阵换将换会计师。

关于会计师，IPO的通常玩法是，在报告期3年里面由IPO会计师审计，但是不出报告，由一家没有证券资格的小所来出年度审计报告，等到3年一期审计时，如果发现之前有错误，更正起来就理直气壮，那是个没有证券资格的小所云云，可是上了新三板的公司再IPO，这招就不好使了，挂牌新三板的会计师也是证券资格，挂牌期间的也是，如果还是一家来搞 IPO，发现自己之前有错误就尴尬了。

二、同一控制下合并

什么是同一控制下合并？根据《企业会计准则第20号——企业合并》第5条第1款，参与合并的企业在合并前后均受同一方或相同的多方最终控制且该控制并非暂时性的，为同一控制下的企业合并。

为何同一控制下合并对于到底是哪个时点起算这么重要？是因为同一控制下合并需要追溯调整比较报表，也就是说，要追溯调整 IPO 报告期内 3 年一期审计报告。同一控制下合并是个会计问题，我们免不了要学习一下会计准则。《企业会计准则第 20 号——企业合并》第二章同一控制下的企业合并，就是讲同一控制下合并的会计规则，可是在这一章里并没有追溯调整的规定。那就要看会计准则的解释，这也属于官方法规。

《企业会计准则讲解 2010》

第二节　同一控制下企业合并的处理

一、同一控制下企业合并的处理原则

（四）对于同一控制下的控股合并，应视同合并后形成的报告主体自最终控制方开始实施控制时一直是一体化存续下来的，体现在其合并财务报表上，即由合并后形成的母子公司构成的报告主体，无论是其资产规模还是其经营成果都应持续计算。

编制合并财务报表时，无论该项合并发生在报告期的任一时点，合并利润表、合并现金流量表均反映的是由母子公司构成的报告主体自合并当期期初至合并日实现的损益及现金流量情况，相应地，合并资产负债表的留存收益项目，应当反映母子公司如果一直作为一个整体运行至合并日应实现的盈余公积和未分配利润的情况。

对于同一控制下的控股合并，在合并当期编制合并财务报表时，应当对合并资产负债表的期初数进行调整，同时应当对比较报表的相关项目进行调整，视同合并后的报告主体在以前期间一直存在。

同一控制下合并的逻辑如图 3–9 所示：

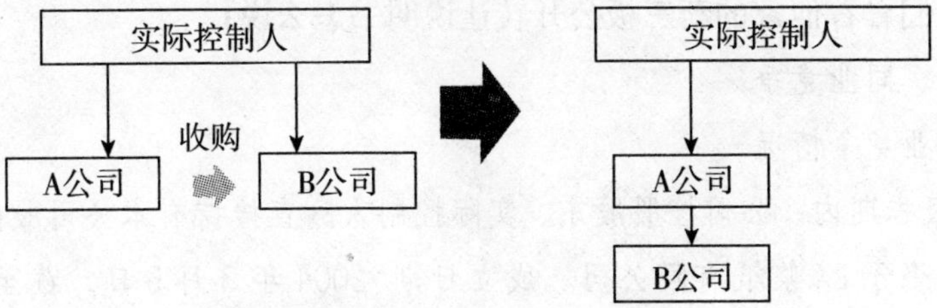

图 3-9 同一控制下合并的逻辑

纸面上 A 公司收购了 B 公司，但是 A 公司和 B 公司受同一实际控制人控制，实际就是实际控制人重组了一下自己的资产，左口袋放到右口袋，实际上并没有发生什么，那么在财务报告上就要体现出这一点，从一开始就确认两家本来就是一家，之前分开列报的母公司报表和子公司报表，要对报告期的报表进行追溯调整，使合并后的比较财务报表反映这一真实和现实情况。

三、消除同业竞争

我们去资本市场，一个非常重要的规范原则就是消除同业竞争和尽量减少关联交易，办法就是把老板口袋里不同的独立法人主体经过重组合并到一起，就像图 3–9 的过程。也许好多家，选定一家做上市 / 挂牌主体，其他通过同一控制下合并成为其控股子公司，合并报表范围内就不存在同业竞争和关联交易。

我们再回头看这篇文章里老板是怎么说的："2014 年决定挂牌新三板时，LX 股份尚未收购 LX 浆纸，但我同为两家公司的实际控制人。因为 LX 浆纸成立十几年，财务各方面较为复杂，若把 LX 浆纸视同合并，财务核查比较费时，所以挂牌时认定第二大股东跟第三大股东是一致行动人，LX 股份实际控制人不是我，避开了合并的要求。但是现在公司准备要 IPO，就不得不正视这个问题了。"

看起来老板听了不知什么专家的建议，采取纸面法律行动，把自己控制的 LX 浆纸确认为不是自己实际控制，就是让其他股东签了一致一致行动协议，看起来好简单，对吧。

我们看看他家的新三板公开转让说明书怎么说：

五、同业竞争

同业竞争情况

报告期内，公司控股股东、实际控制人除直接持有本公司股份外，还有投资于LX浆纸有限公司。成立日期 2004年3月5日，截至2014年12月31日，该公司净资产为106,117,665.66 元。报告期内，公司和LX浆纸存在同业竞争的情形。

为规范公司和LX浆纸之间的同业竞争行为，2015年4月18日，LX股份召开第一届董事会第二次会议，审议通过《关于收购CJH先生持有的LX浆纸有限公司67%股权的议案》，并同意提交股东大会审议。2015年5月4日，LX股份召开2015年第一次临时股东大会，审议通过《关于收购CJH先生持有的LX浆纸有限公司67%股权的议案》，同意根据经审计的截至2014年12月31日LX浆纸有限公司净资产数据对应的股权权益为依据，受让CJH先生持有的LX浆纸有限公司67%的股权。2015年5月4日，LX浆纸召开股东会议决议，同意公司原股东CJH先生将所持有公司67%股权认缴出资额为5,762万元人民币以71,098,836.00元人民币的价格转让给新股东LX股份有限公司。原股东2人放弃优先受让权。

饶胖在股转网站上查到，LX股份是2015年7月27日拿到了股转挂牌函，法律意见书签署日期为2015年6月16日，这应该是接近申报的时间，在仅仅1个月前还在重组同业竞争方，可能是中介觉着糊弄不过去了，以合法的形式掩盖不了同业竞争实质，只好仓促上阵重组后再申报。这又是一个IPO的大水坑，就是同业竞争和关联交易，要真消除而不是做做形式，转个人代持，做个法律文件糊弄下，这通常都过不了关，监管者一定会从商业实质上叫你举证。例如这个关联企业股权卖给别人了，那个别人为什么要买？他是什么背景？商业逻辑上说得通吗？出售以后还有交易吗？等等。到申报跟前，中介也不会帮你糊弄，要担责任的，被监管机构发现是要处罚的，至少是不尽责，例如近期新时代证券因登云股份IPO造假被证监会处罚，涉及未披露关联方的问题：

新时代证券未勤勉尽责，未发现相关公司与登云股份的关联关系及关联交易。

未对山东旺特进行全面充分核查，也未对登云股份与山东旺特的异常联系保持应有的职业审慎，从而未能发现山东旺特、山东富达美、广州富匡全等与登云股份的关联关系及关联交易，未能发现肇庆达美与登云股份的关联关系。新时代证券工作底稿中收集的山东旺特公司登记基本情况显示，山东旺特原名为山东登云汽配销售有限公司（2011 年 7 月 13 日更名），新时代证券对此与登云股份名称相似的异常联系并未予以充分关注。新时代证券在核查中发现山东富达美接替两名自然人而成为山东旺特唯一的法人股东，并取得了山东富达美企业登记信息查询结果，但其中并无山东富达美的股东信息，新时代证券并未对山东富达美股东信息采取进一步的措施予以核查。

上面寥寥数语，我们就看到了原来关联方山东登云汽配通过改名山东旺特非关联化，瞒得了一时，不过是一直睡在一颗没爆炸的炸弹旁边罢了，最后还是炸了，当然也有朋友评论，处罚不重造假成本不高。

四、申报 IPO 的考虑

在和一个投行朋友聊起来 LX 这个案例，饶胖觉着更换会计师毕竟是大事，可能很多问题后任与前任会看法不一致，麻烦很多，为何还要硬上？同行朋友觉着逻辑可能是这样，从那篇文章的说法来看，原本计划是在 2017 年报 IPO 材料，那么 IPO 的报告期就是 2014 年、2015 年、2016 年，也许再加 2017 年 1 季度或者半年的一期，原来确认同一控制合并的起点是 2015 年 1 月，所以 2015 年没问题，这一问题要调整的是 2014 年，这就面临两个选择，是拖一年，改到 2018 年报，报告期就是 2015 年、2016 年、2017 年，就甩掉了 2014 年，另一种选择就是进行会计差错更正，如果会计师不同意只好更换。从结果上看，LX 老板痛下决心更换会计师，抢了这一年的时间，当然我们只是看公开材料，不了解内情，这也许只是一种可能。但是 IPO 进程中时间是那么宝贵吗？前几天，遇到个金融民工朋友，问起她做的那个 IPO 项目，“已经在证监会反馈阶段了，快了快了。”记得她进这个项目的时候还是黄花闺女，现在小孩都已经会打酱油了。IPO这种事情，有很幸运的一两年就搞定的，大多数就是个马拉松，有无数的问题，既有你费力解决的内部问题，也有你无能为力的外部局势，多数情况下解决的办法只有一个，就是时间换空间，一个字“熬”。你看看香飘飘坚持了7年终于过会，IPO路上铺满的不是鲜花而是空奶茶杯子。我们这些老民工，回头看很多项目，当年拼了老命抢出来半年、一年时间，当时志满意得、踌躇满志，回头灰飞烟灭尽付谈笑中。

延伸阅读

同一控制下合并IPO的监管政策

如果一家企业准备在境内IPO，在IPO申报报告期内的合并行动，要留意IPO监管的要求。

《首次公开发行股票并上市管理办法》（2015年修订）

第十二条　发行人最近3年内主营业务和董事、高级管理人员没有发生重大变化，实际控制人没有发生变更。

《首次公开发行股票并在创业板上市管理办法》（2015年修订）

第十四条　发行人最近两年内主营业务和董事、高级管理人员均没有发生重大变化，实际控制人没有发生变更。

主板、中小板要求三年主营业务没有变更，创业板要求二年主营业务没有变更。报告期内的合并行动，是监管当局审核主营业务是否变更时，高度关注的问题。对于同一控制下的合并，监管的要求如下：

1.根据坊间传闻的保代培训资料：

（1）对于满足同一控制下企业重组条件的企业合并，要求被收购资产不能按评估值调账，主要经营资产计价标准要保持一致。

（2）对于《〈首次公开发行股票并上市管理办法〉第十二条发行人最近3年内主营业务没有发生重大变化的适用意见——证券期货法律适用意见第3号》，仅适用于同一控制下业务相同、相近或具有上下游关系的企业之间的合并交易，对于同一控制下业务不相关的企业之间的合并交易，证监会在实际操作中从严掌握。

（3）同一控制下的企业合并，被重组方重组前一会计年度与重组前发行人存在关联交易的，资产总额、营业收入或利润总额按照扣除该等交易后的口径计算。

2. 证券期货法律适用意见第 3 号

《〈首次公开发行股票并上市管理办法〉第十二条发行人最近 3 年内主营业务没有发生重大变化的适用意见——证券期货法律适用意见第 3 号》

《首次公开发行股票并上市管理办法》（证监会令第 32 号，以下简称《首发办法》）第十二条要求，发行人最近 3 年内主营业务没有发生重大变化。近来，一些申请首次公开发行股票并上市的公司（以下简称发行人）最近 3 年（以下简称报告期）内存在对同一公司控制权人下相同、类似或相关业务进行重组的情况，不少发行人咨询该情况是否符合《首发办法》的上述要求。经研究，我会认为：

一、发行人对同一公司控制权人下相同、类似或相关业务进行重组，多是企业集团为实现主营业务整体发行上市、降低管理成本、发挥业务协同优势、提高企业规模经济效应而实施的市场行为。从资本市场角度看，发行人在发行上市前，对同一公司控制权人下与发行人相同、类似或者相关的业务进行重组整合，有利于避免同业竞争、减少关联交易、优化公司治理、确保规范运作，对于提高上市公司质量，发挥资本市场优化资源配置功能，保护投资者特别是中小投资者的合法权益，促进资本市场健康稳定发展，具有积极作用。

二、发行人报告期内存在对同一公司控制权人下相同、类似或相关业务进行重组情况的，如同时符合下列条件，视为主营业务没有发生重大变化：

（一）被重组方应当自报告期期初起即与发行人受同一公司控制权人控制，如果被重组方是在报告期内新设立的，应当自成立之日即与发行人受同一公司控制权人控制；

（二）被重组进入发行人的业务与发行人重组前的业务具有相关性（相同、类似行业或同一产业链的上下游）。

重组方式遵循市场化原则，包括但不限于以下方式：

（一）发行人收购被重组方股权；

（二）发行人收购被重组方的经营性资产；

（三）公司控制权人以被重组方股权或经营性资产对发行人进行增资；

（四）发行人吸收合并被重组方。

三、发行人报告期内存在对同一公司控制权人下相同、类似或相关业务进行重组的，应关注重组对发行人资产总额、营业收入或利润总额的影响情况。发行人应根据影响情况按照以下要求执行：

（一）被重组方重组前一个会计年度末的资产总额或前一个会计年度的营业收入或利润总额达到或超过重组前发行人相应项目100%的，为便于投资者了解重组后的整体运营情况，发行人重组后运行一个会计年度后方可申请发行。

（二）被重组方重组前一个会计年度末的资产总额或前一个会计年度的营业收入或利润总额达到或超过重组前发行人相应项目50%，但不超过100%的，保荐机构和发行人律师应按照相关法律法规对首次公开发行主体的要求，将被重组方纳入尽职调查范围并发表相关意见。发行申请文件还应按照《公开发行证券的公司信息披露内容与格式准则第9号——首次公开发行股票并上市申请文件》（证监发行字〔2006〕6号）附录第四章和第八章的要求，提交会计师关于被重组方的有关文件以及与财务会计资料相关的其他文件。

（三）被重组方重组前一个会计年度末的资产总额或前一个会计年度的营业收入或利润总额达到或超过重组前发行人相应项目20%的，申报财务报表至少须包含重组完成后的最近一期资产负债表。

四、被重组方重组前一个会计年度与重组前发行人存在关联交易的，资产总额、营业收入或利润总额按照扣除该等交易后的口径计算。

五、发行人提交首发申请文件前一个会计年度或一期内发生多次重组行为的，重组对发行人资产总额、营业收入或利润总额的影响应累计计算。

六、重组属于《企业会计准则第20号——企业合并》中同一控制下的企业合并事项的，被重组方合并前的净损益应计入非经常性损益，并在申报财务报表中单独列示。

重组属于同一公司控制权人下的非企业合并事项，但被重组方重组前一个会计年度末的资产总额或前一个会计年度的营业收入或利润总额达到或超过重组前发行人相应项目20%的，在编制发行人最近3年及一期备考利润表时，应假定重组后的公司架构在申报报表期初即已存在，并由申报会计师出具意见。

第七节

谁是实际控制人？

在前面 LX 股份的案例中，核心问题是同一控制下合并报表起点的判断。

所谓共同控制就是 LX 浆纸和 LX 股份是由同一实际控制人控制，其中不是一直都同时控制两个公司，LX 浆纸在报告期一直控制，LX 股份呢？从某个时点开始控制，之前的会计师认定的控制 LX 股份的点是 2015 年 1 月 13 日，判断的依据是以实际控制人取得 LX 股份 51% 以上的股权，而后来的会计师认定是 2014 年 4 月 24 日，这一时间点是实际控制人获得了 LX 股份的 35.50%。

我们来看一下 LX 股份公开转让说明书的细节：

2010 年公司设立，爸爸 40%，儿子 5%；

2012 年 5 月，不知为何，爸爸把股权转让给了儿子，儿子 45%，爸爸 0%；

2014 年 1 月，其他股东转让股权，儿子 55%，爸爸 0%；

2014 年 4 月，儿子把部分股权转让给爸爸，爸爸 35%，儿子 18%；

2015 年 1 月，儿子把剩下股权转让给爸爸，爸爸 53.5%，儿子 0%。

公开转让说明书显示：爸爸生于 1963 年，儿子生于 1986 年。这是个典型的爸爸创业，儿子加入的情况。

2015 年新三板挂牌时，公开转让说明书里对于实际控制人是这样描述的："2013年和2014年，公司实际控制人爸爸和儿子。2015年1月，儿子将其所持有所有股权依法转让给爸爸，爸爸成为有限公司第一大股东。因此，2015年1月以后，爸爸占公司股份总数的53.5%，是公司第一大股东，对公司的生产经营形成实际控制。因此爸爸系股份公司控股股东、实际控制人。由于公司在报告期内管理团队稳定，重大经营方针政策没有发生重大变化，公司控股股东、实际控制人的变化未对公司日常经营活动产生重大影响。"

看完这些材料，想一下前后会计师的判断你赞成哪一个？应该有个感觉。不过我们还是学习下实际控制人的法规。

一、实际控制人的定义

《公司法》

第二百一十七条第二项　控股股东，是指其出资额占有限责任公司资本总额百分之五十以上或者其持有的股份占公司股本总额百分之五十以上的股东；出资额或者持有股份的比例虽然不足百分之五十，但依其出资额或者持有的股份所享有的表决权已足以对股东会、股东大会的决议产生重大影响的股东。

第三项　实际控制人，是指虽不是公司的股东，但通过投资关系、协议或者其他安排，能够实际支配公司行为的人。

《上市公司收购管理办法》（2014年修订）

第八十四条　有下列情形之一的，为拥有上市公司控制权：

（一）投资者为上市公司持股50%以上的控股股东；

（二）投资者可以实际支配上市公司股份表决权超过30%；

（三）投资者通过实际支配上市公司股份表决权能够决定公司董事会半数以上成员选任；

（四）投资者依其可实际支配的上市公司股份表决权足以对公司股东大会的决议产生重大影响；

（五）中国证监会认定的其他情形。

二、为何要认定实际控制人

主要是两个原因：一是承担资本市场责任，如果你是实际控制人，资本市场有很多限制和承诺需要履行，如股票限售期之类；二是报告期内实际控制人变更是现行IPO的否决条件。

《首次公开发行股票并上市管理办法》（2015年修订）

第十二条　发行人最近3年内主营业务和董事、高级管理人员没有发生重大变化，实际控制人没有发生变更。

《首次公开发行股票并在创业板上市管理办法》（2015年修订）

第十四条　发行人最近两年内主营业务和董事、高级管理人员均没有发生重大变化，实际控制人没有发生变更。

那么像LX股份这个案例，爸爸和儿子的股权转来转去，实际控制人变更了吗？关于实际控制人是否变更，证监会是有专门规定的。

《〈首次公开发行股票并上市管理办法〉第十二条“实际控制人没有发生变更”的理解和适用——证券期货法律适用意见第1号》

……应该如何理解和适用《首发办法》的上述规定。经研究，我会认为：

1.从立法意图看，《首发办法》第12条规定要求发行人最近3年内实际控制人没有发生变更，旨在以公司控制权的稳定为标准，判断公司是否具有持续发展、持续盈利的能力，以便投资者在对公司的持续发展和盈利能力拥有较为明确预期的情况下作出投资决策。由于公司控制权往往能够决定和实质影响公司的经营方针、决策和经营管理层的任免，一旦公司控制权发生变化，公司的经营方针和决策、组织机构运作及业务运营等都可能发生重大变化，给发行人的持续发展和持续盈利能力带来重大不确定性。

2.公司控制权是能够对股东大会的决议产生重大影响或者能够实际支配公司行为的权力，其渊源是对公司的直接或者间接的股权投资关系。因此，认定公司控制权的归属，既需要审查相应的股权投资关系，也需要根据个案的实际情况，综合对发行人股东大会、董事会决议的实质影响、对董事和高级管理人员的提名及任免所起的作用等因素进行分析判断。

3.发行人及其保荐人和律师主张多人共同拥有公司控制权的，应当符合以下条件：

（1）每人都必须直接持有公司股份和/或者间接支配公司股份的表

决权；

(2)发行人公司治理结构健全、运行良好，多人共同拥有公司控制权的情况不影响发行人的规范运作；

(3)多人共同拥有公司控制权的情况，一般应当通过公司章程、协议或者其他安排予以明确，有关章程、协议及安排必须合法有效、权利义务清晰、责任明确，该情况在最近3年内且在首发后的可预期期限内是稳定、有效存在的，共同拥有公司控制权的多人没有出现重大变更；

(4)发行审核部门根据发行人的具体情况认为发行人应该符合的其他条件。

发行人及其保荐人和律师应当提供充分的事实和证据证明多人共同拥有公司控制权的真实性、合理性和稳定性，没有充分、有说服力的事实和证据证明的，其主张不予认可。相关股东采取股份锁定等有利于公司控制权稳定措施的，发行审核部门可将该等情形作为判断构成多人共同拥有公司控制权的重要因素。

如果发行人最近3年内持有、实际支配公司股份表决权比例最高的人发生变化，且变化前后的股东不属于同一实际控制人，视为公司控制权发生变更。

发行人最近3年内持有、实际支配公司股份表决权比例最高的人存在重大不确定性的，比照前款规定执行。

4. 发行人不存在拥有公司控制权的人或者公司控制权的归属难以判断的，如果符合以下情形，可视为公司控制权没有发生变更：

(1)发行人的股权及控制结构、经营管理层和主营业务在首发前3年内没有发生重大变化；

(2)发行人的股权及控制结构不影响公司治理有效性；

(3)发行人及其保荐人和律师能够提供证据充分证明。

相关股东采取股份锁定等有利于公司股权及控制结构稳定措施的，发行审核部门可将该等情形作为判断公司控制权没有发生变更的重要因素。

5. 因国有资产监督管理需要，国务院或者省级人民政府国有资产监督管理机构无偿划转直属国有控股企业的国有股权或者对该等企业进行重组等导致发行人控股股东发生变更的，如果符合以下情形，可视为公司控制权没有发生变更：

(1)有关国有股权无偿划转或者重组等属于国有资产监督管理的整体性调整，经国务院国有资产监督管理机构或者省级人民政府按照相关程序决策通过，且发行人能够提供有关决策或者批复文件；

(2)发行人与原控股股东不存在同业竞争或者大量的关联交易，不存在故意规避《首发办法》规定的其他发行条件的情形；

(3)有关国有股权无偿划转或者重组等对发行人的经营管理层、主营业务和独立性没有重大不利影响。

按照国有资产监督管理的整体性调整，国务院国有资产监督管理机构直属国有企业与地方国有企业之间无偿划转国有股权或者重组等导致发行人控股股东发生变更的，比照前款规定执行，但是应当经国务院国有资产监督管理机构批准并提交相关批复文件。

不属于前两款规定情形的国有股权无偿划转或者重组等导致发行人控股股东发生变更的，视为公司控制权发生变更。

6.发行人应当在招股说明书中披露公司控制权的归属、公司的股权及控制结构，并真实、准确、完整地披露公司控制权或者股权及控制结构可能存在的不稳定性及其对公司的生产、经营及盈利能力的潜在影响和风险。

7.律师和律师事务所就公司控制权的归属及其变动情况出具的法律意见书是发行审核部门判断发行人最近3年内“实际控制人没有发生变更”的重要依据。律师和律师事务所应当确保法律意见书的结论明确，依据适当、充分，法律分析清晰、合理，违反相关规定的，除依法采取相应的监管措施外，监管部门还将对法律意见书的签字律师和签字的律师事务所负责人此后出具的法律意见书给予重点关注。律师和律师事务所存在违法违规行为的，将依法追究其法律责任。

饶胖总结一下：

（1）首先看股权，过半数的股权，不管是直接还是间接都是实际控制人。

（2）如果股权分散，没有单一最大，就要具体个案分析，看对股东大会、董事会决议的实质影响、对董事和高级管理人员的提名及任免所起的作用等因素进行分析判断。

（3）基于身份的共同控制，有严格条件要求，密切家族成员，如父母 / 子女、夫妻，这个通常直接认定共同控制（除非用相反证据），其他如兄弟，需要个案判断。

（4）一致行动人的共同控制，仅有协议文本还不行，需要看实际履行情况具体举证判断。例如，前面讲过的海隆股份（002195）的案例，实际控制人是包叔平，包叔平仅仅持有海隆软件 5.13% 的股份，但是通过一致行动协议控制了 51% 的表决权，从而确认为实际控制人。

（5）共同控制各方必须都直接或间接有股权。如果共同控制中最大的一方变化，且变化前后的股东不是属于同一控制人，则视为实际控制人变更。

（6）最终由律师出具法律意见确认。

所以，我们反过头来看 LX 股份的案例，爸爸和儿子理论上最有可能是共同控制，但是，根据两次转让都有一方彻底没有股权，除非有其他证据，根据证券期货法律适用意见第 1 号，共同控制各方必须都直接或间接有股权。这种情况应该是实际控制人变更，我们就可以理解爸爸又重新取得了实际控制人地位，取得的时候，是确认同一控制下合并的起点。儿子转让给爸爸是分两次：第一次，2014 年 4 月，儿子把部分股权转让给爸爸，爸爸 35%，儿子 18%；第二次，2015 年 1 月，儿子把剩下股权转让给爸爸，爸爸 53.5%，儿子 0%。

为何要认定第一次为爸爸取得控制的起点，我们学了法规就很容易理解，这时最起码是爸爸和儿子合计持有 53%，爸爸和儿子是天然一致行动人，爸爸已经成为实际控制人之一，所以这时应该确认爸爸同时控制了 LX 股份和 LX 纸浆，这个点应该是同一控制下合并的起点，而不能机械地看爸爸何时拿到过半数股权。

延伸阅读

关于密切家庭成员的共同控制

由关系密切的家庭成员共同设立公司并长期以来共同控制公司的情况，包括夫妻关系和父母子女关系。夫妻在法律上本来就存在共同财产的概念，更容易确认为共同实际控制人。

以宝利国际（300135）为例，招股说明书中披露其共同实际控制力人为周德洪、周秀凤夫妇，其中周德洪为第一大股东及董事长，持股50%，周秀凤为副董事长，持股28.93%。在这个案例中，周德洪事实上已经持有几近绝对控股的股份，但中介机构并没有只将周德洪一人列为实际控制人，也是考虑到另一方对于公司存在的重大影响。

父母子女关系，国内的情况多以父母创业子女接班形式出现，子女虽然拥有大量股权，但在公司的日常运营决策中，仍然由父母进行掌控的公司。此时，作为创始者的父母对公司的董事会及股东会的决议都有可能产生决定性作用，那么，仅因为其未持股或持股比例低而不列为实际控制人则是不恰当的，例如，LX股份的案例中，中介机构就确认2013~2014年爸爸和儿子是共同控制。又如，合兴包装（002228），其共同实际控制人为许天津、吕秀英夫妇及二人子女许晓光、许晓荣。合兴包装控股股东为汇信投资，而汇信投资的股权结构则为许晓光出资58%，许晓荣出资比例20%，吕秀英、许天津出资比例均为11%，四人均被列为公司的共同实际控制人。

对于夫妻关系和父母子女关系被列为共同实际控制人的，一致行动安排的协议并不是必须要件，上述两家上市公司的夫妻关系或父母子女关系确认为共同实际控制人之间都未签署一致行动协议。但是上述夫妻关系和父母子女关系，出现相反的证据，也可以不认为是共同控制。

除了夫妻关系和父母子女关系，一般天然认定共同控制关系以外的，密切家庭成员，例如兄弟，还是需要其他材料进行佐证，例如签署了一致行动协议，例如鸿特精密（300176），卢础其、卢楚隆、卢楚鹏三兄弟，签署了《一致行动协议》，确认三人为公司的共同实际控制人。

第八节

非同一控制下合并的业务和 IPO 问题

2017 年 6 月 9 日，证监会网站集中公布了 2017 年 1~4 月 18 家未通过发审会名单及审核中关注的主要问题，18 家未通过发审会 IPO 企业存在的问题主要包括以下几个方面：一是内控制度的有效性及会计基础的规范性存疑，6 家企业存在此类问题，占比 33.33%；二是经营状况或财务状况异常，5 家企业存在此类问题，占比 27.78%；三是持续盈利能力存疑，3 家企业存在此类问题，占比 16.67%；四是关联交易及关联关系存疑，3 家企业存在此类问题，占比 16.67%；五是申请文件的真实、准确、完整和及时性存疑，1 家企业存在此类问题，占比 5.55%。

其中，苏州金枪新材料股份有限公司（以下简称金枪新材）的否决原因是发行人报告期内会计差错追溯调整较多，内部控制制度未能有效执行。

金枪新材报告期会计差错追溯调整了什么？

根据金枪新材首次公开发行股票并在创业板上市招股说明书（申报稿），招股说明书签署日期 2017 年 3 月 7 日。

3. 重要前期差错更正及影响

（1）本年度发现，2014 年 8 月，发行人实际控制人曹建强将其持有的出资额 9.60 万元转让给龚彦（龚彦于 2014 年 10月起正式担任公司财务总监、董事会秘书），转让价格为7.29元/注册资本，转让金额为70万元，同次增加的股东黄忆军、笙泽投资、玛利洁贝、德同银科均为外部人士或机构，确定转让价格为12.16元/注册资本。根据《企业会计准则第11号——股份支付》的规定，用以换取职工提供服务的以权益结算的股份支付，以授予职工权益工具在授予日的公允价值计量，本次股份支付的公允价值为12.16 元/注册资本，公允价值与龚彦受让股权价格7.29元/注册资本之间的差额共计46.73万元，本期采用追溯重述法予以调整。该股份支付发生在发行人股改前，影响股改前未分配利润，股改后原未分配利润全部转入资本公积，因此该差错更正对2014年末资产负债表无影响，对2014年度利润表影响为调增2014年度管理费用46.73 万元，调减 2014年度利润总额46.73 万元，调减2014 年度净利润46.73 万元。该追溯重述调整对2015年度财务报告无影响。

（2）本年度发现，发行人2015年度收购苏州迪马100%股权时，截至购买日，苏州迪马剩余资产主要为房屋、土地，比重占收购日苏州迪马资产总额的97.67%，苏州迪马员工已全部清理完毕，因此截至收购日，苏州迪马的资产、负债组合不具备投入、加工处理、产出能力，不形成业务，发行人收购苏州迪马应当以购买日苏州迪马各项可辨认资产、负债的公允价值为基础，将其纳入公司合并报表，不确认商誉。本期采用追溯重述法调增2015年年末在建工程86.71万元，调增2015年年末无形资产80.04万元，调减2015年年末商誉166.75万元。

根据金枪新材招股书申报稿，报告期会计差错导致的追溯调整有两项：

（1）股份支付问题。股份支付两个要件，低于市价和换取服务，对象是财务总监董秘自然是换取服务，同期又有高于转让价的外部投资者入股，自然属于低于市价，实际控制人转让也属于股份支付范围。

（2）金枪新材2015年收购苏州迪马100%股权的会计处理问题，从上述表述来看，当年的会计处理是作为非同一控制下合并进行会计处理，在IPO申报时觉着不妥，改成资产收购的会计处理，进行了追溯调整。

从表面来看，苏州迪马与金枪新材没有关联关系，而且收购的苏州迪马的100%股权，那么为何不能构成非同一控制下合并呢？

合并是个会计问题自然看会计准则和会计准则的解释。

《企业会计准则第20号——企业合并》

第二条 企业合并，是指将两个或者两个以上单独的企业合并形成一个报告主体的交易或事项。企业合并分为同一控制下的企业合并和非同一控制下的企业合并。第三条涉及业务的合并比照本准则规定处理。

《企业会计准则第20号——企业合并》

业务合并的处理，除了一个企业对另外一个企业的合并外，本准则第三条规定，涉及业务的合并比照本准则规定处理，即应当区分同一控制下的业务合并与非同一控制下的业务合并进行处理。业务是指企业内部某些生产经营活动或资产的组合，该组合一般具有投入、加工处理过程和产出能力，能够独立计算其成本费用或所产生的收入，但不构成独立法人资格的部分。例如，企业的分公司、独立的生产车间、不具有独立法人资格的分部等。一个企业对另一企业某分公司、分部或具有独立生产能力的生产车间的并购均属于业务合并。

《企业会计准则讲解2010》

企业合并的结果通常是一个企业取得了对一个或多个业务的控制权。构成企业合并至少包括两层含义：一是取得对另一个或多个企业（或业务）的控制权；二是所合并的企业必须构成业务。业务是指企业内部某些生产经营活动或资产负债的组合，该组合具有投入、加工处理和产出能力，能够独立计算其成本费用或所产生的收入。

根据《企业会计准则讲解2010》，企业合并适用《企业会计准则第20号——企业合并》的条件有两个：一个是取得控制权；另一个是所合并的企业构成业务。一个企业从会计角度讲是一个资产和负债的要素组合，这个要素组合要构成业务的条件是：（1）投入，指原材料、人工、必要的生产技术等无形资产以及构成生产能力的机器设备等其他长期资产的投入；（2）加工处理过程，指具有一定的管理能力、运营过程，能够组织投入形成产出；（3）产出，如生产出产成品，或是通过为其他部门提供服务来降低企业整体的运行成本等其他带来经济利益的方式，该组合能够独立计算其成本费用或所产生的收入，直接为投资者等提供股利、更低的成本或其他经济利益等形式的回报。

在实务里根据上述3原则进行判断。如果一个资产负债的组合不构成业务，即使取得了这个组合（企业）的控制权，会计处理也不能用合并准则。企业取得了不形成业务的一组资产或者净资产时，应该将购买成本按购买日取得的各项可分辨资产、负债的公允价值处理，不按照企业合并准则处理。

判断是否构成业务才适用企业合并准则，是实质重于形式原则的体现，《企业会计准则——基本准则》（2014 年）第 16 条规定："企业应当按照交易或者事项的经济实质进行会计确认、计量和报告，不应仅以交易或者事项的法律形式为依据。"在实际工作中，如果交易或事项的外在形式或人为形式并不能完全真实地反映其实质内容，会计信息拟反映的交易或事项，必须根据交易或事项的实质和经济现实，而非根据它们的法律形式进行核算。如果不构成业务，这个收购导致的合并，实际是收购单项资产，不能确认商誉，商誉是在企业构成业务即构成独立获得经济利益的时候才能确认。举个例子。比如 A 企业有一条生产线业务，还有其他的资产、负债，B 企业对 A 企业进行合并，因为 A 企业构成业务，所以 B 企业对 A 企业首先构成了业务合并，然后才能判断构成了企业合并。如果只是有现金，实收资本，那就相当于是新成立的一个空壳公司，没有投入、加工过程和产出，就不构成业务，也就不构成合并。

学习了规则，我们回头来看金枪新材 2015 年收购苏州迪马 100% 股权的具体问题。金枪新材招股书申报稿描述了苏州迪马收购的情况：

2015 年 6 月 16 日，苏州迪马召开股东会，同意苏州迪马原股东苏州工业园区万马生物科技有限公司将持有的苏州迪马 100% 的出资额转让给公司，苏州迪马成为本公司全资子公司。

苏州迪马原主要从事核苷、核苷酸系列医药中间体，因经营亏损，2014 年 1 月开始停止生产经营，且于 2014 年 4 月起开始清退员工。为了购买苏州迪马拥有的土地使用权证号为吴国用（2012 年）第 0630667 号土地使用权（面积 40540.40 平方米）及其上的 11 座建筑物（总建筑面积 12,669.61 平方米），2014 年 11 月 28 日公司与苏州迪马股东、苏州工业园区万马生物科技有限公司签订了《资产转让框架协议》，约定：

（1）双方同意在苏州迪马剥离除上述房产土地外其他所有资产负

债后，本公司通过受让迪马生物100%股权的方式完成本次资产转让。

（2）苏州迪马应于2014年12月31日前，以收取或转让方式处置完毕苏州迪马的全部应收款项，出售苏州迪马的存货等除本次收购标的房产土地外的其他全部资产；清偿苏州迪马的全部银行贷款及应付款项及其他债务。苏州迪马应解除其全部的对外担保，包括抵押、质押及保证等，解除剩余员工的劳动关系并足额支付离职补偿金、社会保险、住房公积金及其他应付给员工的费用。

（3）双方以2015年1月31日为审计、评估基准日，对苏州迪马进行审计及评估，并参考评估值协商确定本次转让的价格

公司收购苏州迪马后，苏州迪马不再进行原有产品的生产，未来将围绕主营业务主要生产聚氨酯胶粘剂（功能性、热熔型、无溶剂型）、有机硅胶粘剂（MS类）、环氧胶粘剂（功能性）等产品，本次收购完成后，对公司主营业务不构成影响，公司主营业务未发生重大变化。目前公司正在进行苏州迪马厂房改造与设备购置，以满足上述产品的生产条件。

从金枪新材招股书申报稿描述的苏州迪马收购的情况来看，金枪新材实际就是买一块地和地上的房产。苏州迪马本来也不是金枪新材同行业或者上下游行业，根据收购协议，收购前苏州迪马需要先剥离掉除土地房产以外的所有资产和负债，从实质看，这个收购苏州迪马100%股权的行为，实际是购买单项资产（土地使用权以及其上附着房产）的行为，按照实际重于形式的原则和《企业会计准则讲解2010》的规定，是不能构成业务的，也就不能适用《企业会计准则第20号——企业合并》进行会计处理，申报IPO的会计师确认这是一项会计差错，进行了追溯调整。

延伸阅读

非同一控制下合并的IPO监管

在证监会给金枪新材的反馈意见里有这么一段：

“2015年6月，发行人通过非同一控制下合并取得苏州迪马的控

制权，收购价格为2600万元。（1）请发行人提供迪马新材被合并前一个会计年度末的资产总额、营业收入、利润总额，以及占发行人相应项目的比例，说明发行人申报首次公开发行股票并在创业板上市是否符合相关法律法规，是否符合《首次公开发行股票并在创业板上市管理办法》第14条规定……”

我们来看看第14条说的什么：

《首次公开发行股票并在创业板上市管理办法》第14条规定，发行人最近两年内主营业务和董事、高级管理人员均没有发生重大变化，实际控制人没有发生变更。

这里说的是主营业务没有重大变化的问题，实务里怎样判断主营业务有无变更？其中一个，监管重点关注报告期进行合并的问题，主要思路包括：第一，合并进来的企业，能否融合入原有的生产经营体系，会否对持续经营产生影响。第二，严格控制“拼盘上市”的行为，什么是“拼盘上市”，举个例子，两家企业都达不到IPO标准，但是加起来够，两个老板一商量合起来就是了。从监管的意见看，不是不允许IPO前进行并购重组，而是需要在并购重组后有一个观察期，看看并购重组的效果是否影响发行条件。观察期过了才能申报IPO。

关于非同一控制下企业重组以后，合并运行的标准，2010年就传说要出台文件，但是至今仍无下文，不过实务审核中，一般是按2010年保代培训的要求进行，内容如下：

关于非同一控制下企业重组

（1）对相关业务的并购重组（相同或相似及同一产业链上下游）

①被重组方前一个会计年度末的资产总额或前一个会计年度的收入、利润总额达到或超过重组前相应项目的100%的，发行人重组完成满36个月（非三个完整会计年度，下同）方可申请发行。

②相应指标超过50%未超过100%，重组完成后满24个月方可申请发行。

③相应指标超过20%未超过50%的，重组完成后满一个会计年度

方可申请发行。

（2）对非相关业务的并购重组

①被重组方前一个会计年度末的资产总额或前一个会计年度的收入、利润总额达到或超过重组前相应项目的50%的，发行人重组完成满36个月方可申请发行。

②相应指标超过20%未超过50%的，重组完成后满24个月方可申请发行。

12月内多次进行重组的其比例累计计算。参股不适用于证监会拟颁布的关于对非同一实际控制下重组的规范文件。非同一控制下的企业合并，被重组方重组前与发行人存在关联交易的，资产总额、营业收入和利润总额按照未扣除该等交易的口径计算。

第九节

有限合伙的合并问题

我们之前聊了企业合并报表的目的和意义，以及怎样确定是否要将一家公司纳入合并范围，关键词是控制，首先看股权以及股权代表的表决权，再看对股东会、董事会、管理层的控制或者影响能力，我们主要讨论的合并对象是有限公司或者股份公司。在“给控制权加一个杠杆”这一节，我们讨论了以有限合伙或者金融计划这种非有限公司形式的类型来控制表决权的问题。这一节，我们把这两个问题综合一下，讨论一种在日常中会碰到的特殊情况，即设立的一家有限合伙或者金融计划，要不要合并到母公司报表里来。

可能你还没理解我在说什么，我假定一个场景：某拟上市公司，大牛公司董事长尤抱负、财务总监张本清、董秘常设计，开会讨论一个潜在收购标的。

董事长尤抱负：“这个公司业务很有前景技术独创团队也很有战斗力，对于我们未来的发展很有帮助，而且这个团队对我们也很认同，目前处于资金饥渴期，如果我们不拿下来，竞争对手就会出手，到时我们就会很被动。”

财务总监张本清：“尤董事长说得对，不管从对公司发展而言或者对于市场竞争而言，我们都应该控制这个团队，控制这家公司，我们也知道，前景虽然非常好，但是可能预计还需要 2~3 年的亏损投入期，据财务部门测算，预计未来 2 年可能累积亏损 3000 万元左右，当然，后面就会赚大钱，我们也看到了，如果我们控制这家公司，就要合并报表，他们的亏损就会全部进入我们的合并报表，未来 2 年又是我们准备 IPO 的时间，会对我们未来两年的业绩造成较大冲击，请尤董事长综合考虑。”

董事长尤抱负：“有没有什么办法，让我们既能够控制它，又不对我们业绩产生冲击，进而不影响我们 IPO 进程的？”

董秘常设计：“我有个主意，我们成立个私募基金，找一家私募基金管理公司做管理人，我们出一部分钱，他们出一部分钱，再募集一部分钱，先把这家公司买下来。只要我们制度设计得合理，这个私募基金可以不合并到我们的报表里，过几年我们上市了，再把这家公司买回来就是了。”

董事长尤抱负：“这个可行吗？有没有成功案例？”

董秘常设计：“正好前一阵研究了一家上市公司通过并购基金收购的案例，就是先由一家专业投资机构设立一个私募基金，上市公司出一小部分钱，管理公司出一部分，在市场募集大部分，一共 16 个亿，先把并购标的买下来，再通过上市公司增发股票形式从私募基金手上把并购标的买过去。记得上市公司发行股票时，认定控制并购标的的私募基金仅仅是无控制的关联方，既然不控制肯定不能纳入合并范围。”

财务总监张本清：“还要考虑，将来这个标的公司做大了，万一不卖给我们的风险。另外，我们自己账上现金趴着很多，自己出钱就好了。”

董事长尤抱负：“你们研究一下，又要控制住这家公司别让跑到竞争对手那里去，又要能保证以后买得回来而且价格要合理，至于资金就用我们自己的。”

上面这个方案的核心就是设立一个特殊目的实体的合并报表问题，特殊目的实体可能是个有限合伙，也可能是个金融计划，如私募基金或者资管计划。既然是合并报表，我们要回忆一下之前合并范围的确定的内容，判断一个公司是否要纳入合并范围的关键词是“控制”，还有一个很高级的词汇是“可变收入”。

如果合并的对象是一个有限公司或者股份有限公司，判断控制的起点是股权以及股权代表的表决权，而对于有限合伙或者金融计划这样的特殊目的实体，股权就不再是最重要的标准，在给“控制权加一个杠杆”这一节里，我们讨论了执行事务人或者谁是金融计划的管理人实施控制，除非有相反的证据，通常情况下控制了执行事务人或者金融计划的管理人或者与前二者达成一致行动，就把表决权拿到了手里，也就形成了控制。这是讲控制的场景，核心制度是花少的钱拿更多的表决权，也就是给控制权加一个杠杆。在本节的场景，大牛公司的诉求却是反过来，是要控制局面但不要合并报表。

没几天，董秘常设计报告，经过和私募基金赚钱资本老大鑫总商议，设计一个特殊目的实体用于收购标的公司，一家有限合伙公司作为载体，由赚钱资本管理公司出任普通合伙人（General Partner，GP），赚钱资本管理公司是经过备案的私募基金管理机构。考虑到董事长尤抱负和财务总监张本清的意见，这个有限合伙采用双GP结构，即由董事长尤抱负设立一家管理公司也担任联合GP，有限合伙的决策机构决策委员会3人组成，赚钱资本出两人和董事长尤抱负组成，表决机制是一致通过方可执行，有限合伙资金由大牛公司作为有限合伙人（Limited Partner，LP）出大头80%，赚钱资本一个私募产品作为LP的出20%，LP不分优先级，GP收取LP收回投资成本后收益的20%和年度实际投资额的2%管理费，董事长尤抱负的GP放弃GP收益。结构如图3–10所示：

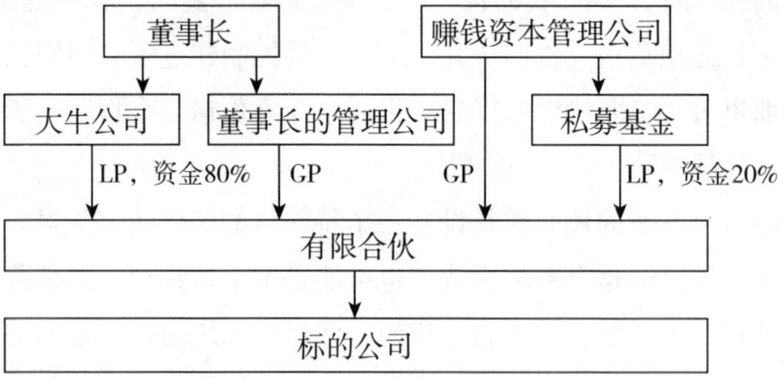

图3–10

这个方案兼顾了董事长尤抱负控制的考虑和财务总监张本清利用闲置资金的诉求。

董事长尤抱负很满意道："那就这么干吧。不过你上次说这个方案可以不把亏损合并到公司里面来，财务总监确认吗？"

财务总监张本清："我觉着可以。不过，现在咱们准备上市，年度审计都由会计师事务所出具审计报告，这个是否合并的问题，最终还是在审计报告里体现，也就是说会计师的意见是关键点，要不我再把这个方案咨询下会计师？"

财务总监张本清和董秘常设计一起拜访了负责大牛公司审计的会计师事务所合伙人董得多，董老师在看了这个方案后，说："我认为这个方案，大牛公司实际控制了合伙企业，也就间接控制了标的公司，合伙企业和标的公司需要进入大牛公司的合并范围。"董秘常设计大惊失色："我们就是为了规避合并才搞这一出，可是这个合伙企业 GP 是赚钱资本，尽管董事长也是 GP 但他不获取利益，不是应该确认赚钱资本控制吗？"

会计师董老师笑了，解释了一下他的逻辑：

"合并范围的确定，主要依据《企业会计准则第 33 号——合并财务报表》（财会〔2014〕10 号），这个准则是自 2014 年 7 月 1 日起在所有执行企业会计准则的企业范围内施行，这个准则是采用单一控制判断模型，以控制作为合并的单一基础，并明确规定控制构成的三个要素，即主导被投资者的权力、面临被投资者可变回报的风险或取得可变回报的权利、利用对被投资者的权力影响投资者回报的能力。实务中，私募投资基金往往采用有限合伙企业形式，GP 负责管理包括对外投资与处置，资金一般从 LP 处募集。根据《合伙企业法》的规定，有限合伙企业由普通合伙人执行合伙事务，即通常由 GP 主导私募投资基金的相关活动。但是一些私募投资基金会设立投资决策委员会作为投资决策机构。投资决策委员会委员通常包括 GP 以及 LP 委派的委员。一般而言，GP 或投资决策委员会拥有对合伙基金的权力。

这个方案是个双 GP 结构，其中一个 GP 是大牛公司董事长控制的，大牛公司董事长又是大牛公司实际控制人，就从这一点判断，就很可疑了，另外合伙企业的决策委员会是3人组成，大牛公司董事长是其中之一，决策委员会决策机制是一致通过，反过来说就是大牛公司董事长有一票否决权，构成了实质控制或者重大影响。”

董秘常设计恍然大悟，说：“那么我们把双GP改回由赚钱资本担任单GP，决策委员会改成2/3通过，这样就没有一票否决权了，这样设计行不行？”

会计师董老师皱皱眉，解释道：

“根据《企业会计准则第33号——合并财务报表》应用指南，母公司应当将其控制的所有子公司，无论是小规模的子公司还是经营业务性质特殊的子公司，均应纳入合并财务报表的合并范围。以控制为基础确定合并财务报表的合并范围，应当强调实质重于形式，综合考虑所有相关事实和因素进行判断，如投资者的持股情况、投资者之间的相互关系、公司治理结构、潜在表决权等。

所以我们来判断是不是控制这个特殊目的实体，就是这个有限合伙要进行综合判断。判断母公司能否控制特殊目的主体应当考虑如下主要因素：（1）母公司为融资、销售商品或提供劳务等特定经营业务的需要直接或间接设立特殊目的主体。（2）母公司具有控制或获得控制特殊目的主体或其资产的决策权。比如，母公司拥有单方面终止特殊目的主体的权力、变更特殊目的主体章程的权力、对变更特殊目的主体章程的否决权等。（3）母公司通过章程、合同、协议等具有获取特殊目的主体大部分利益的权力。（4）母公司通过章程、合同、协议等承担了特殊目的主体的大部分风险。

上述这些要素你们在设计这个方案的时候要综合考虑，同时，特殊目的主体还有另外一个重要问题，就是判断管理人是否是代理人的问题。基金管理人是否控制他们管理的合伙企业，评估的关键在于确定基金管理人是作为代理人（也就是代表其他人）还是主要责任人（也就是代表自己，也称委托人）开展相关活动，仅在后一种情况下，基金管理人才控制合伙企业，即当基金管理人对合伙企业拥有权力，且通过参与合伙企业的相关活动而享有可变回报时，如果基金管理人是主要责任人，则其控制该合伙企业。”

《企业会计准则第 33 号——合并财务报表》

第十八条　投资方在判断是否控制被投资方时，应当确定其自身是以主要责任人还是代理人的身份行使决策权，在其他方拥有决策权的情况下，还需要确定其他方是否以其代理人的身份代为行使决策权。代理人仅代表主要责任人行使决策权，不控制被投资方。投资方将被投资方相关活动的决策权委托给代理人的，应当将该决策权视为自身直接持有。

第十九条　在确定决策者是否为代理人时，应当综合考虑该决策者与被投资方以及其他投资方之间的关系。（一）存在单独一方拥有实质性权利可以无条件罢免决策者的，该决策者为代理人。（二）除（一）以外的情况下，应当综合考虑决策者对被投资方的决策权范围、其他方享有的实质性权利、决策者的薪酬水平、决策者因持有被投资方中的其他权益所承担可变回报的风险等相关因素进行判断。

《企业会计准则第 33 号——合并财务报表》应用指南

决策者在确定其是否为代理人时，根据准则第 19 条规定，应综合考虑该决策者与被投资方以及其他方之间的关系，尤其需要考虑下列四项：（一）决策者对被投资方的决策权范围。（二）其他方享有的实质性权利。（三）决策者的薪酬水平。（四）决策者因持有被投资方的其他利益而承担可变回报的风险。持有被投资方其他利益表明该决策者可能是主要责任人。对于在被投资方持有其他利益（如对被投资方进行投资或提供被投资方业绩担保）的决策者，在判断其是否为代理人时，应评估决策者因该利益所面临的可变回报的风险。评估时，决策者应考虑：（一）决策者享有的经济利益（包括薪酬和其他利益）的比重和可变动性。决策者享有的经济利益的比重和可变动性越大，该决策者越有可能是主要责任人。（二）决策者面临的可变回报风险是否与其他投资方不同，如果是，这些不同是否会影响其行为。例如，决策者持有次级权益，或向被投资方提供其他形式的信用增级，表明决策者可能是主要责任人。

“虽然合伙企业的普通合伙人（GP）是管理公司，但这个方案里 GP 所占份额很低，基本可以认为 GP 属于《企业会计准则第 33 号——

合并财务报表》所指的“代理人”。虽然名义上 GP 拥有广泛的决策权力，包括在投资决策委员会或类似机构的多数表决权或否决权，但其权力实际上归属于作为主要责任人的大牛公司。大牛公司通过其自身作为绝对出资多数的 LP 的权力，以及通过作为代理人的 GP 所持有的权力，实质上主导了该基金的投资进入和退出决策。”

财务总监张本清说：“我听懂了，合伙企业我们要想不并表，就是不控制，这个设计方案如果是赚钱资本来控制，他能够控制了，我们就不控制了，对吧？”

会计师董老师说：“对头，我们可以来看看金融计划管理人把金融计划纳入合并，也就是确认控制的时候，他们的理由是什么。以兴业证券 601377 为例，在年报里是把 4 家有限合伙纳入合并范围，理由是这样：对于纳入合并范围的重要的结构化主体，控制的依据是本集团拥有对该等四家有限合伙企业具有完全、独占及排他的管理决策权力，且其他投资方也无权撤销此管理决策权，本集团能够对其实施控制，因此将此四家合伙企业纳入合并范围。”

在会计师事务所董老师那里上了一课以后，重新设计了方案：

方案：LP 出资不变，仍然是大牛公司 80%，赚钱资本 20%，普通合伙人（执行事务合伙人）由赚钱资本担任，决策委员会 3 位成员均由赚钱资本委派，同时合伙人协议约定更换普通合伙人需要全部 LP 出资额 85% 同意，实际就是约定大牛公司不可单方面更换普通合伙人。

这个方案获得了会计师董老师的首肯，拿到董事长面前，董事长踌躇了：不合并报表的目的是达到了，可是万一将来不卖回给我们怎么办？另外，听说董老师他们会计事务所是个大所，质量控制很严格，董老师觉着可以。他们质控通得过吗？

正在踌躇，董老师来电话说：“他回头好好想想这个方案，觉着还有些问题，就和质控部门的合伙人林清源老师商量了一下，林老师觉着大牛公司尽管不控制决策委员会，也不担任 GP，但是仅仅从出资占比 80% 来看，很难说大牛公司没有控制权，所以这个方案还需要再斟酌斟酌。”

放下电话，董事长尤抱负陷入了沉思。

延伸阅读

2017年7月17日，证监会公布了《2016年上市公司年报会计监管报告》，该报告对沪深两市上市公司年报中存在的会计问题进行了分类整理和说明，其中关于对有限合伙企业投资的分类不恰当的表述如下：

近年来，上市公司作为有限合伙人参与合伙企业投资的情形日益普遍。由于合伙企业是契约性组织，有限合伙人在合伙企业中承担风险、分享收益，以及对合伙企业的影响程度，不仅受其出资比例的影响，更主要由合伙企业章程确定。根据企业会计准则相关规定，公司需要综合考虑相关事实和情况，尤其是对合伙企业的权力、可变回报等因素，判断有限合伙人是否对合伙企业存在控制、共同控制或重大影响，以确定其分类和后续会计处理，同时需要充分披露判断的依据和理由。年报分析发现，个别上市公司作为有限合伙人持有合伙企业较大份额（如99%），仍将其分类为以成本计量的可供出售金融资产，也未披露对该合伙企业不具有控制、共同控制、重大影响的判断理由，无法合理判断其分类是否恰当。

第十节

上市公司并购基金实战案例学习：金城药业收购朗依制药

这一节我们讨论一下上市公司借助并购基金收购目标公司的案例，学习上市公司监管政策下控制等股权问题。

2016年年底，饶胖有幸听了一堂并购课，主讲是东方高圣董事长仇总，很有收获，听了几个仇总操盘的案例，回来有空研究了一下，愈发觉着精妙。第一篇《跟着资本高手学运作之“无中生有”》，第二篇《跟着资本高手学运作之“空手白刃”》[1]，那堂课学到的最后一个案例是上市公司与并购基金合作完成上市公司收购行动，即金城药业通过锦圣基金收购朗依制药的案例，该收购已于2017年3月完成。

一、上市公司并购基金是什么?

并购基金没有一个准确定义，一般理解是：首先寻找价值被低估或有发展潜力的企业，收购目标企业的控制权，其次通过重组和改造提高企业的运营效率和经营业绩，最后通过被并购企业的股份转让获得退出收益，退出途径通常为上市，或者出售给产业投资者，或者资产分拆转让等形式。

一般认为并购基金起源于美国，在20世纪80年代得到迅猛发展，

1 两篇文章可在“饶叫兽说资本”微信公众号上查到。

主要是当时美国经济要素决定，如企业集团规模加大导致企业效率下降，特别是多元化企业或多元业务市场估值普遍较低，以垃圾债为代表的金融杠杆得到充分发展等。出现了以 KKR、黑石为代表的一批并购基金，他们利用财务杠杆募集资金，收购效率低下和估值较低的公众公司，私有化，随后通过改善经营分拆业务，重新上市获取投资收益。

说得很抽象对吧？或者说了半天你还是不知道美国的并购基金是干啥的。举个例子，好莱坞女星茱莉亚·罗伯茨的成名之作《风月俏佳人》（*pretty woman*），1990 年的电影，很经典，如果学习并购基金累了看看这个吧。这部影片讲一个现代灰姑娘的故事，茱莉亚 · 罗伯茨自然饰演堕入风尘的灰姑娘，大帅哥理查 · 基尔饰演现代王子。理查 · 基尔演的那个现代王子是干什么的？并购基金，就是寻找市场上被低估的企业，买下来，再拆开卖了赚钱，其在影片里就是看上个造船企业，准备买下来分拆出售有兴趣可以找来看看。

现实中的美国并购基金经典案例，可以学习下黑石收购塞拉尼斯。塞拉尼斯主要业务在美国，后被德国公司收购后在法兰克福上市，在上市后估值水平较低。塞拉尼斯符合传统意义上的并购基金收购标的要求，资产负债率特别低，资产质量好、盈利能力强、现金流稳定，严重被市场低估，PE 估值仅有 5 倍。黑石跟踪了相当长时间，看准时机买下塞拉尼斯，私有化，从法兰克福退市，随后不到一年在美国重新上市，实现并购基金退出，至 2007 年 5 月末股份出售后，黑石投资利润合计 29 亿美元，为投资成本的 5 倍。

目前，我国资本市场，这个意义的并购基金还比较少，主流的并购基金是与上市公司合作的并购基金，也就是与上市公司合作的，且把上市公司作为并购基金退出渠道的并购基金，这些并购基金往往服务于上市公司的并购战略，不是像 KKR 之类经常扮演的上市公司门口的野蛮人，而是上市公司的朋友和伙伴。主要原因还是整个 A 股市场处于特殊的高估值状态，并购的逻辑与美国完全不同，在 A 股并购的逻辑是支撑和持续提高上市公司市场高估值的手段。

华泰联合证券董事长刘晓丹 2017 年 6 月 20 日在华泰证券 2017 年

中期策略会上讲：“要论市场准入的严苛程度，A股已经是全世界最严的市场之一，我们长期处于一种在入口处‘抓坏人’的逻辑，就导致很多核准标准的出台，宁可错杀一千，也不放过一个。很多人说A股假公司多，我是不同意的。A股可能上市了很多缺乏持续成长性的平庸的公司，但我们监管所织下的‘天罗地网’，严格的核查制度和手段，想让造假公司上市是很不容易的。不过几千家中出那么一家两家是有可能的。”

经过10多年监管和造假公司的斗智斗勇，经过一遍又一遍财务核查和倾尽一切可能手段的IPO审核质疑，造假上市当然避免不了，数量其实已经很少，但是这种力度的检查和马拉松式的IPO排队进程，筛选出来的企业大多是四平八稳的中庸企业。我们都知道，一家企业在资本市场的估值很大程度上取决于它的未来持续增长能力，由于目前我国IPO的体制是审核制，对于规范要求极高，但是对于持续增长基本没有要求，只要求一定的规模指标和持续盈利能力，就是说你要到一定门槛，例如扣非后净利润要3000万~5000万元以上，且在报告期（3年）和审核期间(1~3年)内不能出现持续业绩下滑，一般只要保证平稳业绩即可。而一个企业能否高增长和企业策略高度相关，为适应IPO的审核要求，一般去IPO的企业宁可稳也不能冒进，稳健没问题，冒进有可能带来高增长也可能出现业绩波动，加上IPO对于报告期要求对并购活动和申报以后股权变动都有严格限制，走上IPO申报之路那几年一定是保守有余求进不足。上市以后，资本市场对上市公司的要求又回到了持续高增长，此时获得入场券的求稳心态又变成求进，所以上市后大举并购高风险、高增长资产成为这些稳健公司的必然选择。另外，IPO一敲钟，几十亿市值就产生了，现在企业四平八稳的业绩表现能否支撑这么大的市值，成为上市后对老板的新考验，有些公司原来的业务苦苦支撑了这些年不掉下来，早已人困马乏，老兄弟们咬牙坚持到上市成功，就等着股票套现，斗志全无，再要实现资本市场期望的高成长，并购新团队新业务也是情理之中的选择。经常有人问我：A股该买什么股票？这个饶胖回答不出来，但是如果从上面分析的套路来看，投资重组股应该是现行IPO体制下的一种思路。

上市公司要并购，从形式上可以分为两种：一种是上市公司直接收购目标公司；另一种就是通过并购基金的形式，先由并购基金把目标公司拿下来，再由上市公司从并购基金手里把目标公司拿过来。

上市公司不直接收购目标公司而是由并购基金转一道，最终都是一样：把目标公司并入上市公司。那为什么要重床叠架搞个并购基金？总是出于一些考虑，可能的考虑因素包括：为了“钱”，为了“权”，或者为了资源。

1. 为了“钱”

上市公司收购一家目标公司，支付手段无外乎现金、股票或者现金和股票的组合，如果目标公司老板只要现金，而上市公司账上没这么多现金，发行股票筹集资金周期较长，通常好的项目都是抢的，哪里等得及。另外一种情况就是海外收购，外国人不要你大A股的股票，人家只认美元的。这时并购基金就可以出场，帮上市公司先把目标公司拿下来再转卖给上市公司，这时上市公司可以支付股票，也可以发行股票筹集现金，当然并购基金也不是做好事，一起赚钱是题中应有之义。

从另一个角度来看，上市公司和上市公司老板（也就是实际控制人），在某种时候我们把他们看为一个整体，有些时候要分开了看，上市公司并购重组最终目的都是上市公司市值上升，也就是股价上升。我们知道，按照金融学的理论，股价都是包含一定的信息，并购重组后股价涨，就说明这时的股价里包含了并购重组的信息，而这个信息差导致的股票价格差也是并购基金热衷为上市公司服务的原因。天下没有免费的午餐，都是无利不起早的。此时，上市公司和上市公司老板就要分开看，如果上市公司老板参与并购基金就可以分享这个收益。

2. 为了“权”

多数企业开始的时候老板股权一般是比较集中的，不过经历多轮融资以及分给兄弟们做股权激励，最后IPO再发行25%公众股（4亿股以下，4亿股以上发10%），老板手上股权就不是很多了。举个例子，假定公司成立时，老板自己创业自然100%股权，为了激励兄弟们，分给了一起创业的兄弟们40%，公司启动了，这很常见，这时老板60%，兄弟们加起来40%，为了企业发展，引入外部投资者，A轮20%，B轮10%，C轮10%，假设一切顺利，漫长坚持中业绩没下滑、没人举报、没被抽中现场检查、领导们不知怎么看你还算顺眼，凡此种种机缘巧合，上天眷顾，IPO发行25%公众股，敲钟了，这时老板还有多少股份？29.2%。如果上市后市值40亿，这时看中一个标的，报价20亿，如果发行股票收购80%，老板还剩多少？23.36%，离着“野蛮人”来敲门就不远了。另外，这么少的控制权，如果想持续做并购也是很麻烦了。

此时，一种办法就是实际控制人参与并购的配套融资，巩固控制权；另一种办法就是利用并购基金，如果能够控制或者实质影响并购基金持有的表决权实际也是可以巩固控制权。

3. 为了资源

上市公司在自己领域是专业的，但并购本身就是个技术活，上市公司自己有时力有不逮，这时就要借助外部资源帮助，包括项目搜索、尽职调查、谈判和方案设计、获得监管批准等。外部资源不是做公益来的，怎样在这里面获利？一种是支付顾问费，这个是上市公司或者目标公司出钱，毕竟是自己的钱，花起来肉痛得紧；另一种就是挣市场的钱，并购一般带来市值增加和股价上升，外部资源作为并购基金管理人或者投资方都可以从中获利，说穿了就是让“韭菜”来埋单。当然天有不测风云，资本市场更是风云莫测，有赔有赚才是常态。

闲话说了一大堆，言归正传讲讲金城药业300233通过并购基金——锦圣基金收购朗依制药案例。

二、金城药业收购朗依制药的故事

专业文章最难写，细节法规写多了，饶胖自己都觉着闷，纯写故事好玩易读，可是不了解细节你也就看个热闹，饶胖也是挺矛盾的，这次就试试分开，先讲故事，看热闹的，看完就好，想关注细节操作和法规的再读后面的枯燥资料和技术分析。

潍坊，你想起了什么，风筝对吧，除了风筝，潍坊还有中国最大的柴油机工厂潍柴动力，在基建高增长的年代也是明星股，饶胖年轻时候在设计院还做过潍柴的项目。除了风筝、柴油机，还有今天的主角：金城药业。

（一）概况

金城药业全名山东金城医药股份有限公司，2011 年在创业板上市的时候叫山东金城医药化工股份有限公司，看出来差别了吗？对了，以前是医药化工，后来把化工两个字拿掉了，别小看这两个字的小变化，代表着金城药业的产业转型，即从化工转向制药。

2011 年创业板上市的时候，主要产品是头孢类药物中间体，上市后，开始从传统头孢类医药中间体企业向高端中间体、特色原料药和终端制剂生产企业的转型。先是上马谷胱甘肽项目，谷胱甘肽是一种新型生物药物，其主要功能是消除人体自由基。2012 年取得谷胱甘肽药品批文和 GMP 证书，成为国内首家将谷胱甘肽产业化的企业，打破了此前由日本企业的长期垄断，填补了国内空白。

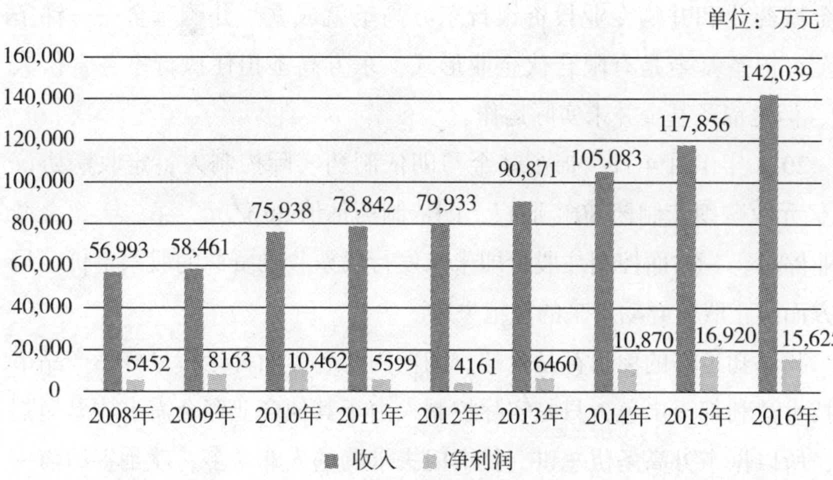

图 3–11 金城医药历年业绩图

图 3–11 是金城医药 2008~2016 年的销售收入和净利润数据，和很多上市公司一样，上市前，正好是公司当时业务头孢类药物中间体市场很好的时候，净利润从 2008 年的 5452 万元增长到 2010 年的 1.05 亿元。金城医药是幸运的，2011 年顺利上市，上市后业绩逐年下滑，第二年就

近腰斩，至2012年的4161万元。2012年谷胱甘肽项目投资产后净利润才逐步恢复上升，到2014年才达到1.09亿元，恢复到上市前一年的水平。

2011年上市到2014年，金城药业走的都是内生增长的道路，只是从一种医药原料发展到另一种医药原料，还是在医药化工里打圈圈。说好的向高端终端制剂转型呢？“韭菜”们翘首以盼。

终于，2014年，金城医药收购了上海天宸药业，建立起第一个终端制剂生产平台。金城医药开始向终端制剂延伸，这是金城药业上市后的第一次收购，收购标的不大，利用自有资金，现金支付5030万元收购天宸药业100%股权，不构成重大资产重组，小试牛刀。

2015年1月5日，金城药业公告拟披露重大事项即日起停牌，2015年5月14日，公告董事会批准的重组预案，拟20亿元估值，发行股票方式收购朗依制药。朗依制药是在国内妇科用药和调节免疫领域具有独特品牌优势的公司。收购朗依制药的谈判开始于2014年下半年，当时金城药业和并购专业投资银行东方高圣就成立了并购基金——锦圣基金，锦圣基金是有限合伙企业形式，东方高圣担任执行事务合伙人GP，但是锦圣基金并未实际运作。

2015年1月4日，锦圣基金与朗依制药实际控制人签定收购协议16亿元收购朗依制药80%股权，朗依制药估值20亿元，第二天，金城药业停牌，一方面控制住股价即未来发行股票收购资产的股票定价，另一方面防止股价异动带来的重组失败。

我们知道好的项目都是抢的，朗依制药各方面都运行良好，产品市场技术盈利都很出色，只是实际控制人由于其他产业资金需求才忍痛割爱，所以据东方高圣仇总讲，找上门去求购的人非常多，就是签约前一天还在两家同时争夺，最后锦圣基金为何能得手？就在于并购基金的快速决策优势，给钱痛快呗，要是你这两年在北京、上海买过二手房，一定有体会，付钱快才能抢到房。从披露的资料来看，2015年1月4日，锦圣基金与朗依制药实际控制人签署协议的付款期极为苛刻，要求协议签署之后2个工作日内，支付3000万元作为诚意金，两周后，在1月19日前支付1.9亿元作为预付款，签约40天内，即2月14日前支付3.8

亿元作为首期转让价款，3 月 31 日前支付剩余转让价款。

从披露资料来看，1 月，金城药业、德融资本和东方高圣筹集了 6 亿元的资金，作为锦圣基金的劣后级，完成了 2 月 14 前的 6 亿元支付要求，随即，引入招商财富——锦圣医药并购基金 1~5 号 5 个专项资产管理计划 10.41 亿元。3 月 27 日完成剩余收购款支付。随即，朗依制药变更了工商登记，锦圣基金持股 80%，朗依制药原实际控制人持股 20%，朗依制药由原股东转为由锦圣基金控制。

第一步由并购基金锦圣基金把朗依制药拿下来，第二步就是把朗依制药装到金城药业里面，由金城药业发行股票购买朗依制药 100% 股权并配套融资。

第一步是抢项目，第二步就是怎样设计一个巧妙的重组方案让各方满意且能通过监管部门审核。

（二）重组方案中需要关注的八个问题

1. 不构成重组上市

不构成重组上市，就是不构成借壳上市，因为金城药业是创业板公司，创业板公司是不允许借壳的，考虑到停牌时金城药业收盘市值 49 亿元，而收购标的朗依制药估值 20 亿元，有可能锦圣基金持有的股份接近金城药业实际控制人而被监管机构质疑借壳，实际应对的方案是锦圣基金放弃一部分表决权和委派董事权力，另外是对金城药业实际控制人配套融资巩固控制权，后一点在新规出来后不能计算在内，详细参见后面技术细节。

2. 巩固金城药业实际控制人的控制权

这个问题和不构成借壳类似。开始申报的重组方案，东方高圣担任锦圣基金 GP，金城药业控股股东在锦圣基金劣后级共 6 亿元中持有 2.9 亿元，在锦圣基金投资决策委员会 5 人中委派一人，可以看出，这一设计方案考虑金城药业能够实质影响锦圣基金，从而达到间接巩固控制权的目的，但是如果锦圣基金有金城药业控股股东控制，那么朗依制药的业绩就要由金城药业控股股东来承诺，这个本是朗依制药原股东的责任，所以设计了金城药业控股股东在锦圣基金劣后级共 6 亿元中持有 2.9 亿元不超过 50%，又要控制又要不承担业绩承诺。不过从反馈的过程和结果来看，监管没答应这个方案。最后，金城药业控股股东退出锦圣基金了事。不过既然东方高圣是金城药业请来的顾问，间接影响力还是存在的。

3. 锁定期问题

在这个案例里，并购基金锦圣基金作用就是一个过桥，开始设计的时候存续时长就是 4 年，如果被监管认定为是实际控制人关联方，那么就要锁定 3 年，可能就不符合大家投资并购基金短平快之赚钱目的，这也是为何一开始设计时，金城药业控股股东在锦圣基金劣后级共 6 亿元中持有 2.9 亿元不超过 50%，就是有规避这个关联关系的目的，可惜审核时监管不买账，最终妥协的结果是金城药业控股股东退出锦圣基金，确认锦圣基金不是金城药业控股股东关联方，锁定期为 12 个月。

4. 基金募资考虑

尽管后期金城药业控股股东将所持锦圣基金劣后级份额 2.9 亿元转让给了德融资本，从而从锦圣基金退出，以解除锦圣基金由金城药业控股股东控制的监管疑惑。不过从另一角度，即基金募集角度，在早期金城药业控股股东参与是必须的。这个大收购案，自己资金总是不够的，需要在社会上募集，社会上的钱都是来赚钱的，赚钱还得控制风险，不然你图个利息人家图你的本金，那不是竹篮打水一场空？这个锦圣基金本身就是为了金城药业服务的过桥基金，大家一看前面有好标的，后面有上市公司托底收购，这个风险可控，钱投起来自然快。不过这事都是一嘴说的，可信度还是存疑。如果金城药业控股股东拿了钱做部分劣后级，这个就坐实了，朗依制药要求签约后 40 天就要付 6 个亿 3 个月内付清全款 16 亿元，如果没有金城药业控股股东投的 2.9 个亿，恐怕资金筹集不会那么顺利。

5. 业绩承诺由谁来？

前面讲了金城药业控股股东退出锦圣基金就是为了避免承担朗依制药的业绩承诺。我们都知道，上市公司收购一个企业，特别是以未来收益估值的，要求被收购方提供业绩承诺的保证，如果直接收购朗依制药，自然是朗依制药的原股东拿了对价，承诺业绩。可是，如果由并购基金先收购再转卖给上市公司，那么这个承诺到底应该谁来？在早期的重组方案里，第一步锦圣基金收购朗依制药 80% 股权时，业绩承诺就设计成可以转让的，即承诺对象可以从锦圣基金转给上市公司，最终是由朗依制药的原股东来向金城药业作业绩担保，但是这个方案监管不同意，反复追问为何锦圣基金不承担业绩承诺。尽管经过反复解释锦圣基金就是个专业并购基金就是个过桥，监管还是没答应，最后搞了一个顺序业绩承诺，先有朗依制药的原股东承担，如果原股东没能履行再由锦圣基金承担，这才过了关。不过一个并购基金承担了过桥标的业绩承诺，尽管是顺序在后且可以向原股东追偿，实质并不合理，饶胖觉着要说服基金投资人也是比较困难的。

6. 并购基金开始拿多少股权？

另外一个问题，既然是朗依制药的原股东承担业绩承诺，那么开始的时候设计先收 80% 而不是 100% 就很关键了。发行文件显示，各方约定在转让价款全部支付完毕后，朗依制药的原股东应将其所持有的朗依制药 20% 股权质押给锦圣基金，作为协议中业绩承诺及补偿事项的担保。扣住这 4 个亿的股权保证后 3 年的业绩承诺有着落，如果 100% 给了现金，再想后面业绩承诺的事情就难了。当然，并购基金其实就拿控股权就好，80% 估计也是博弈谈判的结果。

7. 转让定价

锦圣基金 16 亿元现金拿下朗依制药 80% 股权以后，再转卖给上市公司金城药业，这个价怎么定？平价，就是锦圣基金平进平出，原价转让给金城药业，但是锦圣基金里面那么多人都是来赚钱的，平进平出怎么赚钱？核心在于对价方式不同，锦圣基金购买朗依制药 80% 股权的 16 亿元是现金，而转给金城药业是平价 16 亿元的金城药业股票，即由金城药业发行股票收购锦圣基金持有的朗依制药 80% 股权，由于 1 月 4 日金城药业就已经停牌，到 5 月董事会通过重组预案时，发行股票的价格已经锁定，（董事会）定价基准日前 120 个交易日均价的 90%。随即复牌，就是 11 个涨停，从停牌前的 38.79 元 / 股最高涨到 115.3 元 / 股，你就明白了锦圣基金赚的不是上市公司的钱而是二级市场对于重组利好反映的钱。当然最终是不是能赚那么多，还得看运气。到了 2017 年 3 月股票发行完毕那一天，除权后发行股票收购资产的股票价格是 15.37 元 / 股，那天的金城药业收盘价 25.57 元 / 股，浮盈 66%，距能出售还有 12 个月。

8. 穿透核查 200 人问题

根据中国证监会于 2015 年 9 月 18 日发布的《上市公司监管法律法规常见问题与解答修订汇编》，上市公司实施并购重组中向特定对象发行股份购买资产的发行对象数量原则上不超过 200 名。计算 200 人，需要向上穿透到自然人、国有资产管理机构和股份有限公司，锦圣基金法人 GP 和劣后级穿透后合计 8 人，但是优先级招商财富——锦圣医药并购基金 1~5 号 5 个专项资产管理穿透后合计 648 人，那么就远远超过了 200 人，为何还能获批？关键就在于，招商财富——锦圣医药并购基金 1~5 号 5 个专项资产管理不需穿透。发行文件显示：招商财富——锦圣医药并购基金 1~5 号作为已依法备案的合格投资者，依据相关法律法规设立并规范运作，且已经接受证券监督管理机构监管，根据《非上市公众公司监管指引第 4 号》的规定，无须进行股份还原或转为直接持股。

故事讲完了，关注细节和法规的可以在下面找到详细资料和法规解读。总结一句：玩好上市公司并购基金需要高超财技加一点点运气。

三、方案和技术细节

（一）金城药业收购朗依制药的交易结构

2016 年 12 月 1 日金城药业公告，经中国证监会上市公司并购重组审核委员会（以下简称并购重组委）于 2016 年 11 月 30 日召开的 2016 年第 90 次并购重组委工作会议审议，公司发行股份购买资产并募集配套资金暨关联交易事项获得无条件通过。

根据《山东金城医药股份有限公司发行股份购买资产并募集配套资金暨关联交易报告书（修订稿）》，交易结构如下：

本次交易金城医药拟通过非公开发行股份的方式向锦圣基金、达孜创投购买其合计持有的朗依制药100%股权。同时，公司拟向控股股东金城实业非公开发行股份募集配套资金，扣除包括中介机构费用等相关发行费用后的募集资金净额，拟用于建设朗依制药沧州分公司原料药项目二期、偿还银行贷款和补充流动资金。本次交易方案包括非公开发行股份购买资产和募集配套资金两部分。

本公司拟采用发行股份购买资产的方式，向锦圣基金、达孜创投购买朗依制药100%股权，交易价格为188,000.00万元。其中，拟向锦圣基金购买其所持有的朗依制药80%的股权，向达孜创投购买其所持有的朗依制药20%的股权。根据《非公开发行股票认购协议》，公司拟向控股股东金城实业非公开发行股份募集配套资金，拟募集的配套资金总额为不超过 30,000.00万元，不超过拟购买资产交易价格的100%，其中补充流动资金的比例不超过募集配套资金的50%。上述募集的配套资金在扣除发行相关费用后，拟用于建设朗依制药沧州分公司原料药项目二期、偿还银行贷款和补充流动资金。本次交易中非公开发行股份收购资产与募集配套资金互为条件同时生效。本次交易完成后，金城医药的实际控制人仍为赵鸿富、赵叶青，金城医药的实际控制人未发生变更。

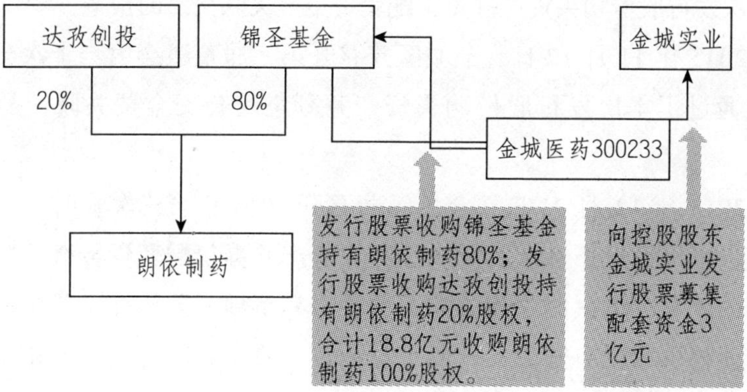

图 3-12　金城医药收购朗依制药最终审批交易结构图

要点：

（1）发行股票收购资产，对价是股票，没有现金安排。

（2）同时向控股股东发行募集配套资金。巩固控制权。

（3）交易完成后实际控制人没有变更。创业板不允许借壳。

（二）交易过程

2014年8月，锦圣基金成立，有限合伙企业，金城实业（金城药业控股股东）与东方高圣两个合伙人，3.2亿元认缴出资额，东方高圣是执行事务合伙人，两合伙人各认缴出资额的50%，锦圣基金未开展任何实质性的投资，未组建投资决策委员会、也未召开任何合伙人大会。同期，东方高圣以锦圣基金名义开始项目搜索，并接触到朗依制药。

2015年1月4日，锦圣基金与朗依制药签署收购协议，16亿元现金对价收购朗依制药80%股权，原股东继续持有20%。

2015年1月5日，金城药业停牌。

2015年1~3月，锦圣基金完成募资16.61亿元，并按收购协议进度付清了收购款16亿元，完成朗依制药工商变更登记，成为朗依制药80%股权的控股股东。

2015年5月，金城医药召开第三届董事会第十二次会议，审议通过了本次发行股份购买资产并募集配套资金暨关联交易的预案。

2015年11月12日，金城医药召开第三届董事会第二十次会议，审议通过了本次发行股份购买资产并募集配套资金暨关联交易的草案。

2015年12月21日，金城医药召开2015年第三次临时股东大会会议，审议通过了本次发行股份购买资产并募集配套资金暨关联交易草案的议案。本次股东大会涉及关联交易事项，公司控股股东淄博金城实业投资股份有限公司、股东赵鸿富、股东赵叶青以及股东张学波回避表决。

2016年11月17日，金城医药与锦圣基金、达孜创投签署了《发行股份购买资产协议之补充协议》、解除原先的《发行股份购买资产之盈利预测补偿协议》并重新签署新的《业绩承诺补偿协议》。

2016年11月17日，金城医药召开第三届董事会第三十四次会议，审议通过了《关于调整本次发行股份购买资产并募集配套资金暨关联交易的具体方案的议案》等议案。

2016年12月1日公告，经中国证监会上市公司并购重组审核委员会（以下简称并购重组委）于2016年11月30日召开的2016年第90次并购重组委工作会议审议，公司发行股份购买资产并募集配套资金暨关联交易事项获得无条件通过。

2016年12月22日，金城医药召开2016年第一次临时股东大会，审议通过了关于延长金城医药重大资产重组决议有效期的议案、关于提请股东大会延长授权董事会办理本次重大资产重组相关事宜授权期限的议案。

2016年12月29日，收到中国证券监督管理委员会出具的《关于核准山东金城医药股份有限公司向北京锦圣投资中心（有限合伙）等发行股份购买资产并募集配套资金的批复》（证监许可〔2016〕3193号）。

2017年3月17日，公告山东金城医药股份有限公司发行股份购买资产并募集配套资金暨关联交易之实施情况暨新增股份上市报告书，新增股份2017年3月20日上市流通，发行股份收购资产部分锁定12个月，配套融资部分锁定36个月。

从锦圣基金设立到收购完成，历时31个月。

（三）并购基金结构

锦圣基金系东方高圣GP（北京东方高圣投资管理咨询有限责任公司）、金城实业LP（淄博金城实业投资股份有限公司，金城药业控股股东）于2014年8月出资设立的有限合伙企业，设立时认缴出资额3.20亿元。2014年8月4日，北京市工商行政管理局朝阳分局向锦圣基金核发了《合伙企业营业执照》。

1. 第一次增资及合伙人变更

2015年3月，经各方协商一致，德融资本、上海祥佑、上海盟敬认缴锦圣基金出资，并作为有限合伙人加入锦圣基金。

表 3–6 第一次增资及合伙人变更表

序号	合伙人名称	合伙人性质	认缴出资额（万元）	认缴出资比例
1	北京东方高圣投资管理咨询有限责任公司	GP	200.00	0.33%
2	淄博金城实业投资股份有限公司	LP	29,000.00	48.33%
3	德融资本管理有限公司	LP	28,000.00	46.67%
4	上海祥佑投资管理中心（有限合伙）	LP	2000.00	3.33%
5	上海盟敬投资管理中心（有限合伙）	LP	800.00	1.33%
合计			60,000.00	100.00%

2. 第二次增资及合伙人变更

2015 年 3 月，经各方协商一致，招商财富以其管理的招商财富——锦圣医药并购基金 1~5 号专项资产管理计划认缴锦圣基金出资，并作为有限合伙人加入锦圣基金。锦圣基金总认缴出资额由 60,000 万元变更为 166,600 万元。

表 3–7 第二次增资及合伙人变更表

序号	合伙人名称	合伙人性质	认缴出资额（万元）	认缴出资比例
1	北京东方高圣投资管理咨询有限责任公司	GP	208.34	0.13%
2	淄博金城实业投资股份有限公司	LP	30,208.33	18.13%
3	德融资本管理有限公司	LP	29,166.67	17.51%
4	上海祥佑投资管理中心（有限合伙）	LP	2083.33	1.25%
5	上海盟敬投资管理中心（有限合伙）	LP	833.33	0.50%
6	招商财富资产管理有限公司	LP	104,100.00	62.49%
合计			166,600.00	100.00%

3. 第三次合伙人变更

2016 年 10 月，经各方协商一致，金城实业将其认缴出资额 30,208.33 万元（实缴出资 29,000 万元）以 29,000 万元转让给德融资本。2016 年 11 月 4 日，完成工商变更登记并换发新的营业执照。

表 3-8 第三次增资及合伙人变更表

序号	合伙人名称	合伙人性质	认缴出资额（万元）	认缴出资比例
1	东方高圣	GP	208.34	0.13%
2	德融资本	LP	59,375.00	35.64%
3	上海祥佑	LP	2083.33	1.25%
4	上海盟敬	LP	833.33	0.50%
5	招商财富	LP	104,100.00	62.49%
合计			166,600.00	100.00%

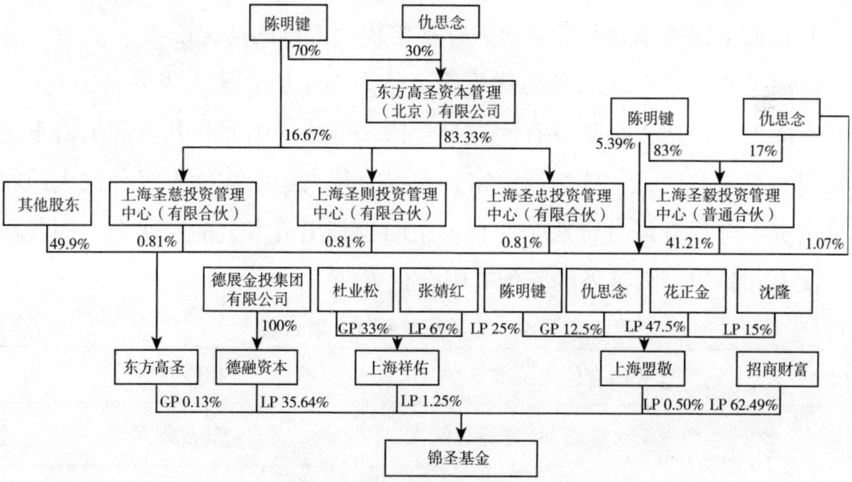

图 3-13 锦圣基金构架图

截至本报告书签署日，锦圣基金的普通合伙人为东方高圣，持有锦圣基金 0.13% 的份额，负责执行锦圣基金的合伙事务。

锦圣基金除持有朗依制药 80.00% 股权外，未持有其他公司股权或控制其他公司。

根据锦圣基金的营业执照，锦圣基金设立于 2014 年 8 月 5 日，根据 2016 年 10 月重新签订的《北京锦圣投资中心（有限合伙）合伙协议》，锦圣基金的经营期限为营业执照签发之日起 4 年；根据锦圣基金财产运行情况，在其运行满 2 年后，普通合伙人有权向合伙人大会提交申请，经全体合伙人一致同意，可以提前解散锦圣基金或延长锦圣基金的合伙期限，但延长期限不得超过 12 个月。根据锦圣基金于 2016 年 11 月 2

日召开的合伙人会议，锦圣基金经营期限延长至2019年8月4日。

锦圣基金设立投资决策委员会，共设立成员5名，并设立2名观察员。其中投资决策委员会委员由执行事务合伙人聘任；观察员可以由有限合伙人委派，但是仅参与投资决策委员会，没有投票权和决策权。投资决策委员会的职责包括但不限于决定潜在项目的立项、决定项目投资、决定项目投资后持续管理中的重大事项、决定项目退出策略与方案、批准与项目有关的各种费用总额预算，单笔金额超过100万元的费用支出、制订合伙企业的利润分配方案、决定合伙企业资金的划转等。

4. 关于锦圣基金及其合伙人存在结构化安排的情况说明

锦圣基金的合伙人分为优先级合伙人与次级合伙人（见表3-9），其中优先级合伙人是指享有优先自合伙企业收入中回收其全部出资本金权利的有限合伙人，即招商财富；次级合伙人是指在优先级合伙人回收其出资本金后方可自合伙企业收入中回收其出资本金的合伙人，即普通合伙人和除招商财富外的其他有限合伙人。

表3-9　锦圣基金合伙人划分表

优先级合伙人		招商财富
次级合伙人	普通合伙人	东方高圣
	其他有限合伙人	德融资本、上海祥佑、上海盟敬

合伙协议第43.2.1条规定，有限合伙企业发生亏损的，首先由普通合伙人出资本金承担，然后由次级有限合伙人依照出资比例承担，若普通合伙人出资及次级有限合伙人出资总额不足以承担的，由优先级合伙人出资承担；若仍不足以偿债的，则由普通合伙人承担连带责任。

合伙协议第43.2.1条规定，合伙企业收益按照以下顺序进行分配：①还优先级合伙人出资；②返还次级有限合伙人的认缴出资；③返还普通合伙人的认缴出资；④本金返还后，按取得收益的不同请款，6%，20%，40%各档优先级合伙人、次级合伙人和普通合伙人的不同分配比例，就是说基金最终收益越高，高出的部分次级合伙人和普通合伙人分的越多。具体公式可以查阅相关公告。

在这个方案里，优先级合伙人招商财富，是“优先级合伙人”，但只是优先分配收益，并不由普通合伙人或者次级合伙人或者金城实业或金城医药提供担保等保底收益，实质上招商财富也是股权性质的出资人。

5. 关于锦圣基金是否是金城药业控股股东的一致行动人或者控制的关联人问题

文件显示：金城药业控股股东金城实业是锦圣基金原有限合伙人之一，持有锦圣基金 30,208.33 万元出资，占锦圣基金全部出资的 18.132%。2016 年 10 月，经各方协商一致，金城实业已将其认缴出资额 30,208.33 万元转让给德融资本。转让完成后，锦圣基金与金城实业不再构成一致行动人。

不构成一致行动人或者控制的关联人就是回避业绩承诺和锁定三年的要求。

《上市公司重大资产重组管理办法》

第三十五条　采取收益现值法、假设开发法等基于未来收益预期的方法对拟购买资产进行评估或者估值并作为定价参考依据的，上市公司应当在重大资产重组实施完毕后三年内的年度报告中单独披露相关资产的实际盈利数与利润预测数的差异情况，并由会计师事务所对此出具专项审核意见；交易对方应当与上市公司就相关资产实际盈利数不足利润预测数的情况签订明确可行的补偿协议。

预计本次重大资产重组将摊薄上市公司当年每股收益的，上市公司应当提出填补每股收益的具体措施，并将相关议案提交董事会和股东大会进行表决。负责落实该等具体措施的相关责任主体应当公开承诺，保证切实履行其义务和责任。

上市公司向控股股东、实际控制人或者其控制的关联人之外的特定对象购买资产且未导致控制权发生变更的，不适用本条前二款规定，上市公司与交易对方可以根据市场化原则，自主协商是否采取业绩补偿和每股收益填补措施及相关具体安排。

第四十六条　特定对象以资产认购而取得的上市公司股份，自股份发行结束之日起 12个月内不得转让；属于下列情形之一的，36个月内不得转让：

（一）特定对象为上市公司控股股东、实际控制人或者其控制的关联人；

（二）特定对象通过认购本次发行的股份取得上市公司的实际控制权；

（三）特定对象取得本次发行的股份时，对其用于认购股份的资产持续拥有权益的时间不足12个月。

属于本办法第十三条第一款规定的交易情形的，上市公司原控股股东、原实际控制人及其控制的关联人，以及在交易过程中从该等主体直接或间接受让该上市公司股份的特定对象应当公开承诺，在本次交易完成后36个月内不转让其在该上市公司中拥有权益的股份；除收购人及其关联人以外的特定对象应当公开承诺，其以资产认购而取得的上市公司股份自股份发行结束之日起24个月内不得转让。

根据《上市公司重大资产重组管理办法》，如果锦圣基金认定为实际控制人控制的关联人，就需要承担业绩承诺责任和股份锁定36个月。尽管我们看文件，锦圣基金解释了半天，还是没能解除监管的疑虑，最终，金城实业将其所持份额转让给德融资本退出了锦圣基金，满足了监管要求。

一进一退之间就显出了功力。没有开始的“一进”，并购融资的故事哪会那么顺利，后面“一退”，照顾了监管的意见使得项目能够顺利进行。

（四）不构成重组上市（借壳）和控制权稳定

金城药业收购朗依制药发行文件显示：

本次重大资产重组与募集配套资金的生效与实施互为前提条件。按照金城医药向大股东金城实业募集配套资金所发行股份的上限计算，本次交易前，本公司实际控制人赵鸿富、赵叶青通过直接和间接的方式合计持股比例为44.49%；本次交易完成后，本公司实际控制人赵鸿富、赵叶青通过直接和间接的方式合计持股32.94%，锦圣基金交易完成后合计持股25.05%，两者持股比例相差7.89%。考虑到锦圣基金承诺放弃其持有的金城医药的7.41%股份的投票权，并且承诺不谋求上市公司控股权，不扩大其所能支配的金城医药的表决权比例。因此，交易完成后，赵鸿富、赵叶青直接、间接持有上市公司的投票权超过第二大股东锦圣基金 15.30%，仍为上市公司实际控制人。此外，根据中国证监会于 2016 年 6 月 17 日发布的《关于上市公司发行股份购买资产同时募集配套资金的相关问题与解答》的有关规定，‘在认定是否构成《上市公司重大资产重组办法》第 13 条规定的交易情形时，上市公司控股股东、实际控制人及其一致行动人拟认购募集配套资金的，相应股份在认定控制权是否变更时剔除计算。’本次交易已于 2016 年 3 月 16 日经中国证监会受理（160504 号），因此不适用《关于上市公司发行股份购买资产同时募集配套资金的相关问题与解答》的规定，金城实业通过本次募集配套资金取得的股份在认定金城医药控制权是否变更时无须剔除计算。综上所述，本次交易未导致上市公司控制权发生变化，且本公司自首次公开发行股票并上市以来控制权未发生变更。因此，本次交易不构成《上市公司重大资产重组管理办法》第 13 条规定的交易情形。

这里面有几个问题：

1. 创业板不准借壳

《上市公司重大资产重组管理办法》第 13 条是规定重组上市（借壳）事宜：

第十三条　上市公司自控制权发生变更之日起 60 个月内，向收购人及其关联人购买资产，导致上市公司发生以下根本变化情形之一的，构成重大资产重组，应当按照本办法的规定报经中国证监会核准：

（一）购买的资产总额占上市公司控制权发生变更的前一个会计年度经审计的合并财务会计报告期末资产总额的比例达到 100% 以上；

（二）购买的资产在最近一个会计年度所产生的营业收入占上市公司控制权发生变更的前一个会计年度经审计的合并财务会计报告营业收入的比例达到 100% 以上；

（三）购买的资产在最近一个会计年度所产生的净利润占上市公司控制权发生变更的前一个会计年度经审计的合并财务会计报告净利润的比例达到 100% 以上；

（四）购买的资产净额占上市公司控制权发生变更的前一个会计年度经审计的合并财务会计报告期末净资产额的比例达到 100% 以上；

（五）为购买资产发行的股份占上市公司首次向收购人及其关联人购买资产的董事会决议前一个交易日的股份的比例达到100%以上；

（六）上市公司向收购人及其关联人购买资产虽未达到本款第（一）至第（五）项标准，但可能导致上市公司主营业务发生根本变化；

（七）中国证监会认定的可能导致上市公司发生根本变化的其他情形。

上市公司实施前款规定的重大资产重组，应当符合下列规定：

（一）符合本办法第十一条、第四十三条规定的要求；

（二）上市公司购买的资产对应的经营实体应当是股份有限公司或者有限责任公司，且符合《首次公开发行股票并上市管理办法》规定的其他发行条件；

（三）上市公司及其最近3年内的控股股东、实际控制人不存在因涉嫌犯罪正被司法机关立案侦查或涉嫌违法违规正被中国证监会立案调查的情形，但是，涉嫌犯罪或违法违规的行为已经终止满3年，交易方案能够消除该行为可能造成的不良后果，且不影响对相关行为人追究责任的除外；

（四）上市公司及其控股股东、实际控制人最近12个月内未受到证券交易所公开谴责，不存在其他重大失信行为；

（五）本次重大资产重组不存在中国证监会认定的可能损害投资者合法权益，或者违背公开、公平、公正原则的其他情形。上市公司通过发行股份购买资产进行重大资产重组的，适用《证券法》和中国证监会的相关规定。

本条第一款所称控制权，按照《上市公司收购管理办法》第八十四条的规定进行认定。上市公司股权分散，董事、高级管理人员可以支配公司重大的财务和经营决策的，视为具有上市公司控制权。

创业板上市公司自控制权发生变更之日起，向收购人及其关联人购买资产，不得导致本条第一款规定的任一情形。

上市公司自控制权发生变更之日起，向收购人及其关联人购买的资产属于金融、创业投资等特定行业的，由中国证监会另行规定。

2. 2016年6月17日配套融资新规

根据中国证监会于2016年6月17日发布的《关于上市公司发行股份购买资产同时募集配套资金的相关问题与解答》：

《上市公司重大资产重组管理办法》第四十四条　规定上市公司发行股份购买资产的，可以同时募集部分配套资金。上市公司发行股份购买资产同时募集配套资金的，有哪些注意事项？

（一）《〈上市公司重大资产重组管理办法〉第十四条、第四十四条的适用意见——证券期货法律适用意见第 12 号》规定“上市公司发行股份购买资产同时募集的部分配套资金，所配套资金比例不超过拟购买资产交易价格 100% 的，一并由并购重组审核委员会予以审核。”其中，拟购买资产交易价格怎么计算？

答：“拟购买资产交易价格”指本次交易中以发行股份方式购买资产的交易价格，但不包括交易对方在本次交易停牌前六个月内及停牌期间以现金增资入股标的资产部分对应的交易价格。

（二）上市公司控股股东、实际控制人及其一致行动人通过认购募集配套资金或取得标的资产权益巩固控制权的，有何监管要求？

答：在认定是否构成《上市公司重大资产重组办法》第 13 条规定的交易情形时，上市公司控股股东、实际控制人及其一致行动人拟认购募集配套资金的，相应股份在认定控制权是否变更时剔除计算。

上市公司控股股东、实际控制人及其一致行动人在本次交易停牌前六个月内及停牌期间取得标的资产权益的，以该部分权益认购的上市公司股份，按前述计算方法予以剔除。

（三）募集配套资金的用途有何要求？

答：考虑到募集资金的配套性，所募资金仅可用于：支付本次并购交易中的现金对价；支付本次并购交易税费、人员安置费用等并购整合费用；投入标的资产在建项目建设。募集配套资金不能用于补充上市公司和标的资产流动资金、偿还债务。

本问答发布前已经受理的并购重组项目，不适用本问答。此前公布的问题解答口径与此不一致的，以本问答为准。

本次交易前，金城药业实际控制人赵鸿富、赵叶青通过直接和间接的方式合计持股比例为 44.49%；本次交易完成后，含配套融资，本公司实际控制人赵鸿富、赵叶青通过直接和间接的方式合计持股 32.94%，锦圣基金交易完成后合计持股 25.05%，两者持股比例相差 7.89%。

如果按照新规剔除配套融资，这部分配套融资占融资后总股本 4.3%，实际控制人的股份和锦圣基金就很接近了。

即使不用新规，两者持股比例只相差 7.89%，监管很不放心，最后只好采用锦圣基金承诺放弃其持有的金城医药的部分投票权，并且承诺不谋求上市公司控股权的承诺来打消监管顾虑。

（五）《非上市公众公司监管指引第 4 号》问题

在金城医药收购朗依制药的案子里，有一个有趣的章节，叫作“交易对方符合《非上市公众公司监管指引第 4 号》规定的说明”。在饶胖印象里，这个文是规范非上市公众公司的（新三板公司），全称是《非上市公众公司监管指引第 4 号——股东人数超过 200 人的未上市股份有限公司申请行政许可有关问题的审核指引》(以下简称“非公指引 4 号”)。记得 2016 年在争论新三板公司 IPO 时是否需要清理资管计划、信托、私募基金这“三类”股东时，K 先生曾经指出，争论的焦点之一就是这个简称“非公指引 4 号”适用场景问题。

K 先生的原话是：“因为‘非公指引 4 号’有明确的适用范围，说的更酷一点就是‘应用场景’，‘非公指引 4 号’规范的是因历史原因股东人数超过 200 人的未上市（包括未挂牌）股份有限公司申请行政许可审核相关问题的指引，法条原文是未上市，更准确的是未上市未挂牌。这个在法规的标题就已经把自身的用途说的很清楚了，和我们今天市场热议探讨的有三类金融计划作为股东的新三板公司去申请 IPO 是否有障碍并没有直接的关系。更进一步说，‘非公指引 4 号’的明确适用范围仅限于由于历史遗留问题使得股东人数超过 200 人的公司，申请在新三板挂牌或者 IPO 时，如何对‘股东人数超过 200 人’这一事实状态的合法性进行确认或补正规范的指导文件。”[1]

K 先生是三板圈的技术大咖，K 先生的适用范围说，在饶胖脑子里影响是很深刻的，所以当在一个上市公司收购报告书里面看到这样一个标题，而且收购的标的和交易对手方都和新三板没什么关系，自然冲突感丛生。

《山东金城医药股份有限公司发行股份购买资产并募集配套资金暨

---

1 K 先生：《“拟 IPO 需清理三类股东”热点事件之冷静技术性分析》，载 http://www.sohu.com/a/126260990，最后访问日期：2017 年 9 月 31 日。

关联交易报告书（修订稿）》（2016年12月29日公告）：

交易对方符合《非上市公众公司监管指引第4号》规定的说明

1.《非上市公众公司监管指引第4号》的相关规定

根据中国证监会于2015年9月18日发布的《上市公司监管法律法规常见问题与解答修订汇编》，上市公司实施并购重组中向特定对象发行股份购买资产的发行对象数量原则上不超过200名。根据《非上市公众公司监管指引第4号》，存在通过单纯以持股为目的的合伙企业、公司等持股主体的“持股平台”间接持股的安排以致实际股东超过200人的，在依据《非上市公众公司监管指引第4号》申请行政许可时，应当已经将代持股份还原至实际股东、将间接持股转为直接持股，并依法履行了相应的法律程序。以私募股权基金、资产管理计划以及其他金融计划进行持股的，如果该金融计划是依据相关法律法规设立并规范运作，且已经接受证券监督管理机构监管的，可不进行股份还原或转为直接持股。

本次重组的交易对方为锦圣基金与达孜创投，均为有限合伙企业，分别持有朗依制药80%股权及20%股权。

下面就锦圣基金与达孜创投分别进行了穿透计算说明，内容比较多，有兴趣的朋友可以去看看报告书。最终结论是：

“综上所述，根据《非上市公众公司监管指引第4号》的规定，本次重组交易对方穿透计算后的具体情况如表3-10所示：

表3-10

序号	交易对方名称	交易对方出资人	穿透计算后合计发行对象数量（至自然人、股份有限公司层级）
1	锦圣基金	东方高圣	1
		德融资本	1
		上海祥佑	2
		上海盟敬	4
		招商财富	5
2	达孜创投	韩秀菊	1
		杨军	1
合计			15

本次重组的交易对方经穿透计算后，共计15名股份发行对象，不超过200名，符合《非上市公众公司监管指引第4号》的规定。”

总结一下几个值得注意的问题：

（1）报告书（修订稿）中的“交易对方符合《非上市公众公司监管指引第4号》规定的说明”的内容，是修订稿新增的，一般理解为监管意见，且该并购案已过会并拿到批文。

（2）在非公开发行穿透计算发行对象时，规范文件使用的是“非公指引4号”。在这种情况下，是不是可以理解为之前K先生说的“非公指引4号”适用范围，即“仅限于由于历史遗留问题使得股东人数超过200人的公司”申请行政许可，仅仅是字面理解的最小适用范围，是否可以扩张为向证监会申请行政许可涉及股东人数穿透计算的规则都以“非公指引4号”为准？

（3）金融计划的穿透计算。锦圣基金是结构化基金，东方高圣是GP，与德融资本、上海祥佑、上海盟敬一起是次级合伙人（劣后级），招商财富是优先级合伙人。

表3–11

优先级合伙人		招商财富
次级合伙人	普通合伙人	东方高圣
	其他有限合伙人	德融资本、上海祥佑、上海盟敬

招商财富通过其管理的招商财富——锦圣医药并购基金1~5号资产管理计划合计投资10.41亿元，持有锦圣基金62.49%份额，根据报告书，招商财富——锦圣医药并购基金1~5号资产管理计划最终合计委托人为648人。

报告书（修订稿）称：“截至本报告书签署日，招商财富管理的招商财富——锦圣医药并购基金1~5号资产管理计划已于2015年3月11日在中国证券投资基金业协会基金专户产品公示系统备案。根据《私募投资基金监督管理暂行办法》第13条的规定，在基金业协会备案的投资计划用于投资私募基金的，不再穿透核查最终投资者是否为合格投资者和合并计算投资者人数。另外，招商财富——锦圣医药并购基金1~5号作为已依法备案的合格投资者，依据相关法律法规设立并规范运作，且已经接受证券监督管理机构监管，根据《非上市公众公司监管指引第4号》的规定，无须进行股份还原或转为直接持股。因此，上述5项资产管理计划视为5名投资者，即5名股份发行对象。”

（六）及时停牌的问题

如果你是一名A股市场合格的“韭菜”，就对于某些股票在重组消息发布前的价格异动不会陌生，就是说重组消息泄露了，一旦消息泄露，在这个爆炒重组概念的市场，股价不异动也难，但是如果属于内部消息泄露导致的估计异动会引起监管部门的关注，重组也做不成。

根据中国证券监督管理委员会《关于规范上市公司信息披露及相关各方行为的通知》（证监公司字〔2007〕128号）》第5条规定：“剔除大盘因素和同行业板块因素影响，上市公司股价在股价敏感重大信息公布前20个交易日内累计涨跌幅超过20%的，上市公司在向中国证监会提起行政许可申请时，应充分举证相关内幕信息知情人及直系亲属等不存在内幕交易行为。证券交易所应对公司股价敏感重大信息公布前股票交易是否存在异常行为进行专项分析，并报中国证监会。中国证监会可对上市公司股价异动行为进行调查，调查期间将暂缓审核上市公司的行政许可申请。”

这条规定是个硬杠杠，如果重大消息公告前20个交易日出现股价涨幅超过20%，证监会将进行调查在调查期间暂缓审批。所以，有经验的高手都会在第一时间，即市场尚未反应或者信息尚未泄露的情况下，先暂停交易，这样就不会出现不可控的情况导致重组失败。

在金城药业收购朗依制药的报告书中就有一段这样的内容：

“停牌前股票价格波动未达到‘128号文’第5条相关标准的情况说明：

金城医药因本次重大资产重组事项申请连续停牌前20个交易日的区间段为自2014年12月4日至2014年12月31日，该区间段内金城医药股票的累积涨跌幅为-16.49%，未达到20%。自2014年12月

4日至2014年12月31日，深证创业板综合指数在该区间段内的累积涨跌幅为-11.94%。剔除大盘因素，金城医药因本次重大资产重组事项申请连续停牌前20个交易日累计涨跌幅为-4.55%，未达到20%。自2014年12月4日至2014年12月31日，按照中国证监会行业分类，金城医药所属的中国证监会医药制造板块在该区间段内的累积涨跌幅为-7.12%。剔除行业因素，金城医药因本次重大资产重组事项申请连续停牌前20个交易日累计涨跌幅为-9.37%，未达到20%。综上，本公司因本次重大资产重组事项申请连续停牌前股票价格波动未达到《关于规范上市公司信息披露及相关各方行为的通知》（证监公司字〔2007〕128号）第5条相关标准。”

另外，这个方案的转让价设计是平价转让，并购基金赚的是重组前价格和重组后的股票价格的价格差，如果不能锁定重组前价格，也就压缩了赚钱的空间，所以在股价有反应之前就要停牌锁价。

第十一节

跟高手学资本运作：先减资再增资省税重组大法

关键词：报告期孙公司迁址西藏，反客为主成为上市主体。

企业走向国内资本市场之前，在股份制改造之前，通常有个阶段工作叫作重组，就是把实际控制人名下相关业务的公司整合在一起，形成母子公司，母公司作为上市主体，从而解决同业竞争和关联交易障碍。说白了，就是老板之前做生意，这开一公司，那开一公司，这些公司可能都是老板个人投资，互相没有股权关系，不是同一合并范围，如果从事同一类业务就可能构成同业竞争，如果互为客户供应商就构成关联交易，解决的方案就是把这些公司重组形成母子公司关系，在一个合并报表范围内就彻底消除了同业竞争和关联交易。之前我们讲过珍宝公司重组的故事，重组没搞好问题就大了。

如果老板控制的公司都已经在一个合并报表范围内，重组还有另外一个目的就是确定哪个主体作为未来上市主体。你也许会奇怪，自然是母公司作为上市主体，怎么会用子公司作为上市主体？这可不一定，今天我们就来看一个用子公司作为上市主体，重组把母公司装进去上市的案例。

2017 年 6 月 30 日证监会核发 6 家 IPO 批文，其中有一家叫西藏卫信康医药股份有限公司，我们都知道西藏原生企业比较少，大多是这些年为了证监会鼓励西部地区发展开辟的绿色通道吸引去的 IPO 移民。这家情况也差不多，发行主体 2013 年 8 月迁址西藏拉萨，原来是业务主体（原母公司）下面一个没开展业务全资子公司，迁过去之后，通过一系列重组措施，把原来业务主体（原母公司）装到西藏公司里，这个过程最要命的就是原来业务主体（原母公司）资产比较重，如果股权转让涉及的税不得了，这个案例通过先减资（少税）再增资（无税）再转让少数股权（税收基数大大降低）的方案设计规避了绝大部分重组税收，且最终方案获得监管的认可 IPO 成功。

一、重组案例

（一）重组前结构（作了适当简化）

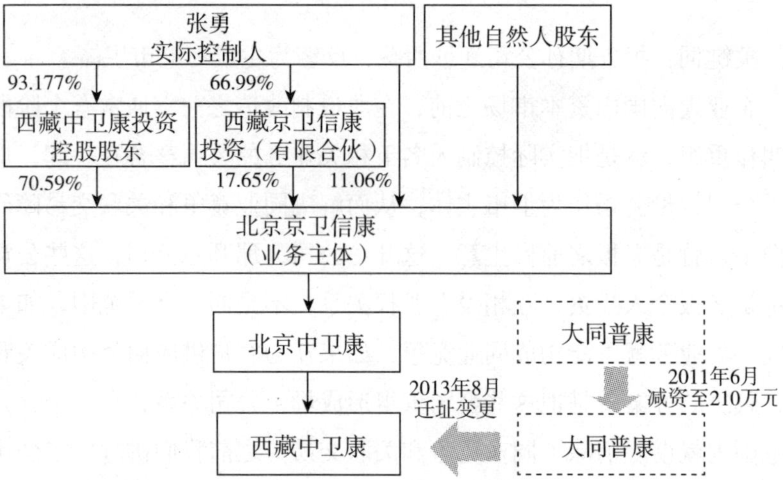

图 3-14　西藏卫信康重组前结构图

在图 3-14 中我们看到迁址西藏早有准备，2 个持股平台，1 个有限公司和 1 个有限合伙 2012 年已经注册在西藏。从招股书资料来看，2013 年之前业务主体是北京京卫信康，看实际控制人张勇的经历就可以知道，2002 年至 2013 年，任北京京卫信康科技总经理，2013 年至 2015 年，任卫信康有限（就是西藏中卫康）执行董事、总经理；2015 年起，任卫信康董事长、总经理。

西藏中卫康的前身是设立在山西大同的大同普康，一直没有开展运营，2013 年 8 月，大同普康迁址西藏并更名为西藏中卫康。

为何不是北京京卫信康直接迁址西藏？这个就有一个你走不走得了的问题。饶胖有个朋友打算把员工持股公司迁到低税负地区，到原注册地上市办领导那里请示，也许前面领导正想别的事，没注意听，以为要把上市主体迁走，直截了当地说："走，可以，先把历年给你的政府补助全给我吐出来。"所以你要走，当地政府这一关你能不能过，你先掂量下。实务里，工商不复杂，麻烦的是税务要清算。在这个案例中，北京京卫信康是2014 年前的业务主体，资产很重，也享受了各种优惠政策，要迁走相当更复杂，而大同普康一直没有开展运营，就一个空壳公司，迁址就比较便利。大同普康迁址更名完成后，重组前的准备就完成了。

（二）先减资再增资的重组大法

上市主体（西藏中卫康）是业务主体（北京京卫信康）的"孙公司"，这个自然没法搞，得颠倒一下，让上市主体（西藏中卫康）控制业务主体（北京京卫信康）才行。我们来看看高手们是如何操作的。

第一步：北京京卫信康减资。

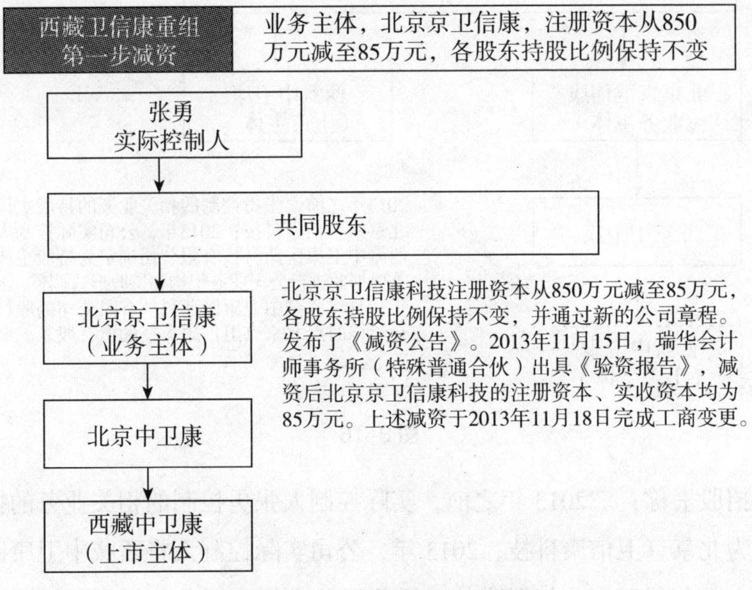

图 3–15　北京京卫信康减资图

经过多年经营业务主体北京京卫信康资产规模不小，如果直接转让或者增资，前者税多，后者需要资金多，那么就先减资。

2013 年从 850 万元注册资本减掉 90%，减成 85 万元，资料显示，减完以后 2013 年年底，北京京卫信康仍有总资产 2.36 亿元，净资产 2.12 亿元。招股书称："2013 年 9 月 30 日，为减轻进行卫信康有限上市架构搭建涉及的资金周转压力，北京京卫信康科技注册资本从 850 万元减至 85 万元，各股东持股比例保持不变，并通过新的公司章程。发布了《减资公告》。2013 年 11 月 15 日，瑞华会计师事务所出具《验资报告》，减资后北京京卫信康科技的注册资本、实收资本均为 85 万元。上述减资于 2013 年 11 月 18 日完成工商变更。"

第二步：转让。

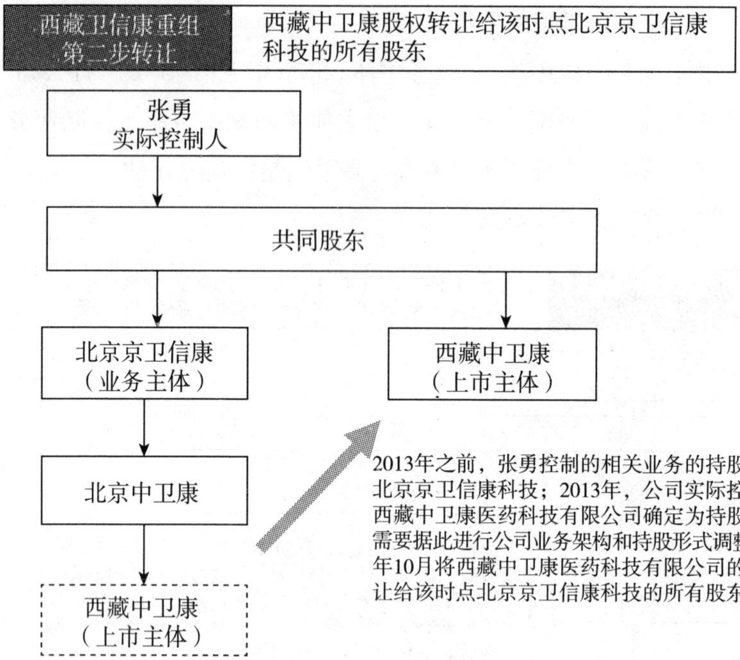

图 3–16

招股书称："2013 年之前，实际控制人张勇控制的相关业务的持股主体为北京京卫信康科技；2013 年，公司实际控制人将西藏中卫康医药科技有限公司确定为持股主体，需要据此进行公司业务架构和持股形式调整，并将西藏中卫康医药科技有限公司的股权转让给该时点北京京卫信康科技的所有股东。”

转让后，西藏中卫康（上市主体）和北京京卫信康（业务主体）拥有相同的股东，并由实际控制人张勇控制，形成同一控制下的兄弟公司关系，这时两公司合并就构成同一控制下合并，这点很要紧。

第三步：增资。

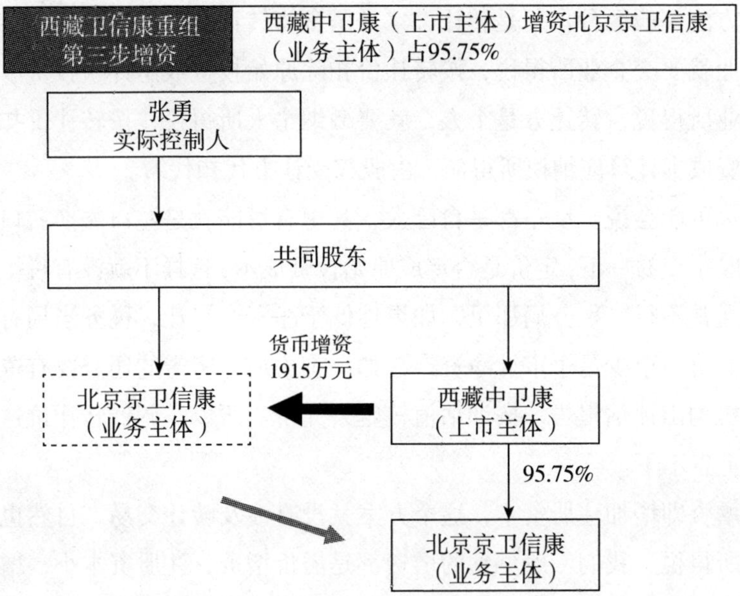

图 3–17

西藏中卫康（上市主体）要控制合并北京京卫信康（业务主体）有两个方案：一个是股权转让，另一个是增资。股权转让有所得税，增资没有税负，加上前面北京京卫信康通过减资注册资本只有 85 万元，此时西藏中卫康现金增资 1915 万元，就占 95.75%，过了一年以后，2014 年再按净资产，以 1065 万元，收购剩余 4.25% 股权，形成全资子公司。至此，原来是母公司的业务主体——北京京卫信康经过重组后，变成上市主体——西藏中卫康的全资子公司。随后，西藏中卫康股份制改造成为股份公司申请 IPO。

二、几个核心问题

（一）股权转让 VS 增资

IPO 股改前的重组无非是把股权统一到拟上市主体为母公司的企业集团里，核心是股权控制。当然，会计上的合并概念讲的是控制，股权只是一方面考虑。但是，在国内你要 IPO，股权控制是必须的，至少是拥有过半数股权的控股子公司，最好核心资产都是全资子公司。重组股权的方法一般两种：一是转让，二是增资。转让就涉及所得税，转让方是企业就要交企业所得税，按转让价扣除原始投资成本计入投资收益缴纳企业所得税，转让方是个人，就要缴纳个人所得税，按转让价扣除原始投资成本计算应纳税所得额，由股权受让方代扣代缴。

你可能会说，反正都是自己人，甚至有可能就是左口袋换右口袋，同一股东交易一下，定价是否定成原始投资成本，这样不就没有税了吗？这个通常不行。税务局那里，如果你低于净资产转让，税务当局有权核定公允价，至少是个审计净资产，如果有土地、房产的还需要有资质的评估机构出评估报告，按评估值核定公允价。所以，调低转让价这条，在税上省不了。

增资即增加注册资本，这个方案就没有涉及转让交易，自然也就不涉及所得税，我们一般见到的增资都是溢价增资，注册资本小，增资对价大。例如增加资本 10 万元，增资对价 100 万元，那么 10 万元计入注册资本，90 万元计入资本公积，如果在股改以后溢价增资形成的资本公积将来转增资本是免税的，之前形成的资本公积将来转增资本是缴所得税的。上市前的重组正好反过来，都是低价增资，不管你净资产多少，都是按注册资本数来增。在西藏卫信康这个案例中，注册资本 85 万元，增资 1915 万元，增资后注册资本 2000 万元，新增注册资本占 95.75%，实际这个公司当年净资产有 2 亿多元，由于是同一控制下合并，净资产对应份额和增资对价的差就进入资本公积。

（二）增资后少数股权收购

增资虽然没有税收，原有股东也只剩少数，在西藏卫信康这个案例中原来股东只剩4.25%。但是，拟上市主体是不能和实际控制人、董监高合开公司的，所以，增资只是解决了控股问题，少数股权还是要转让回来，这个转让就要定价合理。西藏卫信康这个案例就是按当时净资产定价1065万元现金对价转让了4.25%的股权，税自然按照政策缴纳。这个少数股权转让定价和有无利益输送也是监管注意的问题，在西藏卫信康的反馈意见中就有这一条："请保荐机构、发行人律师核查并在招股说明书中披露发行人同一控制合并过程中，自其他股东处收购子公司少数股权定价是否公允，是否存在利益输送情况。"核心就是定价是否公允，按净资产自然就公允了。

（三）减资

减资在重组里的三个作用：

一是降低目标公司的注册资本额方便后续操作，比如增资，西藏卫信康这个案例如果是原来850万元注册资本，要达到增资控制95%就要投入10倍资金1.915亿元，减到85万元，只需1915万元。

二是省税，如果股东是企业减资分回的资金，一部分是原始投资属于投资回收不交税，对应减资部分回收的未分配利润和盈余公积属于股息，从别的企业分回的股息是免税的。《国家税务总局关于企业所得税若干问题的公告》（国家税务总局公告2011年第34号）第5条"投资企业撤回或减少投资的税务处理"规定："投资企业从被投资企业撤回或减少投资，其取得的资产中，相当于初始出资的部分，应确认为投资收回；相当于被投资企业累计未分配利润和累计盈余公积按减少实收资本比例计算的部分，应确认为股息所得；其余部分确认为投资资产转让所得。被投资企业发生的经营亏损，由被投资企业按规定结转弥补；投资企业不得调整减低其投资成本，也不得将其确认为投资损失。"《企业所得税法》及有关实施条例规定：符合条件的居民企业之间的股息红利等权益性投资收益为免税收入。"符合条件"是指居民企业直接投资于其他居民企业取得的投资收益，不包括连续持有居民企业公开发行并上市流通的股票不足12个月取得的投资收益。

三是回收资金，重组有时左口袋换右口袋也要正儿八经做个转让合同支付现金对价，增资也需要现金，减资可以回收部分现金。

但是减资操作需要谨慎，一定要合规，按法定程序来，该公告公告，该履行决策程序履行决策程序，该清偿债务不要马虎，到上市的时候监管一定会问你的。在西藏卫信康的反馈意见中就有这一条："请保荐机构、发行人律师核查并在招股说明书中披露：北京京卫信康科技 2013 年 10 月减资至85万元的原因，是否履行了法定的程序，是否损害债权人利益。"

（四）证券期货法律适用意见第 3 号

这个文件的全称是《〈首次公开发行股票并上市管理办法〉第十二条发行人最近 3 年内主营业务没有发生重大变化的适用意见——证券期货法律适用意见第 3 号》，是用来规范同一控制下合并的问题。核心点是对同一公司控制权人下相同、类似或相关业务进行重组，被重组方应当自报告期期初起即与发行人受同一公司控制权人控制，重组达到一定规模需要一段时间的合并运行方可申报。

西藏卫信康招股书称：

> 通过本次资产重组，北京京卫信康科技成为卫信康有限的全资子公司，相关业务均纳入西藏卫信康有限。本次重组系同一控制下的重组，至首次申报之日，本次重组发生在报告期内，北京京卫信康科技与发行人自报告期期初即2013年1月1日即受同一实际控制人张勇控制，西藏卫信康有限与北京京卫信康科技的经营范围均系药品相关行业，发行人通过收购北京京卫信康科技的股权的方式完成此次重组，因此此次重组符合证券期货法律适用意见第 3 号相关规定。通过本次资产重组，发行人完成控股架构的搭建与相关业务的整合，本次资产重组未导致发行人主营业务发生重大变化。

（五）关于迁址政策

迁址利用监管政策固然是个高招，但是需要把功课做足不能只摆个样子。

西藏卫信康的反馈意见："请在招股说明书发行人在西藏地区的运营情况，主要生产经营活动是否均在西藏地区，主要的纳税分布情况，是否存在内部转移定价情况，转移定价的依据，是否符合有关税收法律法规的规定。请保荐机构、会计师对上述事项进行核查并发表核查意见。”

所以迁址方案同时要把生产经营活动进行合理安排。西藏卫信康的招股书显示，在西藏的孙公司西藏中卫诚康药业，成立于 2014 年 3 月，主要从事药品的销售，2016 年净利润 10,586.18 万元，2016 年西藏卫信康合并净利润 11,491 万元，看起来作为绝大部分利润留在西藏，一来税少，二来确认主要经营活动在西藏。

第四章

公司治理机构、人员和有效运作

CHAPTER 4

常识上，我们谈到公司治理，多半先想到的就是股东大会、董事会、监事会和高级管理人员，俗称“三会一层”，就是公司治理的机构和人员。这一章我们就聊聊“三会一层”那些事，主要是从企业角度来看“三会一层”的规则和操作实务，包括：公司章程，股东大会的职权和运作，董事、监事、高级管理人员的任命和行为规范，董事会和监事会的开会指南，有效运作的标准等。

“三会一层”的大体结构如图 4–1 所示：

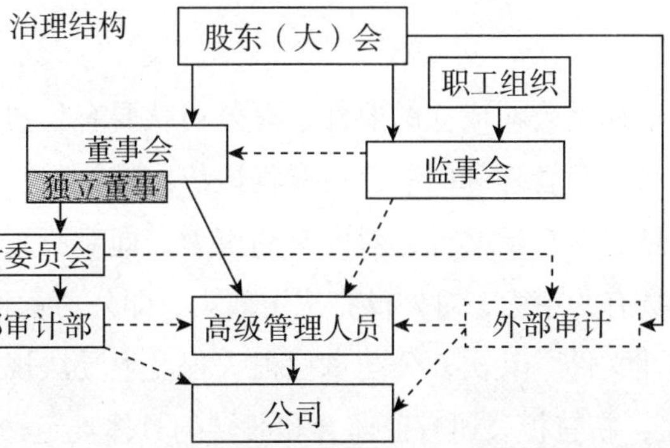

图 4–1　“三会一层”结构图

基于本书的场景，面向资本市场的民营中小企业公司治理，我们要深刻理解，“三会一层”的有效运作分为两个层面：第一个层面是机构和人员的治理活动，这个是鲜活的人的生活。第二个层面是对“三会一层”的治理活动的书面记载，文件、档案、记录、报告、处罚等，这些书面记载既有内部的产生的，也有外部的提供的。我们要充分理解，企业之外的人或者监管者只能观察到这些书面记载，并从这些书面记载推断公司治理机构是否有效运作，人员是否尽职履责。另外，企业如果受到监管机构或者交易所（场所）处罚也是外部观察者借以观察企业公司治理是否有效，是否规范运作的线索。

第一节
公司章程

公司章程是公司成立的要件，有公司就要有公司章程，且这个章程强制登记在工商管理部门。公司章程地位比较特殊，首先，公司章程不是法规，是股东自治文件，对内有约束力，即对股东、董事、监事、高级管理人员有约束力，对外没有法定效力，即公司章程是个特殊性文件，不是普遍性文件。其次，公司章程很大程度上受法规约束，最基本的是《公司法》，新三板公司有证监会和股转的具体规定，上市公司要按《上市公司章程指引》和证券交易所的《上市规则》，拟上市公司一般参照上市公司标准，有法规明文规定的，公司章程要按法规来，否则章程无效，法规规定可以由股东在章程中自行约定的事项，由股东自治，这些股东自治事项需要明确约定并书面记载于公司章程才有效力。

在实务中，公司章程大多数时候也是记载股东权益最主要的文件，尽管公司法和工商登记条例都规定了股东名册，但是在实务中，有限责任阶段，公司章程直接记载了所有股东的信息，即股东名册与章程合体了，一般没有单独的股东名册。章程里的股东信息，包括姓名或者名称、出资或者股权数额、比例等，这些信息是证明你是公司股东的重要依据。特别是经过工商登记以后，我们常说的公司章程，往往不是保管在你公司自己手里的那份章程，而是在工商局登记的那份，我们再从工商局档案里打印出来，上面有工商局的图章，这个有法定的效力。在有限责任阶段，股东权益记载在公司章程里，一般没有异议。但是股份公司按规定只登记发起人股东的信息，就有的朋友质疑，说工商登记条例指出股份公司可以只登记发起人股东，不再记载全部股东信息，如果此时你把公司股权托管到地方股权交易中心，俗称“四板”，或者在新三板挂牌，成为非上市公众公司，此时，股权登记在中国结算，俗称“中登”，在这种情况下，股东身份和权益的证明，是由“四板”或者“中登”出具股东名册或者证券持有人名册来确认，工商登记的章程就修改为只记载发起人股东的情况，后续股东变化，就不在进行章程变更登记。上市公司也是一样，登记在中国结算，由中国结算的证券持有人名册来确认在册股东。需要留意的是，股份公司在挂牌新三板或者托管地方股交中心之前，也可以只在章程中登记发起人，这个合法，但是后续股东变动登记在公司保管的股东名册上，就会存在一段时间股东权益未经权威机构证明的情形，容易产生纠纷，IPO 时监管也会关注，需要留意的是，一个变通的办法是把股份公司股东全部登记在章程里，看看当地工商部门是否接受，另一个就是股权变动的交易进入当地产权交易所办理，例如深圳联合产权交易所，交易公正性就由产权交易所证明。

公司章程非常重要，所谓合法合规有一部分是落在公司章程合法合规上，按照合法合规的公司章程执行到位，这里两个层面：第一个层面是公司章程符合公司在某一资本运作阶段法规的要求，即公司章程符合法律法规的强制性规定；第二个层面是公司治理活动按照公司章程的规定执行。经常有朋友询问，这个事情该怎么办那个事情怎么办，很多问题涉及公司章程的具体规定，我的回答就是先回去看自家章程。考你一个，新三板公司会计政策变更需要谁批准？想想，先回家看章程。

中小企业去资本市场，和公司章程打交道，分为三个阶段，各有不同特点，下面分别说明：

一、有限责任公司阶段

刚开始，中小民营企业的形式大多是有限责任公司，也有一上来就注册成股份公司的，比较少，开始就是个有限责任公司，至于公司章程一般也是工商局的标准模板，只是填上去公司名称、经营范围、股东、出资等这些特异性的信息，其他东西估计你也没注意，都是个标准条款。不过这个阶段不是资本运作时期，资本运作的起点大多是在"股改"，即有限责任公司整体改制成为股份有限公司。在有限责任公司这个阶段，需要注意的问题是那些股东可以自治的条款，就是股东可以自己决定的事情，例如是否按出资比例分红，这些条款，不自治就罢了，有《公司法》垫底，按《公司法》运作就行，一旦自治，就要看清楚具体是怎么回事。有一次，深交所董秘培训讲了一个真实案例，一个民营企业，有限责任公司，引入风险投资，原来3个股东，老板一家子100%股权，这次引入投资者7个占30%股权，由于老板自己没注意，把修改章程和章程备案的事情全权委托给了这几个投资人，结果投资人在股东会决议上修改为不是按出资表决，而是按股东一人一票表决，一下子就把公司控制权掌握在自己手里，后来，出现了纠纷，他们召开股东会就把管理权夺了，血淋淋的教训。

在有限责任公司阶段，有些章程条款允许股东自治或者部分自治，部分自治的（公司章程法定记载事项），这些事项公司章程里必须规定，自治体现在具体细节可以由股东决定，如《公司法》第13条规定："公司法定代表人依照公司章程的规定，由董事长、执行董事或者经理担任，并依法登记。"在章程里，股东们要具体规定法人代表具体由谁担任。

公司章程中全部股东自治的部分，这部分章程可以写也可以不写，股东决定写就列进去，只要不与《公司法》冲突都可以。有兴趣的可以找《公司法》来仔细看看，我们在这里讨论几个，有限责任公司阶段，比较特别的股东自治的规定。

（一）同股可以不同权

有限责任公司阶段，《公司法》规定可以同股不同权。《公司法》第42条规定："股东会会议由股东按照出资比例行使表决权；但是，公司章程另有规定的除外。"学习法规有窍门，就是一定注意"但"，前面都记住了，看见但字，要警惕了，情况可能逆转。例如，证监会关于新三板的"转板"是这样表述的，《中国证监会就落实〈国务院关于全国中小企业股份转让系统有关问题的决定〉有关事宜答记者问》："按照《国务院决定》的精神，全国股份转让系统的挂牌公司可以直接转板至证券交易所上市，但转板上市的前提是挂牌公司必须符合《证券法》规定的股票上市条件，在股本总额、股权分散程度、公司规范经营、财务报告真实性等方面达到相应的要求。"看见"但"字了对吧，现在知道为啥"转板"没那么容易了吧。

《公司法》先说"股东会会议由股东按照出资比例行使表决权"；这个是传统做法也是常识，如果你没有其他规定，就是按这个来，按出资比例行使表决权。下面《公司法》接着说"但是，公司章程另有规定的除外"，这个意思就是说如果章程规定了其他表决方案从章程的规定。记得为什么阿里巴巴最后放弃了在香港上市最后去了美国，就是为了这个非传统的表决权设计。在阿里巴巴发展进程中，马云及其团队曾经遭失控风险，当年雅虎以 40 亿美元加雅虎中国资产的代价换取了阿里巴巴集团 39% 的股权，马云和团队在股权始终处于劣势，意识到风险的马云后来使出浑身解数不惜冒着将支付宝从阿里巴巴旗下装进自己个人公司引发的争议指责，到了 2012 年马云团队与雅虎谈判赎回股份终于挽回当年"卖身"错误。马云及其阿里巴巴管理层所持股权仅有 10% 左右，为了强化管理和决策，马云进行治理改革。一个是表决权的配置，马云及阿里巴巴管理层 1 股 20 个表决权，马云表决权比例达到 62.99%，牢牢把握控制公司"话语权"；另一个就是阿里合伙人有董事提名权并写入公司章程，成为了一条"法律"，赢得董事会席位安排的主动权。修改章程则要 95% 股东同意，马云和团队持股 1 股有 20 个表决权，这个就是典型的同股不同权，也就是俗称"AB"，香港联交所最终拒绝了阿里非正宗、非传统（同股同权）治理结构，不过似乎香港联交所后来也在反思，准备接纳非传统治理结构的公司去香港 IPO。

在国内，有限责任公司阶段，股东也可以设置不按出资进行表决，这个取决于股东的决定，也就是股东的自治，当然，这个要明确写在章程里才有效。

在资本运作中，经常遇到要求同股不同权的场景，延伸一下也可以是出资与股权比例对应的问题。例如，大老板出钱要投资个创业团队，老板出钱，团队出技术。

创业团队知识产权或者无形资产确认的问题，这里是确认不是无形资产估值，估值是另外一个技术问题。

可能你还没理解我在说什么，假定一个场景，某拟上市公司，大牛公司董事长尤抱负、财务总监张本清、董秘常设计，开会讨论一个潜在投资项目。

董事长尤抱负："今天找你们来，是商量一个项目投资的事情，你们知道银文德这个外资企业，对吧。"

董秘常设计："知道，银文德以前是行业大腕，进中国的时候，基本没有竞争对手，不过好像这几年不太好。"

财务总监张本清："业务很厉害，不过听说前几年银文德的中国业务已经被母公司卖掉了。"

董事长尤抱负："是的，银文德中国已经被卖了两次了，当然都还是外国公司控制，不过由于连续转手，管理层动荡，经营这些年一直走下坡路，人心散了，不过，银文德中国里面还是有很多很好的业务，其中一个专门做一种特殊软件的团队，在这个细分行业名气很大，他们团队看着银文德中国前途未卜，想自己出来创业，为了规避银文德知识产权问题，他们打算从一个新的细分领域重新开发，他们自己估计需要投入1年左右的研发时间，这就需要钱了，联系到了我，你们看看这事怎么样？"

董秘常设计："客户都是现成的，团队也是现成的，技术也是现成的，只需要重新开发，据说这个团队在行业里很牛的，很多客户就认他们，我觉着机会不错。"

财务总监张本清："看起来很快就能赚钱，这样的项目最好我们控股，这样才能并表。我算了一下他们的团队规模，预计盈亏平衡前需要投入1000万元左右，他们自己能出多少？"

董事长尤抱负："他们自己不想出钱，就用知识产权作价1000万元，我们再投入1000万元现金，占50%+1股。"

财务总监张本清："就是说，我们出钱，他们出技术，然后让我们控股并表，如果顺利盈利和投资回收还是可观的。”

董事长尤抱负：“具体他们的技术怎样作价成立公司？你们研究一下具体方案。”

财务总监张本清和董秘常设计研究了一下，向董事长汇报：

“有这么几种处理方式：

第一，无形资产评估作价出资。目前法规都是允许的，例如，大牛公司出1001万元现金占50.02%，团队技术请一家评估公司评估作价1000万元占49.98%，成立一个有限责任公司，董事会3人，大牛公司派2人，这个在有限责任公司阶段都可以，如果这个公司未来没有境内IPO打算也ok，如果计划境内IPO的不建议这种方式，无形资产评估作价出资往往将来在IPO前都要用现金进行置换。

《公司法》第27条股东可以用货币出资，也可以用实物、知识产权、土地使用权等可以用货币估价并可以依法转让的非货币财产作价出资；但是，法律、行政法规规定不得作为出资的财产除外。对作为出资的非货币财产应当评估作价，核实财产，不得高估或者低估作价。法律、行政法规对评估作价有规定的，从其规定。

第二，增资方式确认无形资产。团队先成立一家有限责任公司，注册资本小小的随意就好，比如100万元，大牛公司增资1000万元现金占增资后股权比例50.02%，1000万元现金100.1万元的部分进入注册资本其他899.9万元进入资本公积，合适时候来个资本公积金转增就是了，这个方案将来没有IPO的后遗症。

第三，章程约定。目标公司成立时，公司章程认定出资比例和股权比例不同，大牛公司出了1000万元现金，团队假定出100万元现金，如果按出资比例，老板90.9%，团队9.09%，在公司成立时，在章程里直接约定股权比例老板50.02%，团队49.98%就是了。

有限责任公司阶段，公司法规定可以同股不同权。

《公司法》第42条股东会会议由股东按照出资比例行使表决权；但是，公司章程另有规定的除外。

在国内，有限责任公司阶段，股东也可以设置不按出资进行表决，这个取决于股东的决定，也就是股东的自治，当然，要明确写在章程里才有效。”

董事长尤抱负：“看起来先由他们团队出资成立一家有限公司，我们再增资这个方案比较好，还是需要他们出一点钱，不然都用我们的钱，会有道德风险，这都有血淋淋的教训，让他们个人出一点，先把公司成立起来，先运作起来，人都到位了，我们再增资进去，风险就可控了，同时你们再把增资的业绩对赌条件和回购条件研究一下。”

（二）有限责任公司股权转让限制

《公司法》第 71 条规定：“有限责任公司的股东之间可以相互转让其全部或者部分股权。股东向股东以外的人转让股权，应当经其他股东过半数同意。股东应就其股权转让事项书面通知其他股东征求同意，其他股东自接到书面通知之日起满三十日未答复的，视为同意转让。其他股东半数以上不同意转让的，不同意的股东应当购买该转让的股权；不购买的，视为同意转让。经股东同意转让的股权，在同等条件下，其他股东有优先购买权。两个以上股东主张行使优先购买权的，协商确定各自的购买比例；协商不成的，按照转让时各自的出资比例行使优先购买权。公司章程对股权转让另有规定的，从其规定。”

首先，看法定部分，这部分实际是优先购买权的问题。有限责任公司，大体是个“人和”与“资和”相结合的公司形式。法理上假定，“人和”股东应该是认识的熟人朋友家族成员之类，有人与人的互相信任作为公司运作的基础，就是“人和”。所以，当有限责任公司的股东要向公司之外的人转让股权时，这个人是“陌生人”，原来的股东就有优先购买权，不过是在同等条件下，你要限制别人出售，就得自己买下来，不然就不能限制别的股东转让股权。

其次，看自治部分。《公司法》说“公司章程对股权转让另有规定的，从其规定。”也就是说，只要股东同意，并在章程中记载，就可以按章程的具体规定来，最极端的可以约定不得转让。常见的约定只准转让给章程约定的人，这都是可以的，这就是股东自治，你们几个股东说好就行，法律尊重你们自己的决定，不干涉。

（三）比例分红和优先认购权

《公司法》第 34 条规定："股东按照实缴的出资比例分取红利；公司新增资本时，股东有权优先按照实缴的出资比例认缴出资。但是，全体股东约定不按照出资比例分取红利或者不按照出资比例优先认缴出资的除外。"

又看见"但"了对吧。"但"之前是常规法律规定，股东按出资比例分红，新增资本时原有股东有优先认购权。如果章程没有其他约定，那么有限责任公司就按这个，如果约定了其他，例如，有人分红有人不分红，这个常见于外部投资者的要求，优先收回投资成本，还有的约定了虚拟股权，就是没有股权但是参加分红，这个也可以在这里约定。另外就是只要不排除优先认购权，原有股东在增资时有优先认购权。

（四）VC 的特殊权利

引入风险投资，或者 PE，通常这些投资者都会要求特殊的保护条款。保护谁？当然是保护他们自己，风险投资也是股东，但是要特殊保护不能一视同仁，这是常态，你要拿风投战投乱投的钱，这个条件不得不照办，是为城下之盟。这些保护条款里，很多是规定了这些特殊股东的特殊权利，例如重大事项的决定权，一票否决权等，可以在董事会层面，也可以在股东会层面，这些都需要写在公司章程里。还有一些比较特殊的，例如清算优先权，一般而言，公司清算时，在清偿债务费用以后，剩余资产由股东按出资比例受偿，清算优先权就是在章程里规定，有的股东优先受偿，受偿完了，还有剩的，其他股东再来分。

别小看这个条款，有一次，一个 VC 朋友谈到一个著名网络项目，后来在 D 轮后大价钱卖给了 BAT，我想当然觉着，这个价前面那些 VC 都赚大了，结果不是，因为 D 轮投资者进来的时候规定了他有清算优先权，且约定了什么叫清算，即收购价不到某一个金额标准就构成清算事件，结果，收购价虽然不错但是没到约定价位，构成清算事件，D 轮投资者拿走了绝大部分收购价款，剩下一点，前面那么多投资者和团队来分，也就只剩下汤汤水水了。

二、股份制改造时的章程修订

前面那些自治，就是股东自己说了算的时代，在股份制改造那一刻，统统取消！股份制改造，即“股改”，就是有限责任公司整体变更为股份有限公司，这个一般就是为资本运作作准备的，不是IPO就是新三板。此时，合规变成了首要任务，公司章程由证券律师帮你拟定改写，按照《上市公司章程指引》以及证券交易所《上市规则》来搞，基本没有自由空间，当然，理论上讲自由空间还存在，只要法规许可都可以，但是实务中谁也不找这个麻烦，按法规来就好了。

另外，股份有限公司在《公司法》规定上就与有限责任公司有比较大的区别，主要是，股份公司形式法理上是“资和”公司，不再有“人和”基础，股东数量多了，股东间的关系以出资持股为核心，不再“人和”。例如，前面有限责任阶段可以自治的股权转让限制在股份公司阶段就不行了。

《公司法》第137条规定，股东持有的股份可以依法转让。没再说“公司章程对股权转让另有规定的，从其规定”。其实就是不能再通过修订章程来限制股东转让的权利，我们来看一个江苏省高级人民法院裁判的案例：

原告为A股份有限公司，4名被告均为A公司的法人股东，原告公司的《公司章程》第17条载明：“一个法人股东持有本公司的股份，原则上不得超过本公司股份总额的5%，对于突破本条界限的法人股东，在获得公司股份总额5%以上时，必须经本公司同意。”

此后，4名被告分别与A公司的股东C等多个法人股东签订了股权转让协议共22份，合计受让的A公司法人股占到了该公司总股本的7.292%。由此，A公司以4名被告系关联企业为由，认为4名被告为规避A公司章程中关于股份转让所作的限制，采取一致收购行动，未经A公司同意收购A公司的法人股超过股份总额5%的行为违反了A公司章程，应属无效民事行为，故A公司诉至法院，请求判令确认4

名被告与包括C等在内的A公司的多名法人股东签订的22份股权转让协议无效。

法院观点：股份有限公司股权的依法自由转让是基本原则。A公司章程规定的对股权转让的限制，不仅不符合立法本意和立法精神，而且没有必要的正当理由，更无相应的补救措施。对股权让渡不合理的限制，妨碍了正常的股权交易。因此，章程对股权转让所作的限制性规定，违反股权转让的基本原则，是变相剥夺股东的股份转让权，应认定无效。由此可见，股份有限公司的章程并不能超过法律的规定过度限制股东收购或转让股权的权利。

此外，股份公司没有"同股不同权"的自治约定的空间了，《公司法》第103条规定:"股东出席股东大会会议，所持每一股份有一表决权。但是，公司持有的本公司股份没有表决权。"大家是资和公司，按出资表达股东意志。所以，在国内IPO，不存在AB股的政策结构空间。

三、上市公司的章程能随便改吗?

我们搞国内IPO的人普遍有个印象，就是IPO是个类似高考的大考，标准非常高，非常严格，所以在合规尺度上，一般不偷工减料，在公司治理文档上，例如公司章程，都是用标准版本，省得节外生枝。那么上市以后，自家的章程就能自己做主了吗?我们来看伊利股份600887修改章程应对恶意收购的案例：

闹得沸沸扬扬的"宝万"之争在2017年中落下了帷幕，不过"宝万"之争惊醒了很多类似面临"恶意收购"的上市公司，伊利股份600887，一样业绩突出的大蓝筹，股权分散，看着惊心动魄的"宝万"之争，连忙修改自己章程应对"恶意收购"。2016年8月10日，董事会通过章程修正的议案并发出股东大会通知，主要修订内容有两个方向：一是增加门槛限制股东权利，二是给现任董监高"金色降落伞"，都是国际上通行的反收购办法。不过，伊利股份忘了，那是国际上通用的，在我国行不行得通？这不，第二天，上交所的问询函就来了，这速度。我摘两个问题你体会下：

“问：公司修订后的《公司章程》第53条规定：“关于更换及提名董事会、监事会成员以及修改公司章程的提案，须连续两年以上单独或合计持有公司15%以上股份的股东才有权提出提案。”请公司补充披露该条款修改是否符合《公司法》的规定，是否不当提高了股东行使提案权的法定资格标准，是否构成对股东提名权的限制，并结合你公司目前的前10大股东持股比例情况，说明上述修改是否不利于股东督促公司董事、监事勤勉尽职。”（备注：公司法是规定3%单独或合计股东股东大会提案权，这个提案包括董事监事提名。）

“问：公司拟修订的《公司章程》第96条规定：“在发生公司被恶意收购时，公司须一次性向董事、监事、高级管理人员按其在公司的上一年度应得税前全部薪酬和福利待遇总额的10倍支付现金经济补偿金。在发生公司被恶意收购时，与公司签订有劳动合同的经理级以上管理人员、核心技术及业务人员可以主动提出辞职。针对上述辞职人员，董事会有权根据其在公司发展中做出的贡献进行研究确定是否需给予经济补偿，对于确定给予经济补偿的人员，公司应一次性支付相当于其上一年度应得税前全部薪酬和福利待遇总额的10倍的现金经济补偿金。”请补充披露：（1）上述赔偿金支付标准的法律依据及合理性；（2）因被补偿人员多为公司董事、监事、高级管理人员，上述赔偿金的支付是否构成关联交易，应履行哪些决策程序；（3）公司以所称的被“恶意收购”为由支付10倍赔偿金的法律依据及合理性，是否侵害公司及全体股东利益，是否涉嫌利益输送；（4）测算支付赔偿金对公司经营业绩的影响并充分提示相关风险。”

这样问法，自然答不出，最后伊利股取消了股东大会，不了了之。

第二节

股东大会

一、股东大会的职权

股东大会，在有限责任公司阶段叫股东会，在股份公司阶段叫股东大会，我们以股份公司这种面向资本市场的公司形式为主，主要讨论股份公司阶段的股东大会。下面我们不再区分，都叫股东大会，有限责任公司股东会有特别的区别情况，我们会注明一下。

股东大会是公司最高权力机构，决定公司一切重要的或者股东大会认为重要的事项。重要的事项是指法规有明文规定的事项，例如增减注册资本，股东大会认为重要的事项，是指法规没有明文规定，股东大会认为需要由股东大会来决定的事项，例如对外投资批准权限。这些事项都应当由股东大会决定载入公司章程。公司章程是公司基本法，一方面股东大会按照章程规定运作；另一方面股东大会可以决定修改公司章程，除法规有明文规定的，股东大会可以决定公司章程的内容。

（一）《公司法》规定的股东大会的职权

股东大会的职权我们首先来看《公司法》的规定：

《公司法》

第三十七条第一款　股东会行使下列职权：（一）决定公司的经营方针和投资计划；（二）选举和更换非由职工代表担任的董事、监事，决定有关董事、监事的报酬事项；（三）审议批准董事会的报告；（四）审议批准监事会或者监事的报告；（五）审议批准公司的年度财务预算方案、决算方案；（六）审议批准公司的利润分配方案和弥补亏损方案；（七）对公司增加或者减少注册资本作出决议；（八）对发行公司债券作出决议；（九）对公司合并、分立、解散、清算或者变更公司形式作出决议；（十）修改公司章程；（十一）公司章程规定的其他职权。”

第九十九条　本法第三十七条第一款关于有限责任公司股东会职权的规定，适用于股份有限公司股东大会。

第一百二十一条　上市公司在一年内购买、出售重大资产或者担保金额超过公司资产总额百分之三十的，应当由股东大会作出决议，并经出席会议的股东所持表决权的三分之二以上通过。

这里有两个层次：

（1）委任董事、监事。由于董事会处于日常企业经营活动的中枢位置，控制了董事会就是控制了公司，所以委任董事是股东大会的核心职权。这里要注意的是，股东大会职权是委任非由职工代表担任的董事，如果章程规定董事会组成里面有职工董事，需要由职工组织来委任而非股东大会，通常情况下民营企业不会出现安排职工董事的情形。监事中非职工监事也是由股东大会委任。董事和监事的薪酬也是由股东大会决定，任命和薪酬是核心环节。

（2）法定重要事项，这里又分为三个层次：

第一，具体的事务，就是这些事情发生需要股东大会批准。包括：审议批准公司的利润分配方案和弥补亏损方案；对公司增加或者减少注册资本作出决议；对发行公司债券作出决议；对公司合并、分立、解散、清算或者变更公司形式作出决议；上市公司在一年内购买、出售重大资产或者担保金额超过公司资产总额 30% 的；具体的事务，股东大会没有批准就不能干。

第二，策略性或者象征性的事务。包括：决定公司的经营方针和投资计划；审议批准董事会的报告；审议批准监事会或者监事的报告；审议批准公司的年度财务预算方案、决算方案。这些事务，有点像西方国家议会制上议院对政府提出的没有实际作用的信任投票，例如董事会工作报告，股东大会否决了，就像2016年万科年度股东大会否决了董事会工作报告，否决了就否决了，什么事情也没有发生，只是表达了股东的不满情绪而已。

第三，修订公司章程和兜底条款，公司章程规定的其他职权。公司章程是公司的基本法，就是上面这些法定事项也需要照原样写进公司章程里，所以在实际操作的时候，我们主要是看章程的规定。股东大会可以决定对章程进行修改，只要不违法，就是公司的基本法。也就是说，股东大会有权赋予自己更多的职权，其实这是一个平衡和授权的问题。股东大会不常召开，召开成本也比较高，如果具体事务权限过多赋予股东大会，企业运作效率就受到影响，股东大会职权过少，除了法定事项都授予董事会来执行，虽然照顾了效率，不免削弱了股东的权利。在实务中主要还是平衡股东的要求、登记机关的要求（有时登记机关比较强势推荐使用他们的标准版本章程，也是常见现象）和资本运作的要求。资本运作对股东大会权限有一套明文规定，如果去资本市场通常照葫芦画瓢，请个IPO律师写。

（二）计划去资本市场的公司

在计划去资本市场之前，公司通常形态是有限责任公司，是个半人和、半资和的公司，股东之间要不是一家人，要不就是朋友熟人，所以公司章程一般也都是按照当地工商部门的标准格式来，股东大会的职权一般就是《公司法》的内容。当决定去资本市场了，第一个环节就是股份制改造，有限责任公司就要整体变更为股份有限公司，俗称“股改”。通常，“股改”的时候要重新修订公司章程，这个时候的公司章程一定是公司聘请帮助“股改”的律师来撰写，以上市公司标准来写，这时的参考法规除了《公司法》，还包括《上市公司章程指引》，《上市公司治理准则》，《上市公司股东大会规则》和证券交易所的上市规则（上交所、深交所）。

《上市公司章程指引》关于股东大会的职权如下：

第40条规定：“股东大会是公司的权力机构，依法行使下列职权：（1）决定公司的经营方针和投资计划；（2）选举和更换非由职工代表担任的董事、监事，决定有关董事、监事的报酬事项；（3）审议批准董事会的报告；（4）审议批准监事会报告；（5）审议批准公司的年度财务预算方案、决算方案；（6）审议批准公司的利润分配方案和弥补亏损方案；（7）对公司增加或者减少注册资本作出决议；（8）对发行公司债券作出决议；（9）对公司合并、分立、解散、清算或者变更公司形式作出决议；（10）修改本章程；（11）对公司聘用、解聘会计师事务所作出决议；（12）审议批准第41条规定的担保事项；（13）审议公司在一年内购买、出售重大资产超过公司最近一期经审计总资产30%的事项；（14）审议批准变更募集资金用途事项；（15）审议股权激励计划；（16）审议法律、行政法规、部门规章或本章程规定应当由股东大会决定的其他事项。

注释：上述股东大会的职权不得通过授权的形式由董事会或其他机构和个人代为行使。”

第41条规定：“公司下列对外担保行为，须经股东大会审议通过。（1）本公司及本公司控股子公司的对外担保总额，达到或超过最近一期经审计净资产的50%以后提供的任何担保；（2）公司的对外担保总额，达到或超过最近一期经审计总资产的30%以后提供的任何担保；（3）为资产负债率超过70%的担保对象提供的担保；（4）单笔担保额超过最近一期经审计净资产10%的担保；（5）对股东、实际控制人及其关联方提供的担保。”

对比《公司法》和《上市公司章程指引》，我们发现：

（1）前10条和第13条、第16条，《上市公司章程指引》与《公司法》一样。选择管理者、法定重要事项、修改章程，第13条是超过30%重大资产处置，第16条是兜底规定，法规或股东大会认为自己应该行使的职权。

（2）《上市公司章程指引》增加了4个具体事项，包括：选择外部审计机构（会计师事务所）、对外担保事项、变更募集资金用途和股权激励。

（3）《上市公司章程指引》有一个注释项目，这个很重要：“上述股东大会的职权不得通过授权的形式由董事会或其他机构和个人代为行使。”实际就是划定了董事会的权限上限，这些重要事项必须由股东大会决定。

关于股东大会的职权不得通过授权的形式由董事会或其他机构和个人代为行使的案例

图 4–2 新三板普通股增发案例

2014 年 1 月 24 日，该公司在新三板挂牌，一开始是做导航仪的，后来转做软件行业，2012 年的利润为 4000 多万元，2013 年利润 3900 多万元。

2015 年 6 月股东大会决议修改章程，取消优先认购权，授权董事会全权办理公司增发股票事宜，不超过公司现有股本的 20% 的股票，24 个月有效，不限价格和次数。由于之前增发的 20% 不够用了，9 月 15 日再次召开股东大会，将授权扩展到公司现有股本的 30%。

随后，2015 年 10 月 9 日至 12 月 31 日，该公司连续发行三次股票，均未经过股东大会决议。也就是说，该公司开了一次股东会，做了一个授权后连续做了三次发行。

我们再来看该公司的《章程》第 36 条规定，“公司股东大会由全体股东组成。股东大会是公司的权利机构，依法行使下列职权：……

> (7)对公司增加或者减少注册资本作出决议；……上述股东大会第(1)至(14)项的职权不得通过授权的形式由董事会或其他机构和个人代为行使。从这一点可以看出来，该公司是计划去IPO的公司，其《公司章程》是按照《上市公司章程指引》制定的。而该公司此次的发行行为严重违反了《公司法》和《公司章程》的规定，越权对发行作出决议，由此会对其未来IPO产生重大不利影响。

新三板公司有一个《非上市公众公司监管指引第3号——章程必备条款》(〔2013〕3号)规定的比较粗，在股东大会职权，只规定了如下内容(第7条)：章程应当载明须提交股东大会审议的重大事项的范围。章程应当载明须经股东大会特别决议通过的重大事项的范围。公司还应当在章程中载明重大担保事项的范围。从这个来看，按照上市规则进一步细化的公司章程是奔向资本市场的企业的首选。

你要说了：“我们不是在讨论拟上市公司的公司治理，为何要用上市规则？那不是规定上市公司的吗？”你说得很对，上市公司按照交易所的上市规则，在股东大会职权上有许多明细的规定，拟上市公司，或者说走上资本道路的公司，按这个标准来设定股东大会职权也很正常，治理活动也需要练习，多操练，就习惯了。

上市规则，全称《深圳证券交易所股票上市规则》《上海证券交易所股票上市规则》，这两个规则内容差不多，最近一次是在2014年修订，搞资本运作的朋友应当经常看看，上市公司是中小民营企业资本运作的目标，虽不能至心向往之。

在上市规则中对于需要股东大会决定的事项，主要多了两类，下面以《上海证券交易所股票上市规则》为例说明：

第一类是交易事项。这个交易不是日常生产经营的交易，根据《上海证券交易所股票上市规则》9.1，包括：购买或者出售资产；对外投资(含委托理财、委托贷款等)；提供财务资助；提供担保；租入或者租出资产；委托或者受托管理资产和业务；赠与或者受赠资产；债权、债务重组；签订许可使用协议；转让或者受让研究与开发项目；上述交易事项，不包括购买原材料、燃料和动力，以及出售产品、商品等与日常经营相关的资产购买或者出售行为。

上述交易事项达到一定数量标准，需要股东大会决定，标准如表4–1所示，共同的比较基准都是最近一个会计年度经审计的会计数据。

表4–1 交易事项对比基准表

序号	交易事项	对比基准	量化指标	备注
1	资产总额	总资产	≥50%	交易标的总资产取账面值和评估值高者
2	成交金额	净资产	≥50%且超过5000万元	
3	交易产生的利润	净利润	≥50%且超过500万元	
4	项目营业收入	营业收入	≥50%且超过5000万元	
5	项目的净利润	净利润	≥50%且超过500万元	

当交易事项达到上述数量标准，需要由股东大会决定。

上述交易事项有几个需要留意的：

（1）如果交易导致合并范围的子公司变化，无论股权交易占比多少，计算标准按子公司全部净利润、资产总额来计算。

（2）“提供财务资助”“委托理财”等交易时，应当以发生额作为计算标准，并按照交易类别在连续12个月内累计计算。一般在年度股东会决议中以一个预计授权总额的形式授权董事会来进行日常操作，例如在12月内累积委托理财不超过人民币4亿元授权董事会日常处理委托理财事宜。

（3）当对相同交易类别下标的相关的各项交易，按照连续12个月内累计计算的原则（不包括“提供担保”“提供财务资助”“委托理财”）。

（4）担保事项特殊处理，《非上市公众公司监管指引第3号——章程必备条款》第7条第3款规定：“公司还应当在章程中载明重大担保事项的范围。”《上市公司章程指引》对于担保有明确的规定，《上海证券交易所股票上市规则》也对担保作出明确规定，都是一脉相承，严格限制，这是有历史背景的。历史上，上市公司大股东通过违规担保侵害上市公司以及中小股东的情况有几年特别严重。2017年退市的“新都酒店”最早也是祸起上市公司为大股东担保，大股东到时还不出，连累上市公司破产重整，最后不幸退市。所以，担保规定的特别严，也特别细。具体标准《上市公司章程指引》前面列了，不再重复。对于拟上市公司而言，对外担保就是一个不好的信号，这里不包括对控股或者全资子公司的担保，这个在合并范围内。一般来说，搞 IPO 就不要对外担保，很多拟上市公司章程里明确写明，不得对除控股或者全资子公司以外的公司提供担保，省去不必要的麻烦，如果一定要做，一定按照上市公司的标准，严格履行决策程序，该上股东大会的不要偷懒。

第二类是关联交易。关联交易是中小民营企业资本路上的“拦路虎”之一，不是说你不能有关联交易，而是你的关联交易能否经得起质疑，或者说能否自证清白。你要从监管者和市场的角度理解这个问题，如果你与客户存在关联关系，那么这个交易是否真实存在？这个交易是否公允？是否存在利益输送？销售产品价格低于公允水平是向关联客户输送利益，价格高于公允水平是关联方向拟上市公司输送利益，也就是利润造假。购买关联方的产品作为成本也是一样，因为在过去上市路上采用关联方造假的案例实在很多，监管上当受骗多，也就越来越严重，看谁都像骗子。实务中什么叫公允确实是一件公说公有理、婆说婆有理的事情，主要是不同立场的观察者角度不同，要证明公允难度还是不小的。

市场也像惊弓之鸟，听见关联交易就怕。2017 年 5 月 25 日，叶檀财经一篇名为《神雾集团：对不起贾布斯 我用你的套路 实现了你的梦想！》的文章里面提到，神雾环保利用关联交易实现业绩增长等问题，第二天，神雾系两家上市公司均告跌停，市值共计蒸发约 57 亿元。市场听见关联交易怕得要命，听见风就是雨，这也不能怪“韭菜”和监管，被关联交易坑的次数有点多，俗话说：“你可以骗我，但要注意次数。”

后来的人就倒霉了，其实你就是个正常的、必要的、公允的关联交易，可惜，别人不这么看。你要有关联交易，就要被用放大镜，甚至显微镜来看，看完还不行，你还得自己证明自己是清白的（没造假）、必要的（符合商业逻辑）、公允的（没有利益输送），这个证明其实很难做到。所以，要去资本市场一般的策略是尽量规避关联交易，实在是短时期难以解决的，也要逐步“双减”，绝对额绝不能增加，要在报告期逐年降低，相对占比要逐年下降，到了申报前一年，最好能过降到不再有重要性。不过，什么叫重要性，这个各有说法，最终要看审核官员的心理承受能力。

什么是关联交易？关联交易就是企业与企业的关联方进行的交易，这个交易的内涵包括前面所说的“交易”，再加上日常交易，可以这么说，除了合并范围内的公司的关联交易，这个在合并报表的时候抵消了，除此之外，企业与关联方的交易都是关联交易。判断一个交易是不是关联交易，其实就是判断交易对方是不是关联方。

要判断谁是关联方？法规有两套。第一是会计准则，第二是上市规则。

第一，会计准则。

关联交易毕竟是一个会计问题，所以会计准则专门有规定，在《企业会计准则第36号——关联方披露》中，会计准则的定义是：一方控制、共同控制另一方或对另一方施加重大影响，以及两方或两方以上同受一方控制、共同控制或重大影响的，构成关联方。这个标准每个字你都认识，但就拿这个标准你会判断吗？比较难，这个主要还是依赖会计师帮你作出判断。另外，会计准则第4条列举了10种关联方的具体情况，包括：（1）该企业的母公司。（2）该企业的子公司。（3）与该企业受同一母公司控制的其他企业。（4）对该企业实施共同控制的投资方。（5）对该企业施加重大影响的投资方。（6）该企业的合营企业。（7）该企业的联营企业。（8）该企业的主要投资者个人及与其关系密切的家庭成员。主要投资者个人，是指能够控制、共同控制一个企业或者对一个企业施加重大影响的个人投资者。（9）该企业或其母公司的关键管理人员及与其关系密切的家庭成员。关键管理人员，是指有权力并负责计划、指挥和控制企业活动的人员。与主要投资者个人或关键管理人员关系密切的家庭成员，是指在处理与企业的交易时可能影响该个人或受该个人影响的家庭成员。（10）该企业主要投资者个人、关键管理人员或与其关系密切的家庭成员控制、共同控制或施加重大影响的其他企业。

同时第5条规定，仅与企业存在下列关系的各方，不构成企业的关联方：（1）与该企业发生日常往来的资金提供者、公用事业部门、政府部门和机构。（2）与该企业发生大量交易而存在经济依存关系的单个客户、供应商、特许商、经销商或代理商。（3）与该企业共同控制合营企业的合营者。第6条规定，仅仅同受国家控制而不存在其他关联方关系的企业，不构成关联方。

第二，上市规则。

以《上海证券交易所股票上市规则》为例：

10.1.2 上市公司的关联人包括关联法人和关联自然人。

10.1.3 具有以下情形之一的法人或其他组织，为上市公司的关联法人：

（一）直接或者间接控制上市公司的法人或其他组织；

（二）由上述第（一）项直接或者间接控制的除上市公司及其控股子公司以外的法人或其他组织；

（三）由第10.1.5条所列上市公司的关联自然人直接或者间接控制的，或者由关联自然人担任董事、高级管理人员的除上市公司及其控股子公司以外的法人或其他组织；

（四）持有上市公司5%以上股份的法人或其他组织；

（五）中国证监会、本所或者上市公司根据实质重于形式原则认定的其他与上市公司有特殊关系，可能导致上市公司利益对其倾斜的法人或其他组织。

10.1.4 上市公司与前条第（二）项所列法人受同一国有资产管理机构控制的，不因此而形成关联关系，但该法人的法定代表人、总经理或者半数以上的董事兼任上市公司董事、监事或者高级管理人员的除外。

10.1.5 具有以下情形之一的自然人，为上市公司的关联自然人：

（一）直接或间接持有上市公司5%以上股份的自然人；

（二）上市公司董事、监事和高级管理人员；

（三）第10.1.3条第（一）项所列关联法人的董事、监事和高级管理人员；

（四）本条第（一）项和第（二）项所述人士的关系密切的家庭

成员，包括配偶、年满18周岁的子女及其配偶、父母及配偶的父母、兄弟姐妹及其配偶、配偶的兄弟姐妹、子女配偶的父母；

（五）中国证监会、本所或者上市公司根据实质重于形式原则认定的其他与上市公司有特殊关系，可能导致上市公司利益对其倾斜的自然人。

10.1.6 具有以下情形之一的法人或其他组织或者自然人，视同上市公司的关联人：

（一）根据与上市公司或者其关联人签署的协议或者作出的安排，在协议或者安排生效后，或在未来12个月内，将具有第10.1.3条或者第10.1.5条规定的情形之一；

（二）过去12个月内，曾经具有第10.1.3条或者第10.1.5条规定的情形之一。

上市规则文字描述很难理解，下面用两个图直观了解一下。

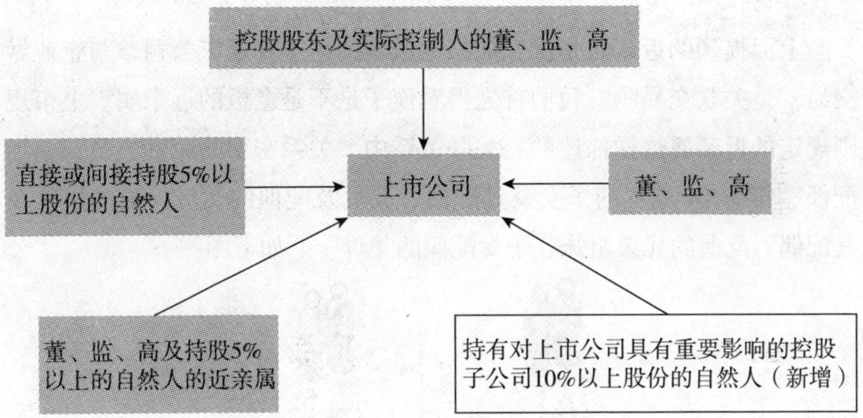

图4–3 关联自然人示意图

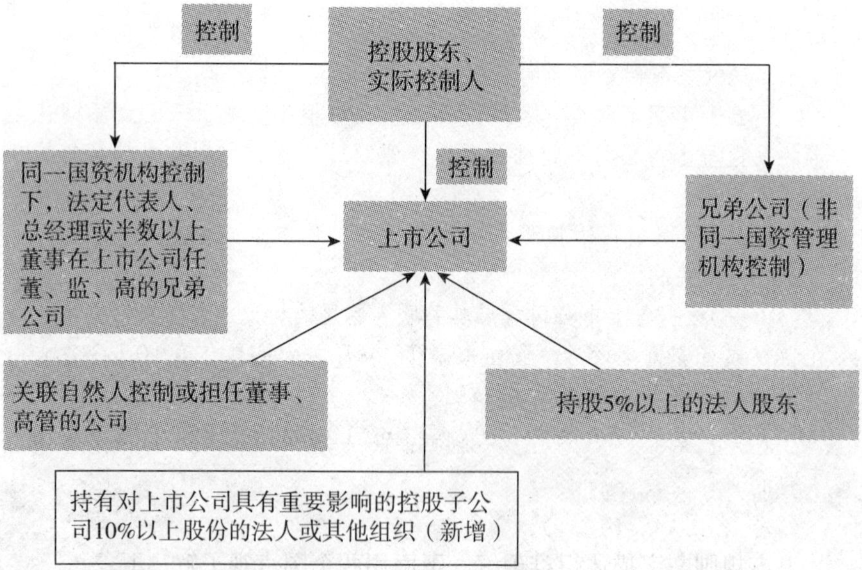

图 4-4　关联法人示意图

上面提到的近亲属是谁？如果老板娘的侄子开了家公司，与企业做交易，是关联交易吗？我们首先得看侄子是不是老板的近亲属。上市规则规定的近亲属这样描述的：关联关系中“关系密切的家庭成员，包括配偶、年满 18 周岁的子女及其配偶、父母及配偶的父母、兄弟姐妹及其配偶、配偶的兄弟姐妹、子女配偶的父母”。如下图：

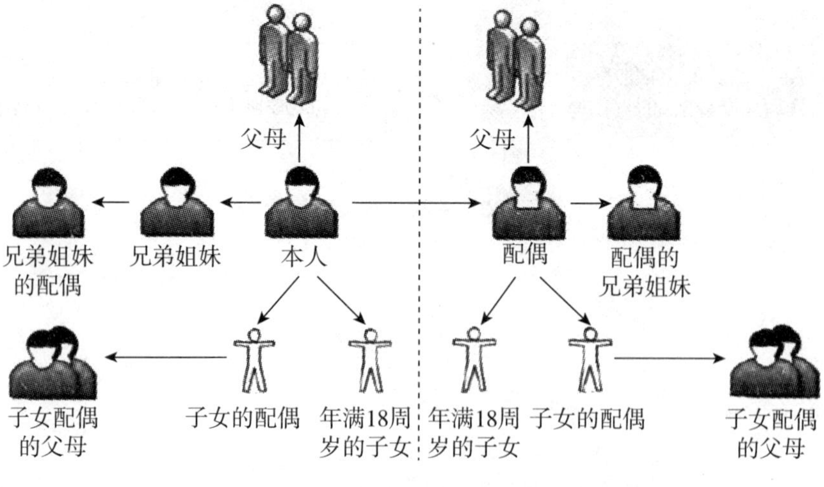

图 4-5　关系密切的家庭成员图

老板娘的侄子是老板配偶的兄弟的子女，对照上述标准，不包括在“关系密切的家庭成员”之中！可是不要忘了，行政审核都有兜底条款，叫“实质重于形式”，就是说如果这家老板娘的侄子的公司，是企业大客户或者重要供应商，这个多半要被问且视同关联人和关联交易来进行核查，要上市就不要心存侥幸。

判断一个交易是否是关联交易有两套标准：一套是会计准则，另一套是上市规则，对比下来，上市规则更细。例如直接规定持股5%以上股东认定为关联人，会计准则比较模糊，依赖于会计师的判断。实务中，既然我们是准备去IPO，从标准来讲第一个是从严，第二个是按证券业标准，即用上市规则比较安全一点。因此，首先要请你的审计师把关联人名单列出来进行确认，其次要定期关注和更新，例如关注新增供应商和客户是否存在关联关系，如果存在及时更新关联人名单。

什么样的关联交易要上股东大会？根据《上海证券交易所股票上市规则》：

（1）上市公司与关联人发生的交易（上市公司提供担保、受赠现金资产、单纯减免上市公司义务的债务除外）金额在3000万元以上，且占上市公司最近一期经审计净资产绝对值5%以上的关联交易，提供具有执行证券、期货相关业务资格的证券服务机构，对交易标的出具的审计或者评估报告，并将该交易提交股东大会审议。

（2）所有的关联担保都要上股东大会审议。

拟上市公司修订章程的时候通常也是参考以上两条。

关联交易还有一个要注意的就是日常关联交易的决策问题。日常关联交易数量多频次不定，每次都上股东大会成本效率有问题，所以日常关联交易是采用年度预计方式决策，即在年度股东大会上对下一年度关联交易进行总额预计，经股东大会批准后，执行时只要在预计范围内就不需再经股东大会程序，如果超出则重新来过，再上股东大会批准。新三板目前的政策是，只要超出预计总额，或者没有预计的，无论金额大小都要上股东大会审议。

在实务中，股东大会职权的小结：

第一，事情来了不要想当然，要去看自家章程怎么规定的，该上股东大会的不能含糊。

第二，什么事情要特别关注，一是大事情，即金额或者占比大的；二是担保；三是关联交易。遇到这些事情看第一条，即看章程。

讲了这么长的股东大会职权，也就是哪些事情要由股东大会决定。考你一个问题，一个朋友问我的：全资子公司分红谁来决定？需要股东大会吗？想一下！

二、股东大会开会的规矩

开会是股东大会职权的行使方式。我们前面讲了股东大会的职权，股东大会是公司最高权力机构，既可决定公司重大事项，也可以“立法”即修改公司章程。那么股东大会职权行使的方式是什么？股东大会是一个议事组织，不是个人，或者人格式组织，股东大会行使职权或者作出决定，唯一的方式就是开会。公司治理的“三会”，即股东大会、董事会、监事会都是一样，都是会议型组织，会议型组织作出决定的唯一方式就是开会，并按组织的议事规则进行决议，作出决定。所以，股东大会、董事会、监事会要作出决定一定是开过了会。例如，新三板公司半年报、年报里面都有一句，就是董事会对年报、半年报的确认，这个确认的作出要开会才行。所以股东大会要行使职权，就要召开股东大会，开会了作出了股东大会决议，也就作出了股东大会的决定。

股东大会行使职权的方式是召开股东大会，股东大会开会并作出决定，大体有以下几个环节：规则、何时开、召集、通知、提案、开会、表决、披露和异议。这里我们主要讨论股份公司、公众公司和上市公司的股东大会运作，有限责任公司由于股东数比较少，按照章程作出决定，留下足够的书面证据就行了，下面我们逐一讨论股份公司的股东大会运作。

（一）股东大会的规则

既然股东大会这么重要，怎样开会？事前立个规矩也是正常。《公司法》《上市公司章程指引》都对怎样开股东大会有明确的规定，同时，还有一个具体规则就是证监会的《上市公司股东大会规则》，就把前述法规综合起来，“股改”时，律师写的标准文件，除了章程还有一个按照《上市公司股东大会规则》制定的《股东大会议事规则》，基本就是照抄《上市公司股东大会规则》，在这之前，规则就是公司法和自家的公司章程。所以开会前，还是先把自家的规则看看，不要想当然。

（二）股东大会何时召开

两种情况：一种叫年度股东大会，另一种叫临时股东大会。

1. 年度股东大会

《公司法》

第一百条　股东大会应当每年召开一次年会。（这个就是年度股东大会）

《上市公司章程指引》

第四十二条　股东大会分为年度股东大会和临时股东大会。年度股东大会每年召开 1 次，应当于上一会计年度结束后的 6 个月内举行。

《上市公司股东大会规则》

第四条　股东大会分为年度股东大会和临时股东大会。年度股东大会每年召开一次，应当于上一会计年度结束后的 6 个月内举行。

年度股东大会必须一年开一次，我国的会计年度是日历年度，即 1 月 1 日到 12 月 31 日为一个会计年度。有的国家不一样，例如日本会计年度就是 4 月 1 日到第二年 3 月 31 日为一个会计年度。按照我国的会计年度结束后 6 个月内举行，即年度股东大会应该在 6 月 30 日（含）前召开。

最后一天召开年度股东大会的案例：

2017 年 5 月 15 日，万科董事会决议，决定在 2017 年 6 月 30 日，召开万科 2016 年年度股东大会，会议的议案包括：2016 年度董事会报告、2016 年度监事会报告、2016 年度报告及摘要 、2016

年度利润分配方案、关于2017年续聘会计师事务所的议案，共五项内容。年度股东大会召开日，定在6月30日，就是在法定要求召开年度股东大会的最后一天，为何“老王”要定在最后一天，其实大有讲究和深意，你可以下先想一下，我们在后面股东大会提案的时候分析。

2. 临时股东大会

《公司法》

第一百条　股东大会应当每年召开一次年会。有下列情形之一的，应当在两个月内召开临时股东大会：（一）董事人数不足本法规定人数或者公司章程所定人数的三分之二时；（二）公司未弥补的亏损达实收股本总额三分之一时；（三）单独或者合计持有公司百分之十以上股份的股东请求时；（四）董事会认为必要时；（五）监事会提议召开时；（六）公司章程规定的其他情形。

《上市公司章程指引》和《上市公司股东大会规则》与《公司法》完全一样，除了一年一次的年度股东大会以外的，都是临时股东大会，临时股东大会在出现应该开会的情况后2个月内召开。

（三）股东大会的召集

股东大会要开，毕竟是个会议，总要有人来召集，根据《公司法》第101条规定：“股东大会会议由董事会召集。”也就是说，召开股东大会的法定召集人，是董事会，不是其他人可以随便代替召集股东大会，只有在特定情况下，董事会不履行召集职责的时候，才轮到其他人。同时，我们前面讲了，董事会也是个议事组织，要开会才能作出召集决定，所以要开股东大会，一般情况下，需要先开一个董事会，就召开股东大会的事项作出董事会决议，才能发出股东大会的通知。如果董事会不作为，那么怎么办，我们来结合一个案例解释一下：

董事会全体董事否决了召开罢免董事会全体董事的股东大会的提案。2016年6月26日宝能系提出召开临时股东大会，议案是罢免万科全体董事、监事之后，按照《公司法》相关规定，董事会应在10日之内召开会议表决是否同意召开临时股东大会讨论该提案。7月1日下午，万科董事会召开会议，就是否同意召开临时股东大会进行表决。董事会全体董事否决了召开罢免全体董事的股东会的提案，就像俄罗斯在安理会一票否决了乌克兰要求取消俄罗斯一票否决权的提案。那么，万科董事会不同意召开临时股东大会，宝能还有什么办法吗？万科控制权争夺案真是学习《公司法》的好教材。

《公司法》常读常新。

《公司法》

第一百条　股东大会应当每年召开一次年会。有下列情形之一的，应当在两个月内召开临时股东大会：……（三）单独或者合计持有公司百分之十以上股份的股东请求时。（看上去宝能有资格要求召开临时股东大会。）

第一百零一条第二款　董事会不能履行或者不履行召集股东大会会议职责的，监事会应当及时召集和主持；监事会不召集和主持的，连续九十日以上单独或者合计持有公司百分之十以上股份的股东可以自行召集和主持。

也就是说，如果万科董事会拒绝宝能召开临时股东会的要求，监事会应当及时召集和主持，鉴于宝能的提案同时罢免全体监事，估计万科监事会也会拒绝召集召开罢免自己的股东大会，这时宝能可以自己召集和主持。

除了《公司法》，上市公司有更加严格细致的法规规定：

《上市公司章程指引》

第四十八条　单独或者合计持有公司10%以上股份的股东有权向董事会请求召开临时股东大会，并应当以书面形式向董事会提出。董事会应当根据法律、行政法规和本章程的规定，在收到请求后10日内提出同意或不同意召开临时股东大会的书面反馈意见。董事会同意召开临时股东大会的，应当在作出董事会决议后的5日内发出召开股东大会的通知，通知中对原请求的变更，应当征得相关股东的同意。董事会不同意召开临时股东大会，或者在收到请求后10日内未作出反馈的，单独或者合计持有公司10%以上股份的股东有权向监事会提议召开临时股东大会，并应当以书面形式向监事会提出请求。监事会同意召开临时股东大会的，应在收到请求5日内发出召开股东大会的通知，通知中对原提案的变更，应当征得相关股东的同意。监事会未在规定期限内发出股东大会通知的，视为监事会不召集和主持股东大会，连续90日以上单独或者合计持有公司10%以上股份的股东可以自行召集和主持。

第四十九条　监事会或股东决定自行召集股东大会的，须书面通知董事会，同时向公司所在地中国证监会派出机构和证券交易所备案。在股东大会决议公告前，召集股东持股比例不得低于10%。召集股东应在发出股东大会通知及股东大会决议公告时，向公司所在地中国证监会派出机构和证券交易所提交有关证明材料。

第五十条　对于监事会或股东自行召集的股东大会，董事会和董事会秘书将予配合。董事会应当提供股权登记日的股东名册。

第五十一条　监事会或股东自行召集的股东大会，会议所必需的费用由本公司承担。

万科是A股上市公司其章程严格按照《上市公司章程指引》，在万科现行章程第67条到第70条作出了相同的规定。

也就是说，万科董事会收到宝能请求后10日内提出同意或不同意召开临时股东大会的书面反馈意见。董事会不同意召开临时股东大会，宝能需要书面向万科监事会提出召开临时股东大会的请求。监事会在收到请求后5日内，如果未发出股东大会通知的，这时，宝能可以自行召集和主持，书面通知万科董事会，向深圳证监局和深圳交易所备案和提交证明资料。万科董事会和董秘应当配合，且股东大会费用由万科承担。

当然，宝能会不会自己召集和主持临时股东大会？最后姚老板选择了放弃，不开就不开吧。

（四）股东大会的通知和提案

1. 通知

《公司法》

第一百零二条　召开股东大会会议，应当将会议召开的时间、地点和审议的事项于会议召开二十日前通知各股东；临时股东大会应当于会议召开十五日前通知各股东。

这是股东大会的通知，一个是时间，境内 A 股公司年度股东大会需要提前 20 日（境外上市公司提前 45 日通知），注意这里是日，不是工作日或者交易日，就是自然日，临时股东大会要提前 15 日通知。注意，在计算起始期限时，不应当包括会议召开当日。通知的内容包括两个方面：

第一，时间和地点。时间好理解，就是某个日子某个时间，至于地点，召开股东大会需要现场召开，《上市公司股东大会规则》第 20 条规定："公司应当在公司住所地或公司章程规定的地点召开股东大会。"这里要注意的是，公司住所地不是公司住所，如有一家深圳上市公司把股东大会安排在深圳郊区某酒店距离市区和公司住所较远，交易所来问询，上市公司回复："《上市公司股东大会规则》和本公司章程规定召开股东大会的地点是住所地，也就是深圳市，目前安排的酒店属于深圳市，所以符合相关规定和公司章程。"不过，如果深圳公司开股东大会安排在上海，就不符合规定了。安排网络投票的还要通知网络投票的方式、方法、时间等，拟上市公司和新三板公司，一般就是现场开会。

另外，这里通知的方式也需要在公司章程里或者股东大会议事规则里规定，非上市公众公司和上市公司，通知的方法就是公告。非公众公司阶段的拟上市公司，股东人数一般有限，通知务必按章程规定执行并取得通知回执，即需要被通知股东在通知回执上签字或者加盖公章。

看一个通知有瑕疵股东会决议被判撤销的案例：

案情和判决

海南省三亚保力房地产投资开发有限公司（以下简称保力公司）

股东为海南天久置业有限公司（以下简称天久公司）和宝恒投资有限公司（以下简称宝恒公司），各自出资比例为90%和10%。

保力公司提交邮寄快递单，拟证明其已通知股东宝恒公司参加股东会临时会。但该邮寄快递单显示无人签收。既无法显示该通知已有效送达至宝恒公司，也无法显示邮寄的内容。

保力公司主张其已经以邮寄的方式通知董事参加董事会，但其提交的三份邮寄单上均注明为退回。既无法显示该通知已有效送达至董事，也无法显示邮寄的内容。

保力公司在《西藏日报》刊登通知的方式向股东、董事、监事发出董事会、监事会、股东会通知，落款时间为1月4日，会议时间定为1月17日（距会议召开日期不足法定的15日）。

宝恒公司向法院诉请撤销保力公司涉案的临时股东会决议、董事会决议、董事会临时会议决议、股东会临时会决议。

海南省高级人民法院终审判决：撤销保力公司涉案的临时股东会决议、董事会决议、董事会临时会议决议、股东会临时会决议。

保力公司不服海南高院的终审判决，向最高人民法院提出再审申请。最高人民法院裁定再审理由不成立，驳回再审申请。

败诉原因：保力公司通过邮寄方式通知召开股东会和董事会、监事会，却未能有效送达被通知对象。通过登报的方式通知召开会议，又不足法定的最低提前15日通知的期限，因此该公司会议召集程序违反法律规定。保力公司只有天久公司与宝恒公司两个股东，且天久公司为持有90%股份的大股东，在宝恒公司方面未参加临时股东会和董事会的情形下，临时股东会和董事会的召集程序和表决方式应认为存在重大瑕疵。

形式上虽有临时股东会决议和董事会决议存在，实质上的临时股东会决议和董事会决议应认为不存在。即未经依法召开股东会或董事会并作出会议决议，而是由实际控制公司的股东单方召开或虚构公司股东会、董事会及其会议决议的，即使该股东实际享有公司绝大多数的股份及相应的表决权，其单方形成的会议决议不能具有相应效力。

第二，审议事项。股东大会开会的时候，如果股东们事前并不知情但是大家一致通过，这是不可能的。股东大会开会的时候，并不是商量事前股东不知情的事务。股东大会上讨论的东西，叫作议案，这个议案是要有明确内容，这个内容必须属于股东大会的职权范围且按章程规定事前通知了股东。例如，ST 慧球的 1001 项股东大会提案就包括《关于公司建立健全员工恋爱审批制度》《董事会成员必须通过英语八级考试的议案》等，当然挑战监管权威的下场就是被永远逐出这个市场。从这个案例里，我们可以理解，提案是要符合股东大会职权范围的。《公司法》第 102 条规定，临时提案的内容应当属于股东大会职权范围，并有明确议题和具体决议事项。

2. 提案

谁可以提出议案？实务中，绝大部分股东大会是由董事会召集的，董事会决议召开股东大会的决议就要包括股东大会要审议的议案。这些提案可以是董事会提出的，也可以是监事会提出的，也可以是有权要求召集临时股东大会的持有 10% 股权的股东提出的，实务中，绝大多数默默运行的公司股东大会议案都是董事会提出的。

还有一种情况，就是股东大会通知发出后，股东的提案权。

《公司法》

第一百零二条第二款　单独或者合计持有公司百分之三以上股份的股东，可以在股东大会召开十日前提出临时提案并书面提交董事会；董事会应当在收到提案后二日内通知其他股东，并将该临时提案提交股东大会审议。

前面有权召集开会的股东股权比例是 10%，申请开股东大会同时要提出议案，这里 3% 是指股东大会通知发出后，单独或者合计持有公司 3% 以上股份的股东，可以在既定的股东大会上提出自己的议案。这里面有一个时间的限制，就是至少股东大会召开 10 日前，过了这个时间就不能再提了。董事会在收到股东议案后 2 日内要通知其他股东，因为没有通知股东的议案是不能在股东大会上表决的，如果是上市公司或新三板公司需要用公告方式来通知。现在我们可以回过头看一看前面讲的，万科 2017 年年度股东大会，老王为何要选在法定日期的最后一天，即 2017 年 6 月 30 日召开年度股东大会?

2017 年 5 月 15 日，万科董事会决议 2017 年 6 月 30 日召开年度股东大会，审议事项有 5 个，包括：2016 年度董事会报告、2016 年度监事会报告、2016 年度报告及摘要 、2016 年度利润分配方案、关于 2017 年续聘会计师事务所的议案。大家注意到了，这里面没有关于万科董事会、监事会人选任命的议案。自 2016 年，姚老板试图罢免万科现任所有董事监事以后，双方你来我往，好不热闹，万科现任董事会任期早已届满，处于超期服役状态，但是由于争夺白热化，宝能拿着 20% 的股权，万科只要表决董事、监事，按照累积投票制，姚老板不说彻底控制董事会、监事会，搞定几个董事席位、监事席位还是很简单的，只要你提出董事人员的议案，姚老板也可以提另外的董事人员议案，到时顺序表决不同的董事监事人选议案，只要姚老板集中使用投票权，送几个自己人进万科董事会也是应有之义，所以，万科迟迟不搞董事会换届，这次年度股东会也没有董事换届的议案。到了 2017 年 6 月 21 日，万科突然公告，说 19 号收到深圳地铁提出的三项议案，包括：《关于公司董事会换届暨选举非独立董事的议案》《关于公司董事会换届暨选举独立董事的议案》《关于公司监事会换届暨选举非职工代表监事的议案》，董事监事大换班，除了原来管理层基本都是深圳地铁方面推荐的候选人。深圳地铁是有提案权的股东，提出议案无可厚非，但是为何要在 19 号提出，那就是个技术问题。19 号距离股东大会开会日期 6 月 30 日超过 10 天，合法。万科董事会在 21 号公告，即收到提案后 2 日内通知股东，合法。但是，此时如果宝能 21 号看到万科公告，想再提出自己的董事监事候选人的议案，已经来不及了，因为 21 号距 6 月 30 日不到 10 天了。从上述操作来看，尽管之前宝能姚老板在有关部门的关照之下已然放弃了，但是老王和深圳地铁方面仍不放心，再来一个技术小动作保证万无一失。

根据《公司法》的规定，如果是股东大会通知里面没有的议案，是不得在股东大会上表决的。另外要注意的是，议案是不能修改的，修改就是一个新的议案，需要重新走通知流程。议案可以是并列的，一个议案同意某事，另一个议案否决同一件事，可以并列一起上股东大会，顺序表决。

（五）股东大会开会

1. 是不是必须开会？

股东大会既然是个会议，就要开会，股份公司确实如此，股东大会要作出一个决定必须按照章程规定开一个股东大会，而在有限责任公司阶段，股东可以一致书面作出决定而不开会就可以作出决定，《公司法》第 37 条第 2 款规定，对前款所列事项股东以书面形式一致表示同意的，可以不召开股东会会议，直接作出决定，并由全体股东在决定文件上签名、盖章。要特别留意，这一规定仅仅限于有限责任公司，股份公司的股东大会要行使职权必须开会，通过开会来行使股东大会职权。

2. 谁可以参加股东大会？

前面我们也讲过，一般召开股东大会可以有一个前置登记程序，但是根据相关法规，不管股东是否登记，只要股权登记日在册股东都有权参加股东大会，任何人不得阻拦。当然，并非只要是股东就能参加股东大会，还需要是该次股东大会的股权登记日在册股东，股权登记日应该在股东大会通知中明确，一般不超过 7 天与开会日之间。如果不是频繁交易的非公众公司，这个好解决，因为股权变动企业都掌握，股权变动要办理工商变更，要通过企业来做，企业自然就了解情况。可是如果已经是一个新三板公司就不一样了，因为股票始终处于交易状态，也就是处于变动中，有人来有人走，这个很正常，股权登记日当天买入的股票的是在册股东，登记日后买入股票的就不是在册股东了，那么怎样确定？就是在股权登记日这一天收市以后，去中登凭股东大会通知申请打印证券持有人名册，这个名册上有的股东，就是参加本次股东大会的股东。

股东可以亲自参加会议，股东有自然人和机构股东，都要出示身份证明，自然人就是自己的身份证，现场和股东名册对一下就确认身份。机构只能是机构的授权代表，要有机构的授权委托书和个人身份证明。

《上市公司章程指引》

第六十条　个人股东亲自出席会议的，应出示本人身份证或其他能够表明其身份的有效证件或证明、股票账户卡；委托代理他人出席会议的，应出示本人有效身份证件、股东授权委托书。法人股东应由法定代表人或者法定代表人委托的代理人出席会议。法定代表人出席会议的，应出示本人身份证、能证明其具有法定代表人资格的有效证明；委托代理人出席会议的，代理人应出示本人身份证、法人股东单位的法定代表人依法出具的书面授权委托书。

股东可以亲自参会，也可以委托别人，即委托他人代为出席和在授权范围内行使表决权。这里一定要注意，通常我们不接受全权委托，一般委托要把委托事项写清楚，也就是对本次股东大会所列议案怎样投票。

股东大会开始前都会有一个登记环节，出席会议的股东已经将代表股票数登记在册，一般还需要律师在场鉴证，这个具体要看公司章程和股东大会议事规则，如果是拟上市公司一定是与《上市公司章程指引》和《上市公司股东大会规则》相同。登记结束，要现场宣布参加本次股东大会的股东人数和代理人人数以及参加本次股东大会的股票数，此时迟到的股东一般就不能再参加本次会议。这个宣布的股票数很重要，因为表决是按登记股票数过半数或者2/3，所以参加会议有多少股票数这个基数就很关键。

另外，如果有优先股，参会规则也不一样。由于IPO之前优先股的情况较少发生，发生时查一下法规就可以了，我们在这里就不再讨论。

3. 谁要列席会议？

股东大会自然是股东参加，那么董监高要参加吗？当然看公司章程的规定，不过股改时经过律师修订的章程也是按《上市公司章程指引》和《上市公司股东大会规则》，都规定股东大会召开时，本公司全体董事、监事和董事会秘书应当出席会议，经理和其他高级管理人员应当列席会议。据此，董监高必须出席或者列席股东大会，一个是主持会议，另一个是接受股东现在质询。有个案例，一家上市公司开股东大会，大股东强行通过一个议案，大股东票多，二股东也没办法，但是，这次股东大会董秘没参加，二股东就起诉到法院，要求判决该次股东大会程序违法决议无效，法院最后支持了二股东。

4. 股东大会议程

开会一定要有一个主持人，《公司法》规定是董事长主持，董事长不履职时由副董事长或者半数董事推荐的董事主持，如果还没人能主持，那么才轮到监事会或者召集股东，一般中小企业不会发生这种情况，就是董事长主持。这里所谓主持就是宣布进行哪一项活动，例如宣布开会、开始投票等，具体环节需要宣读的文档由主持人指定某人，一般是董秘来执行。

记得有个领导的秘书回忆录里说第一次跟着领导开会，一场会开下来觉着几个老帅啥也没说，都在那里开玩笑，完了就散会了。另一种就是领导发言，大家激动地鼓掌。股东大会尽管是个“舶来品”，其实也差不多，股东大会不是来商量事情的，只是来确认事情的，除了表决，其他事情只是铺垫罢了。小公司股东就那么几个人，且都是内部人，大部分情况下可能在股东大会上出现的外部人是独立董事和律师。不过这些其实也是内部人的一种形式，所以开会就是个形式，但是为了资本运作，形式要做足。参加会议的来了要签到，会议要有事前制定好的议程，一般是先登记和选举监票人和计票人，登记完了，宣布参会人数和股票数（注意：上市公司的规定是在表决前宣布人数和股票数），宣布谁是监票人和计票人，然后宣布开会，第一就是宣读议案，第二是对议案逐项进行讨论，没人发言就算讨论过了，第三宣布开始投票，第四计票，第五宣布计票结果，第六签署会议记录，第七宣布会议结束。

如果公司已经登陆新三板，就有可能有外部陌生小股东要求来参加股东大会。尽管小股东的票对于股东大会决议形成来说，绝大多数时候无足轻重，但是有一种场景小股东参加会议就很关键了，即表决关联交易，很可能大股东们都回避表决了，如果该议案没人表决，就流产了。有个上市公司就是关联交易大股东回避了，小股东没来参加股东大会，结果关联交易的议案就流产了。这实际就是上市公司董秘没做好工作，知道关联股东都要回避表决，就应该至少安排一个小股东参加会议。另外，有了外人来参加，股东大会仪式感会更强一点。

记得某某软件第一次有外部股东来参加股东大会是在登陆新三板将近2年后，那时由于做市交易活跃，股东数已经从挂牌时的9人，增加到几百人，尽管外部股东不少，但是一直也没有要求来参加股东大会的，直到2016年开年度股东大会时，有一个，唯一的一个外部小股东，也就买了几万股，比例可以忽略不计，按照股东大会的通知进行了登记，要来参加股东大会，破天荒头一遭，那天开会全场都是自己人，只有小股东一人是头回见面，开会的时候大家也就不再开玩笑，一本正经按议程走，以前宣读议案就是一个形式，念个摘要啥的就结束了，这回一字不落念了一遍。

中小企业股东大会，一般来说大股东内部人有绝对多数的票，形式就是最主要的任务，既然是形式，那就要把形式功夫做足。

会议记录要做好，根据《上市公司章程指引》第72条股东大会记录的要求如下：

股东大会应有会议记录，由董事会秘书负责。

会议记录记载以下内容：

（一）会议时间、地点、议程和召集人姓名或名称；

（二）会议主持人以及出席或列席会议的董事、监事、经理和其他高级管理人员姓名；

（三）出席会议的股东和代理人人数、所持有表决权的股份总数及占公司股份总数的比例；

（四）对每一提案的审议经过、发言要点和表决结果；

（五）股东的质询意见或建议以及相应的答复或说明；

（六）律师及计票人、监票人姓名；

（七）本章程规定应当载入会议记录的其他内容。

《上市公司章程指引》同时规定出席会议的董事、监事、董事会秘书、召集人或其代表、会议主持人应当在会议记录上签名。实务中，上市前或者挂牌新三板前参加股东大会股东人数不多，股东也要在会议记录上签名。

5. 股东大会表决

股东大会表决是股东大会核心，我们讨论几个重要问题：

（1）按什么表决

《公司法》

第一百零三条　股东出席股东大会会议，所持每一股份有一表决权。但是，公司持有的本公司股份没有表决权。

一股就是一票，公司持有的票没有表决权，也不记入表决基数。现行上市公司和新三板公司是有优先股规定的，如果有优先股，章程需对优先股的表决权进行规定，一般情况下，优先股没有表决权。

（2）怎样投票

当然你可以在股东大会开始之前，先决议本次会议的表决方式，例如鼓掌通过，这个在搞资本运作的时候就不要搞了，因为事后要查股东大会是否合法合规，就要看书面证据，所以，建议以书面表决票的形式投票，表决票事先都打印好，顺序列上本次股东大会的所有议案，每一议案后面有三个选项："同意""不同意""弃权"，如果没有选或者选了两个都算弃权，每页表决票投票者都要亲笔签名。当会议主持人宣布开始投票，大家就在各自表决票上勾选加签字就好，会议工作人员在收表决票的时候，一定逐页检查，是否有漏签字的，没勾画都不要紧，就是弃权票，但是每页上面签字不能少。

（3）回避表决

一句话，关联股东对于涉及自己的关联交易要回避表决，关联股东持有的票，不计入该关联交易议案的表决基数中，既不能投票，也不能把票委托给别人投。

《上市公司章程指引》

第七十九条　股东大会审议有关关联交易事项时，关联股东不应当参与投票表决，其所代表的有表决权的股份数不计入有效表决总数；股东大会决议的公告应当充分披露非关联股东的表决情况。

谁是关联股东？参照上交所《上海证券交易所股票上市规则》：

10.2.2　上市公司股东大会审议关联交易事项时，关联股东应当回避表决。

前款所称关联股东包括下列股东或者具有下列情形之一的股东：

（一）为交易对方；

（二）为交易对方的直接或者间接控制人；

（三）被交易对方直接或者间接控制；

（四）与交易对方受同一法人或其他组织或者自然人直接或间接控制；

（五）因与交易对方或者其关联人存在尚未履行完毕的股权转让协议或者其他协议而使其表决权受到限制和影响的股东；

（六）中国证监会或者本所认定的可能造成上市公司利益对其倾斜的股东。

上面关于关联股东说得很清楚对吧？讲个故事看你懂了没有。有一回，那是在挂牌新三板以后，我正在办公室优哉游哉，证代慌里慌张跑进来说："不好了，出事情了，我们督导券商说我们股东大会关联交易没有回避表决，程序有重大错误。"我脑子嗡的一响，怎么会犯这么低级的错误，真是阴沟里翻了大船，不过不要慌。记得有个段子是这么说的，一个人坐火车，软卧包厢就他一个人，突然开门进来一个漂亮女子，反手关上门，说你给我1000块，不然我就撕开衣服喊人说你强奸，不料此人看着女子若无其事地比比手势指指自己嘴巴和耳朵，同时发出咿咿呀呀的声音，原来是个聋哑人，听不见，那人从茶几上拿起一张信笺和笔递给女子，女人没办法只好写下给1000块不然自己撕开衣服喊人强奸，这人拿过信笺看了看上面的字迹，平静地对女子说，你可以走了。所以，不要慌才是关键。我定了定神，问道是哪一个关联交易我们股东大会没有履行回避程序。证代说："就是上周我们开临时股东大会，董事会换届，我们老板老板娘都是自然人大股东，也是候选董事，自己选自己，这个关联交易没有回避表决。"听到这里我笑了，说道："你可以出去了。"

问题到底在哪里，你有没有点感觉？首先，我们在前面讲过什么是关联交易，一共有交易的 11 种情况再加日常交易的七种情况（忘了的翻翻前面），这些交易，注意交易是关联交易，遇到关联交易，关联股东要回避表决。那么任命董事是不是交易？不是！不是关联交易也就不需要回避表决。即使不了解法规，仅从法理上讲，这个说法就不成立。道理在哪里？根据《公司法》，股份公司股东的权利是什么？参加股东大会并表决，根据公司章程在股东大会上提案和提名董事候选人等，从公司治理的角度，提名董事候选人和表决选举董事、监事是股东参与公司管理的主要形式之一。我们假设一下，如果股东委派自己或者自己的代表作为董事候选人而在股东会相关议案表决时，该股东需要回避表决，那么股东参与委派董事这事就不可能实现，这明显和我们的常识不符。

（4）议案通过的股权比例

我们前面讲过，有限责任公司，表决权可以由章程约定，如果没约定就是按出资比例来。股份公司就不一样，一股就是一票。议案能否通过就看票够不够。有两种情况：第一种是普通议案，按出席当次股东大会的有表决权的票数，过半数同意，视为通过。第二种是特别决议，一些重大事项，例如修改章程，发行新股等需要出席当次股东大会有表决权的票数 2/3 同意，视为通过。除了特别决议的都是普通决议。什么是特别决议？法规都有特别规定。我们以《上市公司章程指引》为例：第七十七条下列事项由股东大会以特别决议通过：（一）公司增加或者减少注册资本；（二）公司的分立、合并、解散和清算；（三）本章程的修改；（四）公司在一年内购买、出售重大资产或者担保金额超过公司最近一期经审计总资产 30% 的；（五）股权激励计划；（六）法律、行政法规或本章程规定的，以及股东大会以普通决议认定会对公司产生重大影响的、需要以特别决议通过的其他事项。

（5）累积投票制

除了累积投票制，对一个议案一股只能投一票，只能选一种答案，同意、不同意或弃权，但是累积投票制不同。

《公司法》

第一百零五条　股东大会选举董事、监事，可以依照公司章程的规定或者股东大会的决议，实行累积投票制。本法所称累积投票制，是指股东大会选举董事或者监事时，每一股份拥有与应选董事或者监事人数相同的表决权，股东拥有的表决权可以集中使用。

《上市公司章程指引》

第八十二条　董事、监事候选人名单以提案的方式提请股东大会表决。股东大会就选举董事、监事进行表决时，根据本章程的规定或者股东大会的决议，可以实行累积投票制。前款所称累积投票制是指股东大会选举董事或者监事时，每一股份拥有与应选董事或者监事人数相同的表决权，股东拥有的表决权可以集中使用。董事会应当向股东公告候选董事、监事的简历和基本情况。注释：公司应当在章程中规定董事、监事提名的方式和程序，以及累积投票制的相关事宜。

上述规定文字清楚，不再讨论，有几点我们要注意：第一，“可以”不等于“必须”，如果要用累积投票制需要在章程里明确写清楚。第二，只有选举董事、监事可以使用累积投票制。为何要设计累积投票制？主要是保护中小股东利益。

我们看一个例子。假设某公司要选出3名董事，公司股份共计1亿股。为方便说明，将股东限定为两类，大股东以及一致行动人持股6000万股60%的股份；中小股东合计持股4000万股，拥有公司40%的股份。该公司股东大会拟选举3名董事，假定全部股东参与投票，大股东提出共计3名候选人张三、李四、王五，小股东提出赵六、洪七两名候选人。在通常的直接投票制度下，张三、李四、王五这3名候选人，每个董事候选人一个议案分别表决，大股东一举手，候选人就可当选。而小股东提名的候选人赵六、洪七，大股东举手反对，也会落选。结果就是大股东提名的3个候选人全部当选。而在累积投票制度下，投票结果则可能不相同。在累积投票制度中，大股东的表决权为共计6000万股乘以3（待选董事名额）=1.8亿个表决权。小股东的表决权为4000万股乘以3（待选董事名额）=1.2亿个表决权，合计表决权 3 亿个。累积投票制下，大股东 1.8 亿票，要保 3 个董事，每人票就是 1.8 亿 /3=0.6 亿，就不够用了，保两个比较靠谱，只好放弃一个，小股东一次性地将 1.2 亿个表决权全部投给其提名的某一个候选人，就必然可以让其当选为董事。这样在董事会中就会有小股东利益的代表。累积投票制度正是通过投票数的累积计算，扩大了股东的表决权数量，防止了大股东利用表决权的优势操纵董事选举。该投票制度还限制了表决权的重复使用，避免了大股东垄断全部董事选任。

明白了累积投票制的用途，你也就明白了在上市之前，是否需要设立累积投票制度，要建立需要在章程中明确规定，没规定的就是不采用累积投票制。

（6）公告和异议

股东大会胜利结束，如果是新三板公司还有一个环节是公告，根据股转的信息披露规则，股东大会决议须要在 2 日内公告。如果还不是公众公司，股东大会开完了就剩下股东大会决议的执行问题，有些股东大会决议是规定了有效执行期限的，例如权益分派，须在股东大会决议后 2 个月内实施。

股东大会结束了，如果股东认为股东大会有问题，救济的渠道是起诉。

《公司法》

第二十二条　公司股东会或者股东大会、董事会的决议内容违反法律、行政法规的无效。股东会或者股东大会、董事会的会议召集程序、表决方式违反法律、行政法规或者公司章程，或者决议内容违反公司章程的，股东可以自决议作出之日起六十日内，请求人民法院撤销。股东依照前款规定提起诉讼的，人民法院可以应公司的请求，要求股东提供相应担保。

公司根据股东会或者股东大会、董事会决议已办理变更登记的，人民法院宣告该决议无效或者撤销该决议后，公司应当向公司登记机关申请撤销变更登记。

第三节

董事会和董事

董事会在公司治理结构中处于中心位置，上接股东大会，下辖管理层，一般而言，控制了董事会就控制了公司，因为股东大会虽然是公司最高权力机构，但是股东大会一年也就开几次会，开会成本高、效率低，只能决定大事情。

公司大多时候由董事会来处理日常事务，董事会就那几个人，开会商量沟通都比较方便。另外，有时即便是大股东，如果遇到不对路数或者控制不了的强势董事会，谁笑到最后还不一定，看看老王和姚老板就知道了。中小民营企业多数时候实际控制人及其一致行动人、董事会成员和管理层成员是重合的。回忆一下前面讲过的那个例子，一家三口组成的股东大会、董事会和高管层，此时，大股东意志、董事会意志、管理层意志是靠人身设置来安排的，这种情况在股份制改造之前中小民营企业极为常见，到了股份制改造时，一般都要按 IPO 要求，也就是资本市场要求对董事会进行改造，以符合资本市场的公司治理要求。我们在这里主要讨论面向资本市场的股改时和股改后的股份公司董事会的组成、运作和任职要求，这些都是资本市场要求的规定动作，也就是“演”的内容，至于董事会成员的各方权力制衡等问题不是我们讨论的重点。

一、董事会的组成

（一）董事人数、职工董事和高管董事

根据《公司法》的规定，股份有限公司董事会由5~19人组成，中小民营企业规模一般不大，董事数量不易过多，否则影响效率，通常的就是7~9人为宜，具体人数必须在章程中约定。

《公司法》

第一百零八条　股份有限公司设董事会，其成员为五人至十九人。董事会成员中可以有公司职工代表。董事会中的职工代表由公司职工通过职工代表大会、职工大会或者其他形式民主选举产生。

《上市公司章程指引》

第一百零六条　董事会由【人数】名董事组成，设董事长1人，副董事长【人数】人。

注释：公司应当在章程中确定董事会人数。

注意：董事会成员中可以有职工代表，只是可以有，不是必须有，如果要设职工董事需要在公司章程中明确约定。职工董事是由职工组织，例如职工代表大会、职工大会选举出来，委任职工董事的这个权利就不再是股东大会拥有了，这个特别要留意，所以，在实务中，中小民营企业通常不会设职工董事。

高管董事是指由公司高级管理人员兼任的董事。

《上市公司章程指引》

第九十六条第三款　董事可以由经理或者其他高级管理人员兼任，但兼任经理或者其他高级管理人员职务的董事以及由职工代表担任的董事，总计不得超过公司董事总数的1/2。

也就是说，高管董事和职工董事合计在董事会人数中不超过一半。例如，7人制董事会，没有职工董事，那么兼任高级管理人员的董事就不能超过3人。那剩下是谁？独立董事。

（二）独立董事

独立董事的规范文件主要是证监会《关于在上市公司建立独立董事制度的指导意见》（以下简称《独立董事指导意见》）。根据《独立董事指导意见》之规定，上市公司独立董事是指不在公司担任除董事外的其他职务，并与其所受聘的上市公司及其主要股东不存在可能妨碍其进行独立客观判断的关系的董事。

关于独立董事的人数，《独立董事指导意见》规定，上市公司董事会成员中应当至少包括1/3独立董事。前面的例子中，7人制董事会，没有职工董事，3名高管董事不超过一半，独立董事要1/3，就是3人，这就是6个了，还有一个可以安排一个不兼任高管的内部人担任，也可以聘请外部人担任。如果是9人制董事会，没有职工董事，可以安排4名高管董事不超过一半，独立董事要1/3，就是3人，这就是7个了，还有两个董事席位，可以安排不兼任高管的内部人担任，也可以聘请外部人担任，如果你有重要战略投资者或者VC，那么通常这两个席位是留给他们的。

二、董事会的职权

关于董事会的职权，即哪些事情要上董事会。股改的时候，律师一般按照《上市公司章程指引》来修改章程，其中对于董事会权限的规定如下：

《上市公司章程指引》

第一百零七条　董事会行使下列职权：

（一）召集股东大会，并向股东大会报告工作；

（二）执行股东大会的决议；

（三）决定公司的经营计划和投资方案；

（四）制订公司的年度财务预算方案、决算方案；

（五）制订公司的利润分配方案和弥补亏损方案；

（六）制订公司增加或者减少注册资本、发行债券或其他证券及上市方案；

（七）拟订公司重大收购、收购本公司股票或者合并、分立、解散及变更公司形式的方案；

（八）在股东大会授权范围内，决定公司对外投资、收购出售资产、资产抵押、对外担保事项、委托理财、关联交易等事项；

（九）决定公司内部管理机构的设置；

（十）聘任或者解聘公司经理、董事会秘书；根据经理的提名，聘任或者解聘公司副经理、财务负责人等高级管理人员，并决定其报酬事项和奖惩事项；

（十一）制定制度公司的基本管理制度；

（十二）制订本章程的修改方案；

（十三）管理公司信息披露事项；

（十四）向股东大会提请聘请或更换为公司审计的会计师事务所；

（十五）听取公司经理的工作汇报并检查经理的工作；

（十六）法律、行政法规、部门规章或本章程授予的其他职权。

注释：公司股东大会可以授权公司董事会按照公司章程的约定向优先股股东支付股息。

超过股东大会授权范围的事项，应当提交股东大会审议。

第一百一十条　董事会应当确定对外投资、收购出售资产、资产抵押、对外担保事项、委托理财、关联交易的权限，建立严格的审查和决策程序；重大投资项目应当组织有关专家、专业人员进行评审，并报股东大会批准。

注释：公司董事会应当根据相关的法律、法规及公司实际情况，在章程中确定符合公司具体要求的权限范围，以及涉及资金占公司资产的具体比例。

根据《上市公司章程指引》的规定，董事会职权分为以下几个方面：

（1）替股东大会“跑腿”。包括：召集股东会、在股东大会上提出议案，也就是股东大会上公司内部提出的议案，如利润分配方案，当然有提案权的股东也可以提。在实务中，公司内部决定事项需要上股东大会的，由董事会来决定。记着，股东大会是决议机构，不会自己产生决议的内容，决议的内容多数情况下由董事会决定，就是由董事会决定议案内容并提交股东大会表决。股东大会作出决定的事务，具体执行是董事会来落实。

（2）任命管理层，也就是人事权。董事会任命高级管理人员，具体什么是高级管理人员，需要参看公司章程的规定，一般包括经理、副经理、财务负责人和董事会秘书。高级管理人员由董事会任命，其薪酬由董事会决定，任免权加决定工资多少就是人事权。除了决定任免和薪酬，董事会还要监督检查管理层的工作。

（3）决定管理制度。这个很重要，除了需要股东大会决定的基本制度以外，公司的管理制度由董事会决定，或者有董事会授权管理层的负责人，一般就是总经理来决定。

（4）在股东大会授权的范围内决定具体事务。我们知道我国的公司治理结构是一个三层的结构，即股东大会、董事会、总经理（管理层），什么事情由哪个层次来决定是核心问题。这个需要在章程中明确，之前我们讲了股东大会的职权，这里讲董事会的职权，除此就是总经理的职权。当一个事情来了，我们判断应该由哪个层次作出决定，主要就是看公司章程的规定，先看自家章程具体规定是怎样，如果明确规定是股东会的职权、董事会的职权，就不要草率放过。例如有家新三板公司董秘问我，我们董事长薪酬要不要股东大会批准，这个是需要的，董事长有可能也是大股东、实际控制人，但是董事长首先是董事，董事薪酬由股东大会决定，尽管可能就是自己批准自己，但是这个形式要合法。

《上市公司章程指引》还规定董事会应当确定对外投资、收购出售资产、资产抵押、对外担保事项、委托理财、关联交易的权限。也就是说，要把权限写清楚，不能说重大的由股东大会来，日常的由董事会来，这样模糊的定义，而是需要把标准和事项明确规定出来。法规并没有规定具体董事会的权限，在一般操作中，都是按照证券交易所上市指引来规定。需要披露的交易标准要上董事会，这个原理在于，需要披露的交易标准一般是约定俗成的重要事项界限，在此标准以上需要披露，披露的时候董事要保证披露信息的真实、准确、完整，所以到了这个标准由董事会来决定也就顺理成章。

上交所《上市公司章程指引》交易事项披露标准

上述交易事项达到一定数量标准，需要及时披露，标准如表 4–2 所示，共同的比较基准都是最近一个会计年度经审计的会计数据。

表 4-2 交易事项披露标准

序号	交易事项	对比基准	量化指标	备注
1	资产总额	总资产	≥ 10%	交易标的资产总额取账面值和评估值高者
2	成交金额	净资产	≥ 10% 且超过 1000 万元	
3	交易产生的利润	净利润	≥ 10% 且超过 100 万元	
4	项目营业收入	营业收入	≥ 10% 且超过 1000 万元	
5	项目的净利润	净利润	≥ 10% 且超过 100 万元	

上市公司当交易事项达到上述数量标准，需要及时披露，记得之前要上股东大会的交易标准。就是在上述交易标准基础上乘以 5，5 倍关系，10% 要披露，50% 就要上股东大会。

所以，我们在股改时，制定拟上市公司章程时，一般用披露标准作为董事会的权限，到了就开董事会，达到股东大会权限的就要上股东大会，如果没有达到董事会权限的就由总经理决定。

另外，上市公司关联交易达到一定标准要披露，《上海证券交易所股票上市规则》规定：

10.2.3 上市公司与关联自然人发生的交易金额在 30 万元以上的关联交易（上市公司提供担保除外），应当及时披露。

公司不得直接或者间接向董事、监事、高级管理人员提供借款。

10.2.4 上市公司与关联法人发生的交易金额在 300 万元以上，且占公司最近一期经审计净资产绝对值 0.5% 以上的关联交易（上市公司提供担保除外），应当及时披露。

一般情况下，股改时拟上市公司章程也把上述关联交易标准列入董事会职权，即与关联自然人交易额超过人民币 30 万元，与关联法人交易额超过人民币 300 万元且达到净资产 0.5% 的需要由董事会批准；之下的关联交易谁批准？一般情况应该由总经理批准，这个需要在总经理工作职责中约定。另外，公司不得直接或者间接向董事、监事、高级管理人员提供借款，这个是红线要记住。

上述事项都属于需要股东大会授权董事会的，即股东大会通过对章程中董事会权限条款的规定，决定授权董事会职权的范围，在实际运作中，董事会应该严格按照章程的规定履行职责，不得越权代替股东大会作出决定。

三、董事会开会

（一）董事会议事规则

董事会也是一个会议组织，不是一个人格，所以董事会要作出决定需要按照既定程序召开董事会，并对决议事项进行表决才算作出决定。

《上市公司章程指引》

第一百零九条　董事会制定董事会议事规则，以确保董事会落实股东大会决议，提高工作效率，保证科学决策。

注释：该规则规定董事会的召开和表决程序，董事会议事规则应列入公司章程或作为章程的附件，由董事会拟定，股东大会批准。

董事会的议事规则要事前制定出来，且作为公司章程或者公司章程附件，由股东大会批准，也就是说，董事会不能自己制定和修改自己开会的规则。

（二）董事会召开和通知

根据《公司法》和《上市公司章程指引》规定，一年内，董事会至少开两次会，这个是（年度）董事会，其他叫临时董事会，实际上股份公司董事会是很频繁的，时间点有四个：第一，要开股东大会了，需要先开个董事会决定股东大会议案和发出股东大会通知。第二，日常事务达到章程规定需要董事会决定的，就要开会。第三，法规或者外部要求或者章程规定需要董事会决议的，如新三板公司披露定期报告，该定期报告需要董事会确认，董事会不是人格，只能开会作出决议。第四，虽然章程没有规定，但是董事会觉着是重要事项需要开会的。

理论上董事会召集者是董事长，董事长由董事会选举产生，另外，代表 1/10 以上表决权的股东、1/3 以上董事或者监事会，可以提议召开董事会临时会议。（年度）董事会开会通知应该在开会前 10 日通知各董事，

（临时）董事会通知时间和方式由章程约定，例如提前5天采用电子邮件方式通知。实务中，通知需要签署回执。董事会通知应当包括：会议日期和地点；会议期限；事由及议题；发出通知的日期；会议召开的具体方式。

实务中，有时独立董事或者其他外部董事就是个“花瓶”，但是照章办事还是需要的，要事前把开董事会要商议的事情和相关资料按照章程通知外部董事，毕竟他们不参与公司日常运作不了解情况，往往是闭着眼睛签字，对于企业而言，尊重外部董事特别是独立董事意见是遵守资本市场规则的必修课。

（三）董事会开会形式和表决

董事会开会最正常的方式就是现场召开、现场表决，地点一般就是公司会议室，表决可以采用书面表决也可以举手表决，章程里都可以约定。是否可以采用其他方式召开？一般情况下，需要在章程中约定，例如书面表决方式、通信表决方式、传真表决方式，这几种方式都不是现场召开，实务中，董事会经常频繁作出决议，传真会议、电视电话会议等非现场方式效率比较高，所以在章程中约定现场召开以外的开会方式就很重要，给自己日常操作留出空间。另外，董事会最重要的是表决的依据，如果是拟IPO企业，建议不管什么方式开会，一律书面表决，即签署表决票方式，这个是唯一可以事后检查的文档。

董事可以自己参加董事会，也可以书面委托其他董事代为投票。注意，独立董事只能委托独立董事代理投票。

董事会表决是一人一票，需要全体董事过半数参加，董事会才能召开，全体董事过半数董事同意议案才算通过。例如7人制董事会开会，需要至少几人参加才能开会？过半数就是至少4人参加才能开会；那么这个董事会上要几人同意议案才能通过？ 4人全体董事过半数同意。这里和股东大会计票不一样，股东大会是按出席会议的票数的比例来决定，董事会是按全体董事数量的比例来决定。

关联董事需要对关联交易议案回避表决。什么叫关联董事？

《上海证券交易所股票上市规则》

10.2.1　上市公司董事会审议关联交易事项时，关联董事应当回避表决，也不得代理其他董事行使表决权。该董事会会议由过半数的非关联董事出席即可举行，董事会会议所作决议须经非关联董事过半数通过。出席董事会会议的非关联董事人数不足3人的，公司应当将交易提交股东大会审议。

前款所称关联董事包括下列董事或者具有下列情形之一的董事：

（一）为交易对方；

（二）为交易对方的直接或者间接控制人；

（三）在交易对方任职，或者在能直接或间接控制该交易对方的法人或其他组织、该交易对方直接或者间接控制的法人或其他组织任职；

（四）为交易对方或者其直接或者间接控制人的关系密切的家庭成员［具体范围参见第10.1.5条第（四）项的规定］；

（五）为交易对方或者其直接或者间接控制人的董事、监事或高级管理人员的关系密切的家庭成员［具体范围参见第10.1.5条第（四）项的规定］；

（六）中国证监会、本所或者上市公司基于实质重于形式原则认定的其独立商业判断可能受到影响的董事。

如果董事换届，董事会提名现有董事续任，这样一个议案需要先过董事会再提交股东大会审议，这个董事会上，原有董事投票的议案就是他自己，这个要不要回避表决？不要。关联交易的关联董事需要回避表决，而提名董事人选不是关联交易的内容。

如果有一个关联交易，7人制董事会有4人是关联董事回避表决，另外一名董事请假，还剩2人，怎么办？直接上股东大会，回避以后非关联董事不足3人的由股东大会审议。

延伸阅读

关联董事回避表决案例

关于关联董事确认和回避表决的规定就是上述列出的内容，一般都会修改到公司章程中，很清楚对吧。但是在实际操作中就不那么简单了，我们来看看2016年6月18日万科独立董事回避表决带来的一系列争议。

2017年6月17日下午，万科在公司总部召开董事会，表决增发股份引入深圳地铁重组预案。这个其实是在万科面对宝能的举牌引入的白马骑士，现在我们都知道宝万之争的结局，最终深铁完胜，华润、姚老板、许老板、王老板统统黯然出局。我们这个案例不是讲宝万之争，而是关于董事投票问题。

当时，万科董事会成员包括王石、乔世波、郁亮、孙建一、魏斌、陈鹰、王文金、张利平、华生、罗君美、海闻共11人；其中万科、华润各占3人，另外5人中独立董事占4人。

会议应到董事11人，亲自出席及授权出席董事11人。

根据万科公司章程，增发股票议案需董事会2/3以上通过方为有效。我们之前讲过，董事会是按全体董事数计算表决，同时，如果有关联董事回避表决的，回避的董事不计入表决基数。11个董事的2/3以上就是8票，如果有一人回避表决，就是10人，2/3以上就是7票同意。我们来看投票结果，万科公告称："张利平独立董事向公司董事会书面申明：就本次会议所审议的12项议案，由于其本人任职的美国黑石集团正在与公司洽售在中国的一个大型商业物业项目，带来潜在的关联与利益冲突，存在《公司章程》第152条第2款所述之关联关系，不得对该等12项议案予以表决，特此回避本次会议12项议案之投票表决。本次会议通过了以下议案：

关于公司符合发行股份购买资产条件的议案。

本议案事项尚需提交公司股东大会审议。

表决结果：同意7票，反对3票，弃权0票。

乔世波董事、魏斌董事、陈鹰董事对议案提出反对意见，理由与对议案二部分细项的反对意见相同。

从结果来看，基本就是7票同意，3票反对，0票弃权。

那么问题就来了。第二天华润声称：“万科章程第137条明确规定涉及增加注册资本的事项应经董事会2/3以上董事表决同意。由于董事会2/3以上的人数为8人，而本次董事会议有关万科发行股份的议案均只获得7名董事表决同意，故华润认为该等议案并未依法获得通过。”

华润援引的是《公司法》，由于赞成票（7票）并未超过所有董事的2/3（8票），按公司章程，认为这一议案未获通过。

万科同样援引《公司法》，认为经过无关联关系的10位董事投票，7位董事赞成，3名华润董事表示反对，最终董事会以超过2/3的票数通过此次预案。本次会议的表决程序符合《公司法》及《公司章程》的有关规定，本次会议作出的决议合法、有效。

双方争议的核心是张利平独立董事回避表决是否成立。

6月22日深交所也发来问询函，其中一条就是询问张利平回避的具体原因，该原因与本次交易之间的关系，并说明该独立董事需回避的认定程序、认定原因及是否符合公司相关规定；进一步说明独立董事回避表决是否合法合规、本次董事会作出的决议是否合法有效。

7月2日，万科以君合律师事务所法律意见书形式回复了深交所的问询，其中关于张利平独立董事回避的问题，是这样表述的：“根据张利平独立董事于2016年6月25日出具的《回复函》，其确认：‘本人所任职的黑石集团管理的房地产基金正在与万科洽售一项大型商业物业项目（以下简称黑石商业收购项目），该项交易标的涉及在中国的多个商场。根据本次董事会审议的本次交易预案及万科管理层的介绍，本次交易引进地铁集团对万科而言是其实施从传统的住宅开发商向城市配套服务商这一重要业务转型的契机，该交易完成后万科需要加强商业物业项目开发、管理能力。本人认为，从商业逻辑上来看本次交易的通过与否可能影响黑石商业收购项目的通过与否，本人对本次交易的独立商业判断因而可能受到影响。基于诚信勤勉和忠实之目的，本人在本次会议上披露了上述可能影响本人独立商业判断的原因，并本着审慎的原则,本人在本次会议上作出予以回避表决的意思表示。'同时，法律意见书援引深交所《股票上市规则》第 10.2.1 条之（六）中国证监会、深交所或者上市公司认定的因其他原因使其独立的商业判断可能受到影响的人士。根据上述第（六）项'上市公司认定的因其他原因使其独立的商业判断可能受到影响的'情形，根据本次会议的会议录音等资料，在张利平独立董事申明回避原因并实行回避的情况下，出席会议的其他万科董事在本次会议表决前并未提出异议。认定张利平独立董事回避没有问题。"

7 月 3 日，华润找来了以江平为首的 13 位法律界专家来了个论证，称这个回避不成立，主要原因是《公司法》所称关联董事，是与万科有交易，而张利平任职的黑石与万科的交易，不妨碍他作为独立董事判断万科与在深圳地铁的交易。

上述资料大家可以作为学习《公司法》的绝佳教材，充分理解法规与千差万别的公司治理活动。

在这个争议中，万科独立董事华生不断爆料，让我们从另外一个侧面了解争议的背景和不同人从不同角度理解法规的方式。[1]

董事会开完要形成文档，这个非常重要，文档包括：（1）通知和董事签名的通知回执。表示确实通知过，且董事收到了通知。（2）会议签到表。表示董事确实出席了会议。（3）会议记录包括：①会议召开的日期、地点和召集人姓名；②出席董事的姓名以及受他人委托出席董事会的董事（代理人）姓名；③会议议程；④董事发言要点；⑤每一决议事项的表决方式和结果（表决结果应载明赞成、反对或弃权的票数），会议记录有与会董事和董事会秘书签字。其中董事发言要点是平时不太注意的环节，如果拟 IPO，最好全程录音并整理成发言要点，如果

1 有兴趣的可以参阅《华生再撰文，谈独董张利平回避权之争的实质》，载 http://m.21jingji.com，最后访问日期：2017 年 12 月 5 日。

没开会，就书面决议了，那只好董秘自己编一个，充分展开想象的翅膀。（4）书面表决票，表决票列明各项议案，后面是投票结果，同意、不同意、弃权，选择两项或者不选择的视为弃权。表决票由投票董事或者代理人签字。

四、专门委员会和独立董事

这个要单独说一下，如果不搞IPO，独立董事和董事会专门委员会不是公司治理标配。2016年到2017年，新三板有一个非常重要的投资逻辑就是pre-IPO，就是新三板公司去申请IPO，企业一宣布要去IPO就涨，不过这里面有真去IPO的，也有仅仅做做样子的，你看他是不是真去IPO，独立董事是否到位就是关键指标之一，要IPO就要把独立董事制度建立起来，最起码3个，这三个独立董事是要发津贴的，一年也有几十万元，真要老板出血了，他就认真了，要不签个券商宣布一下，也没啥成本。所以看独立董事进来没有是一个重要的IPO标志。

独立董事的规定，主要依据证监会《关于在上市公司建立独立董事制度的指导意见》（以下简称《指导意见》），根据《指导意见》，要把独立董事的相关规定添加到公司章程里，一般都会有独立的两章，一章是独立董事，另一章是董事会专门委员会。

下面我们罗列一下《指导意见》对独立董事的规定。

（一）独立董事人数和任期

设立独立董事制度，独立董事要占全体董事人数的1/3，且不少于3人，一般7~9人制的中小企业董事会，最少3个独立董事，满足基本要求就好。3位独立董事中需要一个是会计专业人士，会计专业人士是指具有高级职称或注册会计师资格的人士，一般两种来源：一个是会计师事务所的合伙人，另一个是大学会计或者财务专业的教授。其他没有规定，通常有几种来源：一是律师，二是行业专家（多数是大学教授或者知名学者），三是大公司高管。

关于独立董事的法定要求，根据《指导意见》规定，担任独立董事应当符合下列基本条件：

（1）根据法律、行政法规及其他有关规定，具备担任上市公司董事的资格；

（2）具有本《指导意见》所要求的独立性；

（3）具备上市公司运作的基本知识，熟悉相关法律、行政法规、规章及规则；

（4）具有五年以上法律、经济或者其他履行独立董事职责所必需的工作经验；

（5）公司章程规定的其他条件。

这是上市公司的标准，拟上市公司，一般不需要考虑独立董事候选人是否持有证券交易所颁发的独立董事证书，这个证书取得容易，到IPO成功后再去参加培训取得证书也是允许的。但是如果你的独立董事候选人是个刚毕业大学生，没有5年工作经验就不适合了。还有就是随便找一个熟人，他的背景和履历是否能履行独立董事职责就存疑了。所以，选择大学教授、知名学者、知名行业专家、大公司高管、律师合伙人、会计师合伙人等，这些人履历在那里摆着，不证自明，省得未来你要证明他们有履职能力。

独立董事任期是有限制的，最多两届6年。

（二）独立董事的法定资格限制

既然独立董事是独立的，这个独立主要是为了保护中小股东利益，那么就不能和公司或者公司大股东实际控制人有妨碍其独立性的情况，根据《指导意见》，不得担任独立董事的情况包括：

（1）在上市公司或者其附属企业任职的人员及其直系亲属、主要社会关系（直系亲属是指配偶、父母、子女等；主要社会关系是指兄弟姐妹、岳父母、儿媳女婿、兄弟姐妹的配偶、配偶的兄弟姐妹等）；

（2）直接或间接持有上市公司已发行股份1%以上或者是上市公司前十名股东中的自然人股东及其直系亲属；

（3）在直接或间接持有上市公司已发行股份5%以上的股东单位或者在上市公司前五名股东单位任职的人员及其直系亲属；

（4）最近1年内曾经具有前3项所列举情形的人员；

（5）为上市公司或者其附属企业提供财务、法律、咨询等服务的人员；

（6）公司章程规定的其他人员；

（7）中国证监会认定的其他人员。

在实务中，如果要IPO，上述独立性标准只是明文规定的情况，请注意，还有一条叫“中国证监会认定的其他人员”，所以还有一些可能达不到上述标准，但只要审核人员认为可能影响独立性，都要进行规范和清理。例如，某IPO企业实际控制人近亲属小比例投资了一独立董事担任负责人的公司，从上述标准看不构成对独立性的影响，但是这个关系存在就是一个隐患，最后还是清理了事。

另外，党政领导干部、公务员也有限制，不能出任民营企业独立董事。特别要注意的是，大学教授如果担任领导职务也不能出任。关于独立董事的资格，拟上市公司在决定人选的时候一定要咨询下你的IPO或者股改律师的意见，事先审查一下是否存在任职障碍。

（三）独立董事的特别职权

总结一下指导意见，独立董事这个拟IPO才有的公司治理要素的特殊规定如下：

1. 董事会专门委员会

除了不设董事会的有限责任公司以外，公司都要有董事会，董事会里面可以设专门委员会，也是上市公司才有的要求，一般会设战略、薪酬、审计、提名等委员会，这四个是标配。设立了董事会专门委员会，董事会的议事程序要发生变化，即章程规定由专门委员会负责的事情，需要专门委员会先开会决议出议案内容才能提交董事会表决。例如总经理人选，就应该由提名委员会先开会决议出提名议案，提交到董事会表决。所以，如果设立专门委员会，在专门委员会职权范围内的，需要先过专门委员会。其中薪酬、审计、提名等委员会，独立董事要占多数，并且召集人也就是委员会主任或者主席由独立董事担任，审计委员会主任或者主席最好由独立董事中会计专业人士担任。这都是IPO要做的功课，没啥好解释的，照做就是了。

《上市公司治理准则》

第五十二条　上市公司董事会可以按照股东大会的有关决议，设立战略、审计、提名、薪酬与考核等专门委员会。专门委员会成员全部由董事组成，其中审计委员会、提名委员会、薪酬与考核委员会中独立董事应占多数并担任召集人，审计委员会中至少应有一名独立董事是会计专业人士。

第五十三条　战略委员会的主要职责是对公司长期发展战略和重大投资决策进行研究并提出建议。

第五十四条　审计委员会的主要职责是：（1）提议聘请或更换外部审计机构；（2）监督公司的内部审计制度及其实施；（3）负责内部审计与外部审计之间的沟通；（4）审核公司的财务信息及其披露；（5）审查公司的内控制度。

第五十五条　提名委员会的主要职责是：（1）研究董事、经理人员的选择标准和程序并提出建议；（2）广泛搜寻合格的董事和经理人员的人选；（3）对董事候选人和经理人选进行审查并提出建议。

第五十六条　薪酬与考核委员会的主要职责是：（1）研究董事与经理人员考核的标准，进行考核并提出建议；（2）研究和审查董事、高级管理人员的薪酬政策与方案。

第五十七条　各专门委员会可以聘请中介机构提供专业意见，有关费用由公司承担。

第五十八条　各专门委员会对董事会负责，各专门委员会的提案应提交董事会审查决定。

上述这些董事会专门委员会的内容，通常在股改的时候，律师会原封不动地写入公司章程。

另外，审计委员会在组织架构上是领导内部审计部，这个需要留意，即内部审计部是由董事会直接领导，内部审计部向审计委员会汇报工作，不是由总经理管理。股改时，一般就要把内部审计部建立起来，这个也是中小民营企业在去资本市场的时候才会建立起来的内部机构，内部控制系统有效运作，也是资本市场的基本要求，内控系统有效运作，首先得有机构，得有人员在岗履职，这个内部审计机构汇报的对象不是总经理，而是董事会，如果董事会设立了审计委员会，这内部审计部向董事会审计委员汇报工作。

《上市公司章程指引》

第一百五十六条 公司实行内部审计制度，配备专职审计人员，对公司财务收支和经济活动进行内部审计监督。

第一百五十七条 公司内部审计制度和审计人员的职责，应当经董事会批准后实施。审计负责人向董事会负责并报告工作。

2. 独立董事事前同意

重大关联交易，即上市公司拟与关联人达成的总额高于300万元或高于上市公司最近经审计净资产值的5%的关联交易，需要独立董事事前认可才能提交董事会。

3. 独立董事单独发表意见

根据《关于在上市公司建立独立董事制度的指导意见》第6条，独立董事应当对上市公司重大事项发表独立意见。（1）独立董事还应当对以下事项向董事会或股东大会发表独立意见：①提名、任免董事；②聘任或解聘高级管理人员；③公司董事、高级管理人员的薪酬；④上市公司的股东、实际控制人及其关联企业对上市公司现有或新发生的总额高于300万元或高于上市公司最近经审计净资产值的5%的借款或其他资金往来，以及公司是否采取有效措施回收欠款；⑤独立董事认为可能损害中小股东权益的事项；⑥公司章程规定的其他事项。（2）独立董事应当就上述事项发表以下几类意见之一：同意；保留意见及其理由；反对意见及其理由；无法发表意见及其障碍。

4. 其他特别职权

独立董事的其他特别职权包括：向董事会提议聘用或解聘会计师事务所；向董事会提请召开临时股东大会；提议召开董事会；独立聘请外部审计机构和咨询机构；可以在股东大会召开前公开向股东征集投票权。

5. 独立董事行使职权的方式

独立董事是以全体独立董事的名义行使职权。《指导意见》规定："独立董事行使上述职权应当取得全体独立董事的1/2以上同意。"如果是新三板或者上市公司，独立董事意见涉及披露的，如果独立董事未能就权限内事项达成意见，就各自分别披露各自意见。

延伸阅读

董事会公章，是一个怎样神奇的存在?

新三板创新层董秘都要参加股转董秘考试，先出道题考考你。

新三板公司临时公告应加盖（ ）。

A. 公司公章 B. 董事会公章 C. 监事会公章 D. 不用盖章

如果是考试，这个简单，《全国中小企业股份转让系统挂牌公司信息披露细则（试行）》（以下简称《信息披露细则》）第 21 条规定，临时报告是指挂牌公司按照法律法规和全国股份转让系统公司有关规定发布的除定期报告以外的公告。临时报告应当加盖董事会公章并由公司董事会发布。（深交所和上交所上市规则关于临时公告的规定也包括了加盖董事会公章的要求）。

按《信息披露细则》规定，新三板公司临时公告应加盖董事会公章。

可是在实践里，你看看新三板公司的临时公告，基本有三种情况：加盖董事会公章，加盖公司公章，还有就是不盖章的。

我顺便问了 10 个董秘，询问他们有没有制定“董事会公章的管理办法”，居然没有一家有这个办法。

这个问题是哪里来的？有个朋友问我：“请教一个问题，我看信息披露公告中都有这么一句话：‘本公司及全体董事保证’，那像我公司信息披露时，以董事会名义披露，需要每次作为一个议题开董事会讨论吗？如不需要，需要告诉全体董事并做相关手续吗？”

真是个好问题，饶胖作为老董秘，这些事情都是熟视无睹，相当于潜意识自动操作，真没想过，那我们就来理一理。

这句话哪里来的？《全国中小企业股份转让系统临时公告格式模板》开篇一段如下：

本公司及董事会全体成员保证公告内容不存在虚假记载、误导性陈述或者重大遗漏，并对其内容的真实、准确和完整承担个别及连带责任。

董事 ×××、××× 因（具体和明确的理由）不能保证公告内容真实、准确、完整。

这个法律规定来源于《信息披露细则》第 4 条的规定，挂牌公司及相关信息披露义务人应当及时、公平地披露所有对公司股票及其他证券品种转让价格可能产生较大影响的信息（以下简称重大信息），并保证信息披露内容的真实、准确、完整，不存在虚假记载、误导性陈述或重大遗漏。

根据《信息披露细则》，临时公告的信息披露义务人是董事会，临时报告应当加盖董事会公章并由公司董事会发布，所以，本公司以及董事会全体成员保证披露内容的真实、准确、完整并承担连带责任。

临时公告是董事会发布的，但为何董事承担连带责任？这就是那个朋友问的问题。如果临时公告是召开董事会的，参会董事要签字，这个没有问题，可是大量临时公告是不开董事会的，这个时候董事会怎样决策？

董事会不是一个人，是一个会议组织，新三板创新层公司按分层管理办法都要制定且公告董事会制度，这个制度其实就是董事会的议事规则，董事会不管什么事情需要决策都要开会，不管批准、拒绝，都要开会，不能说不开会就出具文件，然后盖个董事会公章，这个有法律效力吗？

不知道大家有没有注意过，上市公司（挂牌公司）年报董事会的日期，审计报告会有一段话："本财务报表业经本公司董事会批准通过"，即董事会开会并形成决议批准了该财务报表，但是实际上审计报告出炉以后，会计师事务所还需要走一套内核流程，报告定稿准备好了以后才拿到董事会，那么审计报告日期提前定好，就定在董事会这一天，就没有什么法律瑕疵，否则，审计报告日期早于董事会开会日期，如果有人较真，这个报告就是有问题的。例如，公司章程规定由董事会批准的合同，签署日期应该在董事会批准该议案的当天或者以后的日期。

所以，董事会本身是一个会议组织，不是一个民事主体，因而对外作出保证时，只能是个别董事个人的保证，从理论上讲，在临时公告发布前应得到作出保证的董事的同意，否则，就应该列出，哪些董事因何原因不对本临时公告内容作出保证。

有人会问：有这种有的董事保证、有的董事不保证的临时公告吗？饶胖找了一下，还真有。

股份代码：430134　　股份简称：可来博　　公告编号：2014-041

北京中科可来博电子科技股份有限公司

股票解除限售的公告

本公司及董事会全体成员（除董事陈秀岚以外）保证公告内容的真实、准确和完整，没有虚假记载、误导性陈述或者重大遗漏，并对其内容的真实性、准确性和完整性承担个别及连带法律责任。

董事陈秀岚因前期出国无法取得联系不能保证公告内容真实、准确、完整。

说回到董事会公章这个神奇的存在，现在就清楚了，即盖了也代表不了什么。所以，有人有，有人没有，有人盖，有人不盖，都没有什么太大关系。当然董事会公章还有个用处，你要去考董秘证，不管是上交所、深交所还是新三板，都需要董事会推荐函，加盖董事会公章，当然，实践中，如果没有董事会章，公司公章也行。

第四节

监事会和监事

我经常给新三板的董秘班上课，有一门课是董秘概述，其中一个内容就是董秘的职责。我一般都会考考大家：“你看，我描述一下新三板董秘职责：负责股东大会、董事会、监事会三会组织。这句话对吗？”不对，董秘负责股东大会和董事会的组织运作，不负责监事会，为什么？监事会就是监督高管的，董秘就是高管成员，哪能由被监督对象组织监督组织工作的。为什么大家会答错？因为实务中，中小民营企业确实是董秘在组织监事会，我们这些董秘有一个体会，监事除了是个同事以外，其他什么都不干，都是由董秘或者证代准备好文件他签个字或者来开个会，如果年度股东大会，监事会报告还得给他写好，他就是一个会喘气的角色罢了。

为什么会这样？在我国的公司治理结构中，中小民营企业的监事会其实是一个尴尬的存在。资本市场规定的公司治理规范有这么个组织，也要求规范运作，但实际上就是个摆设，不能起到原本设计的公司治理作用。在治理理论上，设计得很好、很理想，股东大会决定重要事情，董事会向股东大会负责，决定日常事务并任命管理层监督管理层工作，股东大会同时任命一个监督检查机构——监事会来监督检查董事会、管理层的工作，看起来互相制衡，完美！但是，中小民营企业的监事仍然是内部人，就是个中层或者基层员工，你让他们监督老板、监督老总，也就是监督他们领导的工作，你觉着这个在现实生活里会落地吗？没办法，要去资本市场，要去 IPO，按照规矩搞一套就是了，谁也不会当真，俗话说："认真，你就输了。"

当然，国有企业、大企业、多方博弈的大公司，监事会是有他们的用途的，不过这不是本书讨论的场景，我们就是个中小民营企业，梦想资本市场、梦想 IPO 呗，不得已按照资本市场规矩好好演戏就是了。当然，人不能没有梦想，人没有梦想和咸鱼有什么差别？即使是咸鱼，也要做最咸的那一条。

我们下面就把监事会"演戏"的规则理一理。

一、监事人选

《公司法》

第一百一十七条　股份有限公司设监事会，其成员不得少于三人。监事会应当包括股东代表和适当比例的公司职工代表，其中职工代表的比例不得低于三分之一，具体比例由公司章程规定。监事会中的职工代表由公司职工通过职工代表大会、职工大会或者其他形式民主选举产生。监事会设主席一人，可以设副主席。监事会主席和副主席由全体监事过半数选举产生。监事会主席召集和主持监事会会议；监事会主席不能履行职务或者不履行职务的，由监事会副主席召集和主持监事会会议；监事会副主席不能履行职务或者不履行职务的，由半数以上监事共同推举一名监事召集和主持监事会会议。董事、高级管理人员不得兼任监事。

实务中，中小民营企业监事多数情况是内部人，也就是公司员工，既然董事、高级管理人员不能兼任监事，人选一般在中层干部里选比较配合工作的、不易流动的业务或者技术骨干。另外，监事由于要监督财务，最好监事里有财务会计专业和法律专业的，这个规定来源于《上市公司治理准则》第 64 条的规定，监事应具有法律、会计等方面的专业知识或工作经验。监事会的人员和结构应确保监事会能够独立有效地行使对董事、经理和其他高级管理人员及公司财务的监督和检查。但监事不能是财务部门和内部审计部门员工，总不能自己监督自己吧。

监事通常就安排3名，2个股东提名，股东大会任命，还有1个是职工监事，这个由职工代表大会选举产生。职工代表大会也是在中小民营企业里多数没有的组织，一般股改时要任命职工监事了，才想起来还没有职工代表组织，那就需要建立起来。这个不是说说而已，是真的要有这个组织，有推选出的职工代表，有管理办法和投票办法，职工代表推选出来要开会，在会议上表决职工监事人选，这一切都要有书面记录，不是嘴上讲讲就行的。另外，有的地方政府对于职工代表大会有文件规定的，如职工代表占总职工数的比例等，在举行职工代表大会时，需要先查一查，如果有规定就按规定来，没有规定职工代表数也不能太少，要不代表性在哪里？对吧。监事的任期一般3年，可以连选连任，一般都是在股改的时候与股改董事会同步建立起来的，任期也是同步的。

二、监事会的职权

《上市公司章程指引》

第一百四十四条　监事会行使下列职权：

（一）应当对董事会编制的公司定期报告进行审核并提出书面审核意见；

（二）检查公司财务；

（三）对董事、高级管理人员执行公司职务的行为进行监督，对违反法律、行政法规、本章程或者股东大会决议的董事、高级管理人员提出罢免的建议；

（四）当董事、高级管理人员的行为损害公司的利益时，要求董事、高级管理人员予以纠正；

（五）提议召开临时股东大会，在董事会不履行《公司法》规定的召集和主持股东大会职责时召集和主持股东大会；

（六）向股东大会提出提案；

（七）依照《公司法》第一百五十一条的规定，对董事、高级管理人员提起诉讼；

（八）发现公司经营情况异常，可以进行调查；必要时，可以聘请会计师事务所、律师事务所等专业机构协助其工作，费用由公司承担。

注释：公司章程可以规定监事的其他职权。

上述文字很清楚，我就不再啰唆了，照着办就行了。

三、监事会运作

监事会也是会议组织，要行使监事会职权，就需要监事会开会。例如，监事会应当对董事会编制的公司定期报告进行审核并提出书面审核意见，这个审核意见不是由3个监事自己表达的，而是要开一个监事会，按照公司章程规定的监事会开会程序，在监事会上对于书面确认定期报告的议案进行表决，表决通过了形成决议就是对定期报告的书面确认。

根据《公司法》第119条的规定，监事会每6个月至少召开一次会议，监事可以提议召开临时监事会会议。监事会开会一人一票，全体监事过半数同意算议案通过。监事会开会也是通知、开会、表决、会议记录。一样都不能少。另外，监事可以列席董事会，章程规定股东大会需要监事出席或者列席的，监事要出席或者列席。

第五节

高级管理人员

一、总裁是不是高级管理人员?

我在给新三板董秘讲课时，讲到新三板普通股发行，涉及高管，新三板普通股发行对象里包括现任公司董事、监事、高级管理人员，那么谁是高级管理人员就是一个实际操作的问题。我会问在座的一个问题：“公司副总裁是公司高级管理人员吗？ A. 是，B. 不是，C. 不一定。”

正确答案是“C. 不一定。”你答对了吗？因为到底是不是，还得看看公司章程的具体规定。

《公司法》

第二百一十六条　高级管理人员是指公司的经理、副经理、财务负责人，上市公司董事会秘书和公司章程规定的其他人员。

看了这个，我继续问你：“销售总监是不是高级管理人员？研发经理是不是高级管理人员？”你一定会回答了。看公司章程，章程上写着研发经理是高级管理人员，那他就是高级管理人员，因此关键就是看自家章程。

但是，如果我继续问你：“公司总裁是公司高级管理人员吗？”你会迷糊吗？我自己就迷糊了。

我们来看一个案例：

11 月 21 日，成都硅宝科技 (300019) 公告：成都硅宝科技股份有限公司（以下简称硅宝科技）近日分别收到公司股东郭弟民先生及合计持有公司股份 10% 以上的股东蔡显中先生、王有华先生、王有治先生向公司发出的《关于提请公司董事会召开临时股东大会的提案》。郭弟民的提案是《罢免王跃林第三届董事会董事职务的议案》，蔡显中、王有华、王有治的提案是《罢免王跃林现任董事职务的议案》。

王跃林是现任硅宝科技 (300019) 董事、董事长。提议股东中，王有治现任硅宝科技副董事长、总裁。硅宝科技招股书显示，王有治与蔡显中系连襟，王有治与王有华系兄弟。

11 月 24 日公告了郭弟民（现持有公司股份 14.52%）的全权代表郭斌女士提交的《关于罢免王跃林第三届董事会董事职务的缘由说明》，以董事长王跃林投资与上市公司有业务竞争关系的湖北硅科为由，要求召开临时股东大会罢免董事长王跃林的董事职务。硅宝科技招股书显示，郭斌为郭弟民之子女。

2016 年是公司治理大年，宝能万科风波尚未平息，又来了一个股东要求罢免董事长的董事职务。不过与宝能万科不同，宝万是公司股东与管理层之争，而硅宝科技 (300019) 提出罢免议案的郭弟民和王有治，在硅宝科技 2009 年上市时就在，硅宝科技招股书显示：“持有公司发行前总股本 20% 以上股份的股东有王跃林、王有治、郭弟民，为公司主要股东。”招股书同时称公司无实际控制人：“本公司股权较为分散，单股东持股比例均未超过公司总股本 30%，均无法决定董事会多数席位或对公司进行实质控制，公司无实际控制人。”

硅宝科技招股书同时显示，王跃林、王有治、郭弟民为 2008 年 5 月 4 日召开的创立大会暨第一次股东大会选举产生的董事，发行上市时，王跃林为董事长，王有治为董事、总经理，郭弟民为董事。所以，这还是一个内部人的控制权之争。硅宝科技 (300019) 历史演变出来的，看似互相牵制的无实际控制人结构，也是今天内讧的根源，给我们设计公司治理结构一个很好的教材。

我翻阅了一下硅宝科技 (300019) 现行有效的公司章程，赫然发现两条有趣的内容：

> 第一百一十一条　董事会设董事长 1 人，可以设副董事长 1 人。董事长和副董事长由董事会以全体董事的过半数选举产生。公司设置总裁，由公司副董事长兼任，总裁按照本章程的规定参与公司及其子公司的经营管理中的重大事项、重要人事任免和大额资金支付的决策过程，并进行指导、监督。
>
> 第一百二十四条　公司设总经理 1 名，由董事会聘任或解聘。公司设副总经理 3 至 5 名，由董事会聘任或解聘。公司总经理、副总经理、财务负责人、董事会秘书为公司高级管理人员。

根据硅宝科技 (300019) 现行有效的公司章程，公司高级管理人员是公司总经理、副总经理、财务负责人、董事会秘书，总裁不是公司高级管理人员。你也可能说总裁也可能兼总经理，看了一下硅宝科技 (300019) 半年报，总经理是周文亮，王有治是总裁但不是总经理，也就不是公司高级管理人员。

继续往下看，发现 2015 年 4 月修订章程增加总裁职位时，还有法律意见书《关于成都硅宝科技股份有限公司增设总裁职位的法律意见》，该法律意见称：“《公司法》并未对公司总裁作出相应规定，本所律师认为，对于总裁职位的设置属于公司自主决定的范畴。《关于公司章程的临时提案》中提议的总裁职权……与公司《章程》及《总经理工作细则》中规定的总经理职权以及其他高级管理人员职权不存在冲突……公司现行有效的《章程》第 124 条规定的公司高级管理人员为‘公司总经理、副总经理、财务负责人、董事会秘书’，没有包含总裁；本次章程修改的提案也没有对该条款进行修订。据此，本所律师认为，公司总裁不属于经理层，亦不属于公司高级管理人员。”

看到这里，明白了吧，总裁不一定就是总经理，也不一定就是高级管理人员。同理，接到名片一看头衔是 CXO 的也未必是高级管理人员。

当然你会问：“这么费劲确定是不是法律意义上的高管有什么作

用？”主要在于法律意义上的高管在任职资格、承诺、义务、责任和股份限售等方面都有明确规定，你是法律意义上的高管，你就要遵守，如果是个 CXO 而不是法律意义上的高管就没有这些约束。

所以，公司治理意义的高级管理人员和公司实际运营层面的高级管理人员不是一回事。当然二者也会有重叠，例如业务需要，设了 1 个总裁，10 个副总裁，1 个财务总监，1 个董秘，其中总经理是总裁，2 个副总经理是副总裁，那么有几个是公司治理意义上的高级管理人员？对，先看章程怎么规定。这家公司章程规定，公司高级管理人员包括经理、副经理、财务总监和董事会秘书，所以这家公司高级管理人员是 5 人，总经理 1 人，2 个副总经理，1 个财务总监，1 个董事会秘书，合计 5 人。

二、《上市公司章程指引》的规定

《上市公司章程指引》里面关于高级管理人员有专门的一章，公司股改的时候，律师也会把这章抄上，内容如下，文字很清楚：

第六章　经理及其他高级管理人员

第一百二十四条　公司设经理 1 名，由董事会聘任或解聘。公司设副经理【人数】名，由董事会聘任或解聘。公司经理、副经理、财务负责人、董事会秘书和【职务】为公司高级管理人员。

注释：公司可以根据具体情况，在章程中规定属于公司高级管理人员的其他人选。

第一百二十五条　本章程第九十五条关于不得担任董事的情形，同时适用于高级管理人员。

本章程第九十七条关于董事的忠实义务和第九十八条（四）~（六）关于勤勉义务的规定，同时适用于高级管理人员。

第一百二十六条　在公司控股股东、实际控制人单位担任除董事以外其他职务的人员，不得担任公司的高级管理人员。

第一百二十七条　经理每届任期【年数】年，经理连聘可以连任。

第一百二十八条　经理对董事会负责，行使下列职权：

（一）主持公司的生产经营管理工作，组织实施董事会决议，并向董事会报告工作；

（二）组织实施公司年度经营计划和投资方案；

（三）拟订公司内部管理机构设置方案；

（四）拟订公司的基本管理制度；

（五）制定公司的具体规章；

（六）提请董事会聘任或者解聘公司副经理、财务负责人；

（七）决定聘任或者解聘除应由董事会决定聘任或者解聘以外的负责管理人员；

（八）本章程或董事会授予的其他职权。

经理列席董事会会议。

注释：公司应当根据自身情况，在章程中制定符合公司实际要求的经理的职权和具体实施办法。

第一百二十九条　经理应制定经理工作细则，报董事会批准后实施。

第一百三十条　经理工作细则包括下列内容：

（一）经理会议召开的条件、程序和参加的人员；

（二）经理及其他高级管理人员各自具体的职责及其分工；

（三）公司资金、资产运用，签订重大合同的权限，以及向董事会、监事会的报告制度；

（四）董事会认为必要的其他事项。

第一百三十一条　经理可以在任期届满以前提出辞职。有关经理辞职的具体程序和办法由经理与公司之间的劳务合同规定。

第一百三十二条　公司根据自身情况，在章程中应当规定副经理的任免程序、副经理与经理的关系，并可以规定副经理的职权。

第一百三十三条　公司设董事会秘书，负责公司股东大会和董事会会议的筹备、文件保管以及公司股东资料管理，办理信息披露事务等事宜。董事会秘书应遵守法律、行政法规、部门规章及本章程的有关规定。

第一百三十四条　高级管理人员执行公司职务时违反法律、行政法规、部门规章或本章程的规定，给公司造成损失的，应当承担赔偿责任。

第六节

董监高任职资格和行为规范

董监高就是董事、监事、高级管理人员的简称，董监高是公司治理的核心人员。公司治理相关法规对董监高任职条件和行为规范都有明确规定或者说是法定要求。我们前面解释了谁是董监高，以及他们是怎样产生的，回忆一下，非职工董事、监事由股东大会任命，高级管理人员由公司章程规定并由董事会任命，职工董事、监事由职工代表大会选举产生。

一、董监高任职资格

法规并不会规定谁应该做董监高，这实际是公司的自治权，但是法规规定了谁不能担任董监高。最主要的法规是《公司法》第146条。

《公司法》

第一百四十六条　有下列情形之一的，不得担任公司的董事、监事、高级管理人员：

（一）无民事行为能力或者限制民事行为能力；

（二）因贪污、贿赂、侵占财产、挪用财产或者破坏社会主义市场经济秩序，被判处刑罚，执行期满未逾五年，或者因犯罪被剥夺政治权利，执行期满未逾五年；

（三）担任破产清算的公司、企业的董事或者厂长、经理，对该公司、企业的破产负有个人责任的，自该公司、企业破产清算完结之日起未逾三年；

（四）担任因违法被吊销营业执照、责令关闭的公司、企业的法定代表人，并负有个人责任的，自该公司、企业被吊销营业执照之日起未逾三年；

（五）个人所负数额较大的债务到期未清偿。

公司违反前款规定选举、委派董事、监事或者聘任高级管理人员的，该选举、委派或者聘任无效。

董事、监事、高级管理人员在任职期间出现本条第一款所列情形的，公司应当解除其职务。

公司任命董监高之前，先要对照上述标准进行自查。字都认识，考你一下，公司董事长因醉驾被判处刑罚是否需要免去董事职务？

另外，在工商登记环节，工商局内部系统有黑名单，即不适合担任董事人的信息，新任董事，到工商登记处把身份证号码一输进去，黑名单就跳出来。

中小民营企业，大股东、实际控制人大多任董事、董事长。有一次，我看一家新三板公司的资料，公司叫阿拉丁，名字取得太好了。总有人问我怎么看新三板，我总是说，这是中国资本市场的希望，充满了生机，看新三板公司的名字就知道了。有一家公司叫身临其境，我是在一次会议上看见这个名字的，一下子就记住了，后来微信上加了这家公司的董秘，一问，还真是做虚拟现实技术的。我说，光这个名字就值一个亿，小目标立即就实现了。

阿拉丁，这个名字也是过目不忘的，对吧，阿拉丁神灯，“阿拉丁”名字这么好，忍不住去看了看它的公开转让说明书，发现实际控制人并没有在董事会，甚至不是高级管理人员，只是任研发总监，按阿拉丁章程也不是公司高级管理人员。一个小民营企业，老板在公司不当董事长、总经理，任个研发总监，蹊跷吧。阿拉丁的公开转让说明书称，这位老板之前开过一些公司，由于各种原因被吊销尚未满3年，所以他不能担任公司董监高。

上面《公司法》第146条的规定是针对所有公司制形式的企业。如果要去IPO，董监高还要参照证监会《首次公开发行股票并上市管理办法》第16条：

第十六条　发行人的董事、监事和高级管理人员符合法律、行政法规和规章规定的任职资格，且不得有下列情形：

（一）被中国证监会采取证券市场禁入措施尚在禁入期的；

（二）最近36个月内受到中国证监会行政处罚，或者最近12个月内受到证券交易所公开谴责；

（三）因涉嫌犯罪被司法机关立案侦查或者涉嫌违法违规被中国证监会立案调查，尚未有明确结论意见。

注意，如果新三板公司董监高被股转公开谴责，实务中也是比照上述规定的。另外，董秘作为高管，在证券交易所和股转系统都有任职规定，需要特别留意的是，主要增加的一是没有取得董秘资格证书，二是被交易所或者股转3次通报批评的，三是被交易所或者股转认定为不适当人员的，都不得担任上市公司或者新三板公司（创新层）董秘。

另外，监事不得由公司董事、经理和其他高级管理人员兼任。A股上市公司监事也不得由控股股东实际控制人或其近亲属担任。

二、董监高的行为规范

中小民营企业公司治理的核心就是按照资本市场的规矩办事，办事的主体就是人，所以有人说老板就是公司治理的核心，一点也没错。中小民营企业的特点也决定了，在这个阶段，大股东、实际控制人、董事长、董监高往往都是身份重叠的，大股东可能就是实际控制人，也是董事，还是董事长，还兼任总经理，我们一般称其为老板，这就是中小民营企业的常态。其他董监高往往也是老板的近亲属或者关系密切的创业伙伴或者忠诚的下属，公司治理也是为了IPO或者资本市场而不得不为的规范，此时，老板和董监高管得住自己，让自己的行为符合法规和章程的要求，就是公司治理有效的核心要素。资本道路漫长，一般都要持续数年，在此期间，管住自己不越雷池需要很大的定力和勇气，真的坚持住了，就是竞争力。

《公司法》

第一百四十七条第一款　董事、监事、高级管理人员应当遵守法律、行政法规和公司章程，对公司负有忠实义务和勤勉义务。

董监高的行为规范分为：遵纪守法、忠实义务与勤勉义务。

（一）遵纪守法

遵纪守法很容易理解，按照规定来做就是了，特别记着公司的章程，尽管是律师写的，作为董监高还是需要认真学习照章执行，守法的前提是懂法，既然要去资本市场，既然担任了董监高，就要抽时间学习这些资本市场法规，不能以不懂法为借口，这个借口也不会被监管部门认可的。

《首次公开发行股票并上市管理办法》

第十五条　发行人的董事、监事和高级管理人员已经了解与股票发行上市有关的法律法规，知悉上市公司及其董事、监事和高级管理人员的法定义务和责任。

这个检查通常是在IPO辅导验收时进行，管辖的证监局会对董监高进行书面考试，检查董监高是否了解知悉相关法规。考试大家都能过的，不用担心，但是懂法才能不越界，学习是必须的。

（二）忠实义务与勤勉义务

董监高忠实义务是消极义务，就是什么事情不能干，是个界限概念。董监高的勤勉义务是积极义务，就是作为董监高要怎样积极履行职责，这是一个职业道德要求。

1. 董监高的忠实义务

《公司法》

第一百四十七条第二款　董事、监事、高级管理人员不得利用职权收受贿赂或者其他非法收入，不得侵占公司的财产。

第一百四十八条　董事、高级管理人员不得有下列行为：

（一）挪用公司资金；

（二）将公司资金以其个人名义或者以其他个人名义开立账户存储；

（三）违反公司章程的规定，未经股东会、股东大会或者董事会同意，将公司资金借贷给他人或者以公司财产为他人提供担保；

（四）违反公司章程的规定或者未经股东会、股东大会同意，与本公司订立合同或者进行交易；

（五）未经股东会或者股东大会同意，利用职务便利为自己或者他人谋取属于公司的商业机会，自营或者为他人经营与所任职公司同类的业务；

（六）接受他人与公司交易的佣金归为己有；

（七）擅自披露公司秘密；

（八）违反对公司忠实义务的其他行为。董事、高级管理人员违反前款规定所得的收入应当归公司所有。

第一百四十九条　董事、监事、高级管理人员执行公司职务时违反法律、行政法规或者公司章程的规定，给公司造成损失的，应当承担赔偿责任。

上面这些具体规定都很清楚，我不再解释，总结一下董监高的忠实义务：不竞争、没关联、别占便宜。不竞争、没关联是指未经公司权力机构批准的竞争性行为和关联交易行为。

别占公司便宜是硬道理。实务中，董监高总会从公司借个差旅费备用金什么的，这些都会列示在其他应收款项目中。正确的做法是，在 12 月 31 日，资产负债表日前，把董监高的欠款清理了，要不然就要解释这个属于正常生产经营，不属于董监高占用公司资金，你可以解释，监管机构也可以不接受你的解释。

除了在 IPO 时要解释董监高期末占用公司资金的问题，期末借款还有一个问题，就是税的问题。有这样一个案例，一个有限责任公司，老板是董事长、总经理，以往来款方式从公司借了 2000 万元，列在其他应收款里，年底也没有清理，反正是自家的公司，左口袋右口袋觉着区别不大，两年后一次税务检查，税务局发现了这个问题，要老板补缴个人税，按企业分红处理，缴纳 20%，就是要补缴 400 万元的税，因为在税务看来，长期占用（跨越会计期）企业资金就是股东的分红行为，另外税务也有相关法规：

《财政部、国家税务总局关于规范个人投资者个人所得税征收管理的通知》（财税〔2003〕158号）规定，个人独资企业、合伙企业的个人投资者以企业资金为本人、家庭成员及其相关人员支出与企业生产经营无关的消费性支出及购买汽车、住房等财产性支出，视为企业对个人投资者利润分配，并入投资者个人的生产经营所得，依照“个体工商户的生产经营所得”项目计征个人所得税。

《财政部、国家税务总局关于企业为个人购买房屋或其他财产征收个人所得税问题的批复》（财税〔2008〕83号）则对上述政策进行了补充和完善。

所以，会计年度结束前，督促老板、董监高清理与公司之间的往来款十分必要。

2. 董监高的勤勉义务

《上市公司章程指引》

第九十八条　董事应当遵守法律、行政法规和本章程，对公司负有下列勤勉义务：

（一）应谨慎、认真、勤勉地行使公司赋予的权利，以保证公司的商业行为符合国家法律、行政法规以及国家各项经济政策的要求，商业活动不超过营业执照规定的业务范围；

（二）应公平对待所有股东；

（三）及时了解公司业务经营管理状况；

（四）应当对公司定期报告签署书面确认意见。保证公司所披露的信息真实、准确、完整；

（五）应当如实向监事会提供有关情况和资料，不得妨碍监事会或者监事行使职权；

（六）法律、行政法规、部门规章及本章程规定的其他勤勉义务。

注释：公司可以根据具体情况，在章程中增加对本公司董事勤勉义务的要求。

第九十九条　董事连续两次未能亲自出席，也不委托其他董事出席董事会会议，视为不能履行职责，董事会应当建议股东大会予以撤换。

第一百二十五条第二款　本章程第九十四条（四）至（六）关于勤勉义务的规定，同时适用于高级管理人员。

第一百三十六条　监事应当遵守法律、行政法规和本章程，对公司负有忠实义务和勤勉义务，不得利用职权收受贿赂或者其他非法收入，不得侵占公司的财产。

（三）新三板公司董监高的行为规范

自从2013年12月全国股转系统正式运作（俗称新三板），中小民营企业资本路上多了一个选择。以前资本市场就是股改完了准备IPO，现在多了一个选择，也可能是去IPO的路上多了一站。不过上了新三板，就是公众公司了，称为非上市公众公司，直接的变化就是你的股权叫股票了，股票托管在中国结算了。还有一个重要的变化就是纳入证券监管了，这个非常重要，在之前，中小民营企业主要关注的是《公司法》和IPO的相关规定，现在挂牌新三板，直接纳入证券监管。除了我们上面说过的行为规范外，董监高还要遵守《证券法》、证监会（派出机构证监局）、交易场所（股转）的规定，主要是证券交易行为的规范以及遵守挂牌时董监高书面承诺。

董监高证券交易行为的规范包括禁止短线交易、禁止内部交易、敏感期证券买卖规定、限售规定和承诺等。

1. 禁止短线交易

《证券法》

第四十七条　上市公司董事、监事、高级管理人员、持有上市公司股份百分之五以上的股东，将其持有的该公司的股票在买入后六个月内卖出，或者在卖出后六个月内又买入，由此所得收益归该公司所有，公司董事会应当收回其所得收益。但是，证券公司因包销购入售后剩余股票而持有百分之五以上股份的，卖出该股票不受六个月时间限制。公司董事会不按照前款规定执行的，股东有权要求董事会在三十日内执行。公司董事会未在上述期限内执行的，股东有权为了公司的利益以自己的名义直接向人民法院提起诉讼。公司董事会不按照第一款的规定执行的，负有责任的董事依法承担连带责任。

2. 禁止内部交易和敏感期买卖证券规定

《证券法》

第七十三条　禁止证券交易内幕信息的知情人和非法获取内幕信息的人利用内幕信息从事证券交易活动。

我们通过一个案例来学习什么是内部交易。

“君子不立于危墙之下”，新三板高管购买自家股票须谨慎

故事是这样的，一天在微信群里看到一家新三板公司因公布 IPO 辅导，暴涨，如下：

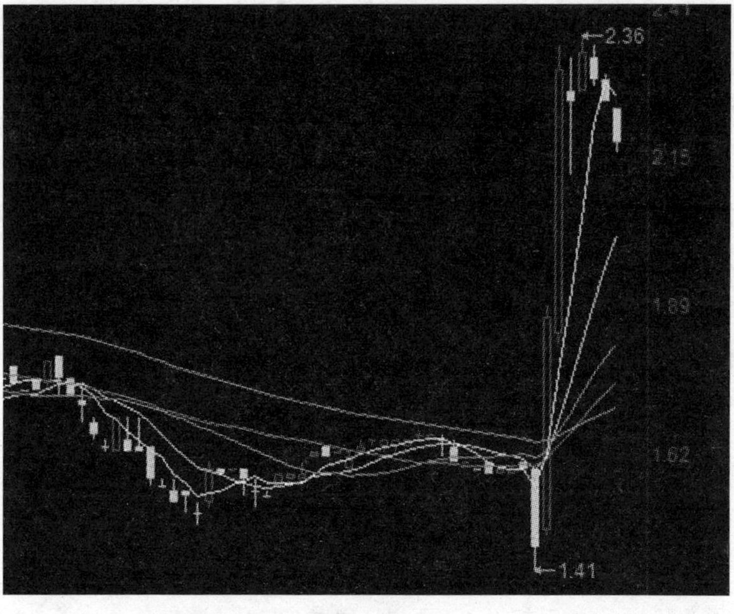

从 IPO 辅导公告前的收盘价 1.45 元 / 股最高涨到 2.36 元 / 股，涨了 62.7%，结果连续两天发出股价异动公告。

我们新三板有一个问题，就是信号经常失灵。例如，2016 年广安生物 831,503，8 月 24 日，公布半年报净利润同比从 1476 万元涨到 4685 万元，涨了 2.16 倍，结果股价只从 2.72 元涨到 3.1 元，基本没动，大家都怀疑新三板信号是不是失灵了，发了信号，股价也没反应。

所以，饶胖看见上面这家公司很高兴，谁说我们新三板信号失灵，只要你的信号发到投资者心里，投资者心里的花开了，自然有反应。

饶胖很高兴，信号有效是一个正常市场的应有表现，饶胖也看看这家公司的情况：

11月14日公告IPO辅导备案，接着连续两天股价大涨，连发两天的股价异常波动公告。饶胖眼睛往下一扫，看到了10月26日公告称公司董事会秘书增持公司股份公告。公告称："2016年10月26日，本公司接到公司股东、副总经理、董事会秘书通知，基于对公司未来持续稳定发展的信心以及对公司价值的认可，于2016年10月26日通过全国中小企业股份转让系统有限责任公司增持公司股份306,000股。"

很是诧异，这个时候能买自家股票吗？当然，你会争辩说新三板也没有敏感期董监高交易自家股票的限制性规定。好吧，那我们一起来学习一遍法规。

《证券法》

第七十三条　禁止证券交易内幕信息的知情人和非法获取内幕信息的人利用内幕信息从事证券交易活动。

第七十四条　证券交易内幕信息的知情人包括：

（一）发行人的董事、监事、高级管理人员；

（二）持有公司百分之五以上股份的股东及其董事、监事、高级管理人员，公司的实际控制人及其董事、监事、高级管理人员；

（三）发行人控股的公司及其董事、监事、高级管理人员；

（四）由于所任公司职务可以获取公司有关内幕信息的人员；

（五）证券监督管理机构工作人员以及由于法定职责对证券的发行、交易进行管理的其他人员；

（六）保荐人、承销的证券公司、证券交易所、证券登记结算机构、证券服务机构的有关人员；

（七）国务院证券监督管理机构规定的其他人。

第七十五条　证券交易活动中，涉及公司的经营、财务或者对该公司证券的市场价格有重大影响的尚未公开的信息，为内幕信息。

下列信息皆属内幕信息：

（一）本法第六十七第二款所列重大事件；

（二）公司分配股利或者增资的计划；

（三）公司股权结构的重大变化；

（四）公司债务担保的重大变更；

（五）公司营业用主要资产的抵押、出售或者报废一次超过该资产的百分之三十；

（六）公司的董事、监事、高级管理人员的行为可能依法承担重大损害赔偿责任；

（七）上市公司收购的有关方案；

（八）国务院证券监督管理机构认定的对证券交易价格有显著影响的其他重要信息。

第七十六条　证券交易内幕信息的知情人和非法获取内幕信息的人，在内幕信息公开前，不得买卖该公司的证券，或者泄露该信息，或者建议他人买卖该证券。

持有或者通过协议、其他安排与他人共同持有公司百分之五以上股份的自然人、法人、其他组织收购上市公司的股份，本法另有规定的，适用其规定。

内幕交易行为给投资者造成损失的，行为人应当依法承担赔偿责任。

《证券法》首先规定了谁是内幕知情人，然后规定了什么是内幕信息，即证券交易活动中，涉及公司的经营、财务或者对该公司证券的市场价格有重大影响的尚未公开的信息，为内幕信息。也就是说，对证券的市场价格有重大影响的尚未公开的信息是内部信息。同时规定，内幕信息知情人在内幕信息公开前，不得买卖该公司的证券。

《上市公司董事、监事和高级管理人员所持本公司股份及其变动管理规则》

第十三条　上市公司董事、监事和高级管理人员在下列期间不得买卖本公司股票：

（一）上市公司定期报告公告前30日内；

（二）上市公司业绩预告、业绩快报公告前10日内；

（三）自可能对本公司股票交易价格产生重大影响的重大事项发生之日或在决策过程中，至依法披露后2个交易日内；

（四）证券交易所规定的其他期间。

上面是上市公司董监高不得在敏感期交易本公司股票的具体规定，除了定期报告和业绩预告快报30日前以外，还规定了对“本公司股票交易价格产生重大影响的重大事项发生之日或在决策过程中，至依法披露后2个交易日内”，这段时间也是敏感期，不得买卖本公司股票。

交易所的规定与证监会规定一致：

《深圳证券交易所中小企业板上市公司规范运作指引（2015年修订）》

3.8.17　上市公司董事、监事、高级管理人员、证券事务代表及前述人员的配偶在下列期间不得买卖本公司股票及其衍生品种：

（一）公司定期报告公告前三十日内，因特殊原因推迟定期报告公告日期的，自原预约公告日前三十日起算，至公告前一日；

（二）公司业绩预告、业绩快报公告前十日内；

（三）自可能对本公司股票及其衍生品种交易价格产生较大影响的重大事件发生之日或者进入决策程序之日，至依法披露后二个交易日内。

交易所的规定更加扩张了限制主体，即从上市公司董监高扩展到上市公司董事、监事、高级管理人员、证券事务代表及前述人员的配偶。

记得股转有个问答如下：

挂牌公司董监高可以在公司年报披露前几天，买卖公司股份吗?

答复：请各挂牌公司、主办券商注意，近期交易监察系统发现有个别挂牌公司董事、监事和高级管理人员等在年报披露前买卖本公司股票。目前上市公司对控股股东、董监高等公司内部人员在信息披露前的敏感期内交易本公司股票有明确的严格规定，上市公司披露年报前的30个交易日内，不得买卖本公司股票。目前，针对全国股转系统挂牌公司，尚无明确规定。但请主办券商督促提醒各挂牌公司的控股股东、董监高等内部人员，严格遵守不得利用内幕信息获取不当利益的基本法律原则。对于确已知悉与年报特别是其中财务数据相关的内幕信息，而仍交易本公司股票的内幕信息知情人，全国股转公司将依法采取监管措施或纪律处分，触犯《证券法》等法律法规的，将依法移送证监会处理。

虽然规定的是年报信息，但是可以比照理解。新三板虽然没有明确的董监高敏感期交易本公司股票的禁止性规定，但是，饶胖在《非上市公众公司监督管理办法》找到这一条：第63条公众公司内幕信息知情人或非法获取内幕信息的人，在对公众公司股票价格有重大影响的信息公开前，泄露该信息、买卖或者建议他人买卖该股票的，依照《证券法》第202条的规定进行处罚。

当然，前述案例中这位老兄增持股票，是否属于利用内幕信息，饶胖不知道。但是，既然做这一行，谨慎驶得万年船，小心总没错。对于董监高来说，别打自家股票主意才是万全之策，毕竟董监高等内部知情人总是很难自证自己不知道那些会影响股价的内幕信息。

3. 董监高限售规定和承诺

《公司法》

第一百四十一条　发起人持有的本公司股份，自公司成立之日起一年内不得转让。公司公开发行股份前已发行的股份，自公司股票在证券交易所上市交易之日起一年内不得转让。

公司董事、监事、高级管理人员应当向公司申报所持有的本公司的股份及其变动情况，在任职期间每年转让的股份不得超过其所持有本公司股份总数的百分之二十五；所持本公司股份自公司股票上市交易之日起一年内不得转让。上述人员离职后半年内，不得转让其所持有的本公司股份。公司章程可以对公司董事、监事、高级管理人员转让其所持有的本公司股份作出其他限制性规定。

如果董监高对于自己股票限售有高于《公司法》规定的承诺，也要按照承诺执行。

三、董监高行为规范的参考文件

我们之前引用的法规包括《公司法》《证券法》《上市公司章程指引》《首次公开发行股票并上市管理办法》《上市公司治理准则》《上市公司董事、监事和高级管理人员所持本公司股份及其变动管理规则》等，这些法规都是董监高规范行为的法定依据，不过比较散，其实有一个集中的文件，即深圳证券交易所制定的上市公司规范运作指引（2015 年修订），一共有三个版本，分别规定主板、中小企业板、创业板：《深圳证券交易所主板上市公司规范运作指引》《深圳证券交易所中小企业板上市公司规范运作指引》《深圳证券交易所创业板上市公司规范运作指引》。

以中小板上市公司规范运作指引为例，其第三章就是董事、监事、高级管理人员的行为规范，把前面这些法规的要求都综合起来了，很方便。

经常有朋友问我什么叫作规范运作，我基本就是给他这个文档，挺长的，但是很全、很实用，看完你就知道哪些是红线不能碰，规范运作的标准是怎样。当然，那个是规定上市公司的，你还没上市，上市以后的部分可能用不到。但原则、原理、要求都是一样的，谁让你怀揣 IPO 梦想呢。

第七节

公司治理有效运作

一、公司治理有效的两个层面

公司治理在中小企业面向资本市场的场景里，一个关键词叫“过关”，最高目标就是IPO时不会因为公司治理不规范摔跟头。本着以终为始的原则，我们知道了审核标准，也就知道了我们操作了几年的公司治理规范动作是不是合格，也就是公司治理有效运作。我们再看看法规。

《首次公开发行股票并上市管理办法》

第二节　规范运行

第十四条　发行人已经依法建立健全股东大会、董事会、监事会、独立董事、董事会秘书制度，相关机构和人员能够依法履行职责。

第十五条　发行人的董事、监事和高级管理人员已经了解与股票发行上市有关的法律法规，知悉上市公司及其董事、监事和高级管理人员的法定义务和责任。

第十六条　发行人的董事、监事和高级管理人员符合法律、行政法规和规章规定的任职资格，且不得有下列情形：

（一）被中国证监会采取证券市场禁入措施尚在禁入期的；

（二）最近36个月内受到中国证监会行政处罚，或者最近12个月内受到证券交易所公开谴责；

（三）因涉嫌犯罪被司法机关立案侦查或者涉嫌违法违规被中国证监会立案调查，尚未有明确结论意见。

第十七条　发行人的内部控制制度健全且被有效执行，能够合理保证财务报告的可靠性、生产经营的合法性、营运的效率与效果。

第十八条　发行人不得有下列情形：

（一）最近36个月内未经法定机关核准，擅自公开或者变相公开发行过证券；或者有关违法行为虽然发生在36个月前，但目前仍处于持续状态；

（二）最近36个月内违反工商、税收、土地、环保、海关以及其他法律、行政法规，受到行政处罚，且情节严重；

（三）最近36个月内曾向中国证监会提出发行申请，但报送的发行申请文件有虚假记载、误导性陈述或重大遗漏；或者不符合发行条件以欺骗手段骗取发行核准；或者以不正当手段干扰中国证监会及其发行审核委员会审核工作；或者伪造、变造发行人或其董事、监事、高级管理人员的签字、盖章；

（四）本次报送的发行申请文件有虚假记载、误导性陈述或者重大遗漏；

（五）涉嫌犯罪被司法机关立案侦查，尚未有明确结论意见；

（六）严重损害投资者合法权益和社会公共利益的其他情形。

第十九条　发行人的公司章程中已明确对外担保的审批权限和审议程序，不存在为控股股东、实际控制人及其控制的其他企业进行违规担保的情形。

第二十条　发行人有严格的资金管理制度，不得有资金被控股股东、实际控制人及其控制的其他企业以借款、代偿债务、代垫款项或者其他方式占用的情形。

另外，IPO企业独立性要求在前面我们写了就不再重复，忘了可以往前面看看。大多数内容我们前面都有涉及。现在我们换一个角度来看，公司治理有效可以分为两个层面：

第一，内部文档完整，自查没毛病。制度都建立了，也都执行了，并且在书面文档上可以证明执行了，人员资格合格，自查不存在诸如实际控制人占用资金、违规担保、影响企业独立性的情况等禁止事项，而且这些事情经过中介机构核查属实。

第二，没出事情。公司治理是一个系统运行，看这个系统是否有效运行，就是看是不是违法违规被处罚，如果出事情了，都可以归结为公司治理失效。

二、处罚对 IPO 的影响

下面我们从三个场景来看处罚问题对于 IPO 的影响，分别是：（1）新三板公司被股转处罚，IPO 还有戏吗？（2）证监局处罚和证监会处罚一样吗？影响 IPO 吗？（3）实际控制人、控股股东被判处刑罚，还能 IPO 吗？

（一）新三板公司被股转处罚，IPO 还有戏吗？

新三板公司在挂牌期间被股转处罚，会不会影响该公司 IPO？

这个问题很技术，下面饶胖就分析一下。

分析包括三个部分：（1）学习下 IPO 法规，看看对 IPO 有实质影响的处罚有哪些；（2）看看股转处罚有哪些内容；（3）对比前两个部分得出结论。

1. 我们来学习下 IPO 法规，对 IPO 有影响的处罚是什么？

IPO 的两个主要法规是《首次公开发行股票并上市管理办法》和《首次公开发行股票并在创业板上市管理办法》，前者管主板、中小板，后者管创业板。

（1）《首次公开发行股票并上市管理办法》关于违法行为以及处罚的规定见本节开始部分。

（2）《首次公开发行股票并在创业板上市管理办法》关于违法行为及处罚的规定如下：

> 第十九条　发行人的董事、监事和高级管理人员应当忠实、勤勉，具备法律、行政法规和规章规定的资格，且不存在下列情形：
>
> （一）被中国证监会采取证券市场禁入措施尚在禁入期的；
>
> （二）最近三年内受到中国证监会行政处罚，或者最近一年内受到证券交易所公开谴责的；
>
> （三）因涉嫌犯罪被司法机关立案侦查或者涉嫌违法违规被中国证监会立案调查，尚未有明确结论意见的。

第二十条　发行人及其控股股东、实际控制人最近三年内不存在损害投资者合法权益和社会公共利益的重大违法行为。

发行人及其控股股东、实际控制人最近三年内不存在未经法定机关核准，擅自公开或者变相公开发行证券，或者有关违法行为虽然发生在三年前，但目前仍处于持续状态的情形。

这里是两个层次的问题：第一个是发行人的董事、监事、高级管理人员的任职资格问题；第二个是发行人（拟上市公司）不得存在的违法行为。

第一，发行人的董事、监事、高级管理人员的任职资格问题。

这个也分为两个层面：首先是具备法定资格，这个主要是《公司法》[1]规定的董事、监事、高级管理人员的任职资格和禁止性行为的规定。

其次是《首次公开发行股票并上市管理办法》和《首次公开发行股票并在创业板上市管理办法》规定的董监高不得存在的违法情况，包括：被中国证监会采取证券市场禁入措施尚在禁入期的；最近36个月内受到中国证监会行政处罚，或者最近12个月内受到证券交易所公开谴责；因涉嫌犯罪被司法机关立案侦查或者涉嫌违法违规被中国证监会立案调查，尚未有明确结论意见。这里面可能与股转处罚有关的是：最近12个月内受到证券交易所公开谴责。

第二，发行人（拟上市公司）不得存在的违法行为。

这也分为两个层面，首先是法规定义的发行人禁止性行为，包括：违法公开发行证券，申报IPO文件或者过程违法，被行政处罚且情节严重，被司法机关立案尚无结论，具体看看法规就清楚了。其次是兜底禁止行为，发行人不存在损害投资者合法权益和社会公共利益的重大违法行为，创业板还把这条扩张到实际控制人和控股股东。

2. 股转处罚有哪些内容？

先看看股转法规的规定。

1　参见《公司法》第一百四十六条，具体见本书第351页；《公司法》第一百四十七条和第一百四十八条，具体见本书第354页。

《全国中小企业股份转让系统业务规则（试行）》

1.4 申请挂牌公司、挂牌公司及其董事、监事、高级管理人员、股东、实际控制人，主办券商、会计师事务所、律师事务所其他证券服务机构及其相关人员，投资者应当遵守法律、行政法规、部门规章、本业务规则及全国股份转让系统公司其他业务规定。

6.1 全国股份转让系统公司可以对本业务规则1.4条规定的监管对象采取下列自律监管措施：

（一）要求申请挂牌公司、挂牌公司及其他信息披露义务人或者其董事（会）、监事（会）和高级管理人员、主办券商、证券服务机构及其相关人员对有关问题作出解释、说明和披露；

（二）要求申请挂牌公司、挂牌公司聘请中介机构对公司存在的问题进行核查并发表意见；

（三）约见谈话；

（四）要求提交书面承诺；

（五）出具警示函；

（六）责令改正；

（七）暂不受理相关主办券商、证券服务机构或其相关人员出具的文件；

（八）暂停解除挂牌公司控股股东、实际控制人的股票限售；

（九）限制证券账户交易；

（十）向中国证监会报告有关违法违规行为；

（十一）其他自律监管措施。

监管对象应当积极配合全国股份转让系统公司的日常监管，在规定期限内回答问询，按照全国股份转让系统公司的要求提交说明，或者披露相应的更正或补充公告。

6.2 申请挂牌公司、挂牌公司、相关信息披露义务人违反本业务规则、全国股份转让系统公司其他相关业务规定的，全国股份转让系统公司视情节轻重给予以下处分，并记入证券期货市场诚信档案数据库（以下简称诚信档案）：

（一）通报批评；

（二）公开谴责。

6.3 申请挂牌公司、挂牌公司的董事、监事、高级管理人员违反本业务规则、全国股份转让系统公司其他相关业务规定的，全国股份转让系统公司视情节轻重给予以下处分，并记入诚信档案：

（一）通报批评；

（二）公开谴责；

（三）认定其不适合担任公司董事、监事、高级管理人员。

6.7 全国股份转让系统公司设立纪律处分委员会对本业务规则规定的纪律处分事项进行审核，作出独立的专业判断并形成审核意见。全国股份转让系统公司根据纪律处分委员会的审核意见，作出是否给予纪律处分的决定。

监管对象不服全国股份转让系统公司作出的纪律处分决定的，可自收到处分通知之日起 15 个工作日内向全国股份转让系统公司申请复核，复核期间该处分决定不停止执行。

股转处罚分为两个层次：自律监管措施和违规处分。从法规层次来看，自律监管措施层级较违规处分低。这两个层级的划分与深交所上交所一致，且都不属于行政处罚范围，属于证券期货市场行业组织实施的纪律处分措施。

自律监管措施包括：（1）要求作出解释、说明和披露；（2）要求中介核查并发表意见；（3）约见谈话；（4）要求提交书面承诺；（5）出具警示函；（6）责令改正；（7）不受理相关中介或其相关人员出具的文件；（8）暂停解除挂牌公司控股股东、实际控制人的股票限售；（9）限制证券账户交易；（10）向证监会报告共；（11）其他。

违规处分：（1）对公司：①通报批评；②公开谴责。（2）对董监高：①通报批评；②公开谴责；③认定其不适合担任公司董事、监事、高级管理人员。

上述违规处分作出后，记入证券期货市场诚信档案数据库。

3. 结论

（1）针对挂牌公司董监高的处罚

第一，挂牌公司董监高被股转公开谴责，饶胖认为可以比照《首次公开发行股票并上市管理办法》中“最近一年内受到证券交易所公开谴责”这一条，尽管股转是国务院批准的证券交易场所并不是证券交易所（证券交易所是指深交所上交所），但是，从 IPO 审核从严从紧的模式来看，一定会要求中介说明，中介一审慎，不是建议你等一年，要不就是换个人。

第二，挂牌公司董监高被股转认定其不适合担任公司董事、监事、高级管理人员，这个只能换人。

第三，挂牌公司董监高被股转通报批评和自律监管措施，看起来不影响。

（2）针对挂牌公司的处罚

根据《首次公开发行股票并上市管理办法》和《首次公开发行股票并在创业板上市管理办法》，从字面上看，股转对挂牌公司的自律监管措施和违规处分并不会造成申请IPO的实质性影响，但是，IPO规则中，都有一条禁止违法行为的兜底规定，即发行人不存在损害投资者合法权益和社会公共利益的重大违法行为，这是需要中介机构进行核查和说明的，这就要看股转处罚事件的具体情况和性质。同时，我们要留意，如果是股转的违规处分，即通报批评和公开谴责，这两种都是要计入诚信档案的。

总结一下，新三板公司在挂牌期间，被股转系统采取自律监管措施和违规处分并不会造成申请IPO的实质性影响。例如，新三板公司世纪天鸿因信息披露问题被股转采取自律监管措施：因IPO招股书和之前披露资料不一致，对公司及董事长任志鸿、董事会秘书张立杰采取要求提交书面承诺的自律监管措施，后来，世纪天鸿顺利过会并上市。

新三板公司董监高在挂牌期间被处以公开谴责和不适当人选的违规处分会对该董监高任职资格产生实质影响，但董监高是可以换人的，这个问题其实不大。

但是，IPO审核对发行人合法合规运行要求较高，被股转处罚都会成为关注的线索，特别是计入诚信档案的违规处分，需要高度重视。

（二）证监局处罚和证监会处罚一样吗？影响IPO吗？

新三板公司IPO风起云涌，可新三板公司本身就是个新事物，新三板公司IPO经常会碰到新问题，以前拟IPO企业很少会碰到被证监会、证监局处罚的情况，因为IPO辅导前还不属于证监会系统监管，而现在新三板公司在新三板上运作了2~3年，也被证监局日常监管了一段时间。

常在河边走哪有不湿鞋，总会有一些新三板公司被证监局处罚。那么问题就来了：新三板公司被证监局处罚，IPO还有戏吗？就像下面这家公司：

关于收到中国证监会上海监管局

行政监管措施决定书的公告

> **本公司及董事会全体成员保证公告内容的真实、准确和完整，没有虚假记载、误导性陈述或者重大遗漏，并对其内容的真实性、准确性和完整性承担个别及连带法律责任。**

股份有限公司（以下简称“公司”）于日前收到中国证监会上海监管局《关于对　　股份有限公司采取出具警示函措施的决定》（[2016]22号）之行政监管措施决定书，现将有关情况公告如下：

一、被警示事项

1．2014年8月27日至2015年7月23日，　　股份有限公司（以下简称　　”）实际控制人　　董事会秘书　　，副总经理　　和董事　　累计占用　　资金3796万元（截至2015年12月23日，上述占用资金已全部归还）。

2．公司未及时对上述资金占用事项进行披露，直至2016年1月1日以《2015年第七次临时股东大会决议公告》的形式进行披露。

二、受到的监管措施

中国证监会上海监管局对公司出具了行政监管措施决定书，提醒公司应提高规范运作水平，采取有效措施防止股东及其关联方以各种形式占用或者

图4-6　关于收到中国证鉴会上海监管局行政监管措施决定书的公告

这个大问题我们分解为几个小问题来回答：

问：证监局处罚和证监会处罚一样吗？

答：一样，证监局是证监会的派出机构，有处罚权。

问：证监会（证监局）处罚有层级吗？

答：有，分为：行政处罚和（非行政处罚）监管措施。

问：被证监会（证监局）处于行政处罚还能IPO吗？

答：不能，拟上市公司至少在报告期内被证监会（证监局）行政处罚，36个月内不能申报IPO材料；董监高被证监会（证监局）行政处罚则需要换人，但如果被处罚的是实际控制人就麻烦了。

问：被证监会（证监局）处以（非行政处罚）监管措施还能IPO吗？

答：没有实质影响，但需要根据处罚内容具体判断处罚的具体影响。例如，实际控制人占用资金的，一般需要整改规范运行一年后才能申报。

问：除了证监会（证监局）以外的政府部门行政处罚影响IPO吗？

答：如果是行政处罚（有行政处罚决定书的），需要判断是否情节严重。一般来说，如果行政处罚是罚款及以上，就需要具体判断了，通常需要提供该处罚部门出具的证明说明不属于重大违法行为或者不属于情节严重的情形。

分析：

1. 问：证监局处罚和证监会处罚一样吗？

答：一样，证监局是证监会的派出机构，有处罚权。

证监局是中国证监会的派出机构，根据《证券法》和中国证监会的授权，主要职责是：贯彻执行国家的有关法律法规和方针政策，按照中国证监会的规定对辖区内的上市公司、证券期货经营机构、证券投资咨询机构及具有证券期货相关业务许可证的律师事务所、会计师事务所、资产评估机构等中介机构的证券期货业务活动进行监督管理；依法查处辖区内监管范围的违法、违规案件，办理证券期货信访事项，联合有关部门依法打击辖区非法证券期货活动；履行中国证监会授予的其他职责。

2013年7月，证监会发布《关于印发〈中国证券监督管理委员会派出机构行政处罚工作规定〉的通知》，决定授予所有派出机构行政处罚权，自2013年10月1日起实施。

2015年10月29日，证监会发布《中国证监会派出机构监管职责规定》：

> 第二条　派出机构受中国证券监督管理委员会（以下简称中国证监会）垂直领导，依法以自己的名义履行监管职责。

第五条　派出机构按照规定履行下列监管职责：

（一）对辖区有关市场主体实施日常监管；

（二）防范和处置辖区有关市场风险；

（三）对证券期货违法违规行为实施调查、作出行政处罚；

（四）证券期货投资者教育和保护；

（五）法律、行政法规规定和中国证监会授权的其他职责。

第二十九条　派出机构负责本单位立案调查的证券期货违法违规案件的审理工作，依法对证券期货违法违规当事人实施行政处罚。但是，按照规定由其他派出机构或者中国证监会相关职能部门负责审理的除外。派出机构可以按照规定审理中国证监会交办的其他派出机构立案调查的案件以及中国证监会相关职能部门负责调查的案件。

第三十条　派出机构对有关案件作出行政处罚决定的，由该派出机构负责行政处罚执行工作，按规定送达法律文书，督促被处罚对象履行行政处罚决定，依法申请并配合人民法院做好行政处罚强制执行工作。

2. 问：证监会（证监局）处罚有层级吗？

答：有，分为：行政处罚和（非行政处罚）监管措施。

什么是行政处罚？

《行政处罚法》

第三条　公民、法人或者其他组织违反行政管理秩序的行为，应当给予行政处罚的，依照本法由法律、法规或者规章规定，并由行政机关依照本法规定的程序实施。

第八条　行政处罚的种类：

（一）警告；

（二）罚款；

（三）没收违法所得、没收非法财物；

（四）责令停产停业；

（五）暂扣或者吊销许可证、暂扣或者吊销执照；

（六）行政拘留；

（七）法律、行政法规规定的其他行政处罚。

第三十八条　调查终结，行政机关负责人应当对调查结果进行审查，根据不同情况，分别作出如下决定：

（一）确有应受行政处罚的违法行为的，根据情节轻重及具体情况，作出行政处罚决定；

（二）违法行为轻微，依法可以不予行政处罚的，不予行政处罚；

（三）违法事实不能成立的，不得给予行政处罚；

（四）违法行为已构成犯罪的，移送司法机关。

对情节复杂或者重大违法行为给予较重的行政处罚，行政机关的负责人应当集体讨论决定。

第三十九条　行政机关依照本法第三十八条的规定给予行政处罚，应当制作行政处罚决定书。行政处罚决定书应当载明下列事项：

（一）当事人的姓名或者名称、地址；

（二）违反法律、法规或者规章的事实和证据；

（三）行政处罚的种类和依据；

（四）行政处罚的履行方式和期限；

（五）不服行政处罚决定，申请行政复议或者提起行政诉讼的途径和期限；

（六）作出行政处罚决定的行政机关名称和作出决定的日期。

行政处罚决定书必须盖有作出行政处罚决定的行政机关的印章。

《行政处罚法》并没有对什么是行政处罚进行定义，只是用了列举法，说明可以有这几种行政处罚措施。那么在实际操作中，我们怎样判断是不是行政处罚？简单来说，就是看有没有《行政处罚决定书》，有《行政处罚决定书》的就是行政处罚，证监会和证监局的行政处罚都是在官网上分类标识。

3. 问：被证监会（证监局）处以行政处罚还能 IPO 吗？

答：不能，拟上市公司在报告期内被证监会（证监局）行政处罚就不能 IPO 了。董监高被证监会（证监局）行政处罚则需要换人，但被处罚的是实际控制人就麻烦了。

4. 问：被证监会（证监局）处以（非行政处罚）监管措施还能 IPO 吗？

答：没有实质影响，但需要根据处罚内容具体判断处罚的影响。

首先我们来看一下什么叫证监会（证监局）（非行政处罚）监管措施。

监管手段的多样化是近几年来中国证监会执法的一大特色，其中许多新的监管手段被中国证监会统称为非行政处罚性监管措施，从而不适用行政处罚法的规定。2002 年，中国证监会在《关于进一步完善中国证券监督管理委员会行政处罚体制的通知》(以下简称《通知》) 中，首次提出了“非行政处罚性监管措施”的概念，并对非行政处罚性监管措施作出了与行政处罚不同的程序规定。根据《通知》中的相关规定，中国证监会的非行政处罚性监管措施是指中国证监会对证券违法行为施加的一种监管措施，但该等措施不属于行政处罚 (不属于行政处罚法和相关法律和行政法规中规定的行政处罚类型)，《证券法》《公司法》《股票发行与交易管理暂行条例》以及中国证监会颁布的截至 2007 年 10 月 30 日有效的规章和其他规范性文件，归纳出了我国现行法律法规及规范性文件中符合《通知》中界定的非行政处罚性监管措施如下共 29 种：（1）监管谈话、谈话提醒；（2）重点关注、出具监管关注函、出具警示函；（3）记入诚信档案；（4）责令改正；（5）指定中介机构进行核查；（6）要求报送专门报告、提交合规检查报告，要求披露资料；（7）请司法机关禁止其转移、转让或者以其他方式处分财产，或者在财产上设定其他权利；（8）通知出境管理机关依法阻止其出境；（9）限制业务活动；（10）限制分配红利；（11）限制向董事、监事、高级管理人员支付报酬、提供福利；（12）限制转让财产或者在财产上设定其他权利，限制证券买卖；（13）限制董事、监事、高级管理人员权利，责令保荐机构更换保荐代表人；（14）限制有关股东行使股东权利；（15）责令暂停部分业务，停止批准新业务；（16）停止批准增设、收购营业性分支机构；（17）责令暂停或者停止收购、暂停或者终止回购股份活动；（18）暂停履行职务；（19）指定其他机构托管、接管公司；（20）暂不受理业务或业务资格申请、暂缓审核相关申请；（21）责令更换董事、监事、高级管理人员；（22）责令股东转让股权；（23）一定期间内不受理有关文件、申请或推荐；（24）记入诚信档案并公布；（25）向社会公示违反承诺的情况；（26）认定为不适宜担任相关职务；认定为不适当人选；（27）不予注册登记，从名单中去除；（28）证券市场禁入；（29）撤销证券公司。[1]

1　参见章斐然：《中国证监会非行政处罚性监管措施研究》，载《法制博览》2012 年第 11 期。

那么在实践中我们怎样区分一个证监会（证监局）的处罚是行政处罚还是（非行政处罚）监管措施？

根据国浩律师事务所李良锁的文章，在实践操作中，判断是否行政处罚，关键看行政主管单位是否以行政处罚决定书的形式作出决定，若以行政处罚决定书的形式作出，则该监管措施为行政处罚，若不是以行政处罚决定书形式作出，则该监管措施不是行政处罚。[1]

可以这么理解，如果是以行政处罚决定书形式作出的，是行政处罚，其他都是（非行政处罚）监管措施。

从《首次公开发行股票并上市管理办法》和《首次公开发行股票并在创业板上市管理办法》的条文来看，如果不属于行政处罚，首先不会构成IPO的实质性障碍。

那是不是就高枕无忧了？那也不是。既然被证监会（证监局）采取（非行政处罚）监管措施，一定是有违规行为，通常证券体系的违规行为都会导致出现损害投资者合法权益和社会公共利益的情况，是否属于损害投资者合法权益和社会公共利益重大违法行为，那就得根据处罚的具体违规行为，由中介机构进行判断，并说服IPO审核官员不影响发行条件。例如，本文开头提到的那家因实际控制人和董事高管占用挂牌公司资金，被上海证监局采取出具警示函的行政监管措施，我请教了君泽君律师事务所的韩律师，韩律师说："这份文件是上海证监局出具的监管决定，非行政处罚，因此监管决定本身对IPO非实质障碍。但监管决定所依据的事实为控股股东及高管等大额资金占用，虽然发生在2014~2015年度，且全部偿还，但考虑到证监会针对IPO申报企业的控股股东占用公司资金的审核思路，建议公司IPO申报中还是将公司内控、关联交易制度的建立实施等作为重点规范及核查事项。"

如果董监高被中国证监会采取证券市场禁入措施尚在禁入期的，也不具备任职资格，需要换人，当然，换人会导致另外后果。《首次公开发行股票并上市管理办法》第12条规定："发行人最近3年内主营业务

---

1 参见李良锁：《行政处罚、非行政处罚性监管措施对重组的影响（上）》，载http://www.grandall.com.cn，最后访问日期：2014年7月15日。

和董事、高级管理人员没有发生重大变化，实际控制人没有发生变更。”《首次公开发行股票并在创业板上市管理办法》第 14 条规定：“发行人最近两年内主营业务和董事、高级管理人员均没有发生重大变化，实际控制人没有发生变更。”

市场禁入的处罚措施的信息，在证监会官网可以查到。

5. 问：除了证监会（证监局）以外的政府部门行政处罚影响吗？

答：如果是行政处罚（有《行政处罚决定书》的），需要判断是否情节严重。一般来说，如果是行政处罚是罚款及以上，就需要判断了，通常需要提供该处罚部门出具的证明说明不属于重大违法行为或者不属于情节严重的情形。

《首次公开发行股票并上市管理办法》

第十八条　发行人不得有下列情形：……（二）最近 36 个月内违反工商、税收、土地、环保、海关以及其他法律、行政法规，受到行政处罚，且情节严重。

《首次公开发行股票并在创业板上市管理办法》

第二十条第一款　发行人及其控股股东、实际控制人最近三年内不存在损害投资者合法权益和社会公共利益的重大违法行为。

实践中，我们确认了这个处罚是行政处罚（要有《行政处罚决定书》），那么什么行政处罚才算是情节严重或者重大违法行为？根据网上流传的 2016 年 10 月保代培训资料，对重大违法违规行为的认定如下：

（1）违反国家法律、行政法规，且受到行政处罚、情节严重的行为。

（2）原则上，凡被处以罚款以上行政处罚的行为都属于重大违法行为，但行政处罚机关依法认定不属于重大违法行为，并能够作出合理说明的除外。

（3）上述行政处罚主要指工商、税务、海关、环保、土地、财政、审计等部门作出的涉及公司经营活动的行政处罚决定。被其他有权部门实施行政处罚的行为，涉及明显有违诚信，对公司有重大影响的，也在此列。

（4）重大违法行为的起算时点：法律法规和规章有明确规定的，

从其规定；没有规定的，从违法行为发生之日起计算；违法行为有连续或继续状态的，从行为终止之日起计算。

（5）不服行政处罚申请行政复议或提起行政诉讼的，在行政复议决定或法律判决裁定尚未作出前，原则上不影响对重大违法行为的认定，但可依申请暂缓作出行政许可决定。

（6）因犯有贪污、贿赂、侵占财产、挪用财产罪或破坏社会主义市场经济秩序罪，被判处刑罚，刑罚执行期满未逾3年的，视为近3年有重大违法行为。

简单理解，如果这个行政处罚决定书处以罚款以上就可能构成情节严重或者重大违法行为，一般而言需要提供作出该处罚决定的政府部门出具的证明说明该行政处罚不属于重大违法行为。就此问题，君泽君律师事务所的韩律师说："即便处罚部门出具了非重大违法证明，我理解只能作为申报企业及中介发表'非实质障碍'意见的参考依据之一，还是要结合违法行为的性质及对公司持续经营是否造成不利后果等综合考虑。"

我们来看一个被行政处罚，又出证明说不构成重大的IPO成功案例：

> 江苏中旗是2015年11月IPO重启以来，第一家成功过会的新三板公司，2016年12月20日在深交所创业板上市交易，证券代码300575SZ。
>
> 江苏中旗在招股书中披露公司被环保行政处罚情况，报告期内，2013年公司三车间生产装置发生事故，部分处理水通过雨水排口渗漏至外环境，2013年12月10日，公司被南京市环境保护局处以50,000元罚款。2014年公司100吨/年杀虫剂虱螨脲原药及配套中间体项目试生产未及时通过环保验收，2014年4月10日，南京市环保局对公司处以62,000元罚款。2014年10月8日南京市环保局出具《证明》认定："该公司上述环保处罚事项均已整改完毕，未对环境造成恶劣影响。根据国家和地方的有关规定，上述两件行政处罚不属于重大行政处罚。自2011年1月1日至今，除上述事件外，该公司不存在其他行政处罚情形。"

（三）实际控制人、控股股东被判处刑罚，还能 IPO 吗？

前面我们分别分析了新三板公司被股转处罚、被证监会（证监局）处罚以及被其他政府部门行政处罚，对 IPO 的影响。现在来看一个案例，分析另一个场景，即实际控制人控股股东被判处刑罚，还能 IPO 吗？这个案例如下：

×××股份有限公司

关于公司控股股东及实际控制人收到法院判决书的公告

本公司及董事会全体成员保证公告内容的真实、准确和完整，没有虚假记载、误导性陈述或者重大遗漏，并对其内容的真实性、准确性和完整性承担个别及连带法律责任。

[redacted]股份有限公司（以下简称"公司"）知悉，近日公司控股股东[redacted]集团有限公司（以下简称"[redacted]集团"）及公司实际控制人之一[redacted]收到山西省阳泉市城区人民法院于 2016 年 12 月 29 日作出的山西省阳泉市城区人民法院刑事判决书（2016 晋 0302 刑初 75 号），因[redacted]在 2006～2009 年任[redacted]集团总经理期间向时任山西省环保厅厅长行贿，判[redacted]及[redacted]集团犯单位行贿罪成立，因犯罪情节轻微，免予[redacted]及[redacted]集团刑事处罚。

上述行为发生在 2006～2009 年间，且发生在[redacted]集团，[redacted]目前也未在公司担任任何职务，因此与公司无关。截至本公告披露日，公司经营生产经营正常，不存在生产经营受限的情况，该事项不会对公司正常生产经营造成重大影响。

图 4–7　×××股份有限公司关于公司控股股东及实际控制人收到法院判决书的公告

乍一看，觉着问题很大，应该是不行的，毕竟是单位行贿罪成立，就想随口一答。但转念一想这么专业的问题还是请教下"高人"，问了几个，大出意料，都觉着没有实质障碍。饶胖只好重新再把法规和案情分析一遍。

我们先看看法规，尽管前面都看过，碰到实际问题再重温下法规一定没错。

《公司法》关于董事、监事、高级管理人员任职资格，涉及刑罚的规定：

第一百四十六条　有下列情形之一的，不得担任公司的董事、监事、高级管理人员：……（二）因贪污、贿赂、侵占财产、挪用财产或者破坏社会主义市场经济秩序，被判处刑罚，执行期满未逾五年，或者因犯罪被剥夺政治权利，执行期满未逾五年。

《首次公开发行股票并上市管理办法》关于刑罚的规定：

第十六条　发行人的董事、监事和高级管理人员符合法律、行政法规和规章规定的任职资格，且不得有下列情形：……（三）因涉嫌犯罪被司法机关立案侦查或者涉嫌违法违规被中国证监会立案调查，尚未有明确结论意见。

第十八条　发行人不得有下列情形：……（五）涉嫌犯罪被司法机关立案侦查，尚未有明确结论意见；（六）严重损害投资者合法权益和社会公共利益的其他情形。

《首次公开发行股票并在创业板上市管理办法》关于刑罚的规定：

第十九条　发行人的董事、监事和高级管理人员应当忠实、勤勉，具备法律、行政法规和规章规定的资格，且不存在下列情形：……（三）因涉嫌犯罪被司法机关立案侦查或者涉嫌违法违规被中国证监会立案调查，尚未有明确结论意见的。

第二十条　发行人及其控股股东、实际控制人最近三年内不存在损害投资者合法权益和社会公共利益的重大违法行为。

网上流传的2016年10月保代培训资料：因犯有贪污、贿赂、侵占财产、挪用财产罪或破坏社会主义市场经济秩序罪，被判处刑罚，刑罚执行期满未逾3年的，视为近3年有重大违法行为。

从上述法规来看，实际控制人、控股股东被判处刑罚对IPO的影响有以下几个层次：

第一，董事、监事和高级管理人员的任职资格，根据《公司法》，经济类型犯罪被判处刑罚执行完毕5年内不得担任公司董事、监事和高级管理人员。

第二，发行人的董事、监事和高级管理人员，不得有因涉嫌犯罪被司法机关立案侦查，尚未有明确结论意见的情形。

第三，发行人不得有因涉嫌犯罪被司法机关立案侦查，尚未有明确结论意见的情形。

第四，发行人的控股股东、实际控制人最近3年内不存在损害投资者合法权益和社会公共利益的重大违法行为。

看完上述，你觉着这个案例怎样？我们再来看一遍公告。

公告称：

> 近日公司控股股东××集团有限公司（以下简称××集团）及公司实际控制人之一某某收到山西省阳泉市城区人民法院于2016年12月29日作出的山西省阳泉市城区人民法院刑事判决书（2016晋0302 刑初75号），因某某在2006~2009年任××集团总经理期间向时任山西省环保厅厅长行贿，判某某及××集团犯单位行贿罪成立，因犯罪情节轻微，免予某某及××集团刑事处罚。上述行为发生在2006~2009年间，且发生在××集团，某某目前也未在公司担任任何职务，因此与公司无关。截至本公告披露日，公司经营生产经营正常，不存在生产经营受限的情况，该事项不会对公司正常生产经营造成重大影响。

就这个案例而言，以下三点可以明确：

（1）被处罚的实际控制人没有担任公司职务，不存在因董监高任职资格问题而产生的IPO障碍。

（2）案件已经判决，不存在正在被司法机关立案调查尚未有结论的情形。

（3）被处罚的是控股股东和实际控制人，不是发行人，不存在发行人的实质性障碍。

还有一点需要考虑，就是《首次公开发行股票并在创业板上市管理办法》第20条规定：“发行人及其控股股东、实际控制人最近三年内不存在损害投资者合法权益和社会公共利益的重大违法行为。”网上流传的2016年10月保代培训资料：“因犯有贪污、贿赂、侵占财产、挪用财产罪或破坏社会主义市场经济秩序罪，被判处刑罚，刑罚执行期满未逾三年的，视为近三年有重大违法行为。”

那么在这个案例里，实际控制人、控股股东，某某及××集团犯单位行贿罪成立，因犯罪情节轻微，免予某某及××集团刑事处罚。饶胖又糊涂了，单位行贿罪成立同时免予刑事处罚，这个到底是判处刑罚执行完毕还是没有判处刑罚？君泽君韩律师说：“我们倾向认为，实际控制人某某‘判定构成单位行贿罪但免于刑事处罚’，不是《公司法》等法规规定的‘判处刑罚’，‘判处刑罚’应以‘基于判定罪名，确定刑事处罚形式及内容’等为要件。”

也就是说，犯单位行贿罪成立同时免予刑事处罚，是没有判处刑事处罚，也就不属于重大违法行为，也就不适用《首次公开发行股票并在创业板上市管理办法》第20条规定：“发行人及其控股股东、实际控制人最近三年内不存在损害投资者合法权益和社会公共利益的重大违法行为。”

从这个角度来讲，在这个案例中，某某及××集团犯单位行贿罪成立，因犯罪情节轻微，免予某某及××集团刑事处罚，这件事不构成IPO的实质性障碍。

但是，不构成IPO的实质性障碍，不代表不会对IPO产生影响。韩律师补充说：“审核机构更关注：（1）该实际控制人在公司成立后、特别是报告期内对公司运营等的影响；（2）公司报告期内业务、收入、利润等与控股股东及省环保厅的相关性；（3）公司内控制度及治理的实施有效性；（4）公司及控股股东××集团的独立性等。如果上述问题都能论证清楚，特别是××集团和公司彼此独立，公司报告期内的收入、利润等可通过拟上市主体独立业务运营真实增长，该控制人报告期内未在拟上市公司任职等，可以理解为对IPO没实质影响。这个项目最终被关注的问题，肯定是实际控制人通过控股股东等对公司的实际控制，以及公司业务开展的合法合规性。”

饶胖的常年技术支持天风证券杨总的意见也是类似：“定性情节轻微，免予刑事处罚，年代久远2006~2009年，并且发生在母公司层面，《首次公开发行股票并上市管理办法》规定的构成实质障碍的主要是被司法立案调查尚未有明确结论意见，而这个案子已经了结，性质确定后果可见，一般不会构成实质障碍。但是应该留意，这是一定会被审核关注的！

第八节

新三板公司治理的新要求

中小民营企业到了新三板，就成了非上市公众公司了，相对于闷头直奔 IPO 的公司，在公司治理上，有不少新情况。

新三板公司的最高法规是中国证监会制定的《非上市公众公司监督管理办法》，在这个管理办法中，公司治理是单独的一章，和公司治理有关的还有一章信息披露，之前聊公司治理历史的时候我们知道，对于公众公司而言，透明是公司治理的核心要素，就是信息披露要规范。从这两章可以看出监管部门对于跨入公众公司的中小企业的关注点。由于篇幅原因，这两章内容就不列在这里了，有兴趣大家在股转网站上找来看看。

饶胖这本书，你看到这里也是中小企业公司治理的半个专家了，我们只要是面向资本市场，或者准备 IPO，都不会对这些新三板公司治理的规范要求内容感到意外。只是挂牌新三板后，变成了公众公司，有几个变化要注意：

（1）投资者关系管理和中小股东权利保护。以前是股份公司，私人公司，股东就这些，沟通也是私下，现在是公众公司，尽管新三板上的个人和机构投资者有门槛，那也是神州“韭菜”的一分子，既然是“韭菜”就要好好呵护，要保护好中小投资者（股东）的合法权利，小股东要找你能找得到，知情权、质询权等能得到落实。

（2）信息披露。在私人公司阶段，信息披露不是公司治理的主要话题，到了公众公司阶段，外部股东进入和退出是在市场上进行，尽管新三板交易不频繁，但是在这些市场进入的股东的信息来源依赖于公司按照规定进行信息披露，董事会、监事会要合法勤勉履行职责，董监高要保证信息披露的真实、准确、完整，信息披露成了新三板公司公司治理的核心环节之一，这个新情况要特别留意。新三板信息披露合规是新三板公司的公司治理活动是否有效的重要内容，信息披露的核心就是真实、准确、完整、及时、公平。这里面最容易出错的就是公平，即公平对待所有投资人，所有需要披露的信息必须在股转网站首先披露。

延伸阅读

新三板公司 IPO 过程中的信息披露问题

2017 年 3 月 28 日，全国中小企业股份转让系统发布《挂牌公司信息披露及会计业务问答（三）》，其中涉及新三板公司 IPO 的内容如下：

一、若挂牌公司申请首次公开发行股票并上市的申报文件与在全国股份转让系统指定信息披露平台披露的内容不一致，应当如何处理？

答：根据《全国中小企业股份转让系统业务规则（试行）》1.5，申请挂牌公司、挂牌公司及其他信息披露义务人、主办券商依法披露的信息，应当第一时间在全国股份转让系统指定信息披露平台（www.neeq.com.cn 或 www.neeq.cc）公布。

（一）若挂牌公司申请首次公开发行股票并上市的申报文件与在全国股份转让系统指定信息披露平台披露的定期报告内容不一致，应当及时进行更正，披露内容包括：

1. 更正公告。更正公告中应明确具体更正内容，且更正时间不得晚于招股说明书的披露时间。若定期报告中存在重要的前期差错，更正公告内容还应包括以下几个方面：

前期差错更正事项的性质及原因；

各个列报前期财务报表中受影响的项目名称和更正金额；

前期差错更正事项对公司财务状况和经营成果的影响及更正后的财务指标；

若存在无法追溯重述的情况，应当说明该事实和原因以及对前期差错开始进行更正的时点、具体更正情况；

公司董事会和管理层对更正事项的性质及原因的说明。

2. 更正后的定期报告。挂牌公司应当对受更正事项影响的最近两个会计年度定期报告以及最近一期定期报告进行更正。

3. 会计师事务所说明。定期报告涉及重要前期差错更正的，挂牌公司应当披露会计师事务所出具的专项说明。

（二）更正文件涉及挂牌首次信息披露内容的，需参照（一）进行更正，并提供主办券商出具的专项说明，如涉及会计师事务所或律师事务所披露文件更正，应由会计师事务所或律师事务所出具专项说明。

根据《挂牌公司信息披露及会计业务问答（三）》，简单总结一下：新三板企业申报IPO材料与在新三板已经公开披露的定期报告有不一致的，应当及时进行更正，并在IPO招股书披露前，披露更正公告、更正后的定期报告、会计师专项说明、券商专项说明（如需），《挂牌公司信息披露及会计业务问答（三）》还对更正公告的内容进行了规定。

为了这个事情，前一阵，世纪天鸿833456已经吃了股转的“板子”。

时隔十几天，股转就在政策上作出了明确规定，这个速度可以点赞。

那是不是在这个文件出来之前，世纪天鸿受的处罚就很冤枉呢？一位券商大咖到饶胖办公室交流，说起此事，大咖觉着这可能是负责IPO的券商现场工作人员经验不足所致，对于新三板公司这样的拟上市公司在信息披露规则上没吃透。因为，《全国中小企业股份转让系统业务规则（试行）》和《全国中小企业股份转让系统挂牌公司信息披露细则（试行）》都有明确规定，业务规则规定，申请挂牌公司、挂牌公司及其他信息披露义务人、主办券商依法披露的信息，应当第一时间在全国股份转让系统指定信息披露平台（www.neeq.com.cn 或 www.neeq.cc）公布。信息披露细则第 8 条规定：挂牌公司在其他媒体披露信息的时间不得早于指定披露平台的披露时间。

世纪天鸿的问题，就在于 IPO 申报材料准备在后，公开转让说明书和定期报告披露在前，在 IPO 材料准备中发现了之前一些错误并在 IPO 材料里进行了修正，这都没问题，错了就要改过来，这个很正常，你现在不改，难道等着 IPO 审核的时候被审核人员发现，岂不是更被动?

证监会《公开发行证券的公司信息披露内容与格式准则第 9 号——首次公开发行股票并上市申请文件（2006 年修订）》和《公开发行证券的公司信息披露内容与格式准则第 29 号——首次公开发行股票并在创业板上市申请文件（2014 年修订）》规定，在向证监会递交 IPO 资料的资料清单里都有这样的内容："原始财务报表与申报财务报表的差异比较表和注册会计师对差异情况出具的意见。"如果原始报表与申报报表有差异的，会计师都要说清楚的。

2016 年 12 月 23 日，证监会发布的创业板发审委 2016 年第 81 次会议审核结果显示，拓斯达（831535.OC）IPO 申请获通过，在拓斯达的反馈意见中就有对于已披露信息与申报信息之间差异的问询："请保荐机构核查发行人在挂牌期间的所有公开披露信息、停复牌等事项，对以上信息与本次申请文件和财务报告所披露内容存在差异的部分，请列示对照表予以解释说明。请保荐机构、发行人律师对上述问题进行核查，说明核查过程并发表意见。"

如果不对之前披露材料进行更正，就会出现两份公开材料或者数据的矛盾，正确的只能有一个，应该按 IPO 材料更正之前已经披露的材料。同时，按股转业务规则和信息披露细则，这个更正需要披露在前（或者至少是同时），所以世纪天鸿受了处罚，股转也迅速出台了《挂牌公司信息披露及会计业务问答（三）》。

考虑到IPO招股书预披露时间不是由挂牌公司所能决定的，故饶胖建议先更正披露，再申报IPO材料。

新三板企业IPO过程中始终要记着自己是公众公司，有信息披露的义务。除了招股书，新三板公司在申请IPO过程中还有几个点可能会存在信息披露问题，需要留意：

第一，向证监局申请IPO辅导。

第二，向证监局申请辅导验收。

第三，向证监会递交IPO申请。

在上述三个环节都有可能出现其他平台先披露消息的情况，前两个是证监局网站，第三个是证监会网站，第一个和第二个是挂牌公司尚未公告，但证监局网站已披露相关文件；第三个是挂牌公司尚未公告IPO受理情况，证监会网站已预披露招股书。

由于新三板公司IPO题材已深入人心，一旦上述消息出现，往往导致股票公司股价异动，例如麟龙股份430515，2016年12月23日周五晚间，证监会网站披露首发麟龙股份招股书预披露稿，麟龙股份未公告未停牌，周一上午仍在交易，到中午才紧急盘中停牌。如果出现证监局或者证监会网站先披露了IPO信息，需要立即停牌，公告后再复牌，避免股价异动和构成内幕交易嫌疑。

后记

饶胖对本书的评价

上一本《饶胖说新三板：董秘 · 资本实务二十讲》大多是讲课录音，由朋友和速记员帮助整理成文字，这本完全不同，一个字一个字敲出来的，当然也有大段法规 ctrl+c、ctrl+v。从 5 月底动笔到今天写后记，刚好 100 天。其间正好魔都持续 40 摄氏度以上高温，感慨空调才是人类最伟大的发明。这个天气倒是喝干白的好时节，吃完晚饭打开电脑，倒上一杯，清香四溢，文思泉涌，故事与段子齐飞，一杯清酒论规范，治理多少事尽付谈笑中，借老师诗句：“检书烧烛短，看剑饮杯长”。多数时候都是我在空调的凉风里奋力码字，胖胖趴在脚边陪伴（胖胖是条公柴犬，单身狗），经常写完一段觉着得意，读给胖胖听，请他评价一下，胖胖很认真地看看我说：“旺”。

关于内部控制

我始终认为内部控制是公司治理的范围之一和重要内容，本书原本计划是有内部控制一章，可是写着写着就已经 25 万字了，章雯编辑建议我轻量化一点，适应年轻读者的阅读习惯，上一本《饶胖说新三板》尽管删掉了“我眼中和心中世界”一讲，仍然篇幅过大，导致排版过于紧凑，字也比较小，我觉着唯一的遗憾就是字太小、阅读体验不好，难为了来捧场的各路朋友。所以内部控制一章就没放进去，打算和财务会计一起放在下一本写作计划中，但是我们搞面向资本市场的公司治理千万不要忘了，内部控制系统的建设和有效运行也是关键。

规范和自制力

有一次到北京和几个新三板董秘朋友吃饭，席间就聊起新三板公司 IPO，谁家又报了材料，谁家在准备，云云。其中一个朋友就问某某公司说也要

IPO，另外一位老董秘就说了：他们不可能。为啥？他们家老板没有自制力！

IPO 就两条：一条是业绩；另一条是规范。规范就是要在相当长时期里守规矩，按资本市场规则办事，不出轨不碰红线，中小民营企业一般老板独大，公司守规矩也就是老板守规矩，换句话说就是老板有没有自制力，前面那位董秘朋友判断得很到位，一句话就戳中要害，没自制力问题就多，往往还过于自信，常常有心存侥幸、蒙混过关的想法，行动中往往会用另外一个问题盖住前一问题，补丁摞补丁，后来，往往就没有后来了。当然，问题要具体分析，没管住自己，无外乎以下几种情况：

第一，不了解或者不熟悉资本市场和 IPO 规范要求，这个是知识问题，也是本书想要解决的主要问题。

第二，条件限制。先讲个小故事，有一次在一家拟 IPO 企业开中介协调会，对于一个老板娘弟弟开设的企业与拟 IPO 公司同业竞争问题展开讨论，一个券商小朋友就说了，必须清理，老板说了各种困难，那个小朋友就是咬定除了关闭以外没有其他解决方案，在会上生硬表示：不清理就不要 IPO 了。老板解释了半天已经烦了，听到这句话站起来说：那就不要 IPO 了。拂袖而去，留下一众傻了眼的中介。其实，券商小朋友说的也没错，确实是个严重问题，会影响企业 IPO，当然券商小朋友来这个企业的唯一目的就是 IPO，妨碍了 IPO 那就不行，但是这位小朋友忘了，IPO 是企业的目标不假，但也仅仅是企业目标之一，你问随便一个企业家，他企业的最终目标是什么，绝不会回答你 IPO，对吧。企业最主要的目标是生存和发展，持续发展，办成百年老店，资本市场、IPO 不过是实现企业最终目标的手段之一，所以企业家在面对众多企业目标的约束条件时有所取舍，也很正常。如果能换位思考一下就能明白 IPO 和众多企业目标、约束条件在一起只是老板需要考虑的目标之一，既然不是唯一的就需要各方权衡，而不是其他统统给 IPO 让路。

第三，是对规则的认识问题。所谓规范，就是服从一套资本市场的规则或者 IPO 的规则，经由有权力判断者判断，合格，即为规范。认识和服从规则是个有意思的闲话，我们下面聊聊这个。

关于规则的闲话

卢梭说，人是生而自由，却无往不在枷锁之中。卢梭说的是人类的命运，看看我们自己是不是在服从规则中“自由”地生活。尤瓦尔·赫拉力的《人类简史》讲到，智人之所以区别与其他动物在于我们相信虚构的、想象的事物，金钱、宗教和政治莫不如是，有时候是我们自己相信，如宗教，有时候是因为别人相信我们才相信，如金钱。相信什么？相信规则。

记得2005年，我到香港地区上课，有个外派在香港地区的内地同事请我吃饭，吃完饭出来他送我去大埔地铁站，比较晚了人很少，我们边聊边走。上了自动扶梯也就我们两个人，我自然而然和他并排站在自动扶梯上，同事突然打断我的话，把我拉到扶梯另一侧让我站在他前面，一边说道：这里乘电梯要左行右立。我说我知道，上海不也这样，不过你看就我们两个人，也没有人急着从左边走，站在左边又会有什么关系呢？这位同事神情严肃地对我说，这个不是有人没人的问题，既然是规则我们就要遵守，搞得我很尴尬。后来了解到这位同事很小就离开了内地刚刚回来没多久，想想就可以理解了。

外国人，特别是西方人，在看待规则上与我中华民族历来不同。西方的文化精神传统的两个来源，即古希腊哲学和基督宗教，都相信那个彼岸世界，在那里是神圣的理念（柏拉图）或者是绝对的无条件的上帝，规则就像理念一样神圣不可侵犯。当然，经常看见外国人在上海闯红灯。还有以前一个朋友和我讲，香港司机在香港开车非常规矩，一过关到了内地那是横冲直撞加三插队乱变道，是不是水土问题啊。

我们中国人，不管你受什么西方教育，归根结底还是中国人，按照王德峰老师的话就是：我们身上既有孔子的影子，也有袁世凯的影子。这个我很有体会，我出生在一个知识分子家庭，父母都是搞工程技术的工程师，理性和科学，是这个家庭的特点。再加上我上学的那些年，中国传统文化的那些东西基本没学过，学的都是数理化，西方的数学和科学，高中是理科，大学是工科，毕业了当工程师，理性、崇尚科学。后来读会计硕士的时候，会计教授吴毓武一人发了我们一套南怀瑾先生的《论语别裁》，我是不以为然地随手放入了书柜。过了两年，有一次要动个小手术住几天院想想要看一本平时看不下去的书，因为在医院不看更无聊，就把《论语别裁》带上，看完了，出院了，逢人便说，这个孔子是打不倒的，孔子就在我们的血液里，我们这些科学青年不自知罢了。儒家原则之一就是讲经，经就是原则，就是要按照原则来。除了孔子，我们身上还有荀子的影子，荀子认为人性本恶，必须要用规矩来约束，不然人类社会不就成了弱肉强食的丛林。后来演变成法家那套，使之以权，动之以利，让你遵守规则，不是出于善之本意，而是出于一己利益的自私考虑，遵守规则是为了谋求更大利益罢了。此外，借王德峰教授的话：中国文化传统是儒法互补，既讲经又讲权。经就是规则，讲经就是守规则；权，权就是权变，变通，说穿了不就是突破规则。最后搞成了儒表法里，以权代经，说好听了叫圆融，说难听的就是奸猾，满口仁义道德，满肚子男盗女娼，熙熙攘攘皆为利来，对别人可以讲原则，对自己可以充分变通，是为道貌岸然。坊间不是有句话：你未必是人好，你只是没机会放荡，这些在王德峰教授话里都是中国文化传统的毒素，你我都不能免俗。既然以权代经，什么事情都可以商量变通，有道是退一步海阔天空，所以中国人一定是爱好和平的。在我们这里，规则只是方便更好生活的要素，绝不是什么发自内心要遵守的神圣原则，例如一个场景，你儿子考试差两分，你怎么办，说服他愿赌服输？绝不是，赶紧找人疏通，疏通就是破坏规则，疏通不成还可以举报别人走后门，对吧。我们遇到事情碰到阻碍，我们第一个想到的是找人，找人干什么，变通，打破规则啊。另外，改革开放这几十年，我们不都是在打破既有规则中前进吗？成功者不都是勇于创新的，创新一定程度上不就是突破原来的条条框框，那么多成功经验在那里做榜样。所以，我们在对企业家大谈遵守规则的时候是不是有点小尴尬，唯一解嘲的是“小不忍则乱大谋”或者“见小利而大事不成”，说穿了，还不是说“忍得一时苦方为人上人”的功利交换，为了 IPO 大计，搞个大的，现在暂且忍耐吃点小亏，君不见上了市敲了钟以后上市公司的公司治理乱象更盛。

IPO 就是规范多，如果你耐心把本书看完，公司治理方面的规范，你现在心里大概有个数，这么多规矩都要遵守，而且一搞就是几年。检查在几年以后，中间全靠自觉，本来遵守规则就不是中国人的强项，确实不容易。记得有个小民工考保代，要记忆要背的东西太多了，搬砖任务又重，书实在看不下去，就问师傅老保代取经，师傅说这么枯燥的东西谁看起来都烦，实在看不下去了就想想自己银行账户的金额，也许就神清气爽接着背书了。

不忘初心，方得始终

说了一大堆毒素、负能量，三观倾覆，必须来点正能量才有力气继续搬砖。

我们在前面讲了实务操作的方法论，以终为始，把事情办成才是王道，这个是有应用场景的，即我们在处理具体的事务上，我们始终要以结果导向，成败论英雄。我们有“猫论”，不管白猫黑猫抓住老鼠就是好猫。

记得很多年前看一个励志打鸡血的电视节目，主持人问嘉宾，怎样分辨勇敢和鲁莽，那个台湾来的成功企业家说，看结果，好结果就是勇敢，坏结果就是鲁莽，当时一片掌声，年轻的我也深以为然。后来这么多年，我经常想起这句话和这个画面，如果勇敢是这么定义的，那我们还要什么美德，要什么是非，大家不择手段追求自己的好结果就是了，社会岂不乱了套。结果导向只能用在具体事务细节上，不能扩大。

我们身上除了荀子的影子，为了利益权且忍耐，这是他律。我们身上还有孟子的影子。孟子曰：恻隐之心，人皆有之；羞恶之心，人皆有之；恭敬之心，人皆有之；是非之心，人皆有之。仁义礼智，非由外铄我也，我固有之也。这是自律。王阳明先生说：人人都要收拾精神做自作主张的大英雄。这也是自律。孟子曰：万物皆备于我矣。反身而诚，乐莫大焉。是非、善恶存乎一心。古人云：初念是圣贤，转念是禽兽。

讲到大事，正好要反过来，以始为终，不忘初心，方得始终。与所有与规则搏斗中的朋友共勉。

感谢：

本书书稿我请了几位朋友帮我把关，君泽君律师事务所合伙人韩蔚律师，中伦律师事务所合伙人何植松律师，天风证券资深保代杨晓，亚太（集团）会计师事务所合伙人洪峰。感谢几位大咖的宝贵意见，有你们把关我心安许多。

感谢王超大哥为本书作序。

感谢法律出版社法商分社薛晗社长、赵明霞编辑、章雯编辑的鼓励和支持。

本人志大才疏，错漏在所难免，权充一个靶子，供朋友们批判。

饶 钢

2017 年 9 月 9 日于上海

图书在版编目(CIP)数据

饶胖说 IPO：规范运作和公司治理 / 饶钢著. -- 北京：法律出版社，2018
ISBN 978-7-5118-7815-1

Ⅰ.①饶… Ⅱ.①饶… Ⅲ.①上市公司-企业管理-研究-中国 Ⅳ.①F279.246

中国版本图书馆 CIP 数据核字(2018)第 032646 号

饶胖说 IPO：规范运作和公司治理
RAOPANG SHUO IPO：
GUIFAN YUNZUO HE GONGSI ZHILI

饶 钢 著

责任编辑 赵明霞 章 雯
装帧设计 马 帅

编辑统筹 法商出版分社

出版 法律出版社
总发行 中国法律图书有限公司
经销 新华书店
印刷 中煤(北京)印务有限公司
责任印制 胡晓雅

开本 710 毫米×1000 毫米 1/16
印张 25.25
字数 354 千
版本 2018 年 4 月第 1 版
印次 2018 年 4 月第 1 次印刷

法律出版社/北京市丰台区莲花池西里 7 号(100073)
网址/www.lawpress.com.cn
投稿邮箱/info@lawpress.com.cn
举报维权邮箱/jbwq@lawpress.com.cn
销售热线/010-63939792/9779
咨询电话/010-63939796

中国法律图书有限公司/北京市丰台区莲花池西里 7 号(100073)
全国各地中法图分、子公司销售电话：
统一销售客服/400-660-6393
第一法律书店/010-63939781/9782
西安分公司/029-85330678
重庆分公司/023-67453036
上海分公司/021-62071010/1636
深圳分公司/0755-83072995

书号：ISBN 978-7-5118-7815-1
定价：88.00 元